编委会

刘金华

张晓虹

胡阿祥

韩昭庆

杨伟兵

张修桂先生纪念文集

复旦大学中国历史地理研究所 编

张修桂先生
(1935—2021)

20世纪80年代初与朱毅先生（左一）、孔祥珠先生（左二）于南京栖霞山带领学生实习

20世纪80年代与朱毅先生（左三）在谭其骧先生（左二）高安路寓所

1988年9月与满志敏先生（左一）、朱毅先生（左三）在五台山考察

1996年访日期间与王妙发先生在大阪城公园

1998 年 6 月韩昭庆博士论文答辩（左三为邹逸麟先生，左四为周振鹤先生）

1998 年 7 月与博士生韩昭庆合影

1998 年 8 月在喂小狗

1999 年 6 月周映芝硕士论文答辩

1999 年 10 月与弟子胡阿祥在南京

1999 年 10 月与余蔚（左一）、祝碧衡（左三）在南京

2000年8月六十五岁生日留影

2004年在新疆考察（左起牛勇、张修桂、胡箫白、朱毅）

2004年8月，参加新疆历史地理学术研讨会会后考察
（左起马玉山、高凯、张修桂、邹逸麟、司佳）

2004 年 11 月带领研究生在上海近郊青龙镇考察

2005 年在中国历史地理信息系统（CHGIS）项目组工作

2005年8月中国历史地理信息系统（CHGIS）项目组成员合影
［前排左起钱林书、劳伦斯·克里斯曼（Lawrence Crissman）、张修桂、施坚雅（G. William Skinner）、赵永复、邹逸麟；
二排左起孙涛、陈伟庆、陈熙、傅林祥、满志敏、唐晓峰、桑玉成、葛剑雄；
三排左起未知、包弼德（Peter. Bol）、傅辉、谢湜、贝明远（Lex Berman）］

2006 年 11 月参加在广州暨南大学召开的历史地理年会
（前排左起张修桂、邹逸麟；后排左起段伟、满志敏、张晓虹、杨煜达、冯贤亮）

2006年11月广州历史地理学术研讨会会间与邹逸麟先生（左一）和朱毅先生（左三）交谈

2008年10月武汉历史地理学术研讨会期间与弟子胡阿祥合影

2008年10月在武当山考察

2008年10月与朱毅先生在武当山

2008年10月与弟子胡阿祥（左三）、韩昭庆（左一）在武当山考察

2008年10月与满志敏先生带领学生在青浦考察

2009年6月在统万城遗址考察

2009年6月与邹逸麟先生在壶口瀑布

2012年6月参加复旦大学中国历史地理研究所建所三十周年庆祝大会

2014年8月八十岁生日聚会
（左起吴佳新、杨剑飞、华彪、马传捷、张修桂、牛勇、胡阿祥、张淑萍）

2017 年 6 月与学生们在一起
（左起李军、夏晗登、石冰洁、张修桂、韩昭庆、蹇菀林、李乐乐、苗鹏举）

2019 年 9 月参加《历史地理研究》发刊学术研讨会
（左起陈志敏、葛剑雄、吴松弟、焦扬、张国友、张修桂、张晓虹）

2020年8月师生为张修桂先生庆生（左起周映芝、张修桂、孟刚、朱毅、韩昭庆）

2020年9月与韩茂莉（左三）和韩昭庆（左一）合影

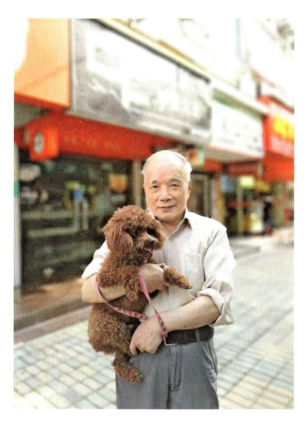

与爱宠豆豆

2021 年 7 月师生为张修桂先生庆生（一排左起张伟然、张修桂、朱毅；二排左起孙涛、韩昭庆、张晓虹、杨霄、林宏）

2021 年 8 月师生为张修桂先生庆生（左起徐建平、孙涛、韩昭庆、张修桂、张晓虹、邢云、李爽、罗婧）

2021 年 8 月度过八十六岁生日

目 录

序 ·· 1

张修桂先生自述 ··· 1

上编　山高水长　缅怀追忆

怀念为历史地理学做出卓越贡献的张修桂先生 ····························· 王守春　3

深入探研　综合考量　见识卓越　结论允当——追思张修桂教授对我家乡汉阳
　　地区汉水注入长江之河口段历史时期河道变迁之研究 ·············· 朱士光　6

悼念修桂老师 ·· 周振鹤　10

和张修桂老师接触两三事 ·· 徐海亮　11

世事如此无法逆料——悼忆张修桂老师 ·· 王妙发　14

怀念张修桂老师 ··· 王尚义　17

泪别张修桂老师 ··· 韩茂莉　18

我们和张修桂先生的交往 ··· 侯甬坚　王社教　21

追忆我的大朋友——悼张修桂先生 ··· 辛德勇　30

一堂别开生面的历史地貌学野外实习课——怀念恩师张修桂先生 ··· 马传捷　34

故人不可见，汉水日东流——忆著名历史地理学家张修桂先生 ······ 何凡能　37

修桂老师，我心中永远的"老顽童" ·· 陈　烺　41

最后的约定 ·· 胡阿祥　43

阿祥日记中的修桂先生 ·· 胡阿祥　46

永远值得我敬仰的张修桂先生 ·· 王杰瑜　49

豁达开朗而又严谨认真的"大师兄"——纪念张修桂教授 ············· 张晓虹　51

林花谢了春红——忆张修桂先生 ··· 张伟然　57

读张修桂先生的文章 ··· 鲁西奇　67

追忆张修桂老师 ··· 李晓杰　73

老师二三事，长河那道光 ·· 周映芝　77

i

深切怀念张修桂先生	王　庆	80
怀念张修桂先生	杨煜达	84
与张修桂先生交往印象及学习张先生文献感想	牛俊杰	86
怀念张修桂师：独树一帜的历史地理学者	韩昭庆	88
怀念张修桂先生	张　敏	93
当时只道是寻常——怀念史地所的师友们	左　鹏	97
先生不应被忽视的学术遗产	林　拓	103
纪念张修桂老师	尹玲玲	107
事了拂衣去　深藏身与名——纪念张修桂先生	孟　刚	113
极于高远，底于平实——缅怀张修桂先生	邹　怡	119
在记忆的田野中追寻：怀念张修桂先生	祁　刚	124
纪念张修桂先生	孙　涛	130
张先生指点江河	林　宏	132
怀念张修桂老师	夏晗登	136

下编　禹迹九州　探赜索隐

天水放马滩木板地图的绘制技术及其历史地位	雍际春	141
"黄侵运逼"视野中的淮河变迁	胡阿祥	158
学术的合作与创新	张伟然	180
中国历史地貌学开创者张修桂先生学术贡献述评	韩昭庆	185
张修桂先生对湖北历史自然地理研究的贡献	夏增民　邓航玲	198
江陵"息壤"与鲧禹治水	尹玲玲	206
历史时期长江流域各区段洪涝灾害发生关系研究	杨伟兵	233
《史记》中的"关中"与"关中之地"	马　雷	248
公元1523年华北地区沙尘暴灾害评估	费　杰	256
哈佛燕京图书馆藏《南阳县图》研究	徐建平	266
1644—1855年间黄河决溢的时空分布规律初探	孙　涛	285
明清丝绸之路哈密—吐鲁番段"沙尔湖路"研究	宋立州	297
1570—1971年长江镇扬河段江心沙洲的演变过程及原因分析	杨　霄	313
1861—1986年长江泗源沟至焦山段的河床演变	夏晗登　韩昭庆	325
明清文献中的黄果树瀑布及周边古迹考述	韦　凯	336

从现存宋至清"总图"图名看古人"由虚到实"的疆域地理认知 ············ 石冰洁 356
甲午战后中国海图编译的转变（1869—1914） ············ 何国璠 376

附编 唁函

武汉大学历史地理研究所 ············ 391
中国水利学会水利史研究会 ············ 392
云南大学历史地理研究所 ············ 393
《中国历史地理论丛》编辑部 ············ 394
上海师范大学历史地理研究中心 ············ 395
中山大学历史地理研究中心 ············ 396
中国环境科学学会环境史专业委员会 ············ 397
中国社会科学院古代史研究所历史地理研究室 ············ 398
浙江大学地球科学学院 ············ 399
安徽大学历史学院 ············ 400
兰州大学敦煌学研究所 ············ 401
河南大学黄河文明与可持续发展研究中心 ············ 402
北方民族大学民族学学院 ············ 403
广州大学广州十三行研究中心、广州大学历史系 ············ 404
上海交通大学历史系 ············ 405
贵州省史学会、贵州师范大学喀斯特生态文明研究中心 ············ 406
太原师范学院历史地理与环境变迁研究所 ············ 407
四川大学历史地理研究所 ············ 408
广东省社会科学院历史与孙中山研究所（海洋史研究中心） ············ 409
首都师范大学历史地理研究中心 ············ 410
中国科学院自然科学史研究所 ············ 411
郑州大学历史学院 ············ 412
苏州大学历史系 ············ 413
西南大学历史地理研究所 ············ 414
中国科学院地理研究所同仁 ············ 415
陕西师范大学西北历史环境与经济社会发展研究院 ············ 416
中国人民大学清史研究所 ············ 417

西北大学丝绸之路研究院 …… 418
科学出版社历史分社 …… 419
山西大学中国社会史研究中心 …… 420
广西民族大学历史系 …… 421
北京大学历史地理研究中心 …… 422
南京大学历史学院 …… 423
中国科学院大学人文学院科学技术史系 …… 424
中国地理学会 …… 425
广西师范大学历史文化与旅游学院 …… 426
中国地理学会历史地理专业委员会 …… 427

后　记 …… 428

序

2021年9月，张修桂先生因病离世，虽然不能说十分意外，但也让与他有过交往的同行和受过他教益的学生难以接受。张先生离世后，应他本人生前的要求，学校和家人未举行悼念仪式，这让热爱他的师生和友人无以舒解心中的悲痛。因此，作为张先生奉献一生的复旦大学中国历史地理研究所，在张先生离世后不久，就决定由他的学生韩昭庆教授组织、编辑同人纪念文集，在彰显张修桂先生崇高品格和学术贡献的同时，也寄托我们对张先生浓浓的哀思。

张修桂先生1935年出生于福建惠安，1959年毕业于华东师范大学地理系。此时正值谭其骧院士招揽人才在复旦大学建立历史地理学科，张先生因学业优异，得以与9位来自华东师范大学、中山大学、西北大学等著名高校地理系的优秀毕业生一同分配到复旦大学历史系工作。在刚获得教育部批准成立的历史地理研究室里，张先生一方面跟随谭先生参与编绘《中国历史地图集》的工作，另一方面为开设全国第一个历史地理本科专业做筹备工作，并担任历史地貌课程主讲老师。

1982年复旦大学中国历史地理研究所成立以后，张修桂先生担任历史自然地理研究室主任，担负起复旦大学历史自然地理研究和教学工作的重担，历任讲师、副教授、教授和博士生导师。在承担繁忙的教学、科研工作的同时，张修桂先生还兼任大量繁琐的学术组织工作。他曾出任中国地理学会理事、中国地理学会历史地理专业委员会副主任等职。其中最重要、占据他最多精力与时间的是，他一直主持历史地理专业委员会主办的刊物《历史地理》的编辑出版工作。不少如今已是全国历史地理学界骨干的中青年教师，都曾获得张先生的提携。当时，很多学者都把在《历史地理》上发表论文作为一项学术殊荣，《历史地理》辑刊能得到国内外学术界的高度评价，张先生在其中起到了承上启下的作用，功不可没。

张修桂先生长期从事历史自然地理和古地图的教学、研究工作。曾主持和参加多项国家级和省部级科研项目，出版专著2部，合著多部，发表论文70余篇，在他那一辈学者中实为成果卓著。这不仅得益于张先生在华东师范大学地理系所受到的扎实的地理学训练，还因为在编纂《中国历史地图集》时得到了谭先生的亲自指导，故学问专精，功力深厚。张修桂先生的研究成果在历史地理学中独树一帜，特点是用现代地理学的理论与方法，对历史文献和古地图中的地理信息加以分析研究，解决了他人无法解决的问题,甚至更为重要的是,他创立的历史自然地理学和古地图研究范式,往往能够让后来者举一反三。在本文集中,不少学者的纪念文章与学术论文中都提到了这方面的实例,在此不赘。更难得的是,张先生时刻把为国家经济建设服务奉为学术圭臬。他的代表作《金山卫及其附近一带海岸线的变迁》和《长江宜昌至城陵矶段河床历史演变及其影响——三峡工程背景研究之一》作为历史地理学"经世致用"的经典性成果,先后获1979—1984年和1985—1994年的上海市哲学社会科学优秀成果奖论文一等奖。此外,张修桂先生的专著《中国历史地貌与古地图研究》获第二届(1994—2013)全国优秀地理图书奖(专著类),他和邹逸麟先生共同主编的《中国历史自然地理》获教育部第七届高等学校科学研究优秀成果奖(人文社会科学)二等奖、第五届郭沫若中国历史学奖二等奖,《黄淮海平原历史地理》获国家教委首届社会科学奖一等奖。而他作为主要参与者的《中国历史地图集》获上海市哲学社会科学优秀成果奖特等奖、国家教委首届社会科学奖一等奖,《中国自然地理·历史自然地理》获中国科学院科技进步奖一等奖。

张修桂先生不仅是一位学术大家,对学生来说,他更是一位有温度的老师。从这部文集中收录的文章可以看到,他的不少学生都受到过他的关爱与资助。因此,这本文集不仅反映了同辈和后学对张先生学术的敬佩,还勾勒出了学生们眼中纯真而有个性的张先生。张修桂先生高超的学术研究水平和可贵的个人品德,都已成为复旦史地所宝贵的精神财富,值得我们所有后学景仰与追随。这也是我们编辑这部纪念文集所欲达到的目的。

胡阿祥教授对张修桂先生一世高风亮节、专注舆地之学有过十分贴切的评述:
云山苍苍,江水泱泱,先生之风,山高水长!
茫茫禹迹,漫漫九州,先生之学,同怀共仰!

是为序。

张晓虹
2022年10月于复旦史地所

张修桂先生自述

1959年夏，我和同班一位同学，从华东师范大学地理系本科毕业，分配到复旦大学历史地理研究室。当时我对历史地理一无所知，也无所好，但能到复旦大学工作，总是很高兴的。那时研究室的老师们，都在忙于编绘历史地图，我们是门外汉，当然不能编图。为了帮助我们入门，室主任谭其骧先生安排我们抄录《元和郡县志》《太平寰宇记》中的水道，读读《读史方舆纪要》《大清一统志》，边抄边熟悉古籍，边抄边看他们编图，希望能对历史地理有所感悟。

当年的7月1日，复旦历史系成立历史地理研究室的同时，代理系主任谭先生就为培养历史地理专门人才，筹备在历史系建立第二个专业——历史地理专业。专业需要的历史教师，历史系人才济济；历史地理专业课教师，历史地理研究室老中青齐全；缺的只是地理基础课教师，所以调我们到复旦的初衷，就是准备为专业同学开设地理课。为此，1960年又从中山大学和西北大学调来8位地理系本科毕业生。10名初出茅庐的年轻人，在历史地理研究室管辖之下，成立地理教学小组。同年秋季就开始招生。我受命担任教学小组负责人，具体安排地理学各门课程的任课教师，并组织备课、试讲和听课。但专业连招三届之后，研究室的老师因编图任务实在繁重，无暇再为同学开设专业课，从1963年开始，历史地理专业就停止招生。我们这些地理教师，有的就陆续在校内另行分配工作；留在研究室的，则安排做些历史地理资料的抄录和研究室收藏地图的编目工作，并和编图人员一样，按时上下班。

就在1963年的夏天，中科院地理所历史地理组联合该所的地貌室和河北地理所地貌室，组织永定河故道调查考察，要求复旦派员参加。我有幸受派参加考察与学习，并参与撰写野外考察总结报告，前后历时5个月的实践和熏陶，以及拜访北京大学侯仁之先生，并聆听他的报告，受益匪浅。10月下旬，我奉命返沪，继续在研究室抄录历史地理文献资料，如《十七史商榷》等。

但从1964年开始，全国性的大运动再次来临。我被安排前后三次参加"农村社会主义教育运动"，1966年5月底返校，随即"文革"爆发，研究室的编图工作也因之全面停顿，直至1969年。

所以我在研究室的这头10年，基本上是在历史地理的大门口游荡。尽管如此，却也有些开心事。

在资料的抄录过程中，我注意到赣江中游某处（忘了）和汉江口有变迁的史实，谭先生知道后，就在研究室的公开场合介绍，这使我这个初来乍到的门外汉，感到很是兴奋和感动。

从北京返沪后，作为考察汇报，我把在北京写的《从永定河故道的研究谈谈历史河流地貌研究方法的一些体会》一文交给谭先生，没想到，谭先生看后随即决定打印，分送全国有关单位和个人。说明谭先生对我的这第一篇历史地理习作，也是肯定的，我更是受到莫大的鼓舞。

第二年即1964年，河北地理所地貌室在永定河调查的基础上，决定对河北平原古河道开展普查，到北大请教侯仁之先生如何开展古河道调查，侯先生随即向他们推荐我的这篇习作，认为是很适合、很不错的参考材料。因为我们曾经在北京共事过，关系很好，他们随后即向我通报拜访侯先生之事，我知道后当然很是开心。

这虽然是些小事，但在那个年代、那种环境下，在历史地理大门口游荡的我，能得到两位著名前辈的首肯，在很大程度上激发了我对历史地理的兴趣，特别是对历史自然地理的爱好。

从1969年到1979年的第二个10年，我才开始正式步入历史地理学的殿堂。引导和推动我入门的，仍然是谭其骧先生。

那时尽管"文革"闹得天翻地覆，研究室却因为编绘《中国历史地图集》，有"尚方宝剑"，从1969年开始便可以恢复工作，继续编绘地图。我就是从这一年开始，才正式参加历史地图的编绘工作。通过编图，训练了历史地理考证的基本功，并逐渐认识到沿革地理的意义和它在研究历史地理各方面的不可忽视的作用。

1972年上海筹备在金山卫海滩建设石油化工总厂，需要搞清海滩的坍涨趋势，邀请谭先生到金山实地了解滩地状况，以便为建厂问题提出意见。7月30日下午，谭先生约我随同他到金山海滩看看，事后我撰写了《金山岸线之变迁》一文，经过谭先生多次批阅和补充资料，并将题目改定为《金山卫及其附近一带海岸线的变迁》，12月下旬即以研究室的名义付印，提交"市革会"和总厂筹建指挥部，并分送有关单位。据反映，文章成为建设石油化工总厂的重要参考材料，是筹建指挥部干部们的必读文件。这使我头一次尝到研究历史自然地理为生产建设服务的乐趣。

1974年8月，文物出版社将马王堆出土的帛地图32张断帛错位照片寄给谭先生，要求进行拼接，并对原图进行复原。谭先生即把任务转交给我，经过个把月的反复比照，终于拼接成一幅48平方厘米（原图为96平方厘米）的汉代地形图，并绘制了复原图，提交文物出版社。谭先生随即据我绘制的复原图，结合大量历史文献资料，撰写两篇关于马王堆地图的重要文章，分别发表于1975年的《文物》第2期和第6期上。这项工作，促使我对古地图产生浓厚兴趣。而后来我对古地图所进行的研究，却略有别于前人的研究模式。

从 1976 年下半年开始，谭先生又派我参加中科院主持、谭先生亲任主编的《中国自然地理·历史自然地理》一书的编纂和"长江"一节的撰写工作，直至 1979 年完成交稿。其间，我先后撰写《荆江的变迁》《洞庭湖的变迁》《云梦泽的变迁》等文初稿，因观点新颖，当时的长江流域规划办公室荆实站恰好来人搜集长江历史变迁资料，随即全文抄录带回付印，在两湖水利部门广泛流传，普遍认为文稿为长江中游河湖整治提供了重要的历史依据，并为其后相关志书的撰写，如《荆江大堤志》《荆江堤防志》等，厘清了河湖变迁的相关专题。这又使我进一步认识到研究历史自然地理的重要意义。

这第二个 10 年，也是决定我主要从事历史自然地理和古地图研究的 10 年。但时运不济，加上自己无所用心，就是这 10 年，我也是没有发表过一篇文章。直至"科学的春天"来临的 1980 年，我才在《复旦学报·社科版》发表第一篇文章——《云梦泽的演变与下荆江河曲的形成》，这时我已经是 45 岁的人了，说来惭愧。

此后直至 2000 年退休，除了为本科生和研究生开基础课和专业课外，因为有多种项目（如国家历史地图集、中国历史地震图集、中国历史气候资料汇编、荆江研究项目、上海成陆项目，等等）的成果，特别是 70 年代积累的研究成果，我才陆续在刊物上发表一些文章，并获上海市哲学社会科学优秀成果奖论文一等奖 2 次，三等奖 1 次，总算得到一点慰藉。

前些年在朋友们的关心帮助下，这些文章中的大部分才被改编成为《中国历史地貌与古地图研究》一书，由社会科学文献出版社于 2006 年出版。也就是说，我都到了 70 岁的人了，才有第一部个人的专著问世。应当承认，我在完成集体任务上，还算是认真负责的；但在没有规定任务的情况下，除非是有特别让我感兴趣的课题，否则我通常是不会主动去争取新任务、搞新的研究的，所以个人成果不丰，也是必然。

退休以来的这 15 年，大小任务也是不断，既有研究所的中美合作项目，又有中国地理学界的合作任务，也有个人爱好的"老有所乐"课题，所以也是忙碌愉快的，没有闲着。

所谓中美合作项目，是指由时任所长的葛剑雄和美国哈佛大学地理分析中心主任包弼德共同组织、两个单位合作开发的"中国历史地理信息系统"。该"系统"要求突破以往编绘纸质历史地图需要设定的"标准年代"，将中国历史政区沿革考订精度提高到以"每一年"为单位。为此，政区沿革的精确考订，便成为完成"系统"政区数据库建设的关键。葛剑雄就安排以我们几位退休老人为主，做这项基础性的考订工作。我负责并完成福建（包括台湾岛）、广东（包括海南岛）、广西三省区的县级及其以上政区的沿革考订。其中，明清时期福建（大陆地区）县级政区的考订，还落实到县界的每一年变化，成为"系统"庞大政区数据库中最为完整的一个小小部分。

在此期间，中国地理学界合作编撰"中国自然地理系列专著"10部，其中，《中国历史自然地理》一书，由邹逸麟和我任主编，王守春为副主编。该书是在1982年出版的《中国自然地理·历史自然地理》一书的基础上，汇集20年来诸多学者的最新研究成果重新编写而成的。我在其中负责长江、海河和上海海岸等的撰写，采用的资料主要是我在20世纪80年代和90年代的研究成果。该书已由科学出版社于2013年10月出版发行，相信能对中国历史地理学，特别是历史自然地理学的进一步深入发展，起到一定的推动作用。

以上两项集体任务基本完成之后，由于个人对长江中游研究的偏好，想从《水经注》注释入手，恢复公元5世纪长江中游的河湖地貌形态，为相关研究者提供一个较为公允的比较平台，同时也可为今后重新整理《水经注》和新编《水经注图》做些前期准备工作。适时得知，复旦大学文科科研推进计划有一项"金秋"项目，是专门为退休教授"发挥余热""老有所乐"而设立的，我便提出申报并连续三次获准，遂有长江中游河段、汉江流域、洞庭湖水系等三项6篇《水经注》校注成果发表。

以上记述的是我到复旦至今55年来，既简单又平庸的历程，虽然不勤奋，但确实也做了一些工作，总算也为建设中国历史地理学这座不大的殿堂，添加了一砖片瓦，大致不太辜负恩师谭先生在天之所望。

张修桂

2014年春节于复旦三舍

（选自张修桂：《龚江集》，上海人民出版社2014年版）

上编　山高水长　缅怀追忆

怀念为历史地理学做出卓越贡献的张修桂先生

王守春

（中国科学院地理科学与资源研究所）

我和张修桂先生最初的接触还是在参加编著《中国自然地理·历史自然地理》一书之时。那是在1977年11月，该书在上海统稿。这次已是该书的第二次统稿。该书是为响应1972年周恩来总理对中国科学院要开展基础理论研究的指示，于该年中国科学院地理研究所（即现在的中国科学院地理科学与资源研究所的前身）和中国地理学会发起要编著一套"中国自然地理"系列丛书的一部。1972年，由中国科学院地理研究所和中国地理学会组织，由谭其骧先生牵头，为该书拟定了编写提纲和分工。1976年11月在西安进行该书第一次审稿和统稿。1977年11月在上海进行第二次统稿。此次统稿工作由谭先生牵头负责，会务由我来具体操办。

当时由于"文革"刚刚结束，国家经济处于凋敝状态，科研经费很少，为了节约费用，经过与华东师范大学协商，该校从学生集体宿舍楼里腾出几间房间，供与会人员住宿和统稿。此次统稿中，该书的其他章节都已经初具眉目，唯有长江这一部分，很不能令人满意，被与会诸位前辈否定。长江部分必须另外重写。时间很紧迫。在这种情况下，谭先生起用张修桂先生，因此，可以说，张修桂先生是临危受命，他是从零开始这一部分的编写，他所承受的压力格外沉重。在此期间，张修桂先生每天勤奋工作，到华东师大图书馆查阅史料，他和邹逸麟先生同住在一间不到10平方米的小小集体宿舍，二人都是每天晚上工作到半夜才休息。为了提神，他们二人所能用的办法是靠香烟。我每次去他们的房间，总是看到他们二人一面在抽烟，一面或在思考，或在运笔疾书，或在交谈有关学术问题，房间内总是烟雾缭绕，烟味甚浓。他们二人身体都不太好，现在想起来，可能与那时的艰苦工作环境和他们以香烟来提神有关系吧（那时与会人员每天补助一角五分，饭钱另由自己出。这点补助不够一包烟钱！那时最便宜的香烟是每盒一角五分！他们那时抽的就是这种一角多的无牌子的最便宜的香烟！在如此艰苦的条件下，他们专心于学术，实在令人敬佩。现在回想起来，仍令我唏嘘不已。这是他们用身体的代价为历史地理学做贡献，真是值得后人敬仰钦佩。但是在此次统稿期间，我看到邹逸麟先生和张修桂先生二人结成的亲密关系，我想，正是这次两个多月的集中统稿，他们二人住在一起，形成了他们二人的更加亲密的关系，这是历史地理学界之幸；他们二人的这一亲密关系的形成，对后来他们二人的多次合作带领复旦的同人和我国历史地理学界完成了多项重要课题和专著的编写奠定了很好的基础。

集中统稿经历了两个多月，从1977年11月下旬开始，到1978年1月31日结束，长江部分的稿子有了眉目。张修桂先生的工作得到谭先生的首肯。

但是，接着发生了一件大事。这就是1978年1月31日集中统稿结束的当天晚上，谭先生回到家中，突发脑溢血。这是由于当时统稿工作条件艰苦（住筒子楼的学生集体宿舍），谭先生每天睡得很晚，而每天早晨6点，楼前广场上的大喇叭就响起来，谭先生又为该书的撰写过度操劳，每天晚上都12点以后才休息，而每天半夜都会饿，为此，谭先生每在晚饭时都要留下半个馒头，半夜只能啃凉馒头。谭先生病倒之后，委托陈桥驿先生来主持该书的统稿工作。

《中国自然地理·历史自然地理》一书，于1982年由科学出版社出版。该书是我国历史地理界的第一部集体性学术专著，也是我国历史地理界到此时为止历史自然地理研究的总结性专著，因此，受到广泛关注和重视，在学术界产生很大影响。该书的成功，除了有其他各位先生的努力和贡献，其中也有张修桂先生的卓越贡献。

我记得还是在《中国自然地理·历史自然地理》一书的统稿期间，谭先生就和几位前辈筹划创办《历史地理》刊物。后来该刊物正式创办，由于张修桂先生在《中国自然地理·历史自然地理》一书中的卓越贡献，谭先生就让张修桂先生来具体操办该刊物，负责该刊物的编辑工作。这是一项很繁重、很繁琐的工作。张修桂先生不负众望，把《历史地理》刊物办得很好，在国内外有着很好的影响。

张修桂先生在主持《历史地理》刊物的编辑工作期间，经常鼓励我写文章，这对我是很大的鞭策。张修桂先生对我的情谊，我是没齿难忘。

谭先生又推荐张修桂先生任地理学会理事。担任地理学会理事，这在地理学界是高尚的荣誉，也是一份很重的责任。在任此职务期间，张修桂先生团结历史地理学界，如他每次到北京赴地理学会的会议，都会和北京的同人聚会，联络感情，进行交流。

20世纪80年代，由施雅风院士和张丕远先生主持全球气候变化和我国历史气候变化研究的重大课题。在该课题开展期间，每次在北京开会，都是邹逸麟先生、张修桂先生和满志敏先生三人来赴会。在这项研究中，复旦的同人做了大量工作。张丕远先生多次对我说，复旦的工作是信得过的。这是对以邹逸麟先生、张修桂先生和满志敏三位先生为首的复旦研究集体所进行的工作的真实的很高的评价，其中也有张修桂先生的贡献。

张修桂先生的另一项重要贡献是和邹逸麟先生共同主持编著的《中国历史自然地理》。2006年，由中国地理学会联合中科院地理科学与资源研究所、国家自然科学基金委员会、科学出版社共同举办"中国自然地理"丛书的重新编写工作。因为该套丛书是在20世纪70年代编著，在80年代都已经全部出版了。到2006年，距此套丛书的出版又过去30多年。在这30多年中，我国地理学在野外考察和研究方面又取得一系列成果，极有必要将这些大量的新成果加以总结。在拟定重新编著的"中国自然地理"丛书中，就包括《中国历史自然地理》。该书由孙鸿烈院士和郑度院士负责总主编，他们任命下面各分册的主编，《中国历史自然地理》一书由邹逸麟先生和张修桂先生二人负责主编。值得指出的是，张修桂先生主动提出负责全书的篇目安排和全书的审阅（邹逸麟先生也认真审阅了全书，邹逸麟先生和张修桂先生二人为该书的出版都付出了很多）。该书几经修改，最后于2013年由科学出版社出版。这部书比1982年科学出版社出版的《中国自然地理·历史自然地理》那本书，字数增加了一倍，许多内容都是收集大量新的资料后重新撰写的，还增加了很多新的内容。该书总结了我国历史地理学界直至21世纪初的研究成果，是有关我国历史自然地理的最厚重的一部集体性专著。该书的完成，有张修桂先生的重要贡献。

回想张修桂先生对我国历史地理学的贡献，令我无比怀念，无比敬仰。

愿张修桂先生在天之灵安息吧。

深入探研　综合考量　见识卓越　结论允当
——追思张修桂教授对我家乡汉阳地区汉水注入长江之河口段历史时期河道变迁之研究

朱士光

（陕西师范大学西北历史环境与经济社会发展研究院）

距今半年多，也即去年9月12日，正当我住处附近桂花盛开之际，下午接到张莉博士电话，得知修桂教授已于当天清晨辞世。闻之顿感怅然若失！很快就给不久前曾来西安对我进行访谈，近日还与我联系商谈对采访稿进行修改的复旦大学《历史地理研究》编辑部程心珂编辑发去手机短信，对修桂教授的遽然离世表达了悼念之情。当晚经张莉博士帮助，重建了与《历史地理研究》编辑部主任杨伟兵教授的微信联系，又给他发去悼念修桂教授溘然仙逝的微信。在连续两次发出了对修桂教授逝世敬悼之情的短信与微信后，我久久沉浸于对修桂教授的追思之中。

一

我与修桂教授往常联系不多。最开始的直接接触是40年前的1982年秋季随史念海先生赴上海，参加由复旦大学历史地理研究所承办的全国历史地理学术会议期间。当时我刚从陕西省水土保持局经由史念海先生努力调入陕西师范大学历史系之历史地理研究室工作不久，因刚转业归队仅半年时间，所以对到会的曾多年投身历史地理学研究的许多长辈或同辈均不熟悉。在初次见到修桂教授时也有怯生之感，但他却直率坦诚，对我谈及我的研究生导师侯仁之先生时，言辞真诚，直抒胸襟。在我听到有位复旦大学较他年长的老师用吴侬软语呼叫他名字"修桂"时，竟误听成叫他"小鬼"，但也从中感受到他们之间关系的真诚亲切。然而修桂教授在我心目中印象最深的还是他主要从事的历史自然地理研究及其取得的成果，其中特别是他对我之家乡——武汉市汉阳地区汉水注入长江之河口段历史时期河道变迁之研究。

二

我的祖籍在清代康熙初年湖广行省分为湖北、湖南两布政使司后之湖北省汉阳府下辖的汉阳县夌山乡灌林咀村。汉阳县为汉阳府之附郭首县，府治与县治均在汉阳城中。① 1949年中华人民共和国建立后不久，汉阳县东部连同县城，改建为汉阳区；西部仍为汉阳县，县治设在蔡甸镇，均属武汉市管辖。至1992年汉阳县改设为蔡甸区，仍是武汉市的市辖区之一。② 不论是我祖辈居住过的汉阳县，还是我读中学六年（1952—1958）居住过的汉阳区，大部分区域都位于汉水注入长江的河口段河道之南。③ 而"汉阳"一名，唐代李吉甫在所著之《元和郡县图志》卷第二十七中载明，系于隋大业二年（606）由原汉津县改而得之。改称"汉阳"之原因，有学者论定是"因汉津位于汉水北岸，依'山北为阴，水北为阳'的旧例，改汉津为汉阳"④。此后该名一直沿用至今，已历1400余年。迨到清末光绪二十五年（1899）三月，析汉阳县汉水以北部分置夏口厅⑤，即今之武汉市汉口部分，之后整个汉阳县，以至今之汉阳区与蔡甸区才均在汉水注入长江之河口段以南。

从上述"汉阳"一名之得名缘由以及历史上汉阳政区变动，特别是有关武汉三镇形成等事涉武汉城市历史发展之重大问题论，我家乡汉阳地区汉水注入长江之河口段历史时期是否有变化与变化之具体状况，势必成为武汉城市历史发展中必须探明的一个重要问题。

三

2012年3月24日，在由武汉市人民政府主办，武汉市国土资源和规划局召开的"武汉城市历史全国专家研讨会"上，我在发言中曾对武汉市之微观地理条件概括为：

> 滨江傍水，丘岗起伏；湖泊星列，湿地广布。

---

① 《清史稿》卷六十七《地理志》十四。
② 陈潮编：《中国行政区划沿革手册》，中国地图出版社2007年版，第106页。
③ 参见谭其骧主编：《中国历史地图集·清时期》之湖北行省图，地图出版社1987年版，第35—36页；《中国分省系列地图册·湖北》之《武汉市》图，中国地图出版社2018年版，第22—23页。
④ 汉阳县县志编纂委员会主编：《汉阳县志》，武汉出版社1989年版，第32页。
⑤ 周振鹤主编，傅林祥、林涓、任玉雪、王卫东著：《中国行政区划通史·清代卷》，复旦大学出版社2013年版，第337页。

同时又对武汉市之宏观地理形势与城市特点概括为：

两江汇合处，三镇鼎足立。
气势天下雄，格局世上稀。

之后不久，我在总结这一盛会发言要点所撰《关于古都武汉城市历史研究中几个重要问题的初步论述》[①] 一文中，也将历史时期今武汉市区内汉水注入长江之河口段河道流向变迁问题，列为我家乡武汉城市历史研究中的几个重要问题之一作了初步论述。在指出了研究判定汉水注入长江之河口段河道流向变迁问题，除与论定历史上武汉市主城区出现的首座城邑——却月城之位置有直接关系外，还与确定今武汉三镇格局形成时期有直接关系，确为武汉城市历史发展中的一个至为关键的重要问题。在回顾对这一问题已作的研究前，先历述相关的三种见解，即：

其一为"成化改道说"。此说据《明史·地理志》，认为明成化（1465—1487）前，汉水旧经翼际山（又名鲁山，即今龟山）南入江。成化初改从山北注入长江。此说后经清康熙时人张裔潢倡扬，又复有近代学者潘新藻力主[②]，一时间影响甚广。

其二为"多口归一说"。此说认为在明代成化年间以前汉水在汉阳府境内存在多条河道，分别从今龟山南、北注入长江。到成化年间，并非发生改道，而是由多口入江改为由鲁山北即今龟山北一口入江。[③]

其三，即为张修桂教授所力主的"主泓龟北说"。是他在实地考察基础上，结合对历史文献的综合分析，更为全面深入地掌握了汉水河口段历史演变过程后提出。其要点是：

——近两千年来，汉水基本稳定在今龟山北麓流注长江，汉阳与汉口两地夹汉水对峙的地理形势，由来已久。

——汉水下游河道，在掀斜构造运动支配下，主泓道逐渐南移；尤其是河口段，已从先秦《禹贡》时代的府河—滠口一线，至汉晋隋唐时期南移至今汉水河口段，但均在今龟山以北区域。

——由于汉水河口段曲流发育的结果，汉水一度在南宋时分出一支由今龟山之南注

---

① 该文原载于《江汉论坛》2013 年第 1 期，同年被中国人民大学主办之复印报刊资料《地理》2013 年第 3 期全文转载。后收入作者论文集《历史地理学的传承与开拓》，中国社会科学出版社 2018 年版。

② 潘新藻：《武汉市建置沿革》，湖北人民出版社 1956 年版。

③ 详见皮明庥、欧阳植梁主编：《武汉史稿》，中国文史出版社 1992 年版，第 225 页；涂文学、刘庆平主编：《图说武汉城市史》，武汉出版社 2010 年版，第 124 页。

入长江,龟山南、北两支并流入江;至元代前期,甚至完全从龟山之南流入长江;但到元代后期河势又发生了变化,至明代中叶,即成化后,其下游又回归龟山以北,形成目前汉水河口段之河道流路。①

对上述三说,我在认真拜读了有关论著,并作了比较分析后,在前文提及的我所撰写的《关于古都武汉城市历史研究中几个重要问题的初步论述》一文中,曾分别评论道:

> "成化改道说",持论过于简单,分析过于表面,所得结论中关于明成化前汉水均自龟山南流入长江部分有违史实。
> "多口归一说",缺乏实地调查与河流地貌变化之考察论据,因而所论明成化前汉水在龟山南北多口注入长江,至成化后因汉水下游水文形势发生变迁,始在龟山北形成一个稳定的入江之河道的论断难以成立。
> "主泓龟北说",因遵循河流地貌学原理,通过实地考察与史籍文献的综合研究分析,所得结论翔实有据,科学有理,符合史实,令人信服。

当然,在作出上述评论之后,我也吁请湖北省与武汉市相关领导部门以及高校、科研院所专业人员,能在修桂教授研究成果基础上,就汉水下游与入江河道变化问题进一步开展综合性研究,不仅在学术问题层面上取得更为丰硕、精准的成果,还可结合汉水上游陕西境内已获批准动工兴建的引汉济渭工程与湖北境内业已兴建的丹江口南水北调工程引水后导致的汉水下游年径流量、洪峰流量、枯水流量的变化,将汉水下游入江河道变迁与武汉地区相关湖沼湿地之演变以及它们之间相互影响、制约的关系进一步探明,以便充分发挥其对武汉地区水资源、水环境之科学保护与利用,对于将武汉市建成生态环境妩媚多姿、优美宜居的江湖之城,发挥出积极的必不可少的作用。

综上所论可以明显看出,正是张修桂教授针对我家乡武汉地区汉水河口段河床历史演变问题,遵照历史地理学的相关理论与研究方法进行深入探研,综合考量,使其研究成果见识卓越,结论允当,不仅使汉水河口段河床在人类历史时期之变迁大势及其原因全面深入地被探究出来,还使武汉地区城市历史发展中一些相关的问题也可凭之进一步开展研究。所以迄今每思及此,都使我这个湖北佬、武汉伢倍加钦敬!也令我作为一个历史地理学工作者深深企盼我们学界同仁能学习、继承张修桂教授的治学精神,共同推动我国历史地理学在新时代里获得进一步的发展!

---

① 详见张修桂著《中国历史地貌与古地图研究》一书第一篇"长江中下游河湖地貌演变"之第一章"长江中下游河床演变"的第四节"汉水河口段河床历史演变及其对长江汉口段的影响",社会科学文献出版社2006年版,第111—130页。

悼念修桂老师

周振鹤

(复旦大学历史地理研究中心)

  修桂老师对我有恩，我一世铭记在心。我是大龄研究生，1978年入学时，已经三十七岁，现在这个年纪的人都已经当教授了。那年年底，儿子出生。妻子一人远在湖南，辛苦抚育。儿子小时候身体不好，老是生病，当地看不好，只能到上海求医。我住在研究生宿舍，无法安顿他们，于是修桂老师伸出救援之手，要我到他们家暂住。修桂老师家面积并不大，好在有三室一厅，让我们占据了一室。其时修桂老师的母亲张太夫人也来沪居住，他们一家就有五口，还要让出一室给我们，那是多大的恩惠！我现在回想起来都觉得惭愧不已。

  修桂老师生性慈善，喜欢学生。我的学生不但都与他相识，而且与他的关系甚至比与我的关系还密切。我有时也奇怪，这些不都是我的学生吗？这就显示出个人品格的高下来了，我显然远不如他对学生爱护之深。而且修桂老师远不止对学生的一般关心而已，他还善于发现学生在学术方面的长处，并适时地加以表彰、鼓励。譬如余蔚博士论文的闪光点，就是张老师加以表彰强调的。有这样的老师在一旁加以提携鼓励，学生不想进步也难。

  修桂老师心胸极为宽阔，对于待遇之不公，淡然处之，从来不宣之于口，形之于色。争什么？他常说。即便那种不公是因为主事者的不作为而产生，他也从来不当回事。在我一生之中，我极少，或者简直就没有遇到过这样豁达大度的人。这样的榜样在前，对我的教育极大，使我在遇到类似的事情时，能有楷模可以学习。

  修桂老师的学术贡献众所周知。历史自然地理之所以能成为历史地理的一个分支，与他的贡献密不可分。他在历史地貌研究、古地图研究、河流湖泊海岸变迁研究，以至上海成陆过程的研究成果都是历史地理学术领域中闪闪发光的范式。如果假之以年，他还能给我们更多的教诲，还能创造更多的成果。可惜他走了。虽然从年龄上看也属长寿，但我一直心有戚戚。我们无能，不但不能帮他延年益寿，而且也没能分担他晚年的痛苦。修桂老师走了，但他一直活在我的心中，永远永远！

(2022年4月4日)

和张修桂老师接触两三事

徐海亮

（水利部防洪减灾抗旱减灾研究中心）

我认识张老师，还是1982年参加那年的历史地理学术年会时，那次会议算是接触张老师的机遇。当时我正在母校武汉水利学院进修，突然武汉大学的石泉老师到水利学院来（他是《中国水利史稿》上、中册的顾问），告诉9月初在上海有年会。我决心去看看，于是提前赶到上海，住亲戚家。亲戚说开会还是住在会场附近方便，你去找谭其骧先生试一试。我没有会议通知，复旦大学老师压根不知道我，便硬着头皮去了延安饭店。在乱哄哄的饭店，居然找到了谭先生，我在1980年曾贸然去高安路谭师寓所拜访过他，询问黄淮关系，谭先生借我一本《淮系年表》，嘱我阅读之，并介绍我认识去他家的葛剑雄，讲他为何招收葛做研究生，意思大概是支持我们这一代人自学成才。谭先生当年曾到都江堰参加我们水利史研究会成立大会，葛剑雄同往，他们和水利界学者一起开会，上青城山，仍很熟识。他把我带到会务组，介绍认识邹逸麟老师，嘱咐邹安排，先发我文件资料，邹老师不知我贸然出现，似乎没有准备材料，觉得不好意思。杨正泰则不太愿意地给我寻找零星的剩余资料文件。谭先生又带我到另一房间，安排会务组给我一个与代表们一起住的床位。这好像是后勤组的同志，年轻人较多，沙发上靠着一位中年老师，手里正玩弄着一个红苹果，似在玩魔术，他和年轻人开着玩笑，没有多搭理我，看样子，我想大概是管后勤的老师吧？没有想到，他就是张修桂！

后来好些年才知道，张老师主攻自然地理，他在《历史地理》发表的文章好像以长江河道、湖泊与河口的为多。我毕业后在河南工作，接近黄、淮，埋头黄河历史，但是我是长江流域人，生于重庆，湘湖与太湖文化是我父母的根基，故对张先生的南方研究，有种乡土的情趣。邹老师后来与我接触较多，因为我在学习黄河历史，他对我很客气。20世纪80年代我常去复旦，多在邹老师处活动，邹老师安排我查询文献档案，编绘明清黄河下游决口的图幅，指点我的理解错讹。张老师则看似冷漠，但我渐渐明白了，张老师似乎冷淡我的后面，藏有对我的关照。他那些年管刊物，每次我走到他的办公室门口，他总是瞪大了双眼，默默地从书桌里或架子上递给我两本期刊，再问收藏到哪一期了，缺这本吧？我糊里糊涂送给邹老师投稿文章，心里想这和传统的史地文论不一样，他们会不要吧？但是这本大家趋之若鹜的核心刊物，居然要了我早年好几篇文章。后来我明白过来，我想谭先生绝对没有给邹、张发话，他也不一定有时间看我的习作，邹也不会一言九鼎地叫期刊发表我的文章，这个不做声的张修桂老师，在讨论决定刊发我的文章——修改我的文字上，一直作了默默的"伯乐"。

复旦历史地理人提携和支持我，我心里始终默默感谢着。对历史地理有兴趣的年轻学人知晓我这个学界的无名之辈，他们应都是阅读过张老师经手的《历史地理》的学生呢。我该到哪里去感谢邹先生、张先生呢？

另一件事，1992年还是次年，史地所主持了一个教育部课题，需要开一次关于灾害的学术会议，我当时调动到南粤，手边只有一篇讲中国传统水利特点的现成文章，且拿到上海来应付一下。开会中，邹老师开玩笑说，你下海了，还搞黄河吗？张老师可没有开玩笑，在散会时，他在会议室叫我留下来，一本正经地说，他在负责编辑这次汇报会的文集，但我写的东西不能用，因为这是学术会议论文，你写的不是学术方面。你如果想收入文集，就换一个，不然，就放弃掉！我想他大概想回避敏感问题吧，就答应了再换一篇谈灾害与环境的材料。

最后一次见到张老师是2016年。我想和复旦的邹老师、张老师好好地汇报一下自己对史前时期黄河下游演化的探讨，征求他们的意见，具体就是龙山时期吧。最先找的是张老师，张老师这时耳朵不好，需要用助听器协助交谈。这个问题因为超出了文献考据的范畴，学术上可能有些敏感。我给张老师举例说明文献、地质、钻探、考古能够提供的一些线索，说明龙山时期黄河已有南下淮河流域的可能。我还提示张老师本人对于黄淮古地理的相关认识。张老师听力不好，助听器也有嘈杂干扰，特别是我们讲久了，张老师的爱犬早已不耐烦，我讲话时，它就对我大叫。张老师说我们带它去溜达吧，同时拿出一本《龚江集》送给我。我问"龚江"在哪里？张老师回答好像是说纪念母亲的。在散步遛狗路上，张老师肯定我的想法和臆测，史前黄河肯定是有和历史时期一样的南北泛流演化的，可以探索下去。第一个老师基本认同了，我很高兴，再找了邹老师。邹老师老伴去世后，他一人住在寓所，大病几次，看起来也老了许多。我也同样给邹老师汇报，甚至具体举了泛道的例子，以及实证的材料与测年数据。邹老师在学术上总是不苟言笑的，这一次见面时身体也不太好，他没有明确和断然地同意我的陈述。但具体例证他认真地听取，他认为探索方向是允许的。老教师那里讲过了，我才放胆给现职老师和在读的硕博研究生讲述与演示。事后，一个陪伴我的博士生说，老师没有讲过，我们不敢说。我说谭先生如果在世，他一定会支持我的报告的。其实，那天的讲座，办公室也事先通知了邹、张，但他们回复不能来。仅仅讲座开讲前夕，看到张老师急匆匆地从会议室左门穿越会议室右门出去，好像他来所里办事吧，顺便对我挥手致意，我想，这大概也算他的支持了吧？

这一年，好不容易约上，见到葛剑雄老师，过去他在所里上班，每次我到复旦，他只要在所里还是可以见上的，后来就得好几年碰上一次。2016年，他居然留给我一两个小时时间，我放弃了当时召开的灾害史学术会议，去葛处见面。葛老师算是我们同一代人，我们可以无话不说，无所拘谨。他头脑灵光，敢于放开说话。对于史前黄河变迁这个话题，他反问了一些问题，又自己加以否定，又说哪些方面还需要做什么工作，得以论证。

满志敏老师大病一场后尚在恢复中，我在会面时就不谈这些悬念的问题了。前些年他做所长时，我到复旦，邹老师就请他陪我了，我们有共同的黄河、气候话题。

这些年来，历史自然地理的学者一个个相继去世，今年，是张修桂，接着，是在北京的钮仲勋，因为疫情，这两年去钮先生家的次数减少了，今年他去世，我都不在北京。唯一得到一些安慰的是，我2002年以来常住北京，逢到假日，可以去看望谭先生的这位大弟子。每次我到过上海，他都要问及复旦老师的近况，我发现，每次与高龄的钮先生谈到历史地理和水利史方面的老先生情况和目前学术活动情况，他都特别兴奋，连续讲话不能阻断。而且，他也时不时回忆起当年谭先生对他的教诲，对他说的一些待研讨的黄河史问题，这些"谭话"，先生不一定和后来的研究生再说了。我询问过，无记忆和文字可考了。

回想起我与张老师、邹老师接触的一些刻骨铭心的片段，一一回想起复旦史地人给予我的恩惠，给予我的人情。

世事如此无法逆料
——悼忆张修桂老师

王妙发

（复旦大学历史地理研究中心）

2020年6月，邹逸麟老师离开我们大家时，我写世事无法逆料，写此前11月张修桂老师还说过"我都不敢去（医院）看他（邹老师）"，写闻知邹老师噩耗时张老师说"再也找不到和我四同（同年同月同日生、同专业）的好友了"。没有想到，仅仅一年多一点，竟然要写，张老师已经去另一个世界和这位"四同"的好友会面了。真的是世事如此无法逆料！

不敢说张老师一直如何健康，毕竟这个岁数了，但大体认为得的是所谓基础疾病，和某些病应该是无缘的吧。现在知道，他是去年8月发现问题，到10月，确诊了。病魔不善过甚，确诊后才不到一年。

将近两年前吃大闸蟹的季节，有一天我拎了一箱蟹到张老师家，和张老师、张夫人那天是三人颇快朵颐。喝的应该是黄酒，舒适谈笑，张老师基本没有病容病态。

三年前张老师、邹老师、郁越祖和我四人在外滩吃饭时，饭桌上是愉悦快畅的。但是大家心照不宣，内心深处是有点沉重的，包括邹老师特意关照"在市区找个地方吃饭"那句话的"分量"，因为都知道邹老师的病情。然而那个沉重，当时只是"偏重"在邹老师身上。我想包括张老师本人，当时大概也不认为自己也已经离那个疾病并不太遥远吧。

张老师往生前一天我在他病榻前，同在的是史地所朱毅夫妇和张伟然父子，我们轻唤张老师，他的眼睛似有反应，他的手，有点凉。是的，病得很重很重了。

我和张老师之间，大概用亦师亦友形容比较恰当。他是老师辈，然而在他面前却似乎没有在其他老师辈跟前多多少少会有一点的拘束感。我想不只是我这一辈，史地所以及史地学界更年轻一点的老师可能都有同感。张老师不只是没有架子、不拘小节，他的坦荡开朗、他的谈吐风格，包括偶然还会有的肢体语言，不时在告诉你面前的他不仅是老师，而且是朋友。两年前我回到史地所报到后的第二天，张晓虹所长和韩昭庆教授请来了张老师一起吃饭，他得知我回来了，一边用很重的拳头在我背上捶打，一边对张所长和韩教授说："你们把他给搞回来了？好好好！"张老师的亦师亦友，用 80 级历史地理班的例子来说可能最为合适。他给这个班上课，指导他们学习，带他们外出实习，通常以先生身份端点架子、居高临下也都在理，然而他和这个班的融洽相处，说是鱼水关系可能比较贴切。比如该班同学、今南京大学教授胡阿祥，几十年来对张老师就是敬重加事无巨细的关爱，小狗就前后给张老师送了两条。然而见面时，胡阿祥对张老师甚至可以开开玩笑。当然大家也都知道，该班女同学中还有一位后来成了张夫人。

最近和所里的同事聊起来才知道，张老师是不少人出国时的"担保"。这么说起来，我可能是所里出国时请他做担保的第一号了。不知道后来的具体"担保条款"，我是 1988 年，当年的"担保"白纸黑字写着如果出国者违约（指不回国）担保者将承担的责任，包括数字确切的经济责任。可以想象，那个年代，请哪位先生担保以及被请作为担保者的，都不是那么轻易的。后来的状况不大清楚，然而张老师做过很多人的担保，说明什么呢？当然是他一向的和蔼亲近、与人为善的性情。

20 世纪 90 年代中期，张老师到日本出席过一次国际会议。公务结束后我陪了他几天，去看了一些世界遗产和著名的风景地，也去泡了温泉。张老师对所看到的自己不熟悉、不了解的事物都兴趣盎然。有一个细节至今还记得很清楚，他对日本的町—丁目—番地的地址表示很感兴趣，我作了介绍，他仍表示不好理解，感到好像"没有规律"。要说日本的地址表示，确实是颇难把握。比方我家是 13 番地的 23 号，但是我的前后左右隔壁人家却不一定是 21 号或者 24 号，这两个号码可能是在马路对面。另外，同一户人家也可能有两个（以上）门牌号码，原因是番地或者丁目的界线可能从你家土地中间穿过，你就会有分属于不同番地的两个门牌号码。今天有导航，大体到哪儿去也不太困难了，此前，手里拿着地图停下来琢磨、问路是经常有的事情。我看张老师最后是了解了这个"规律"，但是并不表示"理解"，即"完全可以不这么乱的嘛！"

张老师是谈吐随性、满面笑容的，只是在遇到学术问题时，会非常严肃，与平时似乎啥都好商量的他判若两人。

忘记了是在小规模非正式的会议上还是史地所同事间的交谈，有一次张老师谈到了黄河问题。说铜瓦厢改道（1855 年）至今已经一百多年了，根据历史经验以及淤积速度，黄河近五十年内有可能要改道，有必要预先做好准备。记得当时还有一些争论，大体是今天不可能"顺其自然"，更不可能考虑改入黄海，包括在今天下游大堤外再筑新堤两河并行之类似乎都谈到了。不知道这算务虚还是务实，记得很清楚的是这个时候的张老师是严肃的、不苟言笑的，甚至还有点忧心忡忡。若干年后，黄河发生了下游断流的现象。我见到张老师时提过：您的"预测"落了空，他哈哈大笑后说没有想到，没有想到。当然，断流并不等于断患，这个问题不在这里展开了。

还有一次是历史地理学会的小组会，张老师讲赤壁的位置问题。① 指出有的与史不合，无需讨论，有的则有必要澄清历史事实，真正的赤壁之战的位置在哪里，对于虽非史实却也相传千年的名胜赤壁也有其意义。张老师剥笋抽茧般一条一条讲完，表情是平静的、严肃的。我作为听者的感受，就是"好了，结论就摆在这里"，戛然而止。小组会后，我和他开玩笑说："您这几乎是不必商量的口气了。"他笑着说："可以商量可以商量。"

张老师仙去了。留下的话，不是丧事简办而是不办。

中国历史上，对"死"看得非常通透的是陶渊明，"死去何所道，托体同山阿"（《拟挽歌辞三首》）。我从来对这句话的前半句持"一半"保留态度，当事人说自己"何所道"，这是达观，然而"亲戚或余悲，他人亦已歌"，亲人是悲伤的，他人（朋友、学生）并不认为"何所道"，是要"歌"的，陶渊明也写到了人间之真情。

我写此小文，是为张老师"歌"；而张老师的人品学问，我想应该是"托体同山阿"了。

---

① 可参照张修桂：《赤壁古战场历史地理研究》，《复旦学报（社会科学版）》2004 年第 3 期。

怀念张修桂老师

王尚义

（太原师范学院）

我于 1983 年 9 月至 1986 年 6 月在复旦大学历史地理研究所学习。其间，我们的任课老师有张修桂老师、邹逸麟老师、王文楚老师、葛剑雄老师、周振鹤老师、郑宝恒老师、满志敏老师，谭其骧教授与研究生每个学期有几次座谈会。近两年半的学习，为我后来的历史地理研究和教学打下了较为扎实的基础。

张修桂老师讲的是"历史自然地理"课程，他讲课饶有兴趣，语言并不算丰富，但他总是画龙点睛似的，让学生对所讲内容回味无穷。张老师对学生平易近人，谈笑风生，我记得有的学生抽烟，递送给他烟时，他从不拒绝，亲和力很强。有一次，我去他家里拜访，与他聊了很久，聊的内容主要是专业方面的话题，记得他家在国权路某宿舍，清楚地记得他家在门厅左侧摆放一张上下床，家里面积不是很大，但很温馨。他待人热情、豪放，不感觉怠倦。

我与张修桂老师还有一段特殊的接触。大概是 1994 年前后，张老师对我说到他的爱人是河北唐山人，他很喜欢太原的气候与环境，也习惯了北方的饮食习惯，我就提议让他们夫妇二人调入太原师范学院来工作，他也基本应允。为此，我与他多次打电话商谈，可作为历史地理学的学科带头人引进，后来他与复旦大学有关人员协商未果。我当时已做了学校领导，从学校发展考虑，若能调他北上，我们学校的历史地理学一定会尽快起步。很遗憾，没有能达成请他北上的愿望，也许是他们离不开大都市上海的缘故吧。

张修桂老师是我国历史地理学界的前辈，是著名的历史地理学家。在复旦大学上学时，听同学说谭其骧教授有"四大金刚"，张修桂老师是其中之一，他的专业功底很扎实，尤其在自然地理学方面水平很高。30 多年来，每次历史地理学会议张老师基本上都要参加，并作大会交流或点评。每次会议或外出考察时，张老师周围总会有许多学生和朋友。大家在会议之暇，要另外小聚，聊天放松，给我们留下许多期待和回忆。

（2022 年 3 月 23 日）

泪别张修桂老师

韩茂莉

（北京大学城市与环境学院）

9月初，我一直在看张修桂老师的著作《中国历史地貌与古地图研究》，琢磨着张老师研究的问题，也注视着那张作者照。照片上的张老师微锁着眉头，目光锋利，那应该是讲授某个问题时的瞬间。那些天，边看书，边回顾几十年中的往事，张老师平日对谁都随和亲切，只有涉及学术问题时一丝不苟，正像那张照片的表情，目光中具有穿透力，敏锐而严肃。张老师的书，那些年刚拿到手就开始读，但不同年龄读书后的收获完全不同，此时看书也许真正"走"进去了。我不想只对着照片，且是如此严肃的照片，品味读书的体会，于是给张老师发了微信。不想，两天了，没有回信。再次发出的微信，仍然没有回信，这时我有点慌了，这不是平日张老师的做法。随后致信晓虹与昭庆，她们回复说张老师还好。就在我以为张老师懒得看微信的时候，不幸的消息传来了。我与张老师的交往，最后停止在那两个只有去、没有回的微信上，以后再没有修桂老师了。

认识张老师是在1988年太原召开的历史地理年会上，其实张老师并不属于人见人熟那类。初次交谈，张老师那道目光如同照片上一样，敏锐而锋利，和邹逸麟先生的谦和不大一样。不久以后再见到张老师，已经算认识了，这时才发现张老师不仅随和，而且十分有人情味。史念海先生、侯仁之先生除学术以外，几乎从不与我们闲聊，但30多年中，张老师始终亦师亦友，尽管一年也就见上一次，但各种事我们都会告诉张老师，并获得心灵的支撑。

人这一辈子，老师的存在，在不同阶段有不一样的意义。年轻的时候，我们从老师那里获得学识，凭借老师的提携在学术道路上走得更稳一些；当我们老了，老师更是学统的标识。无论是谁在年轻的时候，都希望得到老师的帮衬，我与张老师、邹先生没有师承关系，却拥有如同他们自己学生一样的待遇，很多年一想起复旦中国历史地理研究所，心里总是暖暖的，因为他们，也因为那里所有的老师、朋友。

张老师的研究做得非常好，不仅开创了历史自然地理这一研究领域，而且为这一研究领域奠定了基础。侯仁之先生并不轻易赞扬人，但多次提到张老师的研究，并且反复强调历史地理研究应该经世致用，服务于国家发展，张修桂同志关于长江中游河道与洞庭湖变迁的研究，不但做得非常好，而且直接服务于当地建设，为长江中游南岸一带发展提供了十分必要的建设原则。侯先生赞扬张老师的同时，更希望我们也能做出这样水准的研究。

侯先生赞扬张老师，我对张老师只有推崇了。张老师的研究具有鲜明的理性思维，每一个问题深思熟虑，条理清楚，没有虚张声势的理论，最后呈现出来的都是科学。比如解读云梦泽的变迁，考古、地貌、历史文献，环环紧扣，尤其在江陵陆上三角洲上依据时代先后，将华容、竟陵、州陵、沙羡、云杜、安陆、监利、沔阳这些县级行政建置一一提举出来，让人十分振奋，几乎是用动态的地与人的关系，展示了湖水与陆地此消彼长的过程。从张老师的独立著作，以及与邹先生等合作的两部《中国历史自然地理》，落笔之处就是亮点。这些书，从出版之初直到今天，我依然在读，品味他们的眼光与问题视角，同时深感其中的难度之大。我出身于地理学，也许正是如此，才深知洞察到历史时期地貌曾经有过的"沧海桑田"之变，绝非易事。张老师在这个领域是"第一个吃螃蟹的人"，他用自己的研究，以及探索出来的思路与方法，为后人走进历史地貌学、历史自然地理研究打开了一扇门。

张老师的研究十分精彩，但每次见面却谈得不多，除有个别问题请教，我深知自己做不了那些研究，也不敢冒充明白人，让张老师见笑。那些年与张老师谈得最多的是琐事，无论烦恼还是高兴，张老师并没有很多话，用他惯常的表情听着，最后表态的时候总会加一句"总归……"。我相信"总归……"一定不是福建用语，而是上海人的习惯。听张老师说多了，我也成了习惯，不时留下一句"总归……"。张老师豁达且不计名利，那句"总归……"包含着许多宽慰的话语，有了张老师的"总归……"，烦恼顿时少了很多。想起这些往事，似乎带着轻松，但一切不会再重现了。

张老师随和、真诚，但又十分正直，那些年他负责《历史地理》杂志与历史地理专业委员会工作，从不因个人交情而徇私情。当年，史先生曾经说过，修桂同志做这些事十分认真，谭先生很会选人。正因为张老师的正直，《历史地理》始终在学术界赢得很高的声誉，我认识的国外学者，提到这份刊物，都给予极高的赞赏。

最近十年，我太忙了，很少出来开会，前几年来到复旦，再见到张老师，看到他头发白了，听力也不大好，眼神也少了锋利，我突然意识到间隔的时间太久了。但张老师的声音仍然洪亮，我清楚地记得，张老师说"我知道茂莉来了，总归要来看看"。最后见到张老师是2020年，我去上海上课，住的地方不在复旦。昭庆听说我很想见到张老师,那天请我们聚聚。昭庆陪着我来到吃饭的地方,张老师先到了,一个人徘徊在门外,那一瞬间我眼泪不自觉地流出来了,突然觉得人老了,也许很孤单。饭桌上,我们谈什么,张老师依然听不见,张老师说起的事我却十分扎心。张老师家与复旦校区隔路相对,因为疫情,却无法进学校买饭,也无法去校医院取药。张老师的话语淡淡的,平静极了,像讲别人的故事,我听着十分心酸。我不知道那是最后一次相见,但分别时的心情却十分沉重。

　　走进一个专业,自然成为这个专业团队中的一员,几十年中,我对历史地理的执着是因为这里有属于自己一生要从事的研究,也有我敬仰、信任的老师。这些老师的个人魅力,如同一块磁铁,聚拢着整个团队,张老师必然就在其中,随和而真诚,遇到他们是我的幸运。

　　我知道谁都不会永远留在这个世界上,但面对诀别,仍然忍不住流下泪水。我想念所有远行的老师,想念张老师。能够聚拢大家的磁铁越来越小,一个学术时代过去了。

我们和张修桂先生的交往

侯甬坚　王社教

（陕西师范大学西北历史环境与经济社会发展研究院）

不幸的讣闻传来

2021年9月12日，即农历八月初六日，这是一个周日，一个让人不愿意相信的讣闻从手机微信传来——历史地理学家张修桂先生辞世。更为细致的信息是：著名历史地理学家张修桂先生（1935—2021）因病于本日凌晨遽归道山，享年87岁。遵先生生前遗嘱，不举行遗体告别及追悼仪式。追思会等本所相关纪念活动另行告知。……随之我们就放下了手头的事情，不知不觉地进入到对张先生的回忆片段之中。

参评全国重点学科

2001年秋季，教育部有关部门发下文件，通知各校准备材料，以备申报符合全国重点学科条件的学科。陕西师范大学的领导，及职能部门研究生处的负责人，给我们提出要求和希望，要准备好我校博士点历史地理学的申报材料，予以积极参评。历史地理学在陕西师范大学是卓有声名的，概因史念海先生从20世纪50年代开始，立足于这所大学，从历史系的中国历史地理研究室，到先后建立的唐史研究所、中国历史地理研究所工作，已经奋斗了半个世纪。至新世纪到来的2000年，又获批建立了教育部人文社会科学重点研究基地——西北历史环境与经济社会发展研究中心。基地刚刚成立一年多，学校又给我们提出了新的努力方向，基地主任朱士光教授满怀热情地接下了这一任务，随即开始准备材料。

12月9日，朱士光先生和我（侯甬坚）带着通知，来到北京四通桥附近，住入友谊宾馆三号楼，等待着文科组评审材料的汇报，并接受答辩。

11日上午9:30—10:00，在北京友谊宾馆四号楼，该我们出场了。会议室里，面对诸多评委先生，我（侯甬坚）不停地替换着用于投影的胶片，朱士光先生则熟练而快速地讲述，很快就完成了对于这份历史地理学科申报材料的答辩。前一天，在遇到前来参加会议的评审专家张修桂先生时，我们马上请教张先生，请对我们的工作给予指点，张先生看着我们，一边思考一边说道："历史地理学全国重点学科，东边有一个，西边有一个，那不是很好吗？"是的，复旦大学历史地理学科于1987年入选全国重点学科，现在陕西师范大学提出新的申报材料，张先生的话着眼于全国历史地理学的发展，认为一东一西发展历史地理学，是一个好现象、好事情。——这就是张先生在我（侯甬坚）的头脑里留下的印象最深的话，这实际上是一种富有学科发展建设性意见的思考。我们返校后，到2002年1月21日那一天，从研究生处到主管这项工作的吕九如校长那里，得到了我校历史地理学通过全国高等学校重点学科评审的消息，真让人高兴万分。

后来，2010年6月，我（王社教）到复旦大学历史地理研究所驻所研究，专门到邹逸麟先生和张先生研究室请益，并表达对两位先生一直以来给予陕西师范大学历史地理研究所的大力支持和帮助的谢意，先生还是说"历史地理全国重点学科，东边有一个，西边有一个，那不是很好吗？"言下之意，对于我们的支持和帮助，是基于历史地理学科建设布局的需要，我们不必挂在心上。张先生的谦逊似一股暖流，顿时沁入我们的心田。

2004年乌鲁木齐的历史地理学年会

2000年暑假期间，由前一年新建立的复旦大学历史地理研究中心（教育部人文社会科学重点研究基地名称）在昆明的云南大学校内举办了进入21世纪的第一场全国历史地理学学术讨论会，会后中心主编出版了《面向新世纪的中国历史地理学——2000年国际中国历史地理学学术讨论会论文集》（齐鲁书社2001年版）。此后，由中国地理学会历史地理专业委员会主持召集、每两年举办一次全国性历史地理学年会（又称双年会）的做法，就成为学界的惯例。

到2004年的暑假，是由陕西师范大学西北历史环境与经济社会发展研究中心来主办双年会了，这次会议的会题是"历史环境与文明演进——2004年历史地理国际学术讨论会"。会议举办前几天，我们就赶到位于乌鲁木齐市北京南路的中国科学院新疆生态与地理研究所（简称"新疆生地所"），这次会议属于异地办会，一方面需要早到多做准备，另一方面我们心里也很踏实，因为有了新疆生地所助理研究员阚耀平的帮助。当时阚耀平是复旦大学历史地理研究中心刚毕业的博士，张修桂、葛剑雄先生介绍他帮助我们办会，阚耀平和他的几位同事真是为会议的举办出了很大的力。试想一下，一个180多人参加的会议，会议本身及会后的考察安排等，不知有多少事情需要人去做。记得复旦大学的邹逸麟、张修桂先生等，是会议举办前一天到达乌鲁木齐的，我（侯甬坚）知道后立即去住处见到了他们，首先请各位先生帮助从报名做大会报告的名单里确定适合做大会报告的人选，张修桂先生不仅帮助确定，还推荐了名单上没有的新人，目的是推出新人，尤其是让他们的新作在会上开展交流。当时我和阆耀平博士作为会议的秘书长，是很感谢张先生等师友的帮助和指教的。

莅临基地会议

作为一个教育部人文社会科学重点研究基地，是需要按照"重点研究基地管理办法"开展工作的，其中工作内容之一就是每年要组织举办一次基地主持的学术会议。2005年9月下旬，本基地设计的"人类社会经济行为对环境的影响和作用学术讨论会"如期召开，这次会议迎来了复旦大学张修桂、满志敏、张伟然、张晓虹以及多所高校的历史地理学专家学者，使得所有与会者都非常开心。这次会议只安排了一个会场，无论是专题报告还是会议报告，都是大会报告；还有"历史地理学者的对话"学术沙龙，参与者的发言就相当于公开的发言。

这一年是张修桂先生七十大寿，张先生莅临西安会场，我（侯甬坚）是感到有些意外的，转而一想，虽然有满志敏、张伟然、张晓虹各位朋友的陪同，先生对历史地理学前沿问题研究进展的关心，对陕西师范大学历史地理学科的关心，都是包含于其中的。张修桂先生一到会场，就被请到讲台上发言，讲述自己对历史地理学及环境变迁等话题的认识，之后又参加了"历史地理学者的对话"学术沙龙，和与会者有好多次交流。念及于此，自己又不胜惶恐，因为在一些细节方面没有想到（主要是指会议录音），没有把一次学术讨论会的作用做到最好（一般所云的"没有遗憾"）的程度。读者诸君对这次会议需要进一步了解的话，请阅读本中心编辑出版的《人类社会经济行为对环境的影响和作用》一书［历史环境与经济社会发展研究丛书（003），三秦出版社2007年版］。

张修桂先生追思群

2021年9月12日中午，"张修桂先生追思群"就在微信里建立起来，前后参加进来的人数超过了三百。

我（侯甬坚）知道毕业于陕西师范大学历史地理学专业的姚文波博士在读期间，深受张修桂先生学恩，就把他也拉入"追思群"里。到11月11日，姚文波回忆往事，谈到自己"2008年，向张先生请教历史地貌的研究方法。先生的回信，高屋建瓴，解了我心中的疑惑。感激自不待言，回忆更充满温馨"。当时，姚文波正在撰写题为"历史时期董志塬地貌演变过程及其成因"的博士学位论文，遇到了一些疑惑，就写信向历史自然地理权威张修桂先生请教，张先生为此做了回复，姚文波出于"谨向先生致以崇高敬意"的心情，向大家公开了这份回复，内容如下：

历史地貌从学科性质而言，当然与自然地理的地貌学关系最为密切，但在学科分类中，它属于历史自然地理，这也是没有问题的，既然属于历史地理，研究的方法当然是以历史文献为最主要根据，但并不排斥其他方法。

　　现在之所以推导计算公式，就是因为历史文献难以解决这类沟谷侵蚀问题。除非有明确的证据说明，某一个有确切年代的城镇，因沟谷的发育如何遭受破坏，又在何时迁移至何地，但这类资料可能极少。即使是有一两个遗址可供应用，也可能因为不同城址的不同结构，对沟谷的发育会造成不同的结果，也是难以以此为准，普遍推广。现在在同一地区发现的某些同期古遗址，《中国历史地图集》一般只能从中优选一个作为定点，但是否准确，尚待今后考古的新发现，因此采用图集作研究根据，不确定性依然存在。

　　所以在黄土高原地区，试用推导公式，不失为当前研究沟谷侵蚀的一种好方法。当然，从我们历史地理的角度看，最好是能再找些文献加以验证，使推导的公式也能被历史地理学界所接受。我知道这很难，尽可能争取吧，实在找不到，只要把所做的工作加以说明，学界同仁也是可以理解的。

张修桂　2008.12.12

对于这份回复文字，姚文波视若珍贵物品，因为这份文字曾经指导他走过写作难关，迈过是否可采用公式来做论文这个坎儿，陪他直到写完学位论文。姚文波本科出自西北师范大学地理系，他主要是使用自然地理学方法写作学位论文，很有可能是大学地理系出身的研究生对于张修桂先生有着一种源自自然地理学专业的亲近感，这是我从姚文波的求学经历中感受到的。2020年8月，这篇博士学位论文在北京出版，姚文波委托我（侯甬坚）转送给张先生一册（我在沈阳通过韩昭庆教授转致），以表达他的感激之情，在书籍扉页上还有姚文波写给张先生的谢恩文字。

11月11日那一天，太原师范学院牛俊杰教授也参与到"追思群"里，表达了自己对张先生的追思之情：

　　因为HGIS山西部分的工作，我与王尚义教授、谢鸿喜、王杰瑜等同事前往复旦史地所请教，张先生等就已有的案例给了详尽的解答。自此见面，领略了张先生等诸位学者的大家风范。虽然仅此一面，但记忆犹新，铭记在心。非常感谢复旦史地所张先生等众多历史地理学者。

担任答辩主席那一次

不少陕西师范大学历史地理学科的师生认识张修桂先生的时间，是2009年6月上旬。

6月6日那一天（周六），尊敬的邹逸麟先生和张修桂先生应邀飞抵西安后，来到陕西师范大学西北历史环境与经济社会发展研究中心，主持了4名博士生的博士学位论文答辩工作。具体安排的情形是：

  上午8:30—12:30时间段，邹逸麟先生担任答辩委员会主席，主持李大海、孟凡松博士生（二人由萧正洪教授指导）的学位论文答辩。
  下午3:30—7:30时间段，张修桂先生担任答辩委员会主席，主持姚文波（由侯甬坚教授指导）、潘明娟博士生（由王社教研究员指导）的学位论文答辩。

6月6日这一天，两位先生忙了整整一天，4名博士生的博士学位论文答辩工作顺利完成。按照前面和王社教研究员（时任中心副主任）的商议，两位先生还没有去过陕北，由我（侯甬坚）陪同前往一次。于是就有了下面的历程。

6月7日（周日），早餐后出发，一小车四人，司机李运良和我（侯甬坚）陪二位先生去统万城遗址考察。中午2时许到靖边县，林业局刘玉军副局长接待我们，在朔方大酒店住下。下午前往遗址，直抵高大、耸立的古城城墙和马面跟前，甚至可以触摸到历尽沧桑、斑痕累累的墙土，实现了两位先生多年来探查统万城遗址之夙愿。合影时张先生还说了一句话："这下我和统万城亲密接触了"，先生的喜悦心情于此可以想见。

6月8日（周一），早8时出发，走的是包茂高速之靖边—榆林段，先到达榆林城北，大家一起登上了保存甚好的明代边墙城堡——镇北台，凭眺远望，又围绕榆林老城查看东段、南段城墙及其地形。中午又回走靖边，南下延安高速，来到延安杨家岭，参观革命文物和圣地。午餐后走延安东南面的公路线，进入宜川县境内，傍晚前到达黄河岸边的壶口，当时黄水滔滔，从河床跌入深深的壶口时就成了白色的水汽和水柱，大家夜宿岸边的"观瀑舫宾馆"。夜间，壶口瀑布流水之声不绝于耳。

6月9日（周二），早起，三人又去壶口边观看瀑布，似乎是为了给头脑注入更为深刻的黄河水飞流直下之印象。早餐后出发，走宜川至黄陵的公路（那时还未修沿黄公路），前往韩城。因路途较长，多占了时间，到韩城芝川镇太史公祠参观时用时较短。返回时走上了西禹高速，再奔向西安—咸阳国际机场，在机场送别了两位先生。此次陕北之行，全程1 568千米。

约稿张修桂先生

2014年春季前，《中国历史地理论丛》编辑部先后收到了北京师范大学瞿林东先生惠赐的佳作《史念海先生的治学与为人——从几封信札说起》，还有浙江大学陈桥驿先生惠赐的佳作《祝〈中国历史地理论丛〉历三十二春秋》，我（侯甬坚）和王社教副主编就商议借此机会邀约和编辑一组"缅怀史念海先生"的文章，当时我承担了邀约张修桂先生、辛德勇先生撰稿的工作安排。辛德勇先生动笔很快，通过电子邮箱发来了《史念海先生创办〈中国历史地理论丛〉季刊的经过》的大作。向张修桂先生的约稿我先跟韩昭庆教授讲了，随即收到了张先生的电子邮件，有鉴于下面三个回合的电子邮件都完整保存下来，故而在此移入，以见张先生的风格。

2014-03-22 12：16：34（星期六）

甬坚：听昭庆说，你想收我的纪念史先生的文章，现发来，请指正。但不知你是编什么书，又可在何时出版？请顺便告知。修桂。

2014-03-23 00：56：32（星期日）

张先生，您好！我是甬坚，史先生百年诞辰时我已不做行政事务了，您专门为纪念会写的文章，未能在纪念册上刊出，我是有责任的。好在我现在还在做《论丛》主编，最近的自由来稿中，又有怀念史先生的文章，我希望形成一组，争取在今年第2辑一起刊出，打算把张先生的大作放在前面。收到您发送的电子版，我们就比较方便了，特此告知张先生，这样的安排可以吗？有什么看法？请告诉我这个朋友。此致 安好！甬坚 敬上 即日

2014-03-23 15：33：35（星期日）

甬坚：你好，信收到，谢谢。我不知道史先生纪念会有专刊，也不知道他们为什么不收我的纪念文章，大概是不合要求或是质量不行吧，因为没有得到任何信息，我只好把文章存在电脑里，准备今年出论文集时放上。你现在要收在今年《论丛》2期，我当然很高兴，这样我可以在我的论文集该文的末尾注上一笔了。你的修改意见很好，这是我的疏忽，谢谢你。文章如可用，就按你修改后的文章发表。但文章究竟是否符合贵所的要求，你要认真考虑好，免得被别人说你是在利用主编拉朋友关系，给你造成麻烦可不好。修桂。

2014-03-23 22：18：46（星期日）

张先生，您好！今下午发给我的邮件收到了，我很高兴。谢谢您同意我的意见，还提醒我不要被别人说利用主编拉朋友关系（哈哈哈……），因为我做事情从来都是把工作放在第一位，理由也是很充足的，所以还没有人这样说过我。我们现在有一个执行编委会议，每一期都要具体讨论，文章摆在桌子上，说明刊登理由，不同意见都可以提出来。所以，张先生您不用担心，我现在认为文章很好，大家也会持同样看法的。祝张先生每天开心！新的著作出版顺利！此致 安好！甬坚 敬上 即日

2014-03-24 09：07（星期一）

是我多虑了，给你添麻烦了，谢谢。

据说在 2012 年 10 月陕西师范大学将举办"纪念史念海先生百年诞辰历史学学术讨论会"时，张修桂先生心有所动，就写出了纪念史念海先生的专文。这次邀约张先生，那是最合适的做法。为时不长，张先生就发来了《开辟中国历史地理学新阶段的史念海先生》的纪念文章。在刊发"缅怀史念海先生"这组文章时，我写了"编者按"，说明刊发本意，就是为了"缅怀史念海先生终生的学术追求和人格魅力"。《中国历史地理论丛》2014 年第 2 辑刊发的张先生专文，放置在专栏首篇位置上，是因为斯篇大作着眼于中国历史地理学术史，做出了史念海先生的科研工作曾经开辟出了中国历史地理学新阶段的高度评价，全文具体是按"治学方法突破前规""地理学分支学科地位的确立""历史地理学分支学科的创建"三个部分展开论述的。

张修桂先生论证史念海先生曾经开辟出了中国历史地理学新阶段，是以谭其骧先生为《河山集·四集》所作"序文"为依据（谭先生撰写于 1987 年 8 月 5 日），结合史念海先生在历史军事地理、历史自然地理方面所做的科研业绩来展开论述的。先是有谭先生的看法，认为史念海教授的论文集，"从第二集起，就一变而为一部全是用历史资料（包括文献与遗址遗物）与实地调查考察密切结合的研究成果。这就使中国历史地理学开辟了一个新的阶段，其意义之重大，可不言而喻"。张先生接着说，根据谭先生的观点，这个新的阶段，当从 20 世纪 70 年代初开始，至今已经历了整整 40 年的历史。

历史自然地理研究的先行者

学人离开书斋，走入不同的地理区域，开展使用历史资料（包括文献与遗址遗物）与实地调查考察密切结合的研究，为何就能促进历史地理学的发展，并为中国历史地理学开辟一个新的阶段？这一询问似乎可以从下列步骤来加以试解。

第一，处于书斋之时，研究者已经确立了自己的大致题目和所涉及的领域。此时我们当然可以举出侯仁之先生 20 世纪 60 年代走进沙漠、史念海先生 70 年代进入黄土高原的例子。在进入研究区域后，出于对自然地理因子变迁细节的进一步思考，需要尽量对收集来的相关文献资料进行阅读分析，将研究区的考古遗迹和文物遗存纳入研究视野，与文献记录对照分析，竭力使用自然地理学原理来理解研究区内的各种地理现象及其相互作用，从中分析和归纳出较为合适的结论。

第二，即便是人文地理因子的认知或复原研究，也需要按图索骥地寻找文献记载过的古城邑、古道路、古战场，因为触目所及多为自然世界里的景物，探索中就势必考虑更多的自然因素的作用及其过程，不由自主地进入地理研究的路子上面，从而形成由自然地理角度对于人文地理论题的解答思路。

其实，张修桂先生从事野外地理考察的时间也是相当早的。那是在 1963 年的 5 月至 7 月间，他参加了中国科学院地理研究所组织的永定河历史河流地貌变迁的调查研究工作，写下了历史地貌野外考察工作的程序和内容、历史河流地貌调查研究的一些基本方法的文字，属于野外考察工作方法的总结。按照侯仁之先生著名的《历史地理学刍议》文本的内容，1962年3月发表时论述到"野外考察在历史地理学研究中的重要性"，次年的5月至7月，张修桂先生就从上海来到华北平原上的永定河两岸，开始做起了历史河流地貌变迁的调查研究。在《龚江集·自序》[复旦大学历史地理研究中心丛书（第六辑），上海人民出版社2014年版]里，张先生展开了自己的回忆：

> 我有幸受派参加考察与学习，并参与撰写野外考察总结报告，前后历时5个月的实践和熏陶，以及拜访和聆听北大侯仁之先生的报告，受益匪浅。10月下旬，我奉命返沪，继续在研究室抄录历史地理文献资料，如《十七史商榷》等等。

1963年的5月至7月间，可能是在做永定河历史河流地貌变迁的野外调查工作，之后参与到撰写野外考察总结报告之中，时间就延续到了当年的10月份。考察总结报告里面有张先生的心得和贡献，这份材料是张先生最为珍视的收获。对此，他继续回忆道：

> 在北京返沪后，作为考察汇报，我把在北京写的《从永定河故道的研究，谈谈历史河流地貌研究方法的一些体会》一文交给谭先生，没想到，谭先生看后随即决定打印，分送全国有关单位和个人。说明谭先生对我的这第一篇历史地理习作是肯定的，我更是受到莫大的鼓舞。

一直到2005年3月，《中国历史地貌与古地图研究》著作编辑成书（社会科学文献出版社2006年版），这篇"习作"编为第九章之"黄淮海平原历史河流地貌调查方法"，人们才能较为方便地阅读到全文。这一章的内容实际上在"节"之下还有三级标题，为求简略计，下面录到"节"之下二级标题，以供读者了解张先生在这方面独具匠心的撰写及编排：

第一节　历史地貌野外考察工作的程序和内容
一　室内准备阶段
　　（一）收集并研究工作地区的有关资料
　　（二）编制任务书
二　野外调查研究阶段
三　室内整理和报告（或论文）的编写阶段
第二节　历史河流地貌调查研究的一些基本方法
一　历史文献资料的收集和研究

（一）应收集的主要历史文献
　　（二）应注意收录历史文献中的主要内容
　　（三）历史地貌资料的收集方法
　　（四）对收集的史料应认真分析研究，去伪存真，取其精华，弃其糟粕
二　现代文献资料的收集和研究
三　地图和航测照片的收集与研究
四　钻孔资料的分析与研究
五　座谈访问
六　沉积物分析
　　（一）沉积物分析方法
　　（二）河流历史地貌各种相的鉴定标志
七　地貌观察
　　（一）河流地貌
　　（二）河间地貌
　　（三）人为地貌

于此可见，张修桂先生是历史地理学界最早以自然地理学见长，投身河流历史地貌实地考察研究的学者，他自称的第一篇历史地理习作——《从永定河故道的研究，谈谈历史河流地貌研究方法的一些体会》，竟然是着眼于历史河流地貌基本调查方法的领悟和探讨内容，可以用来反映张先生的学习研究方式及其关注重点，是非常有特点的，对于所有后来者，也都很有启发。

顺着这样的路子做下去，张先生陆续写出了《金山卫及其附近一带海岸线的变迁》《云梦泽的演变与下荆江河曲的形成》《洞庭湖的变迁》《崇明岛形成的历史过程》等论文，其学术水准有口皆碑，这里可以借用谭其骧先生为《河山集·四集》所作"序文"中，就史念海先生《河山集·二集》主要是论述黄河流域地貌和植被的变迁那几篇论文的赞语，是"篇篇都取得了惊人的成就"，来称道张修桂先生写出来的论文。而当2021年11月1日孟刚兄发来刚刚写就的《事了拂衣去　深藏身与名——纪念张修桂先生》文章送我（侯甬坚）看，读到里面作者请教张先生研究河湖变迁时主要用的理论书是什么，张先生告诉他是一些河床演变研究的书，这些书他看得非常慢，一两个月才看完几页，还说"如果不懂得这些河床演变的规律，文献里又没有直接的这些东西，没有地理基础的人就研究不了"。于此可知，张先生所做河流地貌历史演变的论文，是怎么样写出来的。

（2022年2月17日于西安，7月23日增补）

追忆我的大朋友
——悼张修桂先生

辛德勇

（北京大学历史系）

亦师亦友，这是一句被世人讲得很俗很俗的大俗话。可是，当你真的遇到这样的师长，再看这句成语，心头自然会别有感触。

张修桂先生，在我的心里，就是这样一位长者。今天凌晨，他悄悄地走了。

先生是复旦大学中国历史地理研究所退休多年的教授。他年长我两轮，差一辈儿。张先生这一辈子，集中精力，只做中国历史地理的研究，而我"起家"的专业，也是历史地理学。1982年年初，我考入陕西师范大学，跟随史念海先生读书，走入历史地

图1　作者与张修桂先生

理学界。这时，谭其骧先生主编的《中国历史地图集》的公开发行版即将印出，而以"中华地图学社"那个奇怪名义出版的"内部发行本"已经印行六七年了。公开发行版虽然有所改动，但总的来说，改动幅度并不是很大。

在当代中国历史地理学学科创立和发展的过程中，这部历史地图集占有举足轻重的地位。由于古代文献对各项地理要素及其相关因素的记载，大部分都是以政区建置或其他一些类似的地名作为载述其事的地理坐标，所以这部图集集中体现的历代政区沿革对历史地理学学科建设具有重要的基础性地位。

这一层地理坐标的意义，很多历史学者并不了解，甚至根本想不明白是怎么回事儿。他们往往只是把《中国历史地图集》当作画在地图上的"历史地名词典"来用。隔行如隔山，对这也不必大惊小怪。实际上这些普通历史学者更容易忽视的是，《中国历史地图集》除了反映历代疆域政区的盈缩迁改之外，还在很大程度上体现了主要河流的河道、湖泊水域以及海岸线的进退变迁，譬如黄河河道，譬如鄱阳湖与洞庭湖的水域，譬如苏北海岸与渤海湾海岸，等等。像这样一些重大的水道和水域的变化，在《中国历史地图集》上都有比较具体的体现。这些，除了是历史自然地理的基本内容之外，同样也是研究包括政区建置沿革在内其他各项地理要素重要的地理坐标。只要你认真读过《水经注》，很容易理解这一点。

我的硕士研究生学业开始不久，在全面阅读前辈学者论著的过程中，明白了《中国历史地图集》中这些历史自然地理的内容，主要都是张修桂先生的贡献。当时，作为一个初入学门的研究生，需要花费很多时间一点点地查阅学术期刊才能了解这一点，现在大家只要读一下先生的论文集《中国历史地貌与古地图研究》，就可以看得一清二楚。

从那时起，我一直把张修桂先生尊为良师，就是因为我的历史自然地理学基础，绝大部分都是在那时通过阅读先生的著述获得的。

当然，我这么喜欢读张修桂先生的著述，这么崇敬他的这些研究成果，是有着我个人的特殊情况的——我和张修桂先生一样，本科出身都是师范院校的地理系（他读的是华东师范大学，我读的是哈尔滨师范大学），但同时我们做研究又都特别重视历史学和历史文献学的基础，绝不夸大地理学方法的作用，只是把系统的地理学训练潜移默化地融入每一项具体的研究当中。张先生是前辈，我是见样学样照着他的做法亦步亦趋地跟着做。

在具体的研究内容之外，张修桂先生对自己学术观点的表述方式，我也一直十分喜欢，高度认同。这既与同样的理科背景有关，更与直截了当的性情相关。张修桂先生在我心中的印象，永远是那么爽朗，永远是那么坦荡，也永远是那么纯真和自信。从一开始读他的著述时起，我对张先生就有一种心心相通的感觉；等到有机会相见相识，这种感觉愈加切实，也愈加自然。

图 2　作者与张修桂（中）、邹逸麟（右）两位先生

在我同张修桂先生几十年的交往过程中，两人比较深切的一次交流，是在我攻读博士课程二年级的时候。当时，我协助业师史念海先生编辑、印制并且发行《中国历史地理论丛》季刊，先生则在协助他的老师谭其骧先生具体负责《历史地理》的编辑工作。《历史地理》是历史地理学术团体共同的不定期辑刊，谭其骧先生做主编，我的老师史念海先生和北大的侯仁之先生任副主编。相对而言，《中国历史地理论丛》是陕西师大历史地理研究所自己的刊物。如何妥善地处理两个刊物之间的关系，使其协调发展，是我在着手这一工作之初就积极思考的问题。在请示史念海先生并获得他的认可之后，我给张修桂先生写了一封长信，详细讲述了我的想法——即我将按照史念海先生的指示，积极配合张修桂先生，服从《历史地理》的编刊需要，在出现作者一稿两投等情况，或《历史地理》更有刊发意愿的情况下，保证优先由《历史地理》选择刊发。为此，我在编刊过程中，随时保持向张修桂先生通报相关的情况。这样，在我负责《中国历史地理论丛》的编刊事务期间，这两份刊物一直保持着良好的合作关系，我同张修桂先生的感情，也在真诚的协作中日渐深入。

由于心性相通，在稍微熟悉之后，张修桂先生和我，彼此都把对方看作是忘年的朋友。这种感觉，自然而然。在他晚年听力下降之前，每次见面，我们都是海阔天空地胡聊，永远是那么一片欢声笑语。

张修桂先生毕竟是我的长辈。多少年来，先生一直对我大力提携护持。在因年龄的关系退离学术一线工作之前，他曾经积极努力，希望我在历史地理的学术组织中承担核心的工作。2020年年底前，我联系全国各地历史地理学同行，组建历史地理学会，得到了他的大力支持。先生很高兴地应允，出任学会的名誉会长。2021年6月底，我到复旦大学史地所进行学术交流，特地到家中看望先生，告诉他历史地理学会筹建顺利，已经获得中国史学会的正式批准。听到这一消息，他像小孩子一样高兴，鼓励我一定努力做好工作，让历史地理学科在史学界发挥更大的影响。当时，他身体状况还好，想不到竟然这么快就离开了这个世界，也离开了我。

很多年来，复旦大学的历史学界同行，流行一种很"八卦"的说法，是讲属猪的人是中国历史地理学界的"正宗"——这是因为在三位开山大师中谭其骧先生和侯仁之先生都属猪；第二代"猪"，是陈桥驿先生；第三代"猪"，是邹逸麟先生和张修桂先生（两位先生同年同月同日生）；第四代这个年龄，没有什么大家都很了解的人；我和师兄郭声波则都是第五代属猪的人。人属什么属相，当然是偶然的，可在张修桂先生和我这个后辈之间，性情上相通的东西实在太多太多。学术界约定俗成的称谓，对那些特别敬重的"大老师"，是称"先生"而不称"老师"。可我不管是写信，还是当面叫，多少年来，一直称他为"张老师"，因为不管做人还是做事，不论是学业还是论人品，他都是我心目中非常景仰的老师，永远、永远都是这样。幸运的是，张老师还是我永远的朋友。

（2021年9月12日下午4时哀记）

一堂别开生面的历史地貌学野外实习课
——怀念恩师张修桂先生

马传捷

（江苏华纬实业有限公司）

那是在1981年5月风和日丽的某一天，一位亲和睿智的中年学者，带着31位年轻学子，徒步登上南京城北长江边的燕子矶顶，开讲了一堂别开生面的历史地貌学野外实习课。学者就是平易近人、幽默玩笑、与同学相待亦师亦友的复旦历史系史地所教师张修桂先生，学子们则是我们复旦80级历史系史地班全体同学。

燕子矶位于南京市幕府山东北角的直渎山上，因为石峰突兀江上，三面临空，势如燕子展翅欲飞而得名。燕子矶位居长江三大名矶之首，被世人誉为万里长江第一矶。矶顶耸立着一座巨型石碑，镌有乾隆御笔"燕子矶"三个楷书大字。矶下翻涌着滚滚江水，直扑崖壁，甚为壮观。

自从1981年2月以来，修桂先生就给我们开授了"历史地貌学"课程，教导我们如何学习和运用相关历史资料，如何科学研究历史地貌变迁状况，如何将地貌科学与历史资料结合起来。作为史地班的学习委员，我以为自己大多听懂了先生的课程，而把5月的野外实习，直看作是旅游一样的期待。却没想到燕子矶上的一堂野外实习课，才让我重新认识到先生的良苦用心。

此时修桂先生早已站在石阶上，指着古朴的燕子矶石碑背面的一首诗，笑呵呵地问了同学们两个问题：1.诗的内容是什么？2.诗的内容印证了什么？

这是一首七绝，也是1751年（辛未）乾隆下江南首登燕子矶，为扑入眼帘的壮丽景观所感染，乘兴而作，地方官府制成御碑，刻着："当年闻说绕江澜，撼地洪涛足下看。却喜涨沙成绿野，烟村耕凿久相安。"大意是：听说从前江水紧靠燕子矶下，脚下就看见撼地洪涛。但现在我高兴地看见，矶下涨沙成了大片绿野，村落相间，耕田成片，炊烟缭绕，已是一派长久相安景象。

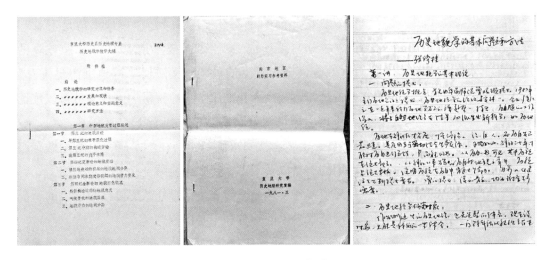

图 1 "历史地貌学"讲义

同学们看着诗文,热烈地讨论了起来,有上海同学读诗解韵,体会文学情调;也有外地同学解读文字内容,表明微言大义,大家相互乘兴探讨,终于大致把这首七绝讨论明了。此外并没有得出其他特别的结论。

图 2 燕子矶顶的野外实习课

此时的修桂先生肯定了大家的各种讨论,请同学们停止看诗,转而让大家低头俯瞰脚下的奔涌江水,再看那江水直扑矶下岩石,笑问道:你们看,这里哪还有什么绿洲和村庄?

谈笑间,就听得修桂先生又娓娓道来:这就是我们课堂学习的中国历史地貌变迁中的一个典型案例。泥沙在河流水文的环流作用下,顶冲和淤积的地点是随着时间而动态变化的。乾隆诗中的所谓"当年",指此前的二三百年,那时是"撼地洪涛足下看"。乾隆在1751年看到的景象,变成"却喜涨沙成绿野"。而今年是1981年,距乾隆的1751年又过去了230年,我们这一行人今天看见的景象,又回到"撼地洪涛足下看"了。乾隆的诗刻是乾隆朝的立碑古迹,运用今天我们所学的地貌科学原理,就可以佐证大约500年来,长江河道在燕子矶这一段的变迁过程,即从矶石下"有江水"到"没江水"再到"有江水"这样的沧桑变化。这就要求我们学会在学术研究上时刻做有心人,学会将科学原理和各种可运用的史料以及考古文物有机地结合起来。

利用古碑上的诗文见证一段河道变迁,这是修桂先生在野外试图传授给学生的新视野。当时着实让我和众多同学深深感叹先生的睿智和用心良苦。

听着先生的教诲,那时19岁的我,似乎一下子从中领悟了许多道理。先生在课堂上曾一再强调,历史地理学本就是一门跨文科和理科专业的边缘学科,时代要求我们有学习探索新学科的能力,综合融汇不同学科的能力,判断处理事物变化的能力。而这些抽象的道理,似乎就在先生讲解这首乾隆七绝时,在我的眼前与心中鲜活灵动了起来,并在以后的漫长岁月里,伴随着我的成长,根植在我此后从事的不同工作领域,运用在我行走的不同国度,堪称终身受益。

这就是江风吹拂中,那堂由修桂先生讲授的历史地貌学野外实习课!1981年5月13日至25日,先生领队,我们历史地理班31位学子赴南京、马鞍山、当涂、镇江多地,圆满完成了此行野外实习。

41年过去了,但凡我在南京,得空也会偶登燕子矶,也会和晚辈们说起从我19岁时就会背诵的那石碑后的七绝诗句,也会向家人回忆先生早年在燕子矶上给予我们青年学子的人生启迪。

今日再登燕子矶,那271岁的石碑依然完好地矗立原地,那碑背的七绝诗文御笔依然飘逸典雅,可那早年谈笑授业的恩师,却已驾鹤仙去半载有余,如今又何处寻觅?江风猎过,睹物思人,世事无常,感慨万般,心中不由得一阵迷离,目中不由得两行泪雨……

若有来世,学生愿再拜恩师传道授业解惑。

若有天国,学生愿复祈恩师烟村耕读仙安。

(2022年3月31日于南京河西寓里)

故人不可见，汉水日东流
——忆著名历史地理学家张修桂先生

何凡能

（中国科学院地理科学与资源研究所）

张修桂先生是我国著名历史地理学家。去年初秋——2021年9月12日，张先生因病辞世，学界师友、同人无不悲痛万分，深感惋惜。时光飞逝，转眼间张先生辞世已近周年。值此周年之际，聊作短文，谨以纪念。

一

何时何地何缘得以知晓张修桂先生的大名？记得那应该是在1984年的初冬。我当时正准备参加中国科学院地理研究所（即今中国科学院地理科学与资源研究所）"古地理与历史地理"研究室的硕士研究生考试，作为应试的重要参考书籍之一，即是那本出版于1982年的《中国自然地理·历史自然地理》；其中，"历史时期的水系变迁"一章中"长江"一节的主要执笔人便是张修桂先生。虽然当时全书都读得懵懵懂懂，只感觉穷理尽微、奥妙至深，自己也就以"知其然，而不知其所以然"作罢，但通过对该书及有关文献的细读，我记住了许多前辈的大名，并留下了深刻的印象，其中就包括张修桂先生。

久慕其人，但不得机遇而谋面。时间不知不觉来到了1986年的孟秋，两年一届的学界学术研讨会即将召开，在导师钮仲勋先生的建议和支持下，我有幸参加了这次全国性的学术研讨会。记得当时是1986年8月下旬，由甘肃省丝绸之路研究会和中国地理学会历史地理专业委员会、甘肃省公路交通史编委会联合举办的"丝绸之路暨历史地理学术讨论会"在兰州召开，也正是在这次学术研讨会上，我幸睹了多位学界前辈，如史念海先生、陈桥驿先生、邹逸麟先生等，张修桂先生就是其中的一位。

与张先生认识并有言语上的交往，当是在会后的实地考察期间。会后，主办方组织与会代表考察古丝绸之路，重点是河西走廊的武威、张掖、酒泉、敦煌四镇。沿途中，张先生为年轻学人答疑解惑，有问必答，娓娓而谈，言语风趣幽默，且略带方言口音。后经攀谈而知，我乃张先生的闽籍同乡，一种"攀上高枝"的感觉油然而生，而张先生时常一声"小老乡"的呼唤，更是让我雀跃不已。多年后，时常听到学界同人提及张先生指谪"地瓜有什么好吃"的事，我作为张先生的晚辈老乡，不仅易于理解，而且还能产生共鸣。

光阴荏苒，日月如梭，不知不觉间2019年的季春时节悄然而至，而我与张先生最后一次见面也就被定格在这花开漫野的时节。记得那是2019年4月21日，我来沪参加由复旦大学中国历史地理研究所、《历史地理研究》编辑部举办的"《历史地理研究》期刊建设暨学科发展研讨会"，自然张先生作为学界前辈及《历史地理研究》期刊的前身——《历史地理》辑刊的主要功臣，也出席了研讨会。在会上，已是八十四岁高龄的他，谈论不仅思路清晰，而且中气十足，表现出良好的健康状态。在会议茶歇期间，我上前问好道安；寒暄过后，张先生一只手拉着我的手，另一只手拍打着我的手背，关爱地告诉我"胖了，又胖了"，言语依然是那么率真和坦荡。可我万千也未能想到，这竟成了我们今世的最后一面。

二

张修桂先生是我国著名历史地理学家，精深于历史自然地理与古地图研究，不仅在历史河流地貌、历史湖沼地貌、历史海岸地貌等领域取得了许多精湛的研究成果，而且还开创了"历史文献+考古+现代地貌学理论"的研究范式，为我国历史自然地理学的发展做出了杰出贡献，为历史地貌学的创建奠定了坚实基础。

在上面提及的《中国自然地理·历史自然地理》（1982年版）一书中，张先生有关长江中下游河道及相关湖沼洼地形成与演变的精到论述，是其早期研究成果的集中体现。他独树一帜，综合运用历史文献学、考古学与现代地貌学相结合的方法，系统阐述了长江中游水系变迁及其与云梦、洞庭、鄱阳等湖泊变迁的关系，以及长江下游与太湖水系变迁的相互作用等，提出了荆江分流引发的地貌变化是以荆江为轴心，以江汉、洞庭为两端，"北湖南陆—南湖北陆—北湖南陆"的跷跷板演变模式。特别是他从河床形态入手，分段、分形态深入探讨了长江中下游河床的发育过程及特征，内容之精到、逻辑之严谨，至今无出其右。也正因如斯，邹逸麟先生编著的《中国历史地理概述》等著作中，有关"长江中下游水系变迁"的内容，观点也多采自张先生的研究成果。

张先生在古地图方面的研究，也是深受后辈学人敬仰与值得浓墨重彩一书的成果。学界周知，古地图作为一种史料，有着极高的价值，张先生不仅在研究中非常重视古地图的应用，而且对古地图的研究也有极深造诣。在这里，首推是他作为主要参加者，参与拼接复原与研究的长沙《马王堆地图》和天水《放马滩地图》。

据张先生回顾，他们接手拼接与复原的马王堆三号汉墓出土地图有两幅，即后来谓之《地形图》和《驻军图》；工作始于1974年8月，问题很多且琐碎，不过他们大约仅用了1个月的时间，就初步完成了这项任务。后来，张先生在此基础上，对马王堆三号汉墓出土地图的绘制年代、特点、地域范围及地理状况，进行了深入细致的研究和论证，相继发表了《马王堆汉墓出土地形图拼接复原中的若干问题》《马王堆〈驻军图〉主区范围辨析与论证》《马王堆〈驻军图〉测绘精度及绘制特点研究》《马王堆〈地形图〉绘制特点、岭南水系和若干县址研究》等多篇学术论文，成为该专题研究的引领者和标杆。

而在天水《放马滩地图》的拼接复原中，张先生也有独特之举，提出了采用"局部扩大图"的方法，准确判断出《放马滩地图》所绘制的区域。就这件事，他曾经不无得意地说道："别看小伎俩，可解决大问题了。"在此基础上，张先生通过深入研究，也刊发了《天水〈放马滩地图〉的绘制年代》《当前考古所见最早的地图——天水〈放马滩地图〉研究》等学术论文，给出了古地图绘制的年代、特点及地域范围等信息，提出了两组地图并不是绘制于同一时段的研究结论，极大推动了中国古地图史研究的发展。

三

张修桂先生的学术成就还有很多，上文我只简要述及两个方面，按其所著的《中国历史地貌与古地图研究》一书中的类目，至少还含有"上海地区地貌演变"与"黄淮海平原河湖地貌演变"等方面的学术成果。我作为后辈学人，也多从事历史自然地理与环境变迁等方面的研究工作，他的论著可以说我大多拜读过，并深受其学术理路的启迪。归而言之，主要体现在以下两个方面。

一是重视学科融通。这从张先生早期的研究成果中即可见一斑。如在长江中下游河湖水系变迁的研究中，除充分利用历史文献记载的文字与舆图资料外，他非常重视吸纳相关学科的研究成果与理论方法，如考古学、地貌学、沉积学乃至第四纪地质学等，使史地两科相得益彰，开创了被学界誉为张修桂历史地貌学的研究范式，这不仅有效提升了历史自然地理研究成果的科学性和严谨性，而且还推动了历史地理学有关"历史时期"年代边界的认识，使多学科研究成果得以互鉴而彰显。

二是追求务实应用。在张先生的学术生涯中，他一直秉持学术研究的目的在于服务人类、服务社会实践的理念，因此，在他具体的科研工作中，他始终坚持以问题为导向、以务实应用为目标，穷理尽微，臻于至善，以实际行动践行了学界推崇的"经世致用"的社会责任。如其对金山卫一带历史时期海岸线变迁的研究成果，为上海石油化工总厂的选址提供了科学支撑；通过对江汉平原与洞庭湖区历史演变"跷跷板"模式的揭示，为现今荆江大堤防洪安全的保障提供了理论依据；通过对长江中下游河床演变的研究，为现今中下游地区河湖整治提供了历史借鉴等，这些无不彰显着张先生认识世界、传承文明、服务社会的学术思想与学术追求。

故人不可见，汉水日东流。虽然张先生已离开了我们，但他用毕生精力累积而成的学术遗产，却永远留在我们认知的世界里、心里、脑海里，激励我们后辈学人奋发进取，锐意创新；他对我这个"小老乡"的关爱，永镌我心。

修桂老师，我心中永远的"老顽童"

陈 烺

（上海劳动报社）

倪匡曾说，金庸小说中，周伯通大抵是一般读者心中最可爱的人物。此言不虚，我读金庸的武侠小说，最喜欢的人物还真是这位"老顽童"。

幸运的是，在我生命里的老师中间，竟也有这样一位"老顽童"似的大家——中国历史自然地理学奠基人张修桂，令我当年在枯燥的专业学习中平添几分趣味。

前此秋雨之夜，恰逢台风"灿都"肆虐沪上之际，忽闻修桂老师仙逝，泪咽无声，言犹在耳；往事如风，历历在目。

相识修桂老师，是因为一门课。

那是 20 世纪 80 年代初，作为高考恢复后的第一批历史地理专业本科生，我们有幸在大一时聆听修桂老师的中国历史自然地理课。

虽然操着一口有点难辨的福建惠安普通话，但众多的历史文献、考古学研究和野外实地考察成果等专业知识，通过修桂老师深入浅出的解惑，令人全然不觉艰涩。

课后的修桂老师更是有趣，嘻嘻哈哈之间，一改课堂上的严肃认真，无拘无束的言谈举止，不由让我浮想到可爱的周伯通。

相熟修桂老师，是起于两次远行。

学习历史地理，修桂老师向来力主从课堂上走出去，到大自然的广阔天地里，发现真相，求取真经。

大一时，修桂老师率队奔赴马鞍山、南京、镇江，沿路教导我们近距离观察长江下游的地理特征，由此形象地认识了直渎山上的燕子矶、江苏第一大江心洲扬中岛、南京地区的下蜀黄土堆积、紫金山的背斜……

大四时，修桂老师又领"军"兵发长江上中游，一路浩荡，从成都、乐山、重庆、宜昌、荆州、武汉，顺流东下直抵九江，此行不仅让我们见识了多维度的长江，体验了"山随平野尽，江入大荒流"的恣意和放肆，更让象牙塔里的我们初次走进了乡村里的中国。

仿佛命运早有约定，十多年后，当我作为一名新闻记者，来到荆州、公安、石首、监利等地，一线采访 1998 年抗洪时，面对"九曲回肠"的下荆江河段，耳边不由响起了那些带有福建惠安口音普通话的专业讲授，一种别样的亲切之余，还有一种感受倒来自"老顽童"绝学武功的精深。

相知修桂老师，是缘自一支烟。

大三那年，依稀记得是在一个冬日冷清的午后，窗外沥沥的冬雨让人无所事事，无聊的我们就在寝室里抽起了烟。

此时，谁也没有料到辅导员老师会突然敲门，慌乱之下，我们赶紧熄灭香烟，企图销毁证据。但是，窗户紧闭的寝室内，弥漫的烟味赤裸裸地出卖了我们。

一顿"触及灵魂"的深刻检查自然是难以逃脱了。

后来，这件事不知怎么传到了修桂老师那里。烟瘾极大的修桂老师对着我们几个犯错误的同学，笑眯眯地说道："抽烟我看也没什么不好，我就是只有点上一支烟，才能下笔如有神。没有烟，我是做不出学问的。"说完哈哈大笑起来。

我们几个同学也纷纷捧腹，我更是放肆地搂着修桂老师大喊："知音呐。"

从此，我们仿佛是共享了对方的秘密一般，师生莫逆如同周伯通与郭靖结拜为兄弟、和神雕侠侣成为忘年之交。

毫无心机、天性纯真的周伯通虽然拥有双手互搏、空明拳等武功绝学，尊为"天下五绝"之首，但其行为举止犹如孩童，天生是个乐天派，逍遥自在地生活在天地之间。

同样，修桂老师也是心胸豁达，不拘小节，虽然是一位嗜专业如生命的历史地理学大家，但其为人朴实、淡泊名利，可堪比是学术界的"老顽童"。

当年，周伯通骑鲨东海，在强敌环伺的凶险境遇下优哉依旧；如今，修桂老师驾鹤西游，相信开朗潇洒的他一定也会快乐如斯。

永远记得你，修桂老师，我心中的"老顽童"。

（2021 年 10 月 11 日写于沪上）

最后的约定

胡阿祥

（南京大学历史学院）

今年 4 月以来，我家仙林翠谷院子里，那棵已十多岁的金桂树，突然枯枝渐多，黄叶飘落，我在不明所以一个多月后，心中突然开始了越来越重的焦虑不安，难不成修桂先生病情加重了？

我是去年 12 月 5 日与先生互加微信的。先生的微信名是"豆豆"，可见先生对小狗泰迪豆豆的爱宠；我的微信名是"三栖四喜"，还被先生调侃了一番，说会产生三"qī"四"qiè"的"误解"，于是先生与我击掌大笑。那时的先生，我在当天的日记中写道："口齿欠清，听力更差，好在身体健康。带着豆豆和淑萍一起到复旦餐厅用餐，吃得蛮好。我大声称先生好像秋日申酉的阳光，和颜悦色，还伴着弥漫的金桂花香，感觉舒适甜腻。先生笑眯眯的，直说我的形容是'扯'。"

今年 1 月 30 日，大概是看了弟子韩昭庆教授拍的照片，先生发来微信，说想来我家"实地参观体验，可惜没机会了"，我回复"先生，瞎说啥呢"，先生则一如既往地幽默道："不是瞎子说的，是聋子说的"——我明白先生已经知道了尚未确诊的病情，而我作为结缘先生已过 40 年的老学生，当然要完成先生的这个愿望，接先生来家住些日子。于是我与内人一方面着手安排，包括特别留置

图 1 与张修桂先生在一起

了弟子快递来的、先生也好这口的庆阳羊肉，选了先生爱看的电视剧集，另一方面则与先生有了一段时间相当频密的微信交流，2月26日还与内人一起赴沪邀约，敲定细节，甚至打算陪着先生到惠安老家走走。然而接下来的两个多月，先生受困于选择住院治疗还是居家调理、放化还是保守治疗的彷徨，因此久难成行；我则在忐忑不安中，几次三番地从张晓虹、韩昭庆、余蔚等同仁处获知些先生起起伏伏、或喜或忧的状况。

5月17日，先生经中医调养出院后，情绪颇好，想着"安安心心地出发"来宝华了；我又正好先到北京，再到上海，参加侯仁之先生、谭其骧师诞辰110周年的纪念活动，遂与内人约定，25日在复旦三舍会合，次日一早即带先生与豆豆来家。而后来得知的消息是：为了此行，先生理发了，豆豆剪毛了，随身衣物准备好了，先生还老是逗豆豆，说要去看妈妈华筝、姐姐二豆了，得收拾得干干净净、打扮得漂漂亮亮。然后，22日先生在家中晕倒昏迷，送院急救，出院之后，低钾状况虽然缓解，低钠升值却慢。只是25日我见先生时，先生仍蛮高兴的，餐中还喝了些石库门黄酒，还聊着80级历史地理班的记忆，还说着十年里豆豆添出的乐趣，还发表了一番对于中国历史地理研究会成立的看法，还豁达地表示活到88岁米寿就够本了，还答应了再约时间，一定要到宝华住住，也见见马传捷、彭安玉等南京的老学生……

7月20日，南京疫情状况严峻，我想先生暂时来不了宝华了；7月27日，先生发来与豆豆开颜对视的照片，我注意到先生的老头衫穿反了，先生则夸我"眼睛真厉害，这也被你看出来了"；8月3日，先生87岁生日，竟然读懂了我的"先生大宝贝生日快乐"的"520"红包，来了一句"我也爱你们"；8月4日凌晨，先生微信"生日过得很快乐，张晓虹等在海底捞为我庆生"，我以一贯的没大没小回复："凌晨先生还在发微信，不好好休息，应该批评"，子时，23点31分，先生回复："突然醒来，又睡不着，随手就写，接受批评"……

呜呼哀哉！为我传道、授业、解惑的41个年头，我感觉最亲近、话题最庞杂、相处最随意、交流最放松、玩笑最敢开的张师修桂先生哟，您发我的最后一张照片，是在我家出生的"豆豆"，凝视着笑靥如花、可爱一生的您；您送我的最后一句问候，是爱着学生、爱着学术、爱着生灵的您，送我这个老学生、老学生内人

图2　张修桂先生与他的宠物狗豆豆

的"我也爱你们";我们师生之间最后一次的隔空对话,又竟然是我说您的"应该批评"、您回我的"接受批评";而我们师生之间的最后一个温馨的约定,又因为无情的病魔与疫情,无法挽回地永远爽约了!

9月12日,第37个教师节的又次日凌晨,先生辞世。9月13日,因为预告台风"灿都"登陆,宁沪高铁停运,于是我与内人顶风冒雨,开车直奔沪上。9月14日上午,宝兴殡仪馆寝园厅,送别我一生一世的恩师。9月14日午间,我与先生家人议定,不遵先生骨灰撒了的留言,因为先生是大家的先生,是弟子们的先生,总得留给我们一方对话的固定空间,况且长江、东海、洞庭、鄱阳、马王堆、放马滩,也无从选择啊。9月21日,中秋节的中午,我把家中院里的金桂树锯了,献祭吾师修桂先生……

图3 满树金黄的桂花树

图4 院中锯掉的桂花树

清可绝尘、浓能远溢的金桂树,果真是先生带走了吗?我宁愿相信从不爽约的先生已经来过宝华山麓的仙林翠谷了,因为就在您从容缓步、踱向天堂的那些时日,这棵已十多岁的金桂树,终于枝杈尽枯,树叶全黄,只是这满树的金黄,竟然不再随风飘落,反而焕发出仿佛夕阳下的胡杨树那般顽强与璀璨,写照着先生您的学术生命总在、人格魅力永存!

(2021年10月5日写于仙林翠谷)

阿祥日记中的修桂先生

胡阿祥

（南京大学历史学院）

昨晚，祭祀亲人时，也为吾师修桂先生烧纸、焚香、点烟，并絮絮叨叨地汇报着这半年多来，弟子、友好们对先生的追忆，先生应该都知晓了吧？今天，是先生仙逝后的首个清明，想起2014年为先生八十庆寿事，乃检出2014年下半年日记中的先生，重温旧日时光……

7月24日

与夫人商议张修桂先生八十庆寿事。约了马传捷、祁刚、张炳生，加上我们夫妇，感觉还少。电话某某某，他说明年才八十；短信某某某，找了工作忙、照顾老人等勉强的理由。有些心寒。

7月25日

下午参加南京博物馆的参观与开会活动，为修桂先生选了件紫砂的"福在眼前"。

8月2日

近午，在长江路长江贸易大厦，马传捷、祁刚、我、牛勇，加马传捷的司机，出发去沪。天气变来变去，终于放弃高铁，开车往返。大约12点出发，下午4点半到修桂先生家。依然是那样简陋的小家，我是习惯了，不知祁、马、夫人的感受。先生遛狗去了，张淑萍在家，稍等，先生回，聊到5点半，去韩昭庆订的白玉兰酒店，二楼五号包间。张淑萍一定要带狗儿三豆，无奈只能随她，我抱进酒店，解释从外地来，一定把狗放在包间里、不出来，一笑。先生的生日是1935年8月31日，农历八月三日，但先生多年以来，习惯就过阳历的8月3日，而今天是七夕，算是七十九过八十吧。我约了马、张炳生（答应了，临时开会，项目评审，可以理解），马再约了华彪，彪哥又约了杨剑飞、吴佳新；其间，韩昭庆也有意办，如此甚好，连同先生、淑萍，总共11位……马带了烟酒，我带了"福在眼前"紫砂工艺品、电热足盆、茶、酒。6点到9点多，先生很开心。往回，一直到凌晨1点多才回到南京，不劳驾传捷，我们自己打车回，晚上车子竟然也难打。回家，遛狗等，2点多才休息。很累，很开心。

临与先生道别时……一片苦心，父亲的心，令人心酸！

8月5日

先生邮件。阿祥、牛勇：非常感谢你的盛情厚意，在台风天来沪为我祝寿，这份情这份意，我非常开心、非常得意，我会永远铭记在心，再次深表感谢。无论环境如何，我会争取开心地多活几年，好让我们多见几次面，放心。小马的邮箱地址有误，发不出去，请代为致谢，并请他将邮箱地址发给我。祁刚处也请代为致谢，我并不熟，他的到来让我很感动。请把照片发给我。修桂。

11月11日

推辞欧阳俊峰之阳山关考察，我对前年的事情仍然不快。修桂先生转发给欧阳的邮件："谢谢你们诚邀，但近期我因杂事缠身，难以赴约，如有可能，我想在明年的4月份和阿祥教授一起到阳山学习、考察，届时如黄伟宗、司徒尚纪两位先生能来更好。你以为如何"云云。我发邮件给修桂先生："阳山的事情，上次他们太莫名其妙，在此后的韩愈会议上，我对欧阳表示过不满。这回暂不应召也好，毕竟教授不是应召女郎，一笑。"

12月19日

晚9点半到复旦卿云宾馆，住主楼312号，好像就是2011年4月与夫人送三豆给修桂先生时住的房间。

12月20日

婉拒了晚餐，就在卿云楼不太简单地用过，然后买了条贵宾南京烟（想买两条，店里没有），看望修桂先生、淑萍、三豆，先生血压有些高低不定，其他没有大碍；三豆与我非常友好。8点多回。

附：2011年4月20日日记

夫人近12点回，匆匆吃了碗饭，匆匆出门，竟然忘记了带上豆豆的鸭肝。12点半赶到三台洞对面的慧丽园，学生还在用餐，等了一会。只可我们等，不可让一车人等我们。1点出发，赶往六合瓜埠山国家地质公园。一路上做些讲解。地质公园，同学们竟然待了近两小时。豆豆也考察了一番，与夫人笑称豆豆是有学问的小狗了。近5点往上海赶，路上颇是耽误了些时间，到处都无柴油加，在龙池，司机到高速对面的加油站，拎了240元的四壶油，如此才能放心大胆地开车、开空调。7点多在梅村休息区补充给养，一只粽子、一只鸡蛋。9点半到达复旦，先送学生到武川路，经过"小绍兴"、"宁国府"、豪生大酒店，然后晓虹陪同我与夫人到卿云楼住下，416号房间。近10点赶到修桂先生家，竟然送先生的茶、豆豆的水壶又忘记了。停留50分钟，交代些豆豆的习惯,10点35分与豆豆道别,我与夫人都有些伤感,小豆豆是三只小狗中与我们相伴最久的,从2月16日出生到今天,留下了许多开心、难忘、有趣的情景。小家伙成上海狗了,要自己闯世界了;放心的是,修桂先生非常爱狗,而且豆豆也是先生的好伴。

(2022年4月5日整理)

永远值得我敬仰的张修桂先生

王杰瑜

（太原师范学院）

张修桂先生永远值得我敬仰！

闻听先生大名久矣！大学时上中国历史地理课，从马玉山、王尚义两位老师那里就知道先生的大名。2007年盛夏，因承担中国历史地理信息系统山西部分的数据采集工作，去复旦大学向满志敏先生讨教时有幸第一次见到先生。虽然与先生没有言语上的交流，但先生做事严谨、生活朴素的作风留给我很深的印象。

真正与先生打交道是在2012年11月12日浙江大学举办的"陈桥驿先生九十华诞庆贺会暨历史地理学发展学术研讨会"期间。

图1　与张修桂先生（居中）合影

11日晚在入住的圆正宾馆大厅，巧遇先生与朱毅老师。因为事先知道两位先生喜欢抽烟，恭敬地将烟递了过去，两位先生客气地接受并坐在大厅的沙发上。当时我带地理科学专业本科生"中国历史地理"课程，涉及长江历史变迁这部分内容弄不太明白，像一个小学生一样，小心翼翼地向先生求教。先生歪着身子抽着烟，和蔼地跟我讲："长江和黄河不一样，长江的变化比较细腻，一时半会难以讲清楚，只能点到为止，你给我留个地址，我给你寄本《中国历史地貌与古地图研究》，书里讲得详细。"会议结束不到一个月，书就到我手里了。

　　会后，我们一起考察了宋代浙东运河。考察路上，先生像个孩子一样，和大家开着玩笑，还做着各种怪动作。

　　当面向先生学习的机会不多，就这次考察先生留给我很深的印象，先生治学做人的精神值得我们后学者永远学习。从《中国历史地貌与古地图研究》一书可以阅读到先生"经世致用"的史学精神和基于史实构建历史地貌学理论的严谨治学态度与缜密思考，让我洞开。先生的质朴不只是衣着，还有待人待事的态度，从他身上能够感受到用一颗孩童之心对待生活和学习的态度。本以为大师级人物，远而敬之，走近先生，实则亲切而和善。

　　人海茫茫，能遇着这样一位尊者，实为人生一幸！

（2022年2月6日）

豁达开朗而又严谨认真的"大师兄"
——纪念张修桂教授

张晓虹

（复旦大学历史地理研究中心）

认识张修桂老师应该是1994年5月初我参加复旦史地所博士生面试时。记得那天面试是在复旦文科楼八楼会议室里举行。面试的主考老师有邹逸麟先生、张修桂先生、钱林书先生、葛剑雄先生，当然还有我报考的导师周振鹤先生。当我怯生生地进入考场后，邹逸麟先生就让我先介绍一下自己的毕业学校和硕士论文情况。当听到我硕士毕业于华东师大地理系时，邹先生对他旁边的张修桂老师笑道：喔，原来是你的小师妹啊！张老师一听乐不可支。他们这样轻松的对话，一下化解了我紧张不安的心情，我顺利地通过面试。也因为此，到我毕业留校以后，张老师在一些非正式的场合中，总是面带微笑叫我，小师妹，你好！

一

尽管在史地所读书期间，总是在所里看到张老师，但他大多是在办公室埋头审读《历史地理》稿件，神态专注、严肃。因此，我与张老师真正结下深厚师生情谊，却是在毕业留校后，跟张老师在1999年秋带队去苏皖南部考察时。

当时史地所已多年没有组织研究生进行综合野外实习，大多只是在上海附近进行自然地理专题野外考察。但到1999年前后，史地所博士、硕士研究生人数增加很多，已有近二十位在校生。这些研究生大多没有受过系统的地理学野外考察训练，因此，主管教学工作的满志敏副所长就找到我，希望我协助张老师组织学生到镇江、南京一带进行综合野外实习。

考察路线是张老师和满老师细致考量后定下来的。行前，满老师叮嘱我，一是协助张老师做好考察前的学术准备；二是在考察中组织和管理好学生，不能有任何安全纰漏。

这次考察无论是行前路线的确定、考察前的安排还是考察中的讲解都可以看出张老师严谨细致的工作风格。在考察前,他先安排我提前到镇江为师生们安排住宿与车辆。20年前,电话联络还没有现在这么方便,一切都需要提前亲自预定。在镇江时,张老师再请教务员邹沪荣老师联系在南京的胡阿祥老师帮忙安排住宿及出行车辆。到了南京后,为下一步考察皖南地区,张老师又安排随行的林拓老师(本所毕业的博士、时为华东师大博士后)带领一名学生先赴九华山安排行程与食宿。

考察路线的确定及安排,只是顺利完成考察的重要保障工作。真正的考察目的,是引导学生认真观察区域,让他们学会透过现象认识到自然地理现状与区域社会文化特点都是在历史时期人地关系的交互影响下逐渐形成的。在这次实习中,张老师对苏皖南部自然地理状况之熟悉、讲解之透彻、语言之风趣,让我和随行的学生们收获良多。而我比别人感触更深刻的是,张老师对待学术、对待教学认真严谨的态度。

一次,我们在去南京燕子矶考察的车上,我发现张老师戴着老花镜在看一个写着密密麻麻字的小本子。我好奇地上前询问:张老师,您在看什么呀?他把小本子递到我面前,原来是张老师行前所做的关于南京地区地质地貌研究的笔记。我不禁深受感动,原来张老师在考察点侃侃而谈、详细分析地貌形态的背后是大量细致而扎实的准备工作。这个小本子后来被我要来,成为我后来多次带学生去南京考察的重要参考文献。

图1　1999年10月张修桂老师带领史地所师生在皖南考察背斜山途中

由于这次考察一路安排有序、妥帖，加上考察内容充实，对学生们理解区域历史地理及野外考察在历史地理研究中的重要性帮助极大，故这条路线随后成为史地所20年中综合实习教学最经典的考察路线。

二

张修桂老师1959年毕业于华东师范大学地理系，他们那一级同学有许多成为地理学界的大家，如许世远教授、刘君德教授、张超教授等。

张修桂老师毕业时，正是谭其骧先生在编绘《中国历史地图集》的过程中，深感历史地理专业研究人才的缺乏已影响到这个新兴学科的发展，因此，谭先生从华东师大、中山大学、西北大学等地理系引进了十余位毕业生，又在复旦历史系留校10位毕业生，组成历史地理研究室，并在随后创办了中国第一个历史地理本科专业。张老师就是那一时期进入谭先生研究团队的，他一边跟从谭先生编纂《中国历史地图集》，一边配合谭先生创办历史地理专业，并在其中担任自然地理教学工作。

大致在同时，谭先生开始涉及历史地貌研究，他利用地理学研究方法分析历史时期自然环境变迁特点及其规律的经典之作——《何以黄河在东汉以后会出现一个长期安流的局面》就发表在此后不久的1962年。或许我们对谭先生研究旨趣的转向与他积极引进地理学青年才俊之间联系的想法有很大的推测成分，不过谭先生敏锐的学术洞察力对张修桂老师研究方向的影响则是确定无疑的。张老师曾在他的专著《中国历史地貌与古地图研究》序言中就明确了谭先生对他学术道路的影响。

我在研究生阶段就已耳闻张修桂老师研究精湛、水平高超，也认真研读过他关于长江中下游河湖地貌及马王堆地图研究的论文，当时就对张老师以地理学的方法处理历史文献资料的老到以及行文逻辑的严密佩服至极，但以为这些都是因张老师的天资聪颖，非常人可及，因为日常看到的张老师，总是手执香烟，从容散淡，不似一般学者那般拘谨。但上述那次考察中的无意发现，让我看到张老师的另一面。他之所以能取得如此成就，当然得益于他扎实的地理学功底，能敏锐地从史料中的只言片语捕捉到有用的地理信息，并用他娴熟的考证功夫，得出可靠的结论。可以说张老师完善地利用了地理学原理分析史料并阐释之，使得他在历史地貌研究和古地图研究方面的成就无人企及。同时，张老师在研究中所展示出的处理史料的精湛方法以及文字表达的科学严谨，也显示出鲜明的个人特点。这里仅举一例示之。

历史地理学界都知道，上海成陆研究一直是历史地理学界关注的重要课题。虽然上海地方史料之丰富是其他地区难以比拟的，但大多关于地理环境的记载语焉不详，尤其是对一些地理事物的定位问题，更是无法单纯凭依史料的记载可以复原。这就需要借助地理学中有关海岸地貌形成的自然机制，对相关史料中的信息加以甄别，再结合不同来源的数据进行考证才可以得出令人信服的、科学的结论。正因为此,历史地貌研究虽然起步很早,但推进迟缓,原因即在于地理学者对史料不熟悉,无法甄别史料的真伪错讹;而历史学者虽然熟悉史料,却无法将前科学时代形成的文献记载转化为可利用的有价值材料,并且随着相关学科研究的进步,对历史地貌的复原工作还高度依赖新材料的发掘和新方法的使用,如新出土的考古器物、C^{14}测年法的使用等。但如果我们仔细研读张修桂老师对上海地区成陆的研究,就可以发现他不仅能够利用他扎实的地理学功底处理历史文献记载,而且还利用新出土的木船测年,将下沙沙带的时间确定在唐开元年间,从而巧妙地解决了上海历史地理研究中的一大公案。

张修桂老师的高明之处还在于他善于从大量个案研究中,总结出一套科学而行之有效的研究方法,起到了真正推动历史地貌学研究的作用。这些都收在他的专著《中国历史地貌与古地图研究》中,对后进者大有助益。记得我研读这部书时,对他这部分内容最为佩服,因为不仅显示出一位历史地理学家严谨的学术态度,更展现出张老师对学术研究真正价值的认知,学术研究绝不是为稻粱谋而不得不为之的工作,而是一项真正推动人类进步的崇高事业。他的这种研究理念始终贯穿在他的学术生涯中,这才使得他的文章绝无空谈之作,每一篇都可为经典。严格说,正是张老师的研究才把中国历史地貌研究带入真正的科学研究领域,而不再是局限于对某一地物考证的饾饤考据之学。

三

不做研究时的张老师,为人随和而又风趣,学生们都喜欢与他毫无拘束地交往。在圈子不大的历史地理学界,张老师有着年龄不同、个性不一的新老学生朋友。这些学生在史地所学习时受到张老师的关照,毕业多年后仍然保持着与张老师的深厚情谊。如复旦大学历史系历史地理专业1965届毕业生中的杜喻、朱玲玲,1967届的郭黎安和1984届的胡阿祥等老师,他们在毕业多年并在学术上卓有成就后,仍十分敬爱张老师,与张老师保持着密切的联系。

我毕业留校后,与张老师的接触也多了起来。同时,张老师和邹先生因同年同月同日生,这两位几十年相处,情趣相投又性格互补的老先生,成为我们后辈学者们既景仰又喜爱的长者。在每两年一次的历史地理年会中,我们这些当时的小辈常常跟随在他俩身后,听他们高谈阔论,那比正襟危坐的讲课有趣得多。在这些看似随性的交往中,我们也耳濡目染、受益良多。

相比起儒雅谦和的邹先生,我们年轻一辈学者对不拘小节的张老师表现得更是"没大没小",张老师不仅不以为意,而且乐于与我们这帮"小朋友"一起寻开心。正是在这些轻松活泼的交往中,更让我体会到张老师看似散淡的背后,却是对学术研究的崇尚与尊重。

图 2　1998 年 8 月参加沈阳中国历史地理年会时史地所全体教师合影

记得有一次，他用调侃的语气给我们讲了一个发生在他自己身边的故事。那是 20 世纪 90 年代中国旅游业刚刚兴起时，某地希望借历史上一次著名战役，将本地打造成一处旅游胜地。为此他们专门请一些历史学家到该地进行考察，希望借这些专家之口将那个著名的战场落实在当地。张老师作为研究该区域的著名学者当然在特邀专家之列。可是，因为史料太少，张老师说这个战场实际上是根本无法确定具体地点，故虽然当地会议主办方热情招待，但张老师仍然实事求是，并没有按主办方意愿将该遗址地点考定在当地。这自然令当地会议主办方十分不快。张老师不无戏谑地对我们说：我们吃了人家这么好菜好饭，结果却没有帮他们说话，真是不好意思。尽管张老师只是把此事当作一个笑谈，但从中可以看出他对待学术严谨认真的态度，体现了真正的学者本色。

退休后，张老师并没有停止他的研究工作。先是参加中国历史地理信息系统（CHGIS）的研发工作，他所主持的福建政区部分因为考证精良、完成质量高，曾被项目组专门印制出来，准备以"福建历史地图集"之名出版。CHGIS 项目完成后，他又继续开展《水经注》研究，先后发表了数篇极有分量的文章。

张修桂老师不仅笔耕不辍，而且一直关心着史地所的发展。《历史地理》创刊以来，长期由他与朱毅老师负责具体编辑出版工作。后来张老师作为主编，对《历史地理》辑刊的学术质量的提高更是倾注了大量心血与汗水，才把这本小众的辑刊办成了国内外知名的学术刊物。但近些年学术环境发生变化，作为辑刊的《历史地理》发展受到严重影响，张老师对《历史地理》的发展前景颇为忧虑。因此，当得知《历史地理》在学校和中国地理学会的支持下成功申请到刊号时，张老师心花怒放，立马打电话来祝贺。

近些年因为工作繁忙，我与张老师见面的次数并不算多，而且也多是在师长和朋友来沪时一起约张老师出来吃饭时相见。除此之外，我们知道他爱吃羊肉和汉堡，也常常约他一起或者在海底捞，或者在麦当劳吃饭。张老师很给我这个小师妹面子，几乎从不拒绝，而且每次都能尽兴而归。去年8月3日，是他八十六周岁大寿，我和韩昭庆约好给他在学校附近的海底捞过生日。那时他的身体已很不好，走路也有些吃力，但还是欣然答应与我们一起吃饭、聊天。只是那天他并不像往日，吃得很少，话也不多，一副疲惫的样子。我当时很是担心，但张老师回家后，马上给我发微信表示感谢，让我放心下来。

8月22日，我因为梳理西藏政区沿革遇到困难，发微信向他询问"谭图"中元代西藏部分的绘制情况，他很快回复，但言词混乱。我急忙回问他怎么回事，他回复说没什么事。我以为他不过是眼睛老花所致，况且不久前才见过他，所以没有在意。9月8日，北京大学韩茂莉老师发微信来问我张老师情况，她说一直联系不上张先生。我还回她说，张老师应该没事，我刚联系过他。两天后的9月10日是教师节，中午我们几位学生请周振鹤老师一起吃饭，席间周老师特意嘱咐我，所里要照顾好张老师。我告诉周老师，我会尽力安排好张老师的看病问题，同时准备下午带着学生去给张老师祝贺教师节。周老师听后稍觉心安。不料，饭后我回到办公室正准备带上学生出发时，接到韩昭庆老师的电话，她在电话中泣不成声，告诉我张老师情况不好。我一听大惊失色，连忙叫上杨伟兵、杨煜达和孙涛以及正在所里的毕业生罗婧一起赶往张老师家，只见他已处于昏迷状态。我万万没想到他的病情发展如此之快，不觉心里痛楚难当，哽咽无言。

记得有一年所里开大会，一位毕业生看到坐在主席台上的邹、张两位先生，对我说：家有一老，如有一宝。史地所有这两位老先生，真是史地所的福气。我听后深以为然。然而，在一年多的时间里，邹先生与张老师相继离世，对史地所，对历史地理学界真是巨大的损失。如今看到当年与两位先生一起的合影，回想着跟随他们学习的这二十余年时间，深感继承他们对学术严谨认真的态度，学习他们对生活的真挚热爱，才应该是我们对他们真正的纪念。

林花谢了春红
——忆张修桂先生

张伟然

（复旦大学历史地理研究中心）

由秋而冬而春，我终于慢慢地接受了张修桂先生远行的事实。

上学路上，不会再期望在将到学校时，马路右边的人行道上远远地出现一个牵着小狗的身影，让我兴奋地过去对他问候一声"老师好！"坐在办公室，也不会再突然响起一阵激越的捶门声，然后他探着身子进来打个招呼说："你在干嘛？噢，我没事，没事，就是来看看你！"说完马上转身退出，"好了，你忙吧，我走了，走了！"

永远保持着一颗童心的修桂先生，再也不会回来了。

过去这半年中，我无数次想起跟修桂先生在一起的点点滴滴，但每次坐下来想写点什么，都不知从何下笔。32年，难以忘怀的往事实在太多了。

一

最先知道修桂先生的大名，是在我本科阶段。《历史地理》创刊号上刊登了他一篇长文《洞庭湖演变的历史过程》。那是一篇分量非常重的文章，现在看，早已是历史自然地理（准确讲是历史地貌）领域的经典文献了。那本创刊号1981年出版，上市不久我就在长沙水风井的古籍书店里买到了。读过后，对这篇文章印象尤其深刻。1985年，我跟着何业恒先生做本科毕业论文，选题是导师建议的《南洞庭湖的由来与演变》，自然少不了对张先生那篇文章反复地认真揣摩。那篇文章构成我当时的工作基础，对作者印象之深可以想见。

1990年秋，我来沪上读博，这才见到修桂先生。那时史地所在文科楼8楼东头，他办公室在东头面对资料室的《历史地理》编辑部里。大概是第二学期，他开历史自然地理课，教室就在他办公室。我为博士论文的事焦头烂额，也跑去听了几次。在课堂上就洞庭湖和下荆江的相关问题跟他讨论过。

没过多久，有一天他对我说："你借我的那本书好还了！"我很诧异，根本就没有的事。他看我毫无反应，好像也有点诧异。过了段时间，我问他书找着没有，他说找着了。我问他为什么怀疑是我借了，他大笑，用手比画着说："上课时你不是坐在我这个方向吗？我就记得是一个坐在我东北方位的人借了，我就记在你头上了。后来借书那位也坐在那个位置上，时间差不多，我就把你跟他搞混了。哈哈哈！"

张先生的这番解释让我更吃惊。那之前我在地理系读过七年书，从没有哪位老师教过我用这种方式记东西。后来我体会到，但凡要记的信息，只要加上一个空间属性，确实要鲜活得多。

做博士论文那几年九死一生，我的方向又与张先生的领域相去甚远，实在没有多少机缘跟他深入接触。等到慢慢地跟他熟悉起来，已经是我留所工作以后。而此时我们共同的朋友又多了一位张晓虹。

二

修桂先生是那种一眼望去就知道能成为好朋友的人。但我、他和张晓虹在前后十来年的时间里能够频繁接触，其实也拜当时史地所空间条件之赐。

那时史地所还有研究室的建置，每个研究室才一间办公室。我所在的房间本来摆着周振鹤、卢云两位先生的办公桌；卢云出国了，周先生喜欢买书，到我毕业时，房间里还能腾出一张给我办公的桌子；到张晓虹毕业时，房间里已经是满满当当，不要说再摆一张书桌，就连站一站，都要量地度民。于是乎，张晓虹每天到所里来，除了打开办公室朝里面望一望，就是去资料室待着。要找人说话，就得站在走廊上，或是去张先生那边。因为都是华东师大毕业的，张先生亲切地称她"小师妹"。

上午的时间总是很容易一晃就到饭点。那时候吃食堂比较麻烦，而点菜吃桌餐则极为方便，教工食堂三楼，工会后面的步行街，有好多选项。经常是我们说着说着，突然间一个人站起来，其他人跟上，就走到了一个去处。有一次我和张晓虹一左一右，"侍卫"着张先生，一句商量的话都没说，直接就把他请上了教工食堂三楼，可谓"不着一字，尽得风流"。

每当回忆起跟张先生在一起的快乐时光，我第一反应总是那几年的午餐会。有张先生，还有那些年的研究生。地点则主要在教工食堂三楼，还有步行街上两家，其中一家叫绍酒香，另一家好像是绍酒香的分店。张先生跟我们抢着买单，但我们都已经工作了，虽然工资不高，但吃饭钱不少。只要看着张先生准备起身，就一位将张先生按住，另一位去柜台前结账，事情就了了。

教工食堂三楼西面临窗有一排桌子，我们喜欢坐中间的那桌。窗外隔着国年路可以看到张先生住的第三宿舍。餐厅里挂着很多木匾，给我印象最深的一块，是那个桌子上方的"食前方丈"。

张先生的食谱很宽，荤素油腻不挡，来者不拒，基本上以家常为主。如果有酒，他可以稍喝一点助助兴，没有也无所谓。特别令人印象深刻的是，他对于肥肉有偏好。大约在1998年，我们一起在杭州开会，结束时主人款待东坡肉，不限量。当时他已经六十出头了，那么大一方的团子肉，他吃两块。弄得我只好要了三块。我心想，抽烟不能亦步亦趋，已经算我输了一阵了；吃肥肉还吃不过您，怎么好意思自称学生？

三

说到吃，张先生有两件著名的逸事。一件据说是陈桥驿先生讲出来的。说是张先生初到华东师大读书，走进食堂发现有米饭吃，他以为是迎新，要招待点好的。到了晚上，又是米饭。他马上想到，迎新是一天。到了第二天，还是米饭，他满腹狐疑：难道迎新是两天？第三天，仍然是米饭，他马上明白了：迎新是三天！第四天，照旧有米饭，他百思不得其解。这才问人，回答说，正常啊，这里天天吃米饭啊！他惊讶得什么似的：天呐，世上居然有天天有米饭吃的地方！

张先生生长于闽南，那里一年四季以吃红薯为主。这个故事让我感同身受。我生长于湘东南，小时候也是以红薯当饭吃。有句顺口溜说是早上"捞冬水"（煮红薯），中午"烧架香"（蒸红薯），晚上"三打三吹"（煨红薯）。① 好在我上学以后，就慢慢地以米饭为主了。这之前有过一段薯、饭掺杂的时间，将红薯切成粒，跟米一道蒸。蒸出来的薯饭往往散发出一股浓烈的红薯气味，难闻得不得了。我真心觉得是把好好的米饭给污染了。职是之故，之后几十年，我对红薯一直敬而远之，不敢向迩。我觉得小时候已经把这辈子和下辈子的红薯都吃完了。直到前几年，一个研究动物寿命的生物学家对我说，他研究下来，最有益于长寿的食物就是红薯；再加上家里人也说，现在市面上红薯的品种与我们小时候大有不同，我对红薯的刻板印象才稍稍改观。

但张先生不然，无论在校园里，还是在外面考察，只要空中飘过来一阵烤红薯的气息，他就迈不开步。满志敏好几回笑着说：这个时候，就得赶紧派个学生去买一块来。我觉得实在不好理解。那气息诚然好闻，但精神享受一下也就算了，何必动"凡心"。张先生小时候吃了那么久，就没吃腻吗？

---

① "冬水"指冬水田；红薯粥不易稠，用筷子在粥碗中捞薯状如在冬水田中做事。"烧架香"指烧香的时候将檀香木架起来烧；蒸红薯时将红薯架起来蒸，形似。"三打三吹"指民间奏乐，打击乐和吹奏乐三番间奏；煨红薯一般是将红薯扔在茅草灰中煨，食用前为了去灰，要拍一拍、吹一吹，多次交替，故有此比拟。

还有一件事我是听邹逸麟先生讲的。邹先生跟张先生同年同月同日生,在所里共事一辈子,关系特别好。有一次,张先生把邹先生带到他老家去了。说是张先生进门跟他弟弟打了个招呼:"来客了!"他弟弟好像根本没什么反应,拎着个渔网就出去了。不一会儿从外面网回一网海鱼回来,烧一大锅水,又出去了。不一会儿,打回一壶地瓜烧酒。兄弟俩把鱼也不洗,也不刮鳞,直接往滚水里一丢,捞出来就吃。一口鱼,一口酒,吃得不亦乐乎。邹先生不吃鱼,又不喝酒,只好窝在床上睡觉。闽南那种床上设施,睡又睡不着。张先生喝得烂醉,邹先生没吃没喝,还服侍了他一宿。

故事讲到此地,张先生乐不可支:"那么新鲜的鱼,那么好的酒,你自己没口福,怪谁呢?"

2013年初,所里组织去闽南考察。1月12日上午,到了张先生老家崇武古城。站在城墙上,我想起上面两个故事。古城不大,城门正对着大海,门口有个关帝庙,外面两三百米之遥就是陡峭的海岸,难怪张先生的弟弟拎着网出去一会儿工夫就能网回鱼来。

图1 张修桂先生的老家——福建惠安崇武古城

我掏出手机给张先生打电话,张先生问我在哪,我说我在您老家,就在城门口。他说:"噢,你在我干爸那儿呀。"我问:"您干爸是谁?"他说:"就是城门口那个关老爷啊!"

四

那次考察张先生没有去,当时让我很不习惯。我和张先生在一起最惬意的时光,除了聚餐，就是在野外考察了。

20世纪90年代中叶以前，所里的研究生数量不多，野外考察比较难开展。人数慢慢多起来以后，组织新生去野外考察实习，就成了每年一度的重要事件。前后几十年的时间里，这种事一般都是张先生带队。这么多年来，所里老师与学生交往最广泛、最融洽的，首推张先生。他自己带的研究生数量不多，但无论哪位老师的学生，都跟他亲。这中间，先生个性随和、不立崖岸，固然是一大先决条件，同时与他担纲这门课的教学，也不无关系。

有人说，要考察一个人能否合得来，最好是一道出门旅行。旅行中，一个人的生活习性、三观都会暴露出来。野外实习除了一同旅行，还更多一重专业内容，一个人的品行各方面都会暴露得更充分。每次带完实习课回来，张先生都会收获一大波忠实粉丝。

我第一次跟他去野外考察，印象中是1997年，大概10月份。那时研究生数量仍不多，车上有空位，教师愿去的也就可以跟着去。我本、硕都在地理系读，对于野外考察自然不陌生，但那时跑的地方都不在江南，能跟着张先生在江南跑，当然是很好的学习机会。那次跑得不远，好像只到过马桥、大金山。记得中午在马桥打尖，吃到马桥豆腐。据说算当地名产，我用湖南的标准暗自衡量，实在不知如何恭维。下午坐船登岛，在大金山那个瞭望塔上，我给全体师生拍了一张合影。整个瞭望塔像一艘巨轮的桅杆，师生自由地散布在瞭望塔的各层，高低错落，张先生被大家簇拥着站在中间，像一个老船长。

图2　复旦史地所师生在金山考察

拍完合影后红日西斜，大家兴味不减，但潮水说话间就涨上来，一会儿工夫，就淹到了上渡船那块踏板的位置。大家仓皇登船，有一位差点落到潮水里。

那年之后，我又跟他在上海附近跑了好几次。每年的路线或许有微调，但总有几个地方必去。除了马桥、金山，还有青龙镇。有时候路线长了，就中间住一宿，第二天再回。2005年那次住在西塘古镇。

除了跑上海周边，有几年张先生也带着学生往镇江、扬州、南京跑。有一年跑完扬、镇、宁还去了徽州。这种长距离的考察，自然历时更长，非一周不办。

五

那些年我孩子小，太太要上班，工作日我每天要接送孩子上幼儿园、上学，但凡外出考察的安排溢出周末，我就没办法参加。因此，张先生带学生跑扬镇宁、跑徽州，我都没有去。我跟着他在野外跑比较长的时间，只有2006年一次。

图3　张修桂先生与满志敏先生在吴淞江考察（2006年）

那一年我和满志敏手头各有一个教育部基地重大项目，都是关于江南的，于是他提议，4月底我们一起沿吴淞江跑一跑。除了参与项目工作的同事王建革、张晓虹、傅林祥、杨伟兵、杨煜达、孙涛和研究生潘威，我们还商量好请上张先生。当时张先生已经退休，但还在承担中国历史地理信息系统（CHGIS）项目的工作。他得知这一考察计划，很高兴地带着我们就出发了。

我们租了一辆中巴车，从上海溯源而上。先看了普陀区的志丹苑元代水闸遗址，又去长宁区寻宋代码头遗址，观察宋代沉船附近的地理环境。然后走到青龙镇，沿着青龙江走了很久。第二天到白鹤镇，又走到顾炎武故居所在的千灯镇，经甪直到达吴江。第三天看过著名的垂虹桥遗址，经昆山返回。

这趟考察虽然时间也不算很长，但给我留下了非常深刻而温暖的印象。我之前一直生长在丘陵地带，从小长辈告知的人生哲理就是："日落西山常见面，水流东海不回头。"然而来到江南后，后面这一句不适用了。在河口地区，水流是有可能回头的。每当涨潮的时候，河水非但不能倾泻入海，反而还会因为受到潮水顶托而往回走，形成往复流。这种现象在科学上叫作"感潮"。在这样的水流环境中，地面和水下的地貌形态异常复杂。我之前在本科、硕士阶段学地貌学相关课程的时候，只看过山区和中流河谷的流水地貌，这次跟着张先生一路走，一路看，一路听他跟满志敏讨论，对河口地区的地貌演变形成了较为系统的直观印象。

此时我们已经装备了数码单反相机。留下来的照片中，最温馨的是在千灯镇拍摄的一组。特别是在秋山亭下，我以拂柳和山花为前后景，拍了一幅八仙图。张先生手拈香烟，坐在太湖石上，怡然作张果老状。回来后我拷贝给满志敏看，他笑笑说："那我就算曹国舅吧！"

图4　"八仙图"（摄于江苏昆山千灯镇顾园，2006年）

六

跟张先生在一起，几乎感觉不到岁月的流逝。他永远是那么地直率，坦荡，不做作，可以和每个年龄段的学生打成一片。有一副对联说："唯大英雄能本色，是真名士自风流"，张先生的风度庶几近之。

也就在那次吴淞江考察回来后不久，我强烈地意识到，张先生跟谭先生同事了三十多年，他们一起做了那么多开创性的研究，应该多请他谈谈他和谭先生合作的往事。正好那年他的《中国历史地貌与古地图研究》出版，于是我就跟他谈了几次，转年写了篇《学术中的合作与创新》发在《读书》2007年第9期上（后收入拙著《学问的敬意与温情》，北京师范大学出版社2008年版）。

那篇文章当然有很多东西没法写进去，例如张先生与谭先生的日常交往。张先生告诉我，有好些年，他和谭先生都住在第五宿舍，他还住过谭先生曾经住过的那套房子。

我问他是哪一套,他一边说一边给我比画。比画半天,发现我对第五宿舍里面的空间一点概念都没有,他无计可施,只好说:"走,我带你去看看!"于是领着我到第五宿舍去转了一圈。

张先生还特别跟我说到谭师母。我来此地晚,从来没见过。张先生说,谭师母很有个性,但跟他蛮投缘。20世纪80年代初,谭先生搬家到淮海中路高安路以后,那时谭师母已经因中风而行动不便,每次听到张先生去了,都要兴奋地高叫他的名字。张先生在20世纪70年代中期丧偶,很长一段时间里独自拉扯着一双儿女,谭师母多次说要给张先生介绍对象。

听张先生谈过几次后,我曾发下一愿,要给他做一本口述自传。当时张先生刚70岁,身体非常棒,我想来日方长。那之后不久,他右耳听力受损。我以为是小毛病,不久会好,所以一点没着急。可是后来久治不愈,还越来越严重,等我意识到成问题的时候,他已经日常交流都有困难了。此事终于在我日复一日年复一年的拖延中拖没了,追悔莫及。

七

除了上课,张先生很少摆出老师的派头。他跟我们说话都是用一种平和的语调,有时甚至用近乎开玩笑的方式。但有两次他比较认真地跟我说话,对我触动很深。

我刚留所工作不久,有一次他对我说,我学地理出身,应该做历史自然地理研究,至少要兼顾着做一做。跟这句话相关的,我博士刚入学时谭其骧先生也对我说过一句。谭先生要我视野广一点,别光盯着一篇博士论文。谭先生的原话是:"凡历史地理领域的,每个专题都要拿得起放得下。"张先生这句话,自然与谭先生的意思不同。

我很坦诚地对张先生说:历史自然地理,我可以做,但确实不像对历史人文地理那么有兴趣。我当初学地理,并不是自己主动要学的;是服从志愿分配,又不让转系,没办法。我来学历史地理,就是不想一辈子做那些东西。如果只做自然地理,我待在地理系就好了,还要来学什么历史?我来学历史,主要就是想钻研其中的人文内容。这中间如果涉及某些自然地理问题,我当然会做,但要将历史自然地理的某个分支作为我今后的主攻方向,恐怕精力顾不过来了。

听了我这分辩,张先生倒也没有勉强。他降低了要求,要我以后关注历史自然地理,别把自己搞得像没学过地理的人那样就好。

从2009年到2013年,我研究禽言诗兴起的生态背景,牵涉到古代鸟类的地理分布,搞了好久。有一次跟张先生一起吃饭,我向他汇报说,这方面虽然我的硕士导师何业恒先生出过好几本书,发表过几十篇文章,但仍然有很多文章可做。他很高兴,要我腾出时间付诸行动。

另一次比较严肃的谈话是在我刚评上正高职称不久。现在看，我那时评正高算得上比较顺利了，但因为申请了好几年才过关，自己感觉很不舒服。过了几个月，张先生问我心情如何。我说：很惭愧。他有点意外，我解释说：没上的时候，总是跟一些差的人比；觉得他们都上了，我也够。上了以后，想到那么多前辈学问那么好，他们是教授，而我也成了教授，心里面感觉很虚。

听完这句话，张先生用力地在我肩上拍了一记，说："行，小伙子，你能这样想，以后就好办了。继续努力吧！"

八

我总感觉，张先生对于我们后辈的关爱，深藏着一份对于历史地理的学科感情。他从1959年大学毕业后，投身历史地理学事业，1960年协助谭其骧先生创办全国第一个历史地理学本科专业；后来为配合《中国历史地图集》的编绘，开拓历史地貌学研究，同时还开展历史地图研究。朝于斯，夕于斯，他真诚地把历史地理当成了安身立命的所在。

1979年，中国地理学会历史地理专业委员会创办《历史地理》辑刊，请谭其骧先生主编，谭先生请学历史出身的吴应寿先生和学地理出身的张先生负责具体编务。80年代后期吴先生退休，1992年谭先生去世，而张先生一直在坚守，由常务编委、常务副主编到主编，直到退休才卸下担子。

1984年，侯仁之先生经与谭先生商量，请张先生担任历史地理专委会的秘书。侯后张先生接连担任代表专委会的中国地理学会理事、专委会副主任，长期负责史地同人与地理学会的沟通工作。

《历史地理》辑刊、专委会，这两项工作之于他，就像一个老保姆带大的两个孩子。退休后，他的担子卸下了，但他的关心一直没有停止。每当取得一些新的进展，他都由衷地感到高兴。2018年，《历史地理》辑刊获得期刊号，创建《历史地理研究》期刊，他发自内心地为之欣喜。中间有一天我去他家给他汇报情况，他手之舞之、足之蹈之，欣慰之情溢于言表。

张先生做这些事情，从不计较名位，纯粹是为了做事，给大家帮忙，大有功成而不居的古君子之风。

九

去年以前，我一直不相信张先生会这么快离开我们。前些年他听力下降得厉害，当面说话有点吃力，后来他用上了微信，可以通过文字交流。以他的性格和身体底子，我坚信他一定得享高寿。

去年春节，余蔚来看我，说张先生肺部结节增大，他带张先生去看过医生，怀疑情况不乐观。这个消息让我吃了一惊。上元节时，胡阿祥兄携眷从南京来看张先生，我跟他们讨论张先生的病情，感觉虽然要做最坏的打算，但我内心里还未感到会多么着急。

3月初，我请张先生到"海底捞"小叙。韩昭庆教授接他过来，我家和吴松弟兄一家，相谈甚欢。中间张先生起身往外走，我不放心，也起身跟了上去，他发现我跟着，喝止我说："你来干什么，回去！"然后他用手示意他去洗手间那个方向。我佯装听话，等他进去后赶紧走到洗手间门口。不一会儿，他出来了。反应那个敏捷，步履那个结实，完全看不出有恙在身。那一刻，更坚定了我对他健康的信心。

5月中旬，我在微信上向他请教一学术问题，他顺便告诉我他在住院治疗。我说改日去看他，他给我回了两条信息，说："我没事，说实在的，忙好你的事，也就比来看我更有意义"，"你忙好你的事，就是对我最好的探望。"过了四天，又发信息告诉我他的病情，说："现在明确了方案，就按中医中药调理控制。放心吧。"

7月下旬，韩昭庆教授为张先生提前庆生，请我和张晓虹等人作陪。那一天看到张先生比往常衰弱，不过也还好，并没有显得特别老态龙钟。

万没料到，教师节那天晚上，张晓虹给我打电话，提醒我去看张先生。第二天上午，雨豪如注，我和儿子各骑一辆单车，像在水里行船一样。到了他家里，王妙发兄、朱毅兄夫妇已经先到了。此时张先生的状况，让我简直难以置信。他躺在床上，呼吸很吃力，对我们的到来已顾不上招呼。

当时已经有护士来为他做了核酸采样，计划等结果出来后就送医院。我们一起就个中利弊聊了约个把小时。回来的路上，我还想，以后他住医院了要多去看他。万不料，第二天10点，我正在吃早点，张晓虹又打来电话。她带着悲声告诉我，张先生已经走了，就早上三四点钟的事！

十

我花了一个冬天来构思这篇文章。春过其半才断断续续地写出上面这些文字。我知道这些文字很烂，琐碎，黯淡，不足以反映张先生风神之万一。但我没有办法，技止此矣。

文字，在真正要派用场的时候总是无能为力。

就写到这里吧。

（2022年2月23日）

读张修桂先生的文章

鲁西奇

(武汉大学历史学院)

我是通过读张先生的文章,知道张先生的。

最初读张先生的文章,是在蔡述明先生讲授的历史自然地理课上,读了两篇文章。第一篇是《云梦泽的演变与下荆江河曲的形成》,是从《复旦学报》(1980年第2期)上复印下来读的。文章分两个部分,第一部分是"云梦泽的演变过程",是与谭其骧先生的《云梦与云梦泽》(《复旦学报》历史地理专辑,1980年)对着读的。谭先生的论文,从文献辨析入手,首先理清楚先秦文献中的"云梦"与"云梦泽"并非一回事,指出"云梦"泛指春秋战国时期楚王的狩猎区,包括山地、丘陵、平原和湖沼等多种地貌形态,范围相当广泛,估计东西约在八百里以上,南北上下五百里;汉晋时期的云杜县,正是云梦区的中心地带(云梦区的中心并不是云梦泽)。"云梦泽"只是"云梦"的一部分,是云梦狩猎区中的湖沼部分,范围局限在今江汉平原腹地,其具体位置又不断变化:两汉三国时代,云梦泽在江陵之东,江汉之间,主体在华容县境;西晋初年起,云梦泽被认为"跨江南北",包括江南的巴丘湖(今洞庭湖的前身),江北的部分在当时的安陆县即今云梦县境内,然其中洞庭湖(巴丘湖)属云梦之说,是靠不住的;从郦道元开始,把其所看到的云梦地区的全部湖泽都连在一起,作为"云梦泽";这种说法为后人所继承,云梦泽的范围就愈来愈大,终于被说成是跨江南北,包括今洞庭湖区及江汉平原广大地区的"大云梦泽"。在厘清古文献中有关云梦与云梦泽记载及其所反映之真相的基础上,谭先生进一步考察了历史时期云梦泽的变迁过程:春秋中叶以前,在江陵与竟陵之间、今江陵潜江荆门三县接壤地带,杨水以东,今监利、洪湖、沔阳的江汉平原腹地,以及汉水下游北岸今天门北境、应城南境一带,各有一片云梦泽。西汉中期,汉水北岸的云梦泽已淤填为"云梦土";江陵、竟陵间的云梦泽则被分割为若干湖泊陂池,不再以云梦泽为名;杨水以东、江汉之间的云梦泽受到荆江与汉水冲积扇的挤压，向东推移至华容县东，泽区逐步缩小淤浅。魏晋南北朝时期，江汉间的云梦泽主体进一步填淤东移，大面积泽体被填淤分割成许多湖沼陂地，"云梦泽"渐成为历史名词。云梦泽名称消失之后，南朝、唐宋时期，江汉平原上的湖泊在总体数量与面积上，均呈衰减趋势；直到明清时期，江汉平原湖泊又出现一个扩张期。

张修桂先生的这篇文章，应当是与谭先生的文章相配合写作的，论点大致相同，论据则相辅相成。我们在读的时候，蔡老师提醒我们，要着意读出两位先生的不同来。比如，在文章的一开头，张先生说："江汉平原在构造上属第四纪强烈下沉的陆凹地，云梦泽就是在此基础上发育形成的。由于长江和汉水夹带泥沙长期填充的结果，至先秦时代，云梦泽已经变成平原—湖沼形态的地貌景观。"在文章的第二部分，张先生又说："由于江汉地区现代构造运动继承第四纪新构造运动的特性继续沉降，著名的云梦泽在全新世初期湖沼极高。在江汉平原冲积层下3—4米，普遍有湖沼相沉积。有史记载以来，长江出江陵进入范围广阔的云梦泽地区，荆江河槽淹没于湖沼之中，河床形态不甚显著，大量水体以漫流形式向东南汇注，表现在沉积物上为：湖沼相沉积与河流相沉积交替、重叠。但因该地区现代构造运动具有向南掀斜的特性，江陵以东的荆江漫流，有逐渐向南推移、汇集的趋势。"还记得蔡老师指着这段话，说：你们看，这就是张老师的学科背景。他是学地理的，所以，先说江汉平原的地质构造。他的前提，是说江汉平原本来是一个盆地，盆地里当然会积水，很可能形成一个大湖，就是湖盆。然后，长江、汉水挟带着大量的泥沙，逐步淤填垫高，就形成冲积—淤积平原，自然而然地，平原上也会留下一些低洼地带，就是湖泊。而江汉冲积扇慢慢向前推移，湖泊面积就会越来越小。蔡先生说：江汉盆地、一个统一的较大的古湖、江汉泥沙淤填、湖泊逐步被分割、越变越小，这是一个自然地理过程。这个过程，是张老师分析古云梦泽演变的学科基础。这和谭先生主要从文献出发辨析历史文献的记载，是很不相同的。

沿着这样的思路，去读张先生的文章，就觉得很容易明白了。他先讲在江汉平原西部有一个荆江三角洲，东部有一个泛滥平原，古云梦泽就位于这两大平原之间，它与长江、汉水相沟通，接纳江汉及其支流的分流，可以看作河湖相连的统一的水体。在此基础上，云梦泽演变的主要动力，就来自江汉及其支流的分流分沙：江汉分流分沙，促使荆江三角洲与汉江三角洲合并，形成江汉陆上三角洲；而由于江汉地区新构造运动有自北向南倾斜下降的性质，荆江分流分沙量均有逐渐南移、汇聚的趋势；因此，江汉陆上三角洲的不断扩展，就压迫古云梦泽不断向东、南方向退缩、转移，其主体则逐步淤浅、缩小，并分割开来。到宋代，历史上著名的云梦泽基本上消失，大面积的湖泊水体，已为星罗棋布的湖沼所代替。在这里，张先生不仅描述了云梦泽演变的历史自然过程，更揭示出其演变的根本动因在于长江与汉水的分流分沙运动。

云梦泽演变的动力来自长江与汉水的分流分沙，自然而然地，张先生就要讨论荆江河床的高程问题。他指出：随着夏、涌二水分流顶点的高程不断增加，夏水与涌水逐渐变成了冬竭夏流的季节性分洪河道，而在二水分流口之间的长江河道，则形成了沙洲（夏洲），迫使大江主泓的南支向西弯曲，从而形成江曲。其后曲率逐步增大，又受到左岸地貌的制约，折射东南，形成江陵以南荆江"S"形河床形态。夏首以下大江河曲的形成与西移，使涌水源头逐渐枯竭，以至断流，夏水分水口也向下游移动。荆江河曲的形成与变动，使长江向江汉平原的分流分沙大受影响，汉江三角洲逐步成为江汉陆上三角洲的控制性力量。这样，江汉湖群也逐步向靠近荆江北岸一侧发展。这一分析，当年读来，觉得非常有道理，解决了我的一个百思不得其解的问题。

从云梦泽的演变过程出发，张先生把荆江河床的塑造过程分为荆江漫流、荆江三角洲分流（先秦两汉时期）、荆江统一河床的形成（魏晋至唐宋时期）三个阶段。这三个阶段的认识，主要是从云梦泽的演变过程中推导出来的。张先生的研究理路是：长江出三峡进入冲积扇地区，冲积扇前的洼地就形成云梦泽。长江流过冲积扇，为自身塑造了荆河河段；冲积扇越向前延伸，湖区越来越小，河床就一步步向前塑造形成。云梦泽消失的结果，就是荆江统一河床最后塑造完成。所以，云梦泽的演变与荆江河床的塑造，是密切联系在一起的。同样，下荆江河床是在古云梦泽消亡的过程中逐步发育形成的：在下荆江河床开始形成的魏晋南朝时期，河床边界主要由沙层、亚沙层组成，河岸易受冲刷，河床宽阔，流速较缓，大量泥沙沉积下来，形成江心洲；江心洲形成后，又将水流逼向两岸，冲开河岸，形成穴口分流。这样，就形成了分流分汊型河床。云梦泽消失后，下荆江统一的河床塑造完成，筑堤工程随之兴起，河滩也迅速堆积起来，从而形成了较为稳定的河岸，分流穴口逐渐淤塞或堵塞，江心洲不断靠岸或消失，分流分汊河型就演变为单一顺直河型。到元明之际，下荆江河床越来越窄，江心滩靠岸成为边滩，迫使水流弯曲，侵蚀对岸，在弯道环流作用下，河弯不断发展，河型弯曲越来越多，从而形成蜿蜒河型。

当年和我一起听蔡老师讲课的付云新、赵艳，都是华中师范大学地理系出身的，有相当好的自然地理基础。我是学历史出身的，读张先生的论述，有些吃力。蔡老师就让他们两位帮助我补一点自然地理学方面的知识。我们还特别去找来几张航空照片，看牛轭湖的遗迹，分析其所反映的旧河道（河曲）与新河道（裁弯取直后的新河道）间的关系。虽然学得一知半解，也总算大致明白了张先生讨论这些问题所根据的原理。记得我们在一起讨论张先生的这篇文章，付云新说起历史自然地理学的研究方法，是用自然地理学所认识的一般性原理，去分析历史地理现象的形成过程，因为自然地理的变化规律，古今基本上是一致的。蔡老师深表赞同，说：要做历史自然地理研究，一定要先学习自然地理学，涉及平原、河流、湖泊，一定要学好地貌学、水文学，还要学习地层分析。蔡老师还特别提供了条件，让我有机会去中科院测量与地球物理研究所旁听，并和他们的学生一起，接触江汉平原的钻孔资料，也第一次知道了孢粉分析。

因为读《云梦泽的演变与下荆江河曲的形成》下了较多的功夫，读张先生的第二篇文章《洞庭湖演变的历史过程》（《历史地理》创刊号，上海人民出版社 1981 年版），就轻松多了。读这篇文章，印象最深的，是张先生对地质钻孔材料、卫星照片、考古材料与文献材料的综合使用。张先生首先使用新河口 32 号钻井的剖面，从第四纪沉积物的旋回性以及发生于各组地层之间的四次沉积间断，说明洞庭湖区的新构造运动具有间歇性特征，也就是湖泊与平原地貌交替存在。然后，他使用考古材料，说明新石器时代湖区形态主要表现为河网交错的平原地貌；而在新石器时代以后至公元 3 世纪，洞庭平原和华容隆起均有明显的沉降趋势，形成一些局部性小湖泊，但整个地区仍以河网交错的平原景观较为显著。关于洞庭平原和华容隆起处于缓慢沉降状态的认识，是张先生关于洞庭湖演变研究的一个重要基石。平原景观之所以逐步向湖沼方向演变，在很大程度上，就是这种长期沉降的结果。洞庭湖就是在这种沉降中不断扩展的。所以，不了解洞庭湖区的这种沉降趋势，就无从考察历史时期洞庭湖的形成与演变。不仅如此，张先生更进一步指出：先秦两汉以后，虽然东西洞庭地区均处于下沉状态，但东洞庭地区的北半部，下沉趋势尤为严重，一旦荆江分流南注，低洼水面立即扩展成湖。换言之，洞庭湖区，是其东北部先成湖，然后向西扩展的。记得当年读到这一结论，佩服得五体投地，因为这一认识，从文献记载中，是很难读出来的，一旦认识到，却又可以得到很多文献的印证。

这篇文章，给我更大影响的，还是对近百年来洞庭湖萎缩过程的分析。张先生说："从 19 世纪 50 年代至现在，是洞庭湖在整个历史时期演变最为剧烈、最为迅速的一个阶段。汪洋浩渺的 6 000 平方千米的洞庭湖，萎缩成今日之不足 3 000 平方千米的湖面；在八百里洞庭中，淤出八百万亩良田，主要就是这一百多年来演变的结果。其根本原因在于藕池、松滋两口的形成，使由荆江排入洞庭的泥沙急剧成倍增长，而人为因素也在相当程度上加速了这一萎缩进程。"张先生分析了洞庭湖区各控制站历年平均输沙量及其与洞庭湖陆上三角洲形成之间的关系，努力推算出湖区各部分淤积的速度，指出四口泥沙长期充填湖中，使整个洞庭湖的湖底高程普遍提高，这乃是洞庭湖萎缩的根本原因，而人工围湖造田也是一个不可忽视的因素。这种立足于自然变化，综合考虑人为因素的思想方法，在潜移默化中，成为我后来一些年里思考相关问题的基本方法。

我不知道这两篇文章算不算张先生的"五星级文章"，无论如何，它们对我影响很大。第一，它们促使我认真地学一点自然地理知识与方法，特别是注意翻阅《湖泊科学》《海洋与湖沼》之类的刊物，半懂不懂地，也了解一些自然地理的研究问题及其方法，注意学习将自然地理学的一般原理应用于历史自然地理研究的方法。第二，注意将考古材料、文献记载落实到具体的地理空间上，与地理学知识及研究认知相结合，梳理河湖演变的历史进程，并特别着意于考察其演变的动因，即哪些因素导致或影响了这些变化。这两点，似乎不算什么，但对我来说，却非常重要。

再一次认真研读张先生的论文，是到了2000年前后，我开始摸索着探究历史时期汉水中下游河道的变迁。这一次是有明确目标的研读，就是模仿张先生的研究路径，并琢磨他的结论。研读的文章主要是《长江城陵矶—湖口河段历史演变》（《复旦学报》历史地理专辑，1980年）、《荆江百里洲河段河床历史演变》（《历史地理》第八辑，上海人民出版社1990年版）、《长江宜昌至城陵矶段河床历史演变及其影响——三峡工程背景研究之一》（《历史地理研究》第2辑，复旦大学出版社1990年版），以及《汉水河口段历史演变及其对长江汉口段的影响》（《复旦学报》1984年第3期）。最后一篇文章，因为与我的研究直接相关，所以读得最细。文章讨论的核心是汉水入江河道是否有一个本在龟山南入江、15世纪中叶改由龟山北入江的问题。张先生的看法，是自汉魏六朝以来，汉水下游河道始终稳定在龟山北麓、却月城之南注入长江，但在宋元时期，汉水下游确实有南北二支分流，分从龟山北、南入江，至少在元朝前期，从龟山以南入江的分流是汉水主泓。张先生这篇文章考证得非常细致，对历史文献资料的理解使用，地形地貌的考察分析，水文条件及其变化的推测，都非常到位。文章使用的材料、涉及的地点，大部分我都比较熟悉，觉得张先生所论几乎不再有剩意可陈。所以，我在做汉水下游河道变迁时，对于汉水河口段就没有再下功夫。

《长江城陵矶—湖口河段历史演变》这篇文章，我也读得比较细。长江城陵矶—湖口段，正在荆江之下。在没读张先生这篇文章之前，一直以为城陵矶至龟山河段的塑造与演变，与荆江河段相似，也属于蜿蜒型河型。在这篇文章里，张先生开头就说：城陵矶至湖口段，属于分汊河型。记得读到这里时，大吃了一惊。张先生依然从地质地貌基础入手，指出城陵矶—湖口段所处大地构造介于淮南地盾与江南古陆间狭长的扬子准地台，其中城陵矶至武汉段受洪湖—金口大断裂控制，而武汉至湖口段则受南淮阳断裂影响。在第四纪新构造运动中，城陵矶—湖口河段以下沉运动占主导地位，又具体表现为向左岸掀斜：一般说来，左岸下沉，而右岸上升或相对上升。这直接控制着本河段两侧的地貌形态以及历史时期河道变迁的总趋势：右岸河漫滩平原较窄，不少石质山地濒临江边（矶头），控制着分汊河道的具体位置和演变形式；左岸则主要是大片冲积平原，绝大部分河弯和弯曲分汊河段的弯曲方向都倒向左岸。这样，在有矶头控制的河段（如城陵矶至石码头、纱帽山至武汉市），河床就受到约束，难以自由摆动，在历史时期变幅很小，河道长期比较稳定；而当左岸矶头较少、间距较大时，就表现为开阔的泛滥平原，河曲分汊河道又发展起来，其弯曲方向大多向左岸发展，从而形成弯曲分汊河型（如石码头至纱帽山、武穴至湖口河段）。这篇文章，在方法上给我很大启示。我做汉水中下游河道变迁的研究，就学着张先生，先去看河道两侧的矶头（以及城邑），把矶头看作河道的控制点；在矶头较少、间距较大的河段，就着意看其分水穴口和边滩，以及裁弯取直的遗迹。我没有张先生这样好的自然地理知识与方法论素养，只是依样画瓢，做得不太像样子。后来，张先生关于《水经注·沔水篇》的精致研究发表出来[《〈水经·沔水注〉襄樊—武汉河段校注与复原》（上、下篇），《历史地理》第25、26辑，上海人民出版社2010年、2011年版]，我都不敢读，觉得自己做得太粗率了。

念书的时候，还在王克陵老师的课上，按照老师的指示，读过张先生有关马王堆帛书地图的两篇文章（《马王堆〈地形图〉绘制特点、岭南水系和若干县址研究》，《历史地理》第五辑，上海人民出版社1987年版；《马王堆〈驻军图〉主区范围辨析与论证》，《历史地理研究》第1辑，复旦大学出版社1986年版），可惜我对古地图缺乏背景知识，也没有意愿下功夫，所以没有认真研读。后来在研究中用到马王堆帛书地图时，才又回过来读张先生的文章，那是"功利性"的阅读了。

是的。我是通过文章"知道"张先生的。我一直不敢说"认识"张先生，虽然也有机会见过先生好多次，并且漫无边际地聊过天，但我觉得自己从来没有能够读懂过张先生的文章：早年的阅读是学习知识，琢磨研究方法；后来与自己的研究相结合的阅读，目的性太明确，不免"择善而从"，甚至是只琢磨对自己"有用"的部分，并不着意于从整体上理解、认识张先生的学问。也因为这个原因，我对张先生有关长江中游地区之外的其他地区历史自然地理演变的研究，几乎没有认真学习过，虽然我知道张先生关于上海地区成陆过程、金山卫一带海岸线变迁、黄淮海平原湖泊演变与淮河水系变迁等方面的研究，与他关于长江中下游河道变迁、长江中游河湖演变的研究同样重要而且更著名。当我写下这篇文字的时候，我想，张先生终于知道我只读过他有限的几篇文章了，他应当会瞪着明亮的眼睛，对我说："西奇，还得努力啊！"

是呢！还是读读张先生及其同代学者的文章吧。或者，通过他们的文章，还可以想见那一代的人，和他们的学问，以及其他。

（2022年9月3日，于珞珈山东山头）

追忆张修桂老师

李晓杰

（复旦大学历史地理研究中心）

时光飞逝，转眼距张修桂老师去世已近十个月了。其间虽然在新媒体上不时会见到悼念张老师的文章，也觉得应该写下一些追忆性的文字，但一直未能动笔。主要原因是张老师在我心中的形象是既熟悉又陌生：说熟悉，是因为认识张老师已逾三十年的时间，后来还有幸与他一起在复旦史地所服务二十多年；说陌生，是与张老师这么长的相处时间，印象中似乎没有一次深谈，大多只是在所里见面时礼节性地道声好，至多也是再寒暄问候几句而已。因此，当张老师真的离我们而去时，留给我的除了哀伤之外，可能更多的是遗憾。这次所里要组织编辑一册纪念张老师的文集，我想我没有再推脱的理由，更不应该将那本来就不应该有的遗憾变得更加遗憾。

我1984年考入复旦大学历史系，攻读本科学位。在校四年，除了周振鹤老师（大四时指导我撰写本科学位论文）、杨正泰老师（我本科三年级被评为优秀生时学校给指派的导师）及满志敏老师（担任过一年我们班的辅导员，并教过我们"地学概论"课）三位老师外，历史地理研究所包括张修桂老师在内的其他老师，都无缘相识（邹逸麟老师、葛剑雄老师也只是旁听过他们讲授的课程），更谈不到当面请益了。

正式与张老师见面相识，并必修他的"中国历史自然地理"课程，是我本科毕业在北京故宫博物院工作三年后的1991年秋季了。那时我重回复旦园，在史地所跟随周振鹤老师攻读硕士学位。其时，史地所的研究生很少，所有的硕、博士研究生加起来还只是个位数。

那时复旦史地所位于与校门口隔邯郸路相望的文科楼8楼的东半部（西半部是古籍所的所在），张老师的办公室在8楼东面尽头左拐的最里面一个朝北的房间。那个房间同时也是《历史地理》辑刊编辑部的所在，时任辑刊编辑的朱毅老师与他同室。两张办公桌靠窗对放，他们两人各坐一边，张老师坐在靠东的这侧，面朝西面。两位老师都爱吸烟,桌上放着一个烟灰缸,每次走进这间房间,都会闻到一股浓烈的烟草味儿。

张老师的"中国历史自然地理"课是每周一次,上课地点就在他的办公室(每到上课时,朱毅老师都会主动到所里别的房间工作),时间是上午,具体是星期几,早已记不清楚了。当时选课的好像只有三四位所里的硕士生同学,张老师指定我们读的教材是那部16开、绿色封面的谭其骧先生主编的《中国自然地理·历史自然地理》。张老师对所讲内容驾轻就熟,讲课时绘声绘色,从不看讲稿(似乎也没有见过他桌上放着讲稿),对我这样一位毫无地理学背景的学生来说,丝毫没有难懂之感。多年后自己也当了老师,才切身体会到深入浅出地讲好一门专业课程,让不同专业知识背景的学生不仅听得懂,而且又爱听,是多么不易。也是后来在所里时间长了,才知道张老师20世纪50年代自华东师范大学本科毕业后即跟随谭其骧先生编绘《中国历史地图集》,对中国历史自然地理的许多方面有着深入的研究,造诣极深。在听讲张老师这门课的过程中,不仅收获了知识,而且也学到了如何做研究,以及如何做人。有一次上课,在张老师讲到洞庭湖变迁的部分,我针对张老师所说提出了一个现在回忆起来应属自以为是、不知天高地厚的史料解读方面的问题。张老师听了我的提问,并没有正面回答我,只是微笑着淡淡地说:"这个观点是我与谭先生讨论后得出的。"我立时感到了自己的鲁莽。这件事给我很大的教育,使我意识到学术研究是一个需要长期积累的过程。作为年轻人,不是不能向前辈学者提出挑战,但在专业学习阶段,说实在话,的确还不具备这种挑战的能力。张老师当时并没有直接反驳我提出的幼稚观点,而是用一种委婉的方式轻松化解掉了,于此亦可见他对我们这些晚辈学生的宽容与大度。

岁月荏苒,转瞬到了1996年初夏,我五年的研究生学习的最后时刻——博士学位论文答辩会到来了。张老师是经周振鹤老师与我商议后邀请参加我答辩会的七位评委专家之一,在会上发言时对我的博士学位论文《东汉政区地理》多有谬赞。在此之前,他已洋洋洒洒写下了数百字的论文评审意见,颇多溢美,显现出对我这位学生晚辈在未来的专业研究上所寄予的厚望。

在随后与张老师一起在所里工作的时间里,大多是一些平常事,似无须在此特别记叙。倒是在张老师退休后发生的一件事,让我一直记在心上。那是在2014年,所里帮张老师等一些退休的老先生每人出一部论文集,作为他们多年为所工作的纪念。张老师的那本论文集叫《龚江集》,收录了他晚年先后撰写的二十篇论文,其中有关《水经注》长江流域诸篇的研究考释的论文就占了六篇之多。《水经注》研究,是张老师退休后所从事的一项重要的研究工作,尤其是他以其地理学的专业背景所关注的相关地质、地貌方面的探究,在《水经注》研究领域颇具特色。自2011年起,我本人已带领学生从事《水经注》的本体研究,张老师对我们的研究也颇为关注。《龚江集》出版时,我们团队正在从事《水经注校笺图释·渭水流域诸篇》的研究与撰写工作。有一天,我在所办公室里遇见他从家里来所办事。我向他问过好后正要转身离开,他突然叫住我,说:"你现在有几个学生跟着你做《水经注》?"我回说目前有四位,他说:"我的论文集刚出版,每人送他们一本吧。"我一听,惊喜万分,连忙向他道谢,他只淡淡地笑了笑,意思是说:没什么。不一会儿,他便让人把四册《龚江集》送到了我的办公室。我的学生拿到张老师赠送给他们的论文集时,个个激动不已,那一刻的场景一直深深印在我的脑海里。这就是张老师做事的风格,对晚辈的关爱就在他那看似不经意的神态与行动中"润物细无声"般地逐一落实了。

从2011年3月到2021年5月,在十年左右的《水经注》研究时间里,我们研究团队先后出版了《水经注校笺图释》系列三种《渭水流域诸篇》《汾水涑水流域诸篇》《洛水流域诸篇》,还出版了一部《古本与今本——现存〈水经注〉版本汇考》。除了《洛水流域诸篇》(2021年夏我从出版社拿到书时张老师已病重)、《古本与今本》(2021年11月书出版时张老师已经仙逝)外,其余先出的那两部《渭水流域诸篇》与《汾水涑水流域诸篇》,分别在2017年与2020年出版后不久即请本所的同事转呈他教正了。张老师收到书后见到我总不忘说一声:"大作收到了,谢谢!"我回说:"请您多多批评!"他听到后也只是微微地一笑。我没有跟张老师当面请教过他对进行《水经注》研究的具体看法,也一直不知道他对我们研究的评价究竟如何,直到后来发生的两件事,才把我的疑问解开。

其一,在2020年8月,所里的老师利用举办暑期研习班的契机,特别采访了张老师。访谈中他主要就《水经注》研究与《水经注图》的新编发表了意见。他说:"第一,利用当前最好的《水经注》版本,转入具体内容的研究,并以此为基础,对《水经注》的内容进行必要的订正后,整理出版新的《水经注》;第二,在具体内容研究的基础上,以今天测绘的地形图为底图,编绘出版新的《水经注图》。"(《〈水经注〉研究与新编〈水经注图〉》,"复旦史地所暑期学校Day 12:张修桂教授访谈",史地所公众号,2020年8月23日)张老师所说有关《水经注》研究的这两个目标,其实在此前我们已出版的《水经注校笺图释·渭水流域诸篇》(2017年1月)与《水经注校笺图释·汾水涑水流域诸篇》(2020年3月)中都已有具体的落实与体现,如果将他所言理解成是对我们《水经注》既有研究的肯定,我想似不应视为我们研究团队的"一厢情愿"吧。

其二,有一次与本所的一位同仁闲谈,说到我们研究团队正在从事的《水经注》研究,他说:"张修桂先生对你们的研究评价很高。"他随后告知我,张老师生前(2021年3月)与他的一次微信交流中提及了我们的《水经注》研究。张老师在微信中写道:"我们尽力了,但一代更比一代强。近日我又翻看了晓杰等人的《水经注》新注,此感觉更强。"并在句末加了一个竖大拇指称赞的表情包。如果这些话是张老师对我本人说的，我可能迟疑这样的话公布于众，是否合适，但这是张老师对第三者讲的，我本人并不在场，其中的客观性自然要高了很多。我现在提及这件事，绝无意用张老师在历史地理学界的声望来为我们的《水经注》研究壮威，而是想说明张老师其实是一直在背后默默关注我们的研究、支持我们的研究，并在他认为合适的场合，对我们的研究表达出他的客观评价。我们《水经注》研究团队的每位成员自然不会、也不应该因张老师对我们研究有如此的首肯而沾沾自喜，但从中我们体会到的张老师对晚辈们专业研究的关心与呵护，则无异春风拂面，暖在心里。

斯人已逝，张修桂老师留给后世的在学术研究上的真知灼见，却足以让我们提高眼界，开阔思路；他对后辈学人关爱的真情实感及所作所为，也会令我们铭记在心，永生难忘。

老师二三事，长河那道光

周映芝

（中国平安上海分公司）

杏花，春雨，江南，老师驾鹤西归后的第一个清明节到了。沪上疫情肆虐，锁住了我们随意自在的脚步，却锁不住我们对老师深切的怀念。推开窗前秀色，惠风和畅，燃一束心香，拜祭老师在天之灵。老师虽然走了，可在我心中，老师从未离开。或许，老师正在吉祥的云端，回望着"气蒸云梦泽，波撼岳阳城"的恢宏壮丽；抑或老师正在芳草连绵的仙境，翻阅着《禹贡》"九州"的水络纵横；更有可能，老师正拿着手机，面带微笑，翻看着昔日小友们开心的问候。

"豆豆"乐了

一个风和日丽的早晨，我发了几张抱着外孙的照片给"豆豆"（张老师微信名）。秒速，"豆豆"乐了：当年的小姑娘又有新任务了，哈哈哈（配了个笑脸）。一瞬间，如沐春风，不可言喻的温暖涌上心头，读懂了老师内心深处慈父般的关爱和祝福。

匆匆那年，第一次见到张老师，是1996年5月，我到历史地理研究所参加硕士研究生复试。在复旦文科楼史地所会议室，我拜见了神情严肃的张老师和几位所里的其他导师。老师们此起彼伏的提问，给我不少启发和指导。可张老师不动声色地只问我一个问题：你读过哪些书？表情严肃，目光犀利，我肃然起敬中还有一份畏惧。

多年以后的又一个午后，"豆豆"发微信给我说，小朋友，微信里有钱怎么花？我乐了，呵呵，然后我把操作步骤一步步截屏发过去。不一会儿，"豆豆"开心地回我：明白，谢谢"老师"，我下次到超市试试。这样幽默的语气，瞬间让我满心愉悦，也由衷敬佩老师，八十多岁的老人，思维敏捷，从不落伍，与时俱进。

其实三年读书期间，老师和我讲话，一是一，二是二，不苟言笑，庄重严肃。我不管是去请教问题，还是每次所里见到老师打招呼，老师始终一脸正颜，目光深邃。但是平时在课余很多时候，老师和所里师兄弟姐妹之间常常说说笑话，幽默风趣，大家都乐于和老师说话。这样的时刻，我总是立在一边，羡慕地看着、听着，也乐呵着。

老师微笑

老师是中国当代历史自然地理领域的奠基人，其卓越的学术成就堪称典范，在中国历史自然地理领域贡献卓著。仁者乐山，智者乐水。或许是古往今来奔腾不息的河水激发了老师的热爱，或许是老师的睿智赋予了河湖最完美的诠释，抑或两者相得益彰。师从老师时，我尤为爱读老师关于长江中下游河道变迁、湖泊演变的理论著作，以至多年以后，在他人提及老师时，我总是不假思索脱口而出，张先生是江河大家。

读书期间，遇到问题请教时，老师往往眉头一蹙，迅速给我一个探索思路，叫我顺着思路去查资料，找答案。我交上的作业，老师看过后，会提出一两个问题，却从不会多讲什么，而是让我去思考、去论证。刚开始我很混乱，为一些问题很伤脑筋，常常会为一个答案的正确与否，不断地去图书馆查阅各类资料和文献。老师就这样训练了我三年，培养我形成良好的思维方式和从第一手资料入手研究解决问题的方法。得益于这些教诲和平时的反复训练，我写毕业论文时非常顺畅，几乎一蹴而就。那天，我把硕士论文初稿交给老师，然后忐忑不安了一整天。第二天，老师叫我去了他办公室，目光温和，语气平缓，对我的论文从头到尾，一段段地点评了一遍，最后给我提了两个要求。那一次，我终于看到老师脸上不再那么严肃，而是闪烁着愉悦的微笑。

毕业后，我进了企业工作，和自然地理学术研究表面上再没有关联，但是一次次工作经历中，我越发明白，老师对我思维方式的训练，让我受益匪浅。无论是起初做证券投资分析，还是后来做公司培训管理，上手很快，且能迅速理清思路，高质量地完成相关工作。

老师慰勉

听说老师生病了，我去看望老师。由于老师听力不行，我在门口发微信给豆豆：到门口啦！老师开门时一脸微笑。当时，老师正在看电视里的足球比赛。他倒了杯茶水给我，说：我等段时间再去医院复查，不要紧，你工作忙，就不要来看我，有什么事我总归会发微信给你的。我连忙发微信给"豆豆"：老师，我已经退休不上班了。老师一瞥手机立马板着脸，说：不工作了？这么年轻就不思进取！你一同进所的总编同学，事业蒸蒸日上！教授同学论文一篇接一篇呢！

我一瞬间惊慌失措，再次看到了读书求学时严师的神情。于是赶紧说明企业和事业单位的一些制度区别，还着重强调一点自己也没闲着，事情多着呢！

老师沉思了几分钟，眉宇和心情逐渐舒展，然后语调温和地说，也好，总归不是人人都要一样的,每个人有每个人的事业,有每个人自己的生活方式,珍惜当下快乐生活,也算是平凡中的不平凡。我听完当时特感动,深知这是一种理解、勉励、宽慰,是老师对学生深切的关爱,也是老师胸怀山高水远,对生命的深刻感悟。

感念老师

确实,我感悟甚深的无疑是老师对人生的态度,对生活炽诚的热爱。读书时,老师和我们的交流不是那种滔滔不绝的,也不是那种谈笑风生的,但一言一语、字斟句酌间,往往表达清晰,睿智的目光总是激励着我们努力读书、扎实研究。离校以后,老师更多的是亦师亦友,亲切幽默,传递着生命的喜悦和热爱。作为张老师的学生,我们不可否认地有敬畏感,但是我们读懂了老师另一种方式的关爱,这份关爱一直鼓励着我们,在这个不确定的世界上,确定性地热爱生活。

从某种意义上说,生命是一种缘,是传承不息的一种文化、一种精神。老师严谨治学、一丝不苟,成就了历史自然地理学的典范理论,为后学树立了标杆;老师独具的清晰的逻辑思维方式,给人启迪和垂范;对我们思维方式的培养训练,对我们学业严格的要求,是严师的责任和深层次的爱护;老师胸怀宽广,豁达乐观,凡事多为他人着想的善良,不轻易麻烦别人的品格,给予了我们"润物细无声"的言传身教,让我们受益良多。

走过春的明媚,夏的枝繁叶茂,领略过红叶似火的成熟,我们深深感恩老师当年的谆谆教导,感念老师言传身教的品质风范,我们始终心系老师的一切。我相信,无论是如今已成学界栋梁的师姐,还是在他方谱写自己特色人生的师兄,我们都一样感念老师!

多年来,在人生旅程的风风雨雨中,始终有老师给予的一份力量在鼓舞着我们,在许多成败得失的瞬间,我们眼前忽然会闪过老师那道睿智的目光。

多年来,我经常出差或外出参加会议,每到一地,但凡提及地方风景和风俗人文,常常一刹那间,不自觉地忆念起老师,忆念起老师笔下的江河变迁。老师一生流连高山流水,华果恒芳,老师永远是我们心月轮上的那道光芒,闪耀在我们生命的长河中。

(2022年4月5日记于上海)

深切怀念张修桂先生

王 庆

(鲁东大学)

今年9月12日是中国历史自然地理学的重要开拓者、复旦大学历史自然地理研究的奠基人之一张修桂教授去世一周年。前不久复旦大学史地所的杨霄老师来信，代表史地所诸位同仁"命"我写一点纪念文字，分享我和修桂先生的交往，我感到非常荣幸。了解我和修桂先生至交关系的人很少，我想应该不到两位数，外人很难想象我们两个看起来专业不同、年龄悬殊的人会有如此真挚的友谊。所以，虽然我和杨霄老师素未见面，但他既然知道我和修桂先生的这段友情，那一定是修桂先生生前跟他说过的，他一定也是修桂先生所看重和信赖之人。我衷心感谢他的善意提醒，他的提醒很重要，因为我去年9月没有去沪上送别修桂先生，已经成为我无法弥补的遗憾了，今年这次周年纪念我绝不能再缺席。

杨霄老师在来信中写道：张老师生前曾多次与他提起他与我的交往，称我是他的挚友。每当谈及我赠与他的葡萄酒和我邀请他来烟台讲学的往事，张老师的眼中总会闪烁着一种光芒！我看了这段文字以后非常激动，我没有想到我一个后辈小友在他的心里会有如此长期且重要的位置。但是，我更感到羞愧，其实我在和他分别后的二十多年里，只是去上海他的家中看过他一次，所谓的葡萄美酒也只是烟台张裕公司所产的很普通的干红葡萄酒。更为遗憾的是，邀请他来烟台讲学和海岸考察的事情终究未能成行，我知道他一直是很想来烟台和我见面一叙的，这个事情余同元兄也跟我说过多次。

我多年来从事河口海岸工程地貌研究，修桂先生是著名的历史自然地理学家，这在当下是两个几乎没有交集的学术领域，我们两个的相识、交往和成为朋友是个微概率事件。我在北大地貌专业攻读博士学位时从事的是全新世万年尺度的河口海岸地貌演变研究，但我不满意于所研究地貌过程的时间尺度太长，拟转为研究同河口海岸工程设计寿命相匹配即五十年尺度的地貌演变，而对居于两者之间的百年至千年尺度即历史时期河口海岸地貌演变规律的了解和把握，则是这个转变能否实现的一个重要问题。为此，我认真阅读过以谭其骧先生为代表的复旦史地所各位老师的相关研究成果，尤其是研读了修桂先生关于历史时期中国东部水系河道和海陆变迁研究的系列成果，当然也包括陈吉余先生关于历史时期中国东部河口海岸动力地貌演变研究的论著，但是从未有机会与他们两位见面和认识。

1997年7月我有幸到华东师范大学河口海岸动力地貌动力沉积综合国家重点实验室从事博士后研究，合作教授是中国河口海岸学科的奠基人、中国工程院院士陈吉余先生，陈先生安排我替他完成他早年没有完成的关于淮河河口地貌演变的研究。由于今日淮河河口地貌主要奠定于宋代以来的数百年间，而修桂先生当时也在指导他的博士生韩昭庆从事淮河流域水系河道变迁研究，这为我请教修桂先生提供了契机。在站期间，正逢同实验室的刘苍字教授主持一个关于长江口北支河道演变研究的国家自然科学基金项目，承蒙苍字先生请我帮助他完成其中历史时期河道变迁的动力地貌演变分析这部分的研究工作，也为我和修桂先生的交往创造了机会。

1997年正逢复旦大学中国历史地理研究所成立十五周年，复旦为其举办了隆重的纪念活动，陈吉余先生作为贵宾受邀参加。后陈先生因为临时有其他事情而不能分身，特命我作为代表前去参加，这是我第一次拜见修桂先生。因为是第一次见面，去以前还多少有一点忐忑和拘束，但是见面后这种感觉马上就消失了。没想到的是，我到会场签到后修桂先生第一时间就主动找到了我，开门见山地说他是华东师大地理系的毕业生，是陈吉余先生50年代教过的学生，与刘苍字先生是大学同学，多年来与吉余老一直有密切合作，这让我颇有一种宾至如归、相见如故的感觉，我们一下子就亲近起来。那天在整个活动过程中，修桂先生始终把我作为他此次唯一主陪的来宾，几近寸步不离，并在入场、入座、介绍、发言、合影、就餐、告别等各个环节，他都悉心地把我推到前边和要位，其实以我的资历是没有资格如此高调的。修桂先生出生于1935年8月31日，那时他已经足足62岁了，比我现在的年龄还要大不少，是我名副其实的师长。和修桂先生相识的这第一次见面让我很受感动，我体会到了修桂先生对母校，对老师、同学和校友的一片赤诚。

修桂先生致力于将我国传统水道研究提升为现代历史地貌学研究，取得了许多重要的开拓性成果。他把我视同自己的学生，把他研究河口海岸历史地貌的心得和经验，尤其是他独到的历史文献和古地图分析法，都毫不保留地传授给了我。在他的鼓励下，我有相当长的时间天天去华东师大图书馆古籍阅览室查阅资料，比较全面地阅读了与河口海岸地貌有关的《读史方舆纪要》等中国古代历史地理专著、《南河成案》等记载黄淮运治理的历史档案和中国东部主要河口地区的历代方志。由于黄淮运水系格局和河道剧烈变迁主要发生在明代，我又进一步阅读了明代水利、海洋管理体制等国家治理及其实际运行方面的古籍文献，以至于养成了我对明史学习的兴趣和习惯。

通过和修桂先生的学习和交流，我不仅系统地掌握了他所专长的现代历史河口海岸地貌学研究方法，也形成了我自己的关于河口海岸动力地貌演变的时空尺度观，这对我后来由地貌学与第四纪地质学研究转为河口海岸学研究、再又转为水利工程研究，产生了很深刻的影响。另外，对明代历史的兴趣也让我拥有了一直持续至今的业余生活爱好，这对几乎没有任何文体爱好的我来说至关重要。这一切都受惠于修桂先生。

修桂先生还非常关心我个人的事业发展，他把他能够给予我的鼓励、帮助和机会，都毫不吝啬地给了我。关于历史时期中国东部主要河口海岸地貌演变研究工作，我和陈吉余先生、刘苍字先生曾经合作撰写过三篇论文，涉及淮河入湖入江入海三个河口、长江河口北支河道和钱塘江河口地貌，我都第一时间呈送他批评指正。修桂先生阅读后总是给予肯定和鼓励，第一时间推荐给复旦史地所主办、上海人民出版社出版的《历史地理》发表，有一篇还是在我离开上海几年后在济南逛新华书店时无意中发现的，此前修桂先生并没有告诉我。作为一个非历史地理学专业的人员，能在当年这个历史地理学界为数不多的刊物上连续发表三篇研究论文，是很难得，也很难让别人理解的，其实都是得益于修桂先生谬爱和推荐。在我博士后出站评审时，修桂先生和上海市水利局的王振中先生、国家海洋局一所的夏东兴先生以及所内刘苍字先生等一道，对我的研究工作给予了充分肯定和鼓励，修桂先生还很关心我出站后的工作去处。

1999 年上海一别后我到烟台工作，就很少有机会和修桂先生见面了。但是，我们的联系和交情并未因时空阻隔而有间断和淡化，我们一直彼此关注。我只要见到我们共同的熟人就委托问好。其间，曾和余同元兄一起几度策划邀请他来烟台讲学的事情，有一次几乎就要成行了，可惜最后还是没能来，这成为我们共同的遗憾。这种遗憾和当年我邀请陈吉余先生和师母刘永瑜先生来烟台讲学未竟一样，每当想起来，都免不得感叹一番。修桂先生也一直看重我们的友谊，继续关心和指教我，他的专著《中国历史地貌与古地图研究》2006 年出版后他第一时间寄给我学习。

我自 2021 年 7 月以来一直处于特别的忙乱状态，得知修桂先生仙逝已经是很久以后的事情了，当时很为没能在他病重时去上海看望他而愧疚。唏嘘之后掩卷思量，对我们中国河口海岸历史地理研究而言，当年我们为之膜拜、引领我们一路走来的那些前辈们一个个离我们而去了，这几年我们时不时就处在去告别的路上。除了修桂先生外，2021 年 3 月 23 日我读博士时的导师杨景春先生去世了，11 月 28 日则是陈吉余先生逝世四周年，而就在修桂先生去世前一年的 6 月 19 日，与他同年同月同日生，同所同专业的邹逸麟老师也走了，前辈们的芳华缤纷谢幕，想起来不免有孤单凄凉之感。

但是，告别是中国历史自然地理学新时代来临必然伴随的阵痛，也意味着支撑这个学术大厦的责任和担当轰然间就落到了我们这些后辈的肩上。学术新时代注定是一个没有奠基者、开拓者庇护和指引的时代，需要我们在独立思考、独立判断和创新中独立前行。当然，在前行的路上我们并不孤独，因为一定会有，也必须有修桂先生他们那一代人留给我们的那些美好的往事永久相伴。

敬爱的张修桂先生永垂不朽！

（2022年5月1日　疫情期间于烟台）

怀念张修桂先生

杨煜达

(复旦大学历史地理研究中心)

不知不觉中，张修桂先生离开我们已经一年多了。张先生清癯的身影经常在眼前浮现，几番提笔想写点什么，忧伤的情绪突然就弥漫开来，只能又放下来。

未入复旦之前，就听说过张先生，知道是做自然地理的大家。2002年有幸进入史地所追随邹逸麟先生攻读博士学位，专业课主要在文科楼8楼的小教室上课。当时邹先生、张先生他们正在做中国历史地理信息系统（CHGIS）项目，就在8楼小教室斜对面的一间大办公室中，门是一排玻璃门，我们在走道上看得清楚，一群老先生坐在书堆里，埋头对着电脑在工作。开始我只知道邹先生，后来就渐渐知道了里面的先生都是学界里的"神仙中人"，偶尔听到一阵欢笑声，知道是某位先生又说了什么笑话，气氛是很开心的，座中声音最洪亮的，一位是身形高大的邹先生，另一位就是看似瘦小的张先生了。

在我进入史地所时，张先生已经退休了，不再开课。但博士期间的实习，张先生还亲自带队给我们讲解，这是我第一次参加历史地理的田野考察。在青龙镇，张先生给我们讲解吴淞江与青龙港的变迁。在张先生铿锵有力、简洁明了的话音中，看着眼前宽不过数米的小河浜，在千年前却是水面宽阔十余里的巨浸；眼前没落的小镇，在千年前却是千帆聚集的繁荣港口。沧海桑田之感慨，油然涌上心头。这使我坚定了学习历史地理的决心，在马桥遗址，张先生实地给我们讲解了贝壳堤与上海成陆的过程。在高出周围的冈身上，初春的海风还有点寒意，张先生却只穿着件褐色的西服外套，挥动着手臂给我们指点着要观测的要点，这一印象定格在我脑海里，成为永久的张先生的形象。尽管之后又有多次机会随侍张先生外出考察，既有2006年的吴淞江考察，也有几次所里博硕士研究生的扬、镇、宁一线的考察，受益很多，但印象最深的，还是第一次考察活动。

我留所工作之后，很快办公室就迁到了新落成的光华楼。张先生在22楼有一间办公室，经常会过来，我就有了更多请益的机会。记得当时有篇论文发表在一个重要的刊物上，因为我对该论文所研究的问题比较熟悉，也想借这个机会来锻炼自己在地貌方面的研究能力，所以我复核了论文的史料及相关地质和地貌的材料，发现该论文的结论可能存在很大问题。中间几次向张先生请教，张先生都让我看资料，让资料说话，不轻易臧否。最后我把资料情况和我的结论给张先生汇报，张先生才说："单从直接史料来说，原来的结论是通的，但和地貌背景放在一起看，问题就大了。"张先生还批评说："审稿的专家怎么不核对一下呢？"对我说："你以后可以在写什么文章的时候，提一下就好，不用单独写文章去反驳。"我对张先生说："我本来只是感兴趣，想自己弄明白，没有想过要专门写文章去讨论。"这个问题后来也没有再提起过。张先生审慎求实的科学态度，对我个人的工作影响是很大的。

后来我参加了华林甫老师主持的清史地图集的工作，承担湖北图组的工作。湖北图不可避免地就会涉及荆江河道的变迁。这个时候我比较系统地研读了张先生关于长江中游河道变迁的研究，有所体会。"谭图"清代图的荆江河道是张先生负责的工作，比较可靠。但是清史地图集的标准年代与"谭图"的并不一致。清末的荆江河道，资料比较多，我比较有把握能在地图上复原，但中间的断面就比较难，资料的完整性问题较多。对这个问题我思考很久，请教张先生能不能在"谭图"1820年复原的基础上，根据当时河道的演变规律，按照平均演变速率，给出地图集时间断面的河道情况，张先生思考过后，首肯了我的想法。这使我的信心大增，终于完成了图集的任务。

2016年，我承担了教育部基地的重大项目"过去千年中国区域极端气候事件与中华文明时空过程"。我的想法是利用这个课题编一本极端旱涝事件地图集，开题会请了邹逸麟先生、张修桂先生和满志敏老师来指导。邹先生因临时有事没有亲临，张先生和满老师来了。听了我的汇报，张先生说，极端旱涝图集是很有意义的工作。又专门强调说，对于站点的古今政区沿革一定要做好，这是工作的基础。现在图集初稿完成，即将付梓，几位老师却已溘然长逝。

张先生在历史地貌方面的研究，堪称绝学。做好这门学问，不仅仅要熟悉地貌水文的理论方法，还要对史料十分熟悉。这需要学者不仅有很高的地理学造诣，还需要有史学的深厚积累。张先生这样的学者，是一个时代的产物。煜达不敏，对这门学问虽有喜好，但素乏研究。在张先生身体尚佳的时候，缺少更多向张先生求教的学养。后期随着研究教学的需要，慢慢有点积累时，张先生晚年耳背，我说话方音又重，请益的机会就少了，这是空有宝山而不得入。世间事不以人之意志为转移，只能嗟叹。

复旦大学中国历史地理研究所的历史自然地理研究，自谭其骧先生开创以来，邹逸麟先生的黄河研究、张修桂先生的长江研究和满志敏老师的气候研究，皆擅一时之胜场。不意两年之间，相继辞世。作为学生，我不仅仅是感到悲哀，更感到了压力和责任。我想，对先生们最好的纪念，就是把先生们的学问一代代传下去，继长增高，回应时代的要求，这是我们所有学生、所有历史自然地理学人的共同责任。

（2022年10月18日）

与张修桂先生交往印象及
学习张先生文献感想

牛俊杰

（太原师范学院）

在一个微信群看到张修桂先生离世的消息，心情十分沉痛，专门告知古帅博士拉我进入先生追思群。

2021年底的一天，接到韩昭庆教授通知，大意是要出一本纪念先生的回忆文集，关于学习张先生文章的感悟，或者与张先生过往交流的回忆。随后立即传达给了我所在研究所的全体专兼职同志。我入历史地理行业时间并不长，与张先生交往也少之又少，只是在某些会议，间或是特定的工作上有交流。起初并不知晓那就是张先生，只是后来才听人说。

印象中的张先生，个头不高，有着棱角分明的脸庞。特有的江南口音，随性、诙谐的言语，总是很快将大家融入谈笑中，一下子拉近了晚辈、后学与张先生的距离。与张先生交谈时没有学术"大牛"与后生的压抑，亦无老者与小辈的差别，张先生一发言，立即消除了大家的矜持与胆怯。趣闻逸事，学术点滴，风趣幽默，不失为严肃学术交流之余的调剂与休闲。

记得大约在2004年，因葛剑雄先生与我签订了中国历史地理信息系统（CHGIS）中山西部分任务，我与谢鸿喜、马晓东、孟万忠等一同前往复旦史地所咨询。后来这部分任务以王杰瑜为主完成，这是后话。

那时，听说为了完成与哈佛燕京学社协议的中国历史地理信息系统任务，张修桂等几位已经退休的老先生都退而不休，仍兢兢业业伏案工作。闻之一振，前辈老先生们不愧为我们年轻人之楷模。

至今记忆犹新的是，当时到了复旦史地所，我们进入一个稍大的办公室，尽管大，也因桌椅、资料、人员多而显得相对拥挤。所里的朱老师介绍，这就是张先生，当时张先生正在查阅资料，边翻边在本子上记着，神情专注。看到我们进来打招呼问候，他便抬起头来。只记得张先生穿了一件近似橘色的拉链夹克，胡子刮得干干净净。随后，张先生和几位先生就我们的问题给了详尽的解释。查文献、多方核实、多人校勘，以及不同朝代或者不同时期的不同"剖面"，不同时期行政区划的交叉、重叠等问题都不厌其烦地举例解答。这次交流是印象最深刻的。

历史地理学界，侯仁之先生仙逝后，满志敏先生、邹逸麟先生、张修桂先生相继离世，真乃历史地理学界的重大损失。2013 年侯先生纪念仪式举行时，我正在北京外国语大学参加出国留学前的培训学习，接到王尚义教授通知后即刻赶往北大。满先生、邹先生、张先生逝世后，因疫情等各种缘由只能以其他方式表达哀思，实属遗憾。

几经周折，找到张先生《中国历史地貌与古地图研究》拜读。张先生关于长江中下游河床、鄱阳湖、洞庭湖历史演变，上海地区海岸沙带、金山卫一带海岸线、崇明岛、黄淮海平原等的研究真正展现了历史地理学的"经世致用"，体现了先生的"大爱"和社会责任感。先生对天水放马滩地图、长沙马王堆地图测绘技术和制图水平的深入研究丰富了中国地图学史的内容和地图绘制的理论。

张先生讲到谭先生带他进入多个研究方向，受益匪浅，"我们这一代人能经常得到谭先生的谆谆教诲，实属幸福"。一代代的传承，张先生等老一辈学者的治学之道、研究之法足以鞭策后人，值得我们学习。

（2022 年 4 月 8 日）

怀念张修桂师：独树一帜的历史地理学者

韩昭庆

（复旦大学历史地理研究中心）

秋天是收获的日子，也是令人愉悦的季节，人们告别炎热的盛夏，进入秋高气爽的时节，心情也少了些浮躁，多了些宁静和闲适。老师的生命却戛然定格在去年这个美好的季节，让人始料不及。

在我印象中，老师身体一向健朗。近几年我常在上下班路上遇见老师牵着他的爱犬豆豆在他家附近的国年路上悠然自得地散步。每次见到老师，他总是笑容满面地和我打招呼。几次遇到这条泰迪小狗在他家小区门口耍赖，往后拖拽狗绳，不愿回家，而老师竟然无可奈何，由着它去！尽管 2021 年春天老师基本确诊肺部有问题，但是老师似乎并不太在意，还安慰我，都到这个岁数了，也该走了。同年 8 月 3 号，张晓虹老师、所里几位年轻老师和我给他过了生日，他那天除了胃口不如以前，与平时并无异样。吃过饭，我把他送到家里，他自己走了四层楼梯。那天他给我发了最后一条微信，"今天这个生日过得非常开心，谢谢了"。后来我给他发过两三条微信，他没有回复。我问了张晓虹老师，她说与老师还有联系，我也没有多想。9 月 10 日教师节那天，我带着几个学生一起去看他，想给他一个惊喜，却未曾想，老师躺在床上，已经没有知觉。当时非常震惊，也接受不了老师的变化，很懊悔没有多去看看他。9 月 12 日上午获知老师离世的消息，不禁泪如雨下，至今仍然不愿相信。每每骑车经过国年路，还会像从前一样左盼右顾，希冀再次看到老师牵着小狗走在路上的身影。

回想 1992 年秋天考入复旦大学，即入老师门下。先后攻读了硕士和博士学位，并留校任教。光阴似箭，至今近三十年，而自己不知觉间已过了知天命之年，再不用像青年时代那样对于未来彷徨不安，而老师正是我学术生涯和人生道路的引导人。老师于我，是家人之外最重要的人，这点以前并没有察觉多少，只是随着岁月流逝，体会才愈加深刻，尤其是再也见不到老师之后，每每忆及老师，心里甚是怀念！

很多年了，我印象中老师的模样长时期定格在1992年夏那次我在走廊里见到的样子，平易近人、笑容可掬，而又精神抖擞，容光焕发。我于1991年12月初才匆匆决定要考研，经南京大学历史系胡阿祥老师建议，我选择了复旦大学历史地理研究所，因为胡老师告诉我，这是一个很纯粹、学风很好的科研单位。参加过1月中旬的笔试之后，很幸运的是我收到了面试的通知，但是面试之后迟迟等不来录取通知书。因为面临就业的选择，容不得我再等下去，于是我决定到所里去确认结果。那天，我刚走出文科楼8楼的电梯门，就看到一位身材不高，左手捏着一根烟，右手拿着一个信封的老师从电梯的另一边正朝我这边大步走来。我定睛一看，不是别人，正是我面试时见过一面的张修桂老师。我赶紧迎了上去，还没等我开口叫出声来，他开口就笑了。用略带南方口音但却标准的普通话大声对我说，"我正要找人给你寄通知书，你倒来了，这下好了，你自己带走吧"。那神情和对话，竟像对一位熟人说的一样，我也不禁开心地笑了。

张修桂师职称评得很晚，我是他指导的第一位硕士和博士研究生。待到我博士毕业，他也临近退休年龄，加上当时历史自然地理方向也较难招到学生，所以我也就成为他唯一带过的博士生。回想我的研究经历，最大的感受是始终得到老师的信任、肯定和鼓励。在我硕士生阶段，张修桂师并没有亲自指导我，而是让我跟随所里的满志敏老师从事明清时期长江中下游地区冬季气温变化的研究。在硕士生二年级时，我写了平生第一篇打算投稿的文章，不知向哪里投稿。我向他咨询，他鼓励我向《复旦学报》投稿，我听从了老师的建议。过了一段时间，张修桂师给我说，"你那篇文章清楚倒蛮清楚，但像一篇实验报告，在写作方式上需要修改一下"。没想到，修改过后不久，1995年在学报第1期上就刊发了。这是我公开发表的第一篇学术论文，题为《明清时期太湖流域冬季气候研究》。这篇文章随后被人大复印报刊资料全文转载，极大增强了我研究的信心。

1995年临近硕士毕业时，我曾想到社会上工作，张修桂师让我慎重考虑，建议我继续读博，我才补办了免试直升博士生的手续。开学不久，老师就给我确定了淮河变迁的研究方向，并说这也是谭其骧先生生前的愿望。当我表示，硕士期间研究的是气候，博士题目换成河流地貌是否可行，并对自己的研究能力表示怀疑时，老师把手一挥，以十分肯定的语气告诉我：你做，没问题。并给我推荐了从事博士论文研究的入门读物——武同举的《淮系年表》，这本书籍对我博士论文的写作帮助很大。由于张修桂师名下只有我一个博士生，因此并没有专门给我开课，而是采取让我自学，期末再给成绩的方式。说来惭愧，虽是老师的学生，但是却很少听到老师的授课。多年以后，每每听到别人谈起老师的讲授是如何精彩时，我只能投以羡慕的眼光。由于老师当时任《历史地理》常务副主编，平常较忙，我很少去打扰他，他也极少召唤我。但每次见面，老师都是先听我说，然后简单讲一下，"可以可以，就这么着"，很少否定我的想法，让我在学术的道路上一开始就养成自由思考、不拘一格的风格。读博期间，由于当时邹逸麟先生从事黄河变迁研究，张修桂师从事长江变迁研究，他们经常在老师办公室一起谈学问，一起抽烟，关系很好；又因为淮河的问题根源在黄河，由此就史料的查找和运用方面向邹先生请教多一些。两位老师都对我爱护有加，更巧的是，我后来才知道邹先生与张修桂师同年同月同日生，又同在一个单位，这算是两位老师的奇缘吧。

读博三年过得很快，当我把写好的初稿交给张修桂师审阅时，他表示总体认可，但就论文的框架顺序、文章衔接部分提出一些修改建议。对于我的文字，他很少改动。但是改动的地方却往往是神来之笔，起到画龙点睛的作用。临近答辩，张修桂师鼓励我，让我答辩时不要慌张，尽量脱稿介绍。同年年底的一天，我接到上海市委宣传部一位老师的电话，告知我的论文入选首届上海市社会科学博士文库，将于次年初出版。放下电话，随即告诉张修桂师，他也非常高兴，欣然为我的新书《黄淮关系及其演变过程研究》写了序。

留校工作后，我先后参加了所里的集体项目《中华大典·灾害典》的资料收集工作和"近五百年以来中国自然环境与社会"丛书的撰写工作。在撰写丛书过程中，我对西北毛乌素荒漠化的问题产生了兴趣，由此，我转向西部环境变迁问题的研究，离我博士论文从事的河流地貌研究渐行渐远。我很担心老师会对我更改研究主题的做法不满意，故向他请教，他却很肯定地对我说，"只管做你的，想做什么就做什么，没那么多规矩"。听了他的话，我在此后的研究生涯中，总是以问题为导向，对研究主题的选择更是天马行空，不再受任何心理上的拘束。

我记得考进史地所之后，张修桂师与邹先生都曾告诫我，要好好读书，远离闲言碎语，故牢记这句话，平常专注学业，与别人交流并不多。记忆中与老师打电话更是简短，往往就只讲几句话，说清楚事就挂了。尽管我与老师交流并不多，但老师每一开口，总是言简意赅，而且很幽默。记得我评上副教授后，有一天对自己未来的研究方向很是困惑，于是去办公室找老师，向他谈起自觉得在历史地理方面还没有入门，并向他请教，他是在什么样的情况下从事历史地理，又是如何才能把研究做得精深的。老师听完我的问题，并没急着回答，而是深吸了一口烟，沉默了一会儿告诉我，除了谭其骧先生的引导，就是一个字，悟！然后突然哈哈大笑地对我说，"靠你自己去悟呗"。当时不得其解，对他给我的答案甚至有些失望。只是随着年龄增长，经过数年持之以恒的学习与坚持，直到这些年才慢慢体会到老师从一开始就不给我设定框框架架、不干涉我的想法，而是任由我独立思考的培养方式才是最适合我的。可惜这种感悟来得太晚，竟没来得及向老师当面汇报，只留下深深的遗憾。

2005年，我们所从文科楼搬到现在的光华楼。据老师讲，他原来就有中耳炎，刚搬过去不久，一次他从1楼坐到21楼，由于电梯上升速度很快，他到21楼后耳朵感到非常不舒服，从此他的听力开始下降。自那以后，与老师交流更是困难，每次得对着他大声说话，他才听得见，每每觉得对不住他，他倒是不觉得，有时还说，"谁让我是个聋子呢！"笑笑就过了。

2008年9月8日，我和我爱人一起去看望老师，和他聊起他拼复马王堆地图的事。他谈到那时前师母正患病在医院，所以他是在医院里完成这项工作的，大概花了三个月时间。由于地图上有很多碎片，护士误以为他也是医生，在研究皮肤病。我平常很少与老师聊他们的家事，主要是他很少提及，我也从不主动去问，那天他提到前师母，我就顺便问了一下前师母的事。他说，前师母是1971年得病，1976年去世的。当他拼图的时候，大孩子13岁，二孩子11岁。当被问及谁来照顾孩子们时，他笑着说，"放养呗"。讲到这，他突然说，"哦，对了"，接着从身后拿出四块纸板，纸板上粘贴着的正是当年别人寄给谭其骧先生的地图照片。由于已放了三十多年，纸板上的照片已有些斑驳模糊，其中还有一块是空白。据张修桂师说，当时就已撕碎。他把这四块纸板放到茶几上，并说，"给你吧"。我不放心，又问了一遍："是送给我的吗？"他点点头。我一下子有一种说不清楚的感觉，因为我知道这几块纸板的分量。尽管它上面粘着的不是古地图的实物，而仅是几张照片，但正是经过张修桂师的手，把它们一张张粘上去，并且形成今天已经公认的地图的拼接方式，这是母板。这几块纸板当时已有35年的光阴，拿着这四块纸板，我一下子感到历史来得这么近，这么真实，同时也觉着沉甸甸的。老师还给我说起，张伟然写的《学术的合作与创新》中记错了一件事，他1959年从华东师大毕业之后来到史地所，1960年谭先生已让他负责地理组的事了，可张文中写成了1972年，当时张曾让他看过，他也没看出来，倒是所里同事孟刚发现的。这是我记忆中与老师交谈最多的一次，那天老师也特别高兴，故印象很深。

老师在生活上随遇而安，为人随和，不拘小节，但对工作却精益求精。许多师生喜欢和老师交流，也曾得到他的帮助，但是这些都是我从别人处偶然得知的，他对于帮助过别人的事从未向我提起过。而我本人2000年第一次因公出国，也是张修桂师为我做的担保。

老师退休以后以及生病期间得到了许多校内外老师、同事及学生的关心，尤其是南京大学胡阿祥夫妇，上海人民出版社倪文君，郑州大学高凯教授（已逝），本校历史系余蔚夫妇，本所张晓虹教授和徐建平、孙涛、孟刚、杨霄等老师及所里一些学生曾多次看望、照顾、陪护老师。晓虹、余蔚、建平、文君等同仁都是周振鹤教授的学生。

张修桂师长期从事河流、湖泊及海岸线历史演变的研究。在谭其骧先生的指引下，他以现代地貌学理论为指导，系统提出历史地貌学的各种研究方法。对黄淮海平原早期黄河下游河道的复原、海河的形成、长江中下游河床与湖沼地貌的演变，以及上海地区成陆过程等问题进行了全面而深入的研究，开创并极大丰富了我国河流地貌、湖沼地貌、海岸地貌等演变的相关研究理论、方法和实践，尤其是他关于长江流域水系变迁的系列成果成为历史地貌学的经典之作。有关中国古代地理记载的历史文献往往以简略、粗糙著称，但是老师在充分认识、理解现状的基础上反观历史，透过这些晦涩难懂的"只言片语"，辅以其他史料，加以科学判断、逻辑分析，再以开阔的视野，娓娓道来，向我们重现久远凝重的历史变迁。经他的阐释,晦涩深奥的历史文献的价值立即凸显出来,在看似不经意的字里行间,反映的却是老师厚重的地理学和历史文献学功底。而目前兼通史地的年轻学者并不多见,故老师的研究尤其珍贵。他对金山卫和葛洲坝等的研究,成为历史地理学直接为社会经济建设服务的经典性案例。此外,他还对我国现存最早的两种地图天水放马滩秦图和长沙马王堆汉代地图进行研究。受谭其骧先生委托,他参与了马王堆地图的复原工作,并在其中起到了关键的作用。他的《马王堆汉墓出土地形图拼接复原中的若干问题》以客观求真的态度为后人最大限度地了解原图的面貌提供了重要的线索,他的研究方法和视角也为后世研究提供了范式。总之,张修桂师是中国历史河流地貌学的开拓者和中国历史自然地理奠基人之一,为中国历史地理学的发展做出了重大贡献。

  本所历史自然地理方向由谭其骧先生开创,是极富中国特色的专业。之后所里从事历史自然地理研究的除了张修桂师,还有邹逸麟先生和满志敏老师,近年来先是 2020 年 2 月 27 日从事历史气候变迁的满志敏老师去世,同年 6 月 19 日邹逸麟先生离世,2021 年张修桂师也离开了我们。本所两年内接连痛失三位历史自然地理的学科带头人,这既是本所的重大损失,也是国内这个研究方向的重大损失。我们后辈今后唯有继续努力,传承并不断开拓、创新他们宝贵的学术遗产,才不会辜负前辈学者的殷殷期望。我想,张修桂师若在天有灵,定会感到欣慰,愿老师安息。

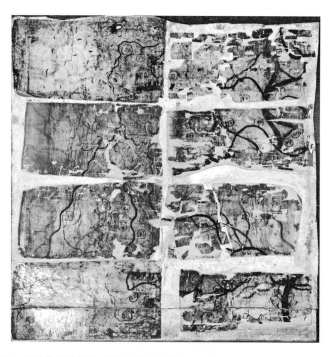

图 1　张修桂师拼复马王堆地图使用过的部分照片,系拼复地图的左下部分

(2022 年 10 月 10 日)

怀念张修桂先生

张 敏

（上海辞书出版社）

想到张修桂先生，脑子里首先就会浮现起他笑容可掬的面孔，他说话的腔调也仿佛同时响起在耳畔，他点燃香烟喷云吐雾的样子活脱脱地又出现在眼前。

2021年9月12日，看到韩昭庆发在微信群里张修桂先生去世的消息时，我无论如何都不敢相信，毕业后离开复旦24年了，整日忙碌在自己的世界里，全然无视岁月的流逝，更没有想象过当年健硕的老师步入暮年的情形。而今，张先生却像落叶一般随风逝去了。

还记得1994年5月初的一天，我初次来到复旦，在文科大楼的8楼参加了研究生的面试。依稀记得有四五位老师在座，后来得知是史地所几位最牛的教授：邹逸麟先生、张修桂先生、周振鹤先生，还有我的导师葛剑雄先生。看了晓虹师姐的纪念文章，知道应该还有钱林书先生，但是我已经记不清楚了；他们问了我什么问题，也已经印象模糊了。只记得他们都和蔼可亲，笑容满面，好像问了读书、学习的情况，还问了古海岸线变迁方面的问题。

在复旦读书的日子里，今天回想起来，自己像没有方向一样，东看看西看看，什么东西都感兴趣，但又什么东西都不知道如何进行深入研究，最终，作为葛老师不成器的学生，匆匆毕业，到了上海辞书出版社工作，当了一名编辑。虽然没有学到做学问的本领，也没有走上做学问的道路，但是复旦三年，几位老师却在我心目中留下了很深的印象，他们的为人处世，他们的人生态度，给了我一些精神上的滋养，使我所走过的道路有着史地所的影子。其中就包括张修桂先生。

张先生给我的印象，一是话语不多。他并非是一个让人一见如故的先生，话不多，但是偶尔说出话来，福建腔调的普通话，抑扬顿挫，让人听了感觉是"怪声怪气"，有时又不失幽默感，让人感到很亲切；有时他说话时眉毛会往上扬一扬，眼睛里会闪闪发光，表情和语气都略显夸张，有时还会有"啊哈""嗯哼"这样的词，所以跟他接触，很快就会让人不再有紧张感。二是烟吸得很凶，经常看到他点燃香烟，昂着头，站在窗户那边若有所思地吞吐云雾，有时是跟邹先生一起，边天南地北地聊天，边享受着缭绕的云雾。三是学问高深。他研究历史自然地理，既有文献考证的扎实功底，又有对河湖地貌形态的细微的实地考察，所以愚钝如我，很难入窥门径。正因为有这几个特点，因此，他给我留下的印象非常深，以致只要听到那个福建腔的普通话响起，我就能判断出是他老人家。

我走上工作岗位之后除了跟导师葛剑雄先生常常联系外，接触最多的是邹逸麟先生、王文楚先生，因为我社编辑《辞海》和《中国历史大辞典》，邹先生继承谭先生衣钵，领衔担纲分科主编（后邹先生成为《辞海》第七版副主编），跟王文楚先生、赵永复先生、钱林书先生等史地所几位老师担任撰写工作，而我正是这两部大型工具书的"历史地理"学科的责任编辑。张修桂先生在这两项工作方面参与得不多，因此我跟他的接触也屈指可数，但是每一次接触都令我印象深刻。

我清楚地记得，2008年5月12日那一天下午2点左右，我在工作中遇到了一个地名沿革方面的问题，想请教王文楚先生。打电话到家里，师母说王先生在所里上班呢。于是我又打到所里。电话一通，那头传来了那个熟悉的声音："你找哪一位？"我立刻听出来是张先生，就问："是张老师吗？"他说："嗯哼？你怎么知道是我？"我说："我是张敏啊。张老师，您的声音我怎么会听不出呢！"我能够感觉到电话那头的开心，他说："啊哈，是张敏啊！"我说："是啊！王老师在吗？"他说："哦，他刚才还在，现在不在。""那么，邹老师呢？""他也是啊！刚才还在，现在不在。""那么他们都去哪儿了呢？""他们啊，他们都去躲地震去了——"他拖长了腔调说。"啊？地震？哪里有地震？""刚才啊！刚才地震了，双子楼都晃了，难道你没有感觉吗？""没有啊，我没觉得有地震啊！那么他们都去躲地震了，您怎么不去呢？"我以为他在开玩笑。他仍旧不紧不慢地说："等我跑下去，地震早过去了。"这段对话，我至今都能几乎完整地记录下来，就是因为张先生的幽默和淡然给我留下的印象实在太深刻了。我挂下电话，急忙上网看新闻，这时网络上已经有了铺天盖地的关于汶川特大地震的消息。这是我毕业之后第一次跟张先生的联系，令我永远难忘，以致每次想到张先生，这个场景都会历历在目。

毕业后跟张先生的第二次交集，是在2012年5月初。辞海编纂处接到来自湖北赤壁市的会议邀请，赤壁市拟于5月下旬召开关于"赤壁之战"词条修正的研讨会。单位安排我和同科室的编辑李纳一起去，由我负责联系赤壁市方面。赤壁市负责会务的是宣传部一位姓邹的老师，他问我能否帮忙邀请一下复旦大学史地所的教授参会，我就跟邹逸麟先生说了，他跟我说正不巧，他有其他的事情走不开，他请张修桂先生去，而且张先生也恰好做过赤壁之战战场遗址方面的研究。我想这更好了，就请邹先生跟张先生联系说明一下。次日我跟张先生电话联系买票的事。他说："你们不用管了，我已经找人买好票了。"我问清楚了他的车次，又问他是否需要车子去家里接他去车站，他说："不用了，我自己打车就行，很方便的啦。"由于我和小李还有其他安排，所以我们没有买与张先生同车次的票，而是提前了几个小时到达武汉。办好事情后，又根据张先生的车次到达时间到武汉站与他会合，一起乘上赤壁接站的车。

会议是5月26日召开的，这次的赤壁会议，正是因为有了张先生的参加和他对赤壁古战场基于严谨考证之上的阐释，才有了更多、更高的学术含量。会上，张先生说，古战场发生地的考证应注重史料文献的选用原则，要以接近事件发生时间、记载翔实可靠的资料为依据，还要注意地理变迁等因素。他边说边站起来，在白板上用笔即兴勾勒出长江河道的轮廓和变迁的历史，以及几个重要的战役地点和有争议的地点，并简短扼要地描述了战役的整个过程。这些东西，他轻松讲来，成竹在胸，纵横捭阖，闻者频频点头，连连称叹。张先生没有否定其他人的说法，而是用缜密的考证，用浅显易懂的方式，阐释了学术观点，厘清了似是而非的一些问题。他提出，赤壁之战是由多个战役组成，从赤壁市赤壁山到武汉市武昌赤矶山都属于赤壁古战场。会上，他建议，关于赤壁到底在哪里，各地宜搁置争议，求同存异，和谐一致，联动开发赤壁古战场的旅游资源，这是地方发展的一个比较好的路径。他的建议博得了与会者的一致好评。回到上海之后，他复印了一份他发表在2004年《复旦学报》上的那篇《赤壁古战场历史地理研究》寄给了我，我珍藏至今。

会议结束后，我们一同乘车到武汉火车站。候车时，甫一落座，他就掏出手机跟师母打起电话来："豆豆妈，我会开好了，现在在火车站等车了。"边说边露出满意而幸福的微笑，眼睛里闪闪发光，露出调皮可爱的神态。电话聊了一会儿，他急急地又问："豆豆好吗？我很快就要到家了……"电话打完后，我不解地问他："豆豆是谁啊？""啊？豆豆啊？……"他像个老顽童一般调皮地扬扬眉毛，笑着说，"豆豆是我家的一条狗……"然后他就眉飞色舞地讲起豆豆的各种有趣的样子，说豆豆如何如何乖，像听得懂人的话；说他每次还没到家，豆豆就像知道他要回来的样子，已经蹲在家门口等他了。他说这些的时候，像在夸奖自己最疼爱的孩子。可见豆豆在他生活中占据了多大的位置，给他的晚年生活带来了多少乐趣，增添了多少温馨和爱。

之后多年再也没有跟张先生联系过，有时看到师友的微信中发的张先生等几位老先生的照片，有过生日的，有开重要会议的，照片上，岁月给先生们的脸上刻下了深深的痕迹，我每次看到，都会祈盼他们健康长寿、学术之树长青。

张先生的学术影响不仅在所里，在历史地理学界，甚至还延伸到学界之外。前几年，我在金山区档案局工作的一位朋友跟我聊起他到金山工作以来的情况。他说："你知道吗？我到了金山之后，为了了解金山的历史，反反复复看你们史地所张修桂先生写的那篇《金山卫及其附近一带海岸线的变迁》，终于弄明白了金山海岸线是怎么形成的了。"这是张修桂先生很重要的一篇论文。在这篇论文中，张先生在论证了金山早期岸线、金山沧海与金山深槽的形成、金山海塘与金山嘴的西移、金山卫滩地的形成与发展的基础上，认为700年来金山卫滩地向外扩展，近200年来稳中有扩，是供生产建设较理想的用地。这一结论为金山石化基地的规划建设提供了根据。这篇文章，是我所认为的科学研究应用于经济建设和长期规划、决策的成功范例。学以致用，将研究成果服务于现实、服务于社会、服务于长远发展，这种研究理念，值得学者们学习、效仿。

然而，正如那耀眼的星辰划过幽暗的夜空一般，继满志敏先生、邹逸麟先生于2020年进入另外一个世界后，2021年9月张修桂先生也离我们而去了。两年之内，我们史地所痛失了三位国宝级的学者。每念于此，常令我扼腕叹息！

今天是2022年5月24日，这天晚上，韩昭庆跟我微信电话联系，聊到了当下的疫情和各自的生活、工作情况，又聊到了张修桂先生。她说起自己跟随先生读书学习、工作的经历，语气中平稳而带着伤感，尤其是她谈到先生晚年生活时，电话那头我能感受到她压抑着的悲声。我和昭庆同年同月生，她仅长我5天，但是读书比我早两年，我来复旦读书时她已经准备读博了。她说，去年7月底，她为老师办过一次聚会，那一次张先生精神还好，只是吃得不多；8月3号由晓虹师姐发起，昭庆与几位年轻老师、博士生一起陪张老师过生日；晚宴后送先生回家时，先生走路虽然缓慢，但还能自行上楼梯；9月10日教师节那天她还带着学生去家中看望先生，那时的先生已经神志不清。她叹口气说："我没想到仅仅两天后我老师就走了，如果早知道这样，我应该多去看望他。我平日对他的关心真是太少了，今天想来真是遗憾啊！"我连忙安慰她，在我看来，她作为先生在身旁的弟子，先生生前，便已经独立继承先生的志业；先生身后，与同事一道为他操办各种追思、纪念活动，已经践行了为弟子者最虔敬的心。现在她又多方联络师友，为老师的纪念文集尽上自己最大的努力。

我万分感动，连夜写下以上文字，借以纪念可敬的张修桂先生。愿张先生泉下安息！

（2022年5月24日）

当时只道是寻常
——怀念史地所的师友们

左 鹏

（上海财经大学人文学院）

4月，清明，宜思念。

其实我的思念何曾停止过。每当我的目光转向窗外婆娑的绿枝，那曾经的时光就悄然浮现脑际，如在眼前。许多同在一座城市生活的师友，我已然忘记多久与他们未通音问，于是时间就停滞在了我与他们相处的日子。即使他们的远行，我亦不能如愿送上最后一程。思念，就成了我生活中的常态。而思念是最寂寞的表白，唯我知之，以此志之。

邹逸麟老师

邹老师总是西装革履，一副不苟言笑的样子，最初我们都不敢跟他多说话，在走廊里碰到他，我们也都靠边走。后来逐渐熟悉一些，才发现邹老师也是慈祥随和的。那时复旦文科楼八楼的东边是史地所，西边是古籍所，对着电梯的是所里的会议室，隔壁是所长室和储藏室。储藏室很少打开，我记得最清楚的一次，是我们入学后不久，每人花了200元经费领到一套《中国历史地图集》，就是朱毅老师从这里拿出来的，不过好像后两年入学的同学就没有这个幸运了，因为所里留存的地图集也已所剩不多。东头转弯过去是电脑室和小机房，电脑室是大家最开心的地方，那时个人电脑少，所里经费相对充裕，就配置了这个电脑室供研究生轮流使用。电脑室对面是史地所资料室，资料室外间南边放着长条桌，北边书架摆放着整套地方志，里间书架上是史地方面的书籍，还有复印设备。走廊尽头转角处有个洗手台，陈伟庆老师在那里养了几盆绿植，朝南的一排办公室中最东边是一间教室，我们上课基本上都在这里，再过去就是周（振鹤）、张（修桂）的办公室，行政人员和邹老师的办公室。这些办公室其实是各位老师合用的，挂着历史文化地理、历史自然地理、历史经济地理等分支研究室的牌子。平时我很少看到邹老师待在办公室,他在资料室里间南边临窗的地方另外有一张小书桌,我们在书架上找书,经常看到他伏在那里看书写作。累了的时候,邹老师要小憩一下,就出来到走廊上抽根烟,或在阅览室与陈伟庆老师、徐旻老师说说话,有时我们学生也会搭上两句嘴。一次邹老师问起大家是哪里人,听到很多人说来自山东,或许勾起了他年轻时在山东求学的记忆,邹老师笑着说:"现在这么多山东人读历史地理,要再过二十年,这历史地理学界就是你们山东人的天下了。"又顺带谈起了一些往事。

我们大多数研究生过去并没有接触到历史地理专业的课程,所以当时入学的硕士生和博士生一起上专业课。邹老师给我们讲授"中国历史地理概论",他让我们自己去多看一些其他人写的历史地理书籍,说这样子对历史地理的了解才会更全面。毕竟课堂时间是有限的,他的课只会讲一些专题,别人讲得多的,他会少讲,别人讲得少的,他会适当多讲。当年谭先生让邹老师和张老师分别研究黄河和长江,所以邹老师给我们讲黄河也多一些,还讲了很多利用《水道提纲》《行水金鉴》《续行水金鉴》来研究河流的内容。

其实,在所里三年时间,除了上课听邹老师讲过很多话以外,我与邹老师直接交流的机会并不多,然而寥寥数语,却印象极深。我毕业论文研究唐诗,也是在资料室偶尔谈起,邹老师听说了,虽然没有直接否定,但他说:"诗歌可以作为补充资料用用,做历史地理,还是要选些实在一点的题目。"他们老一辈学者治学都是秉承学以致用,有利于国家建设的目的,我却已没有时间再改换选题,也就只好硬着头皮继续做下去了。毕业找工作的时候,恰逢葛老师赴南极考察,通讯联系极不方便。求职的一所大学坚持让我提供一封专家推荐信,请葛老师写自然不现实,想来想去找邹老师比较合适,于是我心怀忐忑地去求他,他一听就满口应承下来,让我喜出望外!不多时邹老师就把写好的推荐信交给了我。

所里的人都知道邹老师与张老师同年同月同日出生,又一起分配到复旦工作了几十年,是非常难得的事情。两人性情迥异,而情谊笃甚,超乎想象。别看邹老师平时端正严肃,与张老师单独在一起时,却是另外的样子。有一次我刚刚踏出资料室大门,突然抬眼看到邹老师跟张老师在走廊转角处打闹,张老师作势要打邹老师,邹老师侧着身子抬起双手做防御状,两人笑嘻嘻的,全然是天真烂漫样儿,那情形应该是邹老师招惹了张老师,张老师反击了。但他俩一看我出来,都立马住了手,分头各自走开了。我心里那个震惊!张老师跟大家开开玩笑,很是平常,但邹老师也会促狭人,却是我头一次见到!不过我还是装作啥也没看见地径直走了过去。

张修桂老师

我与张老师似乎少了一份师生缘。入学复试是由葛剑雄老师、张修桂老师和钱林书老师组成的考核小组，轮到我的时候，葛老师先问了我一些历史人文地理方面的问题，钱老师问了我一些先秦时期的历史地理问题，与我硕士阶段的研究方向相关。张老师问了我什么，我却已经记不清了，应该是很简短的一两句吧，但张老师严肃沉默的样子我倒是记住了。后来有一次在复旦政肃路食堂二楼吃饭，葛老师告诉我，当时郑惟宽和我，加上保送的王卫东，就有了三人报考他，本来计划是要把我或郑惟宽调剂给张老师。张老师选了郑，可能觉得他是蓝勇老师的学生，而我的历史地理基础比较差吧。但郑没有来读，去了一家出版社。葛老师问我："现在看来，要是当时张老师选了你，你也还是会来读的吧？"我说："是的。"

而我受张老师提携良多。

一开学张老师给我们上"中国历史自然地理"，第一次课讲的是才发生不久的1998年长江大洪水，在以后的课程中张老师又给我们讲了历史气候、长江河道、洞庭湖和鄱阳湖的变迁等，还讲到了湖南长沙马王堆出土的《驻军图》。在课堂上我问张老师："您怎么知道这张图的复原是准确的呢？"张老师一脸认真地边打手势边说："出土的地图是折起来的，它的上下层位关系清楚，不清楚的是它的折叠方式。我先把它们从上往下编号，另外将白纸一遍一遍地用不同方式折叠，再把它裁开，看哪种折法能够跟原编号对得上，对得上的自然就是它的折叠方式了，这不就把原图复原了吗？我当时在医院里照顾病人，没事就折折，终于弄明白了。"说完这句话，张老师露出了庖丁解牛后的微笑，我们听了都打心眼里表示佩服。我同寝室的赖青寿，跟张老师是同乡，张老师非常欣赏他，遇之甚厚。有一次我们在寝室里谈起张老师的学问，青寿说："张先生的学问是绝学，很难企及，也很难学到，是要有机会的。"

1999年12月所里召开"灾害与社会"学术讨论会，张老师指导我读两湖地区的资料，并指导我写了一篇会议论文，后来又经过多次修改，张老师分别推荐发表在《探索与争鸣》和《复旦学报》上，是张老师和我共同署名，张老师还特意在电话中对我说："你毕业时需要有文章呢，就把你的名字放在前面吧，这对你毕业有用一些。"对于署名先后这事儿，我从来没有想过，也真的并不在意，因为老师的名字放在前面是天经地义的。张老师这么为我着想，我心里着实十分感激，可我不好意思反对，甚至连客套的话也不知道说一声！不久王建革老师在编会议论文集时，估计他也是为我着想，又把我的名字排在了张老师前面，我心里实在觉得不妥，可当着他的面我也没好意思反对，后来跟朋友提起，朋友说王老师把你放在前面，你觉得不妥就要说出来呀！于是我赶紧打电话给王老师，坚持让他把张老师的名字放在了前面。这事儿，是我的不通世务和拙于言辞，弄得张老师有些不快，还以为我抢着要把自己名字放在前面呢，可是我也不知道该怎么解释，心里总是歉歉然，无以释怀。

毕业后我参与葛老师主编的"河流文明丛书"撰写，向张老师借了整套《黄河志》，写作完成后很长一段时间没有归还。一天我骑车在国顺路上碰到张老师，他正要去买菜。我立刻"滚"下来跟他打招呼，亲热地喊："老爷子"，没想到张老师定住身，直盯着我没说别的，劈头一句："你小子！啥时候把《黄河志》还给我呀？"我听了大窘！没想到好久不见，一见面就是这个"惊喜"，赶忙一迭声地答应："马上还，马上还！"又不知道过了多久，我走过国顺路时再次碰到了张老师，这次他手里多了一根绳子，牵着一条毛茸茸的小狗，小狗循着墙根或树根嗅来嗅去。我笑着说："呀，老爷子，怎么养起了小狗？"他拉拉绳子，抱起小狗摇晃着说："哈哈，胡阿祥送的！"我一向不喜欢宠物，但看着那小狗也甚觉可爱好玩。有一次去张老师家，小狗在房间客厅跑来跑去，围着我东舔西舔，在沙发上上蹿下跳，几乎让我们不能交谈，张老师再三呵止它，却满口怜爱，我摸它，它又在那里摇头晃脑……再后来的日子，我经常出没于政修路国顺路上，碰到张老师的机会多了一些，他依旧牵着小狗。初见的时候他瞪着大眼睛问我："你小子！好久不见了，在忙什么呢？"我很不好意思地说："混着呢，来接孩子放学了。"他"哦哦哦"地眯着眼睛点头表示理解。以后再遇见，他就问："又要接孩子了？"我"嗯嗯"两声，匆匆聊上几句就分别了。其实每次路过，我都会下意识地想起那里是张老师和邹老师居住的地方，而我已经好久不再经过那里了。

满志敏老师

满老师话少，人低调，平时在所长室，有时在走廊上跟朱毅老师一起抽抽烟、说说话，有事情的话在行政办公室跟朱老师说说，三言两语，所以我们反而跟朱老师和办公室的邬沪荣老师接触多一些，以至于我一直到毕业都傻乎乎地没有意识到他是副所长。

满老师给我们上"历史地理信息系统"，在当时是非常前沿的课程，他几乎手把手地教会我们怎么使用Mapinfo开展研究和制作历史地图，我的电脑操作技能，也基本上是通过满老师学到的。学习历史地理信息系统需要结合具体的研究案例，满老师以历史时期的气候资料和旱涝资料为例，教会我们数据收集、提取、分级、插补等的方法，他用很简洁的语言提出一些深刻且指导性强的原则，不仅仅对历史地理信息系统的研究有用，而且还能很好地帮助我们阅读和理解史料。比如说历史记载的"记异不记常"，方志中有大量的旱涝资料可用于研究历史灾害，这是大家的共识，但是如果采用历史地理信息系统进行可视化呈现，在数据提取的过程中，往往会遇到大量数据缺失的问题，有的是整体缺失，有的是连续记载中的缺失，针对后者如何进行数据插补，其中一条原则就是"记异不记常"。因为古人一般不会记载正常年份的旱涝情况，只会选取那些异常的如发生了涝灾或旱灾的年份记录，那么根据这一原则，再结合其他相关资料加以综合判定，就可以将它当作正常年份进行插补和分级。

为了撰写毕业论文，我天天泡在资料室里抱着《全唐诗》翻资料，满老师看见了，把我叫到小机房，教我在网上扒资料，前后大概两周的时间，先从当时的"国学网"里将《全唐诗》全部下载下来，做到一个表格里，他再利用一个小软件做成了《全唐诗》逐字检索系统，大大地提高了我的阅读和检索速度。甚至可以说，要是没有这套检索系统，我能否按期完成毕业论文，实在是要打上一个大大的问号。

葛剑雄老师非常强调外语学习，但我们当时并没有上专业英语课，后来由满老师组织我们做了一次历史地理专业英语的测试。那次测试可把我们考翻了，交了卷以后互相对答案，一个个呼天抢地，我站在走廊上跟曹树基老师抱怨说"太难了"，曹老师"呵呵"一笑，满老师手里拿着试卷和红笔，正好在旁边经过，微微笑着说："还好呀，都是很平常的，你们自己平时不注意，用得少。"

司佳师妹

一天我走出电梯要到资料室去，看见一个身材窈窕、容貌姣好的女生正打开周振鹤老师办公室的门，还没等我开口，女生笑吟吟地向我打招呼："你好！"我有些疑惑地问："你是……"她说："我叫司佳，在文基班读大四。"我才知道她是保送了周老师的研究生，现在提前跟着周老师学习。后来慢慢熟悉起来，却也不经常见面，往往在周老师办公室里碰到。周老师的办公室，进门左手边放一张电脑桌，两面墙的书架上书都摞到顶了，中间几张办公桌拼在一起，触目之处也堆满了书，放不下的就堆在了两边的过道里，因此在里面转身、行走都十分艰难，要走到靠窗边的桌子，必须得小心翼翼地跨过一个个书堆。这些书只是周老师收藏的一部分，同学中间还流传着他打"飞的"到北京淘书的故事。周老师主要收的是民国时期的出版物，但也有些比较稀奇古怪的，有一次我看到过道书堆的最上面是一个蓝绿色塑料封皮笔记本，随手打开一看，是一本女生日记，心中好奇，就跟司佳打了个招呼借出来看。日记记录了一位女生 70 年代末 80 年代初从高中到大学的一段时光，基本上是她与弟弟之间的争争吵吵、打打闹闹，多有对弟弟的愤恨，还写到她被上海财经学院录取，心中那个得意，从此貌视弟弟；大概大学上了大半年，日记就渐渐稀少了，最后一篇大致写道"最近心里比较烦闷，不知道怎么了……"满纸的欲言又止。我还回日记的时候，跟司佳说起那本日记的内容，我们都觉得很好玩，我说："日记结束时说心里烦闷，怕不是春心萌动，想谈恋爱了吧？"司佳听了，飞红了脸，吃吃直笑，点头嚅嚅地说："是的，是的，呵呵。"

司佳总是很忙碌，那次在文科楼后门的过道外碰到她，看她有些睡眠不足的样子，我问她在忙什么，是不是经常熬夜，她说在准备考 GRE，"感到非得要出去才好"。不久又在周老师办公室里碰到，她说 GRE 考了 2 100 多分，再后来又听她说拿到了哥伦比亚大学和宾夕法尼亚大学的 offer，她在犹豫选哪一所，最终她选了宾大。我也忙着自己的毕业论文，写好后需要写英文摘要，去找司佳帮我做，她答应下来，过两天就给了我。我连同文稿一起呈交给葛老师修改，葛老师对英文摘要只改了几个词，司佳很开心："你没说是我写的吧？我就是想让葛老师看看写得怎么样，到底是什么水平。"

毕业季大家都收拾行李准备离校，司佳也在整理她放在周老师办公室的东西，其中有一件全新未拆封的多士炉，她看了看说："这个送给你吧。"至今它仍在我的厨房里发挥作用，每当我看到它时，就会想起当年的场景。

我工作半年后，得知她从美国回来了，跑去所里与她会面，虽非久别，也都非常高兴，在周老师办公室里聊各自的情况，她听我说，我对医疗社会史感兴趣，又不太了解外面的信息，当即说："我下次回国，哪怕行李再重，也给你带些资料回来。"后来果然送我好些资料。

网络时代，哪怕万里相隔，也似乎近在眼前；哪怕咫尺相望，也似乎远在天边。博客兴起了，我们互相关注对方，司佳说她的英语口语可以达到像母语一样的水平了；朋友圈流行了，司佳说她可以自如地阅读当年那些传教士留下的晦涩的手稿了。这些年，我看到了她不断地达到新高度。但是，尽管生活在同一片城区，甚至工作地点相距只有1千米，我们见面的次数却更少了。2012年为了我去美国访学，司佳还主动帮我联系了她的导师。2019年12月，吴滔见到我，悄悄地跟我说："我得到非常可靠的消息，司佳得了癌症！"我当时惊呆了，不敢相信是真的！甚至不敢追问到底是什么癌，生怕一问明白它就变成真的了！回来后的日子，我一次次地在内心煎熬要不要打电话问问她，却一次次地感到难以启齿而作罢。我没能去龙华送她，那天是周四，我给学生讲全球气候变暖，看到那图表上标示的是1978—2020年，我的心止不住地伤痛！

申城四月，扃户闭门，长日游思，心中闷闷。曾经有一年，我每隔几天就会站在窗前固定的位置，拍几张马路上的梧桐树，希望留下那叶荣叶枯的影子，听到那时光擦肩而过的声音。但时光终究成了异域的回响，连同往事，连同故人。虽然如此，但是他们盘桓在我心里，年年岁岁，又何曾生疏，又何曾远去！

（2022年4月11日晨）

先生不应被忽视的学术遗产

林 拓

（华东师范大学城市与区域科学学院）

张修桂先生历史自然地理的成就与贡献众所周知，但先生关于历史人文地理的诸多创见却鲜为人知，加之先生在这方面的著述较少，几乎被遗忘，今后更可能被湮没。所幸的是，经常到先生家里没大没小地以拜访为名"偷"学问甚至就是蹭饭，我屡屡获得重要启发。每次蹭饭，先生做的小排萝卜汤，堪称一绝，我煞有介事地在厨房帮忙，往往被先生赶到客厅："别帮倒忙，到客厅自己看书去"；每逢讨论，像是思想的一场"放假"，不时跟先生"海阔天空"，先生也总是微笑倾听，原本以为先生只是包容晚辈听听而已，但他却冷不丁抛出几个问题，不禁让人倒吸一口寒气，然后，先生不紧不慢地用他的经典句式"总归是……""说穿了，这背后是……"，寥寥数语，直指问题的核心，让人豁然开朗。

20世纪末，先生主持的国家自然科学基金项目（49971034）正是以历史人文地理为主要内容，研究长三角地区地理环境变迁对人文地域空间结构的影响，并邀我参与。恰巧，世纪之交浦东快速发展受到建制镇行政区划格局的严重束缚，我也接到有关方面的研究任务。这两项看似没关联的研究，却无意中让我发现了先生关于历史人文地理的独到见解和分析功力，领略了先生学术的另一道风景，启发我探索基层政区研究的新路径。

世纪之交，浦东遭遇的难题之一是，建制镇域规模偏小，数量过多，行政区格局不合理，导致城镇集聚效应差，基础设施投资分散浪费，城镇功能难以发挥；同时，镇级行政主体过多，行政效率低下，财政开支庞大，也加大了开发区与镇域的协调难度等。据此，有研究认为，这是建制镇行政区经济本位发展使然，但彼时浦东的发展水平，倘若弱化建制镇的经济职能，无异于抽掉经济与民生的基层支撑；此后，又有研究将之归结为浦东快速城市化发展致使基层政区传统格局的不适应性凸显，这接近于就现象分析现象。且不说，行政区划所具有顽强的内在连续性是"传统-现代"二元思维范式难以企及的，即使是因为所谓的不适应性而开展大规模调整也未必妥当，浦东1958年就为了适应生产而进行大规模撤并，产生了大量问题，后面只得匆匆收场，曾经的大幅反弹令决策者心有余悸，稍有不慎，后果不堪设想，决策者处于两难境地。起初，决策者考虑的是以三年左右时间分步调整，并已经在《解放日报》头版公开发布，但分步调整又可能导致未调整者们彼此观望，人心浮动，耽于发展。

为此，浦东基层政区格局的形成及演化趋向，成为影响全局的关键问题。习惯的分析是，浦东基层政区传统格局主要是自然地理特征与人口聚落特点使然。浦东河网密布、地形平坦，密布的河道网络为基层政区划界提供了天然的便利条件；加之，浦东人口密度高，行政区幅员规模往往相对较小，这也遵循了行政区划设置的基本原则，就全国范围而言，江南水乡的乡镇规模确实普遍偏小。不仅如此，浦东聚落的桥、湾、嘴、圈等均与河流有关，且多族姓称谓，如陆家嘴、金家桥、袁家圈等，故而区划调整往往便捷地从中找到自然地理与聚落地理的双重依据。这不仅已经较好地解释了浦东基层政区的现状特点，也有助于行政归属的划分，当时拟展开的区划调整循着所谓的历史轨迹前行也就可以了。

然而，这仅仅涉及浦东基层政区的某些方面，仍属于当下的直观表象，先生和我对此都不满意，借此而制定调整方案，随意性也在所难免。实际上，浦东地区所具有的江南水乡地理特征和人口聚落特点由来已久。河网密布的大河口平原，在没有地形地貌阻隔的情况下，基层政区的空间形态应该呈现相对匀态分布的格局；基层政区调整的时间频度也更可能是呈现时快时缓的态势。吊诡的是，就空间形态而言，浦东基层政区却呈现迥然不同的地域分异，中、西部建制镇多呈南北向长条状，犹如波浪状层层扩展的地域圈层，而东部沿海地区多呈西北—东南走向。就调整频度而言，浦东基层政区的调整却是越晚近越频繁。唐天宝年间至清宣统三年的1 100多年中，区划调整10多次，平均100年1次；民国年间，仅川沙县就变动11次以上，平均4年1次；而中华人民共和国建立到浦东新区成立的44年中变动多达20次以上。很明显，那些以浦东自然地理特征和人口聚落特点为内容的通常解释，在这一基本事实面前显得疲乏无力，其背后潜藏着更为隐秘，也更为深刻的作用机制，而这也正是区划调整方案制定时必须把握的关键所在。

基层政区的历史资料驳杂难辨，错载漏载在在有之，经过细致的辨正工作之后，待浦东基层政区演化的过程事实铺开，令人费解，甚至有些扑朔迷离。先生却一眼看出，众多事实有着共同的指向，在讨论的时候，先是一语中的地提出，为什么不从上海成陆过程着手，为什么不关注吴淞江改变及黄浦江形成的作用，等等。随后，他进行了仔细的讲解与排演，再结合有关县级、县以上政区以及生业、军事等因素的变化乃至上海中心—外围—边缘的圈层结构等进行综合分析，浦东基层政区的演化逻辑及其隐秘机制赫然呈现（详见《环境变迁、经济开发与政区演变的相关研究——以上海浦东地区为例》）。记得那天最具突破性进展的讨论，从下午持续到晚上，我们抽了快两包烟。

就此形成的课题成果，明确提出，浦东基层政区的最后一轮分化亟待整合，应该一步到位，整合的框架是南北向的两两合并等一系列建议。向浦东新区主要领导汇报之后，他们认为，整个课题报告中，历史演化的分析最精彩，也最为重要，更让他们形成共识，下定了决心。原定的三年分步实施改为一步到位（实际上是15天），这不仅为日后浦东强镇经济格局奠定了重要基础，而且直接推动了全上海的乡镇区划调整，更为21世纪初全国范围大规模的乡镇区划调整做出了成功示范。当年的全国大范围的乡镇区划调整与机构精简息息相关，但仅仅为精简基层机构而合并乡镇区划，显然不妥，更应当重视行政区划本身的特性及地理环境的作用，这也是浦东成功调整的重要示范意义之一。此后，基于此项研究，还进一步发展出关于基层政区演化的内在-外在双重结构的分析框架。

另一项受先生启发的研究是吴淞文化。吴淞口对于上海及宝山区的发展尤其是城市文化形象的塑造至关重要。但由于吴淞长期作为钢铁生产基地，集装箱和钢渣的存在使其文化形象略显尴尬，加之吴淞文脉的现状斑驳难辨，缺乏文化精神的凝练，因此文化形象的核心主题迟迟难以确立，发展方向模糊。

面对众多纷繁复杂的吴淞文化现象，先生依然一眼穿透、洞悉其中，提点我一定要抓住吴淞作为长江第一门户的这一核心。的确，抓住这个核心，吴淞文化脉络清晰可循。追问吴淞文化独特性和丰富性的根源，正是与吴淞的门户地位息息相关，这是由吴淞独特的地理区位与发展格局所决定的。早期的吴淞属于上海地区成陆的前沿地带，明永乐年间的"江浦合流"形成吴淞门户的自然地理支撑，从"海舶往来最为冲要""七省锁钥""长江第一门户""海上门户"一直到历次战争中成为名副其实的"国家门户"，吴淞门户的人文地位渐次提升。从成陆前沿到近代国家门户的形成，从地方自强到近代民族自强的先发，从海上门户到上海工业发展的命脉，从国家经济战略基地到国际交流门户的形成，吴淞文化正是以门户为主轴不断展开的。吴淞门户具有海陆过渡地带的自然特征，成为生态文化成长的前提；兼有海鲜与江鲜的优势，为渔市文化提供了天然条件；从渔港、军港、商埠到现代物流港的港口功能，催化了吴淞特有的商贸文化、港口文化和航运文化。倘若没有吴淞的门户地位，也就没有近代吴淞的两次自主开埠以及由此而带来的大发展。如果说，门户是吴淞文化的发展主轴，那么，自强就是吴淞文化的基本取向。从军事革新自强到开埠革新自强，从技术革新自强到教育革新自强再到民生革新自强，逐步推进，几乎成为近代民族自强进程的缩影。如果说，早期吴淞自强意识是自然灾难"逼"出来的，近代自强精神是民族苦难"激"出来的，那么，现代自强精神则是现代化进程"育"出来的。可以说，吴淞文化是沿着门户这一主轴、自强这一取向不断拓展（详见《"长江第一门户"吴淞的文化成长：历程、阶段及取向》）。此后，上海市有关部门、宝山区委区政府及文化部门果断决定斥巨资，投入心血塑造吴淞文化，文化面貌为之一变。

与上述研究相关的成果获得不少奖项，但凡我提及，先生总是奖掖式笑着说，这是你自己的本事；关于他的重要创见和关键指导，只字不提。先生说，做历史地理，很多时候难以经世致用，却是自得其乐。

记得先生在20世纪末就曾讲，如果上海一直是吴淞江水系下的淞南淞北，上海都市将是另一番景观、另一种逻辑；黄浦江水系下的浦东浦西格局，使浦东成为相对隔绝的发展薄弱地域，才会以新面貌出现浦东的开发开放；今后上海城市再发展，兼有海陆优势等多种发展潜力的就是南汇嘴的广大区域，尽管也有不利条件，但应该是未来的重点。先生所指的就是如今的临港地区，20多年后的发展，果真应验了先生的预言，重现了20世纪90年代浦东一路走来的新老上海人奋斗的身影。

而此时先生却已远去！

纪念张修桂老师

尹玲玲

（上海师范大学人文学院）

今天是国庆节，长假的第一天，微信群里、朋友圈里等，大家都在普天同庆，可我打开电脑，准备写下一篇纪念性的文字，而且告诉自己，今天无论如何都要写出来了。时间过得太快了，转眼离张修桂老师去世已经一年有余了，一直想着要写下些纪念文字，却因为自己的文字表述能力不强、文笔差，又有着严重的拖延症而耽搁下来，直到在张先生追思群里看到韩昭庆老师讲到的10月10号截止日期，才意识到不能再拖了。

我是1995年考进复旦大学中国历史地理研究所读硕士的。记得进所的第一年，张修桂老师就给我们同级的新生开了最为重要的基础课程之一——"中国历史自然地理"。我大学本科专业是地理，因此相对于其他如"疆域政区沿革地理"等课程来说，对张老师的课就感觉还蛮亲切的。"中国历史自然地理"课程要求有较强的历史知识背景，而我的基础却很薄弱。我有一定的自然地理学科背景，张老师讲课又非常生动活泼，说话也很幽默风趣，因此留下了较为深刻的印象。张老师的课程为我之后研究生期间的学习和研究乃至工作之后的历史地理课程教学都打下了较为坚实的基础。

为了激发我们的学习兴趣和参与热情，张老师的课程往往会采取课堂讨论的形式，在展开某次讨论之前，会布置围绕这个主题的阅读任务，同学们自己就相关主题去查阅文献并思考。记得有一次要讨论的主题是关于环渤海的海岸线变迁的，我按照张老师讲到的线索查阅了好几篇有关的重要文献。一天，在所里的资料室，张老师走进来了，见我正坐那儿看这些文献，于是走过来，用他特有的简短而又尾音上扬的话语和腔调问道："怎么样？"虽然还没到课堂汇报和讨论的时间，可我就像一个急于向家长或老师表白自己的发现，想要得到他们的肯定的孩子或小学生一样，站起来非常兴奋地、语速很快甚至有点语无伦次地回答道，"我发现应该是辽东湾而不是渤海湾"。张老师颇为惊喜地又用一个非常简短的、上扬而拖长了尾音的腔调回应我："呃。"张老师亲切而又带点犀利的眼神，一对较为短、浓而稍向鬓角增厚的极具个性的眉毛，配上他向我问话时的腔调，这个画面、声音和场景深深地印在了我的脑海中。

另一次，后面要上课讲解的主题是张老师深耕的领域之一：长江中游河湖水系的变迁，布置的阅读任务自然都是和这个主题有关的。于是我课后按书目找来了谭先生和张先生自己的相关论著。同样，有一天，我正在资料室认真阅读，张老师走过来了，问道："怎样了？"于是我兴奋地站起来，兴高采烈地回答道："我看明白了，原来是在一边淤啊淤、淤高了的时候，就会往另一边冲，然后在另一边再淤啊淤，然后这样反复。"张老师很开心地笑眯眯地看着我，用一贯简短而极富内涵的语气和表情，拉长了声调，先扬后抑地说道："呃，这就对了。"这也就是张老师关于长江中游分流穴口与河湖水系变迁的理论，好像后来总结成了更为形象的跷跷板效应。快三十年过去了，张老师和我的对话、指导我具体问题时的这些画面仍然是如此地清晰，声音是如此地生动，场景是如此地鲜活。而且，我想，它们会继续一直活在我脑子里的，不会随着时光的消逝而稍有褪色、稍有模糊。

关于课堂上的场景也同样留下了一些深刻的记忆。记得有一次是讲解古地图研究方面的内容，张老师用图文并茂的资料讲到了甘肃天水放马滩出土的秦时期板制线刻实物地图、《兆域图》等，印象尤为深刻的是，张老师在讲自己深有研究的马王堆汉墓帛地图时，给我们展示了一大叠帛地图的原始照片，那是他当年研究时所获取并保存的。从照片来看，帛地图从考古现场的棺椁中出土时，是层层叠压的原始样态。谈到自己很有创获的研究时，张老师是神采飞扬的。可展示照片时，张老师既语重心长，却又若有所思，像是在对我们又像是在对他自己说，"这些照片你可以说它们极为珍贵，也可以说它们一文不值，如果能为会用的人所用时，就价值连城，如果不被利用、不为人所识的话，就是废纸一堆了"。

现在想来，那些话可见张老师对这批照片所倾注的感情之深。张老师在课堂上应该是有感而发，那其实是他想到了自己的那段岁月，一边在病床边照顾病人，一边对着照片用纸张反复折叠、展开，进而思考和研究帛地图中关于城邑图、驻军图等的地名，推断其地理方位等，并对相关区域进行考辨与复原工作。那是一段艰难的岁月，但却充满激情，还带着点破案一样的兴奋。张老师还提到了某位天资极为聪颖的前辈学者，说他喜抢风头，好染指几乎所有研究前沿的行事风格，考古领域和学界对其颇有微词和非议，然后语重心长地告诫我们。当年张老师在研究这些相关主题的时候，还只能采用相对较为原始的方法和手段，可是学术兴趣和热情是支持他们进行不懈研究的动力。我想，这些照片到了可以利用电脑数字化手段进行展开、折叠等技术处理来模拟和复原研究的今天，肯定更具价值。

还有一次，在课堂上，不知是哪位同学带了本现代、时尚的杂志，上面有着装非常大胆的、露出青春女性美丽肚脐和优雅身姿的靓装美女的图片，头上戴着色彩鲜艳的极具民族风格的尖顶竹斗笠，应该就是张老师家乡福建惠安女的形象。然后张老师幽默风趣地说，"想不到吧，你看，我们的惠安渔家女，历史时期以来就是很前卫的呢！"至今回想起课堂上的这些情景，仍然历历在目，怀念不已。

我在读大学的时候，就谈上了恋爱，男朋友是同班同学，性格特点和我很不一样，是个生活型的，喜欢吹拉弹唱，学习方面不那么追求上进，毕业后留在长沙一家和所学专业有点关联的桩基础建筑公司工作。我考到复旦史地所来读研后，我们就成要借鸿雁传书的异地恋了。所以，刚入学时，我一门心思地想着怎么让他也考过来，于是鼓动他复习报考张老师的历史自然地理学方向的研究生。韩昭庆学姐为此还专门帮我跟张老师汇报了此事。那年一共有三位考生报考，我男朋友是三人中考分最低的那个。他当时的工作，要常到施工工地做技术指导和现场管理，平时的学习兴趣和爱好又不那么高，复习时间和投入的精力可想而知，分数结果肯定更是如实反映了他们几位考生的知识基础。可是，张老师在看到我时，居然很不好意思地说，没想到会是这样。

1995年到1997年的两年时间很快过去了，而我的学习似蜻蜓点水。我和同级的葛庆华同学申请并通过了直读博士研究生的审定和考核流程，学制为"2+3"，共五年，我的导师是邹逸麟先生。就这样，我并没有经历硕士学位论文撰写的考验就懵懂地进入了博士生阶段。我意识到再也不能东一榔头、西一棒子了，必须沉潜下来扎扎实实地学习。邹老师给我选定的研究区域是长江中下游地区，于是我开始广泛阅读这一区域的地方志等史料。后来确定以河泊所为切入点研究该区渔业经济地理，因此，对两湖地区，尤其是对当前仍号称千湖之省的湖北江汉地区投入了大量的精力。

在深入阅读两湖方志时，我发现张修桂老师在关于太白湖演变的时间判断上有些问题，就是在利用顾炎武的《天下郡国利病书》和顾祖禹的《读史方舆纪要》中的相关材料时，误将两书所转录的早期方志内容当成了其原创。这样的话，对太白湖等相关河湖水系的演变时间的判断就出现了错位，所判定的时间较实际的变迁时间靠后了。毫无情商又心直口快的我，兴冲冲地跟张老师说，"我可不可以写篇关于太白湖的文章讨论这个问题？"张老师盯着我，慢条斯理地说："可以呀。"我有点惶恐，很是忐忑不安，对相关问题的认识也就一直搁置了。

现在回想起来，我不仅情商为零，而且很不懂事，要是当时请张老师指导我，一起合作写一篇文章出来就好了。在自然地理学原理上张老师也确实当得上对我的全面指导，至于对史料的运用，张老师那一辈学者做研究时并没有像我们后来那样好的时间条件和资料条件，我太不懂得珍惜可以向张老师请教的机会了。也有可能是我自己心里有点疙瘩的问题，自此以后，我与张老师的关系就没能像以前那么自然了，感觉张老师与我的心理距离远了，而我则讪讪的。

印象中很早的一年，可能是1997年，张修桂老师就带我们一群学生在离学校较近的大、小金山实习过，听张老师兴致勃勃、神采飞扬地给我们讲他关于金山石化工程的前期论证研究，让我们对历史地理研究的现实意义有了更好的理解和认识。1999年，所里组织学生跑野外进行历史地理实习。这次实习，可以算是史地所空前绝后的。无论是从带队老师的豪华阵容，从博士生和硕士生所组成的学生队伍规模，从实习路线所覆盖的地域范围，还是从实习全程所延续的时间长度上来看，都是如此。由三位老师一起带队，有张修桂老师、当时刚留校不久的张晓虹老师，还有行政办公室的邹沪荣老师。从上海出发前往南京、镇江，再迁回到黄山、九华山等地，最后再返回学校。实习内容广泛涉及历史自然地理学和历史人文地理学等多个方面，如南京紫金山地质与构造地貌、宁镇一带历史河流地貌、北固山与九华山等地的佛教宗教信仰、六朝区域历史与人文、黄山自然景观与人文，等等。老师和学生所组成的队伍规模估计得有二十来人了。路线应该是张修桂老师亲自规划好的，第一站是南京。

记得刚到南京，火车站出站口有张老师最得意的学生和忘年交之一的胡阿祥老师前来接应。出身地理系、惯于野外实习且颇为兴奋的我走在队伍前列，不懂事的我居然对胡阿祥老师直呼其名，身后的刘仁团同学紧接着称呼其"胡老师"以打招呼。我意识到自己的鲁莽，脸红到了脖根。张老师对我的鲁莽很是不快，郑重其事地跟大家说，可以称呼胡老师，或者胡师兄。胡老师后来见我颇为尴尬，主动跟我说了几句话以示安慰。现在想来，当年实习的我们真是幸运，不仅有前面所说的由张修桂老师和张晓虹老师这样的顶级带教阵容，在以南京为中心的整个六朝文化面上开展区域考察，还有胡阿祥老师这样的"地接"全程陪同带教，而我们之所以有这种待遇，显然是因为胡老师看在张老师的面子上，我们这些学生们是大大地沾光了。我们学生当时都打趣地说，"我们拥有的是博导级导游"。

好像是在参观完紫金山灵谷塔后，从塔顶层下来，张老师和我们在塔前台基上坐成一排休息，我就坐在张老师身边。张老师有意抽查我的地理知识基础，考问我说："南京紫金山是一种什么地貌？"我说："就像以前本科实习一样，出来实习前，在学校里，我特意做了下功课，查阅了一下相关内容，好像说南京紫金山是一种单面山的地貌，就是说陡峻的一坡有断层，能看出山体的整体剖面，是一种软硬相间的地层互层，缓坡则是软层剥蚀掉以后出露的难以侵蚀的坚硬地层。"回答完以后，我很想得到张老师的表扬，用期盼的眼神看着他，希望获得他的肯定。可是这一次，张老师并没有表扬我，于是，我有点失落。

记得在燕子矶考察时，张老师给大家现场讲解历史河流地貌，讲解内容一部分应该是联系到了他最有创见和心得的长江中游地区。可能是看江水滔滔，不知怎么的有位同学提了个问题，说两水相汇而泾渭分明的话，长江和汉水到底谁清谁浊，张老师应声回答说："当然是长江要浊了。"我立马想起读到的不知是《沔阳州志》还是《汉阳府志》当中的一段史料，反正对于内容我的印象是非常深刻的，说是"河水一石而六斗泥，泾水一石其泥数斗，汉水亦不啻是"，"惟江清不易淤"。思维简单、没有情商是我的一贯表现，想问题不经思索，于是脱口而出说："不是这样的。"然后将这句史料顺口背了出来。张老师有点错愕，一时无语，像是在思索什么，或者是在思索江汉清浊的历史变迁过程。印象中另一位同学错开了话题，打破了一时的僵局。我很尴尬地又讪讪地走到一边去了。之后，好像是在燕子矶返程路上，又或者是附近的三台洞考察点，张老师兴致勃勃地给我们讲解岩溶地貌。

虽然说之前好几次因为我没有情商而变得讪讪的，可我这人一向思想比较简单、情绪比较乐观。事情过去之后，我就又都忘在脑后了。记得在参观阳山碑材时，我们几个要好的同学一起攀上了碑顶。碑材身形巨大，顶面上都很宽阔。从碑顶下来后，胡阿祥老师提议和张晓虹老师一起合影，于是，我也赶紧蹭过去，和两位老师拍了张合照留念。一路上，我们这些学生们都抓住各种机会跟几位老师合影，尤其是与张修桂老师。记得在安徽黄山时，无论上、下石梯，同学们都前后簇拥着张老师，一方面听他讲解各种历史地理知识，另一方面关心着年事已高的张先生，生怕他体力不济。张老师出来带我们实习，为了让上海家里的张师母放心，林拓同学时不时向张师母打电话，汇报张老师的行踪和身体状况。其间还有张老师假装产生醋意的趣事，说张师母听林拓汇报的时间长，跟张老师自己说话的时间反而短。

野外实习过程中，张老师对我们的活动并不做过多的束缚和干预，知道学生们精力旺盛，并没有以安全和责任为由让我们减少行动。记得在天柱峰游览点，我们几个体力充沛的学生攀登了没在大部队行程范围内的莲花峰。印象中在登上莲花峰后，我们一帮学生挤在一个非常险峻的峰台上留影，台面向外伸出很宽，有栅栏围着。照片画面上留下的是一张张青春洋溢的脸庞。记忆中还有冯贤亮恐高的趣事，在鲤鱼背上趴着差点下不来，遭同学们打趣。张老师却认真地说，"这个不是什么胆小不胆小、怕不怕的问题，这是天生的"。张老师还戏说野外实习中的我简直就跟松鼠一样，攀登时上蹿下跳的。

2000年6月，在经过三年艰苦学习后，我终于迎来了自己的毕业答辩。大概是感觉出来了我和张老师之间自太白湖问题之后较为微妙的关系，邹老师可能是担心我情商太低不善应对的缘故，一开始定下来的答辩组成员中并没有张老师，可我再次显示出自己的零情商，在没跟邹老师商量，甚至想不到应该要跟邹老师商量的情况下，跟张老师说邀请他参加自己的答辩。当时心里大概是想要改善自己和张老师的关系。于是我的答辩会就成了由六位老师组成的偶数成员答辩组，而不是按惯例的奇数成员组。也就有了那张邹老师和张修桂老师都极为传神的照片，照片中两位老师正认真审听我的答辩汇报，这张照片是爱好摄影的冯贤亮帮我抓拍的。

博士毕业后离开了复旦、离开了读书五年的史地所，进入上海师范大学历史系工作，跟张老师之间就少了交集。之后，2008年在武汉大学开历史地理年会，那一年的史地盛会阵容强大，张老师也参加了。会议的学术研讨结束后，会务组的安排是武当山考察。记得在开始登山时，在山脚的一座寺观碰到了也准备登山的张老师，于是抓住机会请求和张老师合影留念，张老师很爽快地答应了，我非常开心地让同行的朋友帮我拍了好多张照片，感觉跟张老师的关系又回到了刚入校读研时的融洽与自然。

这之后的交集，是很多年以后了。那次是参加余蔚和祝碧衡两口子举办的宴会。会上有张先生，还有郭红和王卫东两口子。因为张老师当时有一只耳朵的听力已不太好，大家除了一开始跟张老师礼节性地问候和稍稍聊天之外，之后人到中年的我们在桌上聊的话题已主要是关于孩子们的学习、教育与生活等。张老师很能理解我们，看我们聊得兴高采烈，从不打断我们，也没提前退场，我们感觉出来了张老师的落寞，大家提议聊得差不多了，于是祝碧衡两口子收拾宴席残局，王卫东两口子开着自家的车送张老师先回到复旦教师宿舍区的家里。我也准备蹭车到附近的一个地铁站，于是跟张老师在车上后排一起坐着，稍大声地又跟他聊了几句，我记得是向他汇报自己在上海师大开设些什么课程。

再往后，是跟祝碧衡在微信上拉家常聊天时，她告诉我说，张老师会用微信了，可以在微信上自如地打字交流，没有了听力不好带来的不便，说张老师可开心了。于是我赶紧向张老师提交了好友申请，可是张老师后面通过我的申请时，我当时正在线上忙一件工作上的事，于是我告知张老师，说后面再跟他细聊。可上天没再给我机会，我没能再和张老师畅聊，我和他的微信聊天记录就定格在那儿了。刚知道张老师走了的消息时，想到这些，真是追悔莫及，现在想来，仍怅然不已。举国欢庆的一整天，除了草草吃饭的时间，我从上午开始就坐在桌旁，一边回忆与张老师之间的点点滴滴，一边在电脑上打下这篇文字，以此纪念我所敬重的张修桂老师。

（2022年10月1日）

事了拂衣去　深藏身与名
——纪念张修桂先生

孟　刚

（复旦大学历史地理研究中心）

没想到张修桂先生走得这么急，从 2021 年 5 月 19 日在家里晕倒紧急送医抢救回来到 9 月 12 日晨去世，不过区区百日。这两年来，我熟识的师长竟然先后故去了十三位，真是"人生如梦"。每位长辈的远去，都带走了他们记忆中的我，留下的是我记忆中难以忘记的他们。

2020 年初夏，邹逸麟先生去世。同年秋天，张先生也查出恶疾。两位老前辈同年同月同日生，就这么相继走了。

一

认识张修桂先生快 20 年了。从 2002 年夏天起，我们在复旦大学中国历史地理信息系统（CHGIS）项目工作组一块儿工作了五年半，在同一间办公室邻桌而坐、朝夕相处也整整四年。张先生戴一副老花眼镜，总是端坐在电脑前专心致志地打字，累了就点上一支烟。他的办公桌上除了堆着史料和地图外，还有两个杯子，一个是废茶杯，积满烟蒂，另一个是雀巢咖啡瓶子，常常是泡了满满一杯茶。和邹先生喜欢聊天不同，张先生比较严肃，也不太多言，我不敢和他讲话。混熟了，才发现张先生也是一个热心肠。有一天他突然告诉我，南区一条街上新开的沙县小吃扁肉味道非常正宗，用的是猪肉做的"燕皮"。午饭时我们特地去尝了，扁肉非常有弹性，味道确实特别，张先生只是觉得有一点可惜，他福建老家的这个汤里是不放辣椒粉的。

张先生是福建惠安人，从小在海边的崇武古城长大，1954 年离开家乡到上海华东师范大学读书，客居上海几十年，自然对家乡的美食十分留恋。2013 年 1 月，单位里组织去泉州厦门考察，特意去了崇武古城参观，古城建在海边，站在城墙上可以看见波涛起伏的台湾海峡。听张先生讲过，他小时候，一水（一个涨潮落潮）就可以坐船从崇武到对岸。同行的鲁西奇教授当场打电话跟张先生确认，这才知道古城里最大的一座张府和张将军庙就和张先生家族有关——张先生的祖上张勇是清代乾隆年间镇守福建等地的海军将领，被朝廷封为"武功大夫"，从二品。时间有限，我们没能去寻访张将军庙和张先生旧居，但是崇武南城门的石雕和城门内香火兴旺的关帝庙给我们留下了很深的印象。后来和张先生聊起来，他说小时候就在这个张府门口的圣旨牌坊前小场地玩耍，奶奶家在右边，大伯一家住在左边，而他的父亲1931年就从祖屋迁到城外的街上居住了。小时候他随长辈去扫墓，大家都称张勇这个老祖宗为"老爹公"。

张先生在CHGIS工作组工作十分勤奋，他在《龚江集》的自序中写道："我负责并完成福建（包括台湾岛）、广东（包括海南岛）、广西三省区的县级及其以上政区沿革考订。其中明清时期福建（大陆地区）县级政区的考订，还落实到县界的每一年变化，成为系统庞大数据库中最为完整的一个小小部分。"当时项目组还曾计划出版分省的历史地图集，福建省的数据最成熟，可以率先出版。张先生指导我把明清时期福建省县以下小地名上图，讨论上图小地名标准时，张先生讲到当年编"谭图"，谭其骧先生要求把《读史方舆纪要》上的地名都要上图。因为各种原因，这本《福建历史地图集》的样稿都打印出来了，最终却没有出版。

2005年春天，张先生把他的《中国历史地貌与古地图研究》自序的校样给我看，序里主要介绍了书中各个章节的基本内容。我觉得其中一句话不太适合登出来，就冒冒失失地和张先生讲，建议他删掉。记得我和张先生说，他做的工作和成绩学术界自有公论，没有必要自己讲出来。后来张先生当真就把这句话删掉了，我第一次感受到张先生的虚怀若谷和从善如流。

张先生对人的关心和帮助常常是悄悄的。2005年邹逸麟先生委托我整理《晋书地理志汇释》，我每天写一点，拖了很长时间。2007年有一天午饭时，张先生悄悄地和我说："你要加紧写啦，别拖拖拉拉的，邹老师已经急了，他又不好亲自来催你。"我听后非常汗颜。2019年书终于出版了，我给张先生送去，张先生拍着书说："书终于问世了，这下我不再担心了。"张先生还曾多次建议我写点学术文章，并鼓励我说："你把你现在手头做的事情写出来就可以啊！你是如何把CHGIS里1911年的底图画出来的，这个工作过程就可以写成文章。"可惜我一直拖着没有写，直到2013年谢湜找我去中山大学给本科生介绍CHGIS，我才找出当年的笔记把工作过程梳理出来，但还是没能写成像样的文章，更没有拿去给张先生看。张先生还曾当面介绍来复旦开会的胡阿祥、辛德勇两位老师给我认识，私下他对我说这两位老师学问都很好，要多向他们请教学习。2006年6月他带研究生去南京实习，回来还特意捎了一本胡阿祥的《六朝疆域与政区研究》给我，这本书已经绝版多年。后来我参与编《历史地理》辑刊时也得到了辛老师、胡老师的支持和帮助，这里面当然有张先生的关怀。

二

张先生是复旦大学历史自然地理研究的代表性学者。1982年9月1日在复旦召开的中国历史地理学术讨论会上，侯仁之先生在他的《近年来我国历史地理学发展的主要趋势》的报告中表扬了张修桂撰写的《洞庭湖演变的历史过程》，认为这样的研究"大大开拓了过去历史地理的研究领域，显示了今后发展的一个重要方向"。侯先生大概不知道，张先生这些研究都是在谭其骧先生主持和支持下开展的。谭先生和张先生关于历史时期长江流域地貌和水系变迁的一系列文章虽然撰写于80年代，但是材料和观点都是在编绘《中国历史地图集》的过程中逐渐搜集和形成的，这在谭先生《长水集》自序和张先生《〈中国历史地图集〉自然地理要素编绘点滴》里都有详细叙述。连同邹逸麟先生对华北水系的深入研究等，这些自然地理要素研究工作的完成从一个分支上标志着历史地理学真正实现了从沿革地理到历史地理的实质性转变，现代的地理科学真正在历史地理研究中发挥了作用。

2020年底到2021年上半年，为了筹备谭其骧先生诞辰110周年展览，我几次跑去向张先生请教。张先生几次都强调："我一生的工作都是在谭先生开辟的道路上走的。"这段时间重点聊了两件事情，一件是60年代初谭先生在复旦大学创建我国第一个历史地理本科专业，另一件是1972年谭先生带他去金山考察，他为金山石化选址撰写《金山卫及其附近一带海岸线的变迁》一文的过程。

1959年经高教部批准，复旦大学历史系成立历史地理研究室，谭其骧任室主任。为了培养历史地理专业人才，早日完成改绘"杨图"的工作，谭先生在历史系筹建第二专业"历史地理专业"，当时最缺的就是讲授地理基础课的教师。1959年夏秋之际，华东师大地理系毕业的张修桂和孔祥珠调入复旦大学，1960年又从中山大学、西北大学地理系先后调入8名大学毕业生，10人共同组成了地理教学组，张先生担任地理教学组负责人，具体安排地理学各门课程的师资、备课和试讲等工作。翻开当年的课程设计与学时分配表，可以看到张先生自己负责"普通自然地理"的教学，其他地理课还开出了"地质学""地图学与地形测绘""经济地理"等，谭先生还亲自讲授"中国历史地理概论"。1962年以后因为编图工作紧张，历史地理专业被迫停止招生，地理专业的老师在校内另行分配工作，张先生被留在研究室做一些历史地理资料的抄录工作。1963年他做了两件事：一是这年夏天被派到北京参加中科院地理所历史地理组组织的永定河故道调查考察，前后五个月，回来后撰写了一篇调查报告（《从永定河故道的研究谈谈历史河流地貌研究方法的一些体会》，载《历史地理研究》第1辑）；第二件事是他在抄录历史资料时发现汉江口变迁的一个问题，写了一篇文章。谭先生不仅在研究室开会时表扬了他，还把他撰写的考察报告印出来分发给全国有关单位。1969年恢复编图以后，张先生正式参加了《中国历史地图集》江西、湖南和湖北图组的编绘，这项工作训练了他历史地理考证的基本功，这时他才真正对历史地理产生了兴趣。

金山石化选址是历史地理服务社会经济发展的一个典型案例，已经广为学界所知。1972年7月底，谭先生带张先生去金山看了滩地和盐场，回来以后由张先生撰写成文，从历史资料和地貌演变规律等方面论证了场基的稳定性。张先生回忆道："我花了两个月时间，基本上是深更半夜写的，写出来以后给谭先生看，他看后就建议赶紧印刷送上去。""当时文章后面有十几张附图，可惜到正式出版时只被允许刊登了一张。"在准备展览资料时，我从绘图员刘思源先生留存的资料中找到这本装订成册的地图，张先生非常高兴，叫我复印一份给他。他对照地图详细讲了金山嘴的变化，讲了两股水流在这里对地貌的塑造。他还建议展出《金山滩地与金山深槽图》，说这张比刊出的《金山卫附近海岸线变迁图》好玩，因为其绘出了金山卫南部水下深槽的地貌。

1992年到2000年，张先生只带过四名硕士生、一名博士生，他回忆起来很感慨："自然地理太难，那个时候没有人来考！"历史自然地理和现实的环境治理密切相关，他对1998年长江特大洪水、2008年汶川地震等自然灾害都很关注。1998年他在给韩昭庆博士论文《黄淮关系及其演变过程研究》的序里就讲道："淮河生态环境的根治，是一个庞大的系统工程，需要多学科协同攻关。淮河今日存在的弊端，主要是历史遗留的恶果。只有首先查明目前环境形成的历史过程，才有可能制定全面周详的治理规划和措施。因此，历史自然地理学在诸学科中就充当先行官的作用。"

张先生有两篇文章自己很满意，推荐我去阅读。一篇是《上海地区成陆过程研究中的几个关键问题》（《历史地理》第14辑），是他在谭先生研究的基础之上对上海成陆研究做的一次总结；另一篇是研究赤壁的《赤壁古战场的争论和旅游资源的开发》（《龚江集》，上海人民出版社2014年版），对争论一千多年的赤壁问题进行全面的论证。我请他谈谈学术研究的经验，他说："没有比较好的地理基础的人，不会发现研究中重要的东西在哪里，这些东西有什么重要意义。"我还问过张先生，他当时研究这些河湖变迁时主要用的理论书是什么，他告诉我是一些河床演变研究的书，这些书他看得非常慢，一两个月才看完几页，"如果不懂得这些河床演变的规律，文献里又没有直接的这些东西，没有地理基础的人就研究不了"。

张先生虽然退休了，但他对《水经注》的研究兴趣仍然很大。2008年到2014年他陆续发表了对长江中游河段、汉江流域、洞庭湖水系三篇《水经注》校注的研究成果，对公元6世纪以前长江中游的河湖地貌形态进行地理学角度的复原，这是他晚年最重要的成果。

2013年4月12日，张先生来找我借书，特别和我讲解了他研究赤壁的过程，还画了一张草图。他是从长江河道的变迁与沿江重要治所点变化的关系来分析《荆州记》《水经注》的史料，最终定论今武昌赤壁是三国赤壁之战的赤壁。非常可惜的是，武昌赤壁沿江部分在20世纪20年代开采石灰时景观都已经被毁坏。2014年3月，张先生又来把我刚买到的一本《〈水经注疏·江水〉校注补》借走。可见这段时间他一直在关注《水经注》中有关长江的史料。

2020年所里的暑期学员对张修桂先生进行了一次访谈，张先生谈到他的希望："《水经注》今后的研究应当是：第一，利用当前最好的《水经注》版本，转入具体内容的研究，并以此为基础，对《水经注》的内容进行必要的订正后，整理出版新的《水经注》；第二，在具体内容研究的基础上，以今天测绘的地形图为底图，编绘出版新的《水经注图》。"其实近年来，在周振鹤先生的倡导下，李晓杰教授和他的研究团队已经先后对《水经注》的渭水流域、汾水流域和洛水流域进行了新的整理和绘图。2021年3月31日一早，我看到《中国社会科学》刊登的《考古学视野下的黄河改道与文明变迁》，顺手在微信上就转发给张先生，下午3点半张先生回了我一条微信，说："这篇文章值得深入细看，这就是考古成果的威力，可以大大推进历史地理研究的深入发展，可惜我没精力细看了，如河北平原中部大量遗址的发现，谭先生有些结论的修正也是必然的，这就是研究的共同推进。"张先生最反对研究跟着别人屁股后面走，又超不过别人。访谈时曾语重心长地说过："研究不能回到古人那里去，回到乾嘉去，我们要有科学判断。研究不能倒退！"

三

除了历史自然地理的教学和研究之外，张先生另一大学科贡献是编辑《历史地理》。他从1979年受主编谭其骧委托同吴应寿先生一起负责《历史地理》编辑工作，到他2000年退休，长期担任《历史地理》的编辑和领导工作，一共经手编了二十辑，编过研究性文章近700篇，总字数约900万字。《历史地理》辑刊为历史地理学科的发展和人才培养起到非常大的作用，这里边就有张先生二十多年的心血。直到2020年12月中旬，他还为《历史地理研究》审稿，为一个"凌门之山"的问题叫我帮忙查阅《山海经》《全校水经注》和杨守敬的《水经注图》。

我在CHGIS办公室里就看到过张先生改稿子，核对史料，和邹先生、朱毅老师讨论稿件。对于一些名气很大的作者，他的审稿也毫不留情，学术刊物的严肃性与神圣性可见一斑。2016年朱老师退休，所里安排我接手《历史地理》辑刊的编辑工作，我是战战兢兢、如履薄冰，生怕出纰漏，好在编委会每期都开会，在外审基础上编委专家们逐一审稿，审阅目录编排，有时候提出的意见非常严苛，但对工作有极大的帮助。张先生虽然退休了，个别相关稿件我也会向他请教。曾经有一篇文章争议很大，最后送张先生看，张先生回信中写道："学术刊物不应该刊登理论明显错误的文章，这是刊物的立身之本。有的刊物没有专门历史地理编辑，根本搞不清楚历史地理类文章的错误，但是《历史地理》不同，是历史地理学的专门园地，有专业编辑和审稿专家，类似错误文章不应该得到支持或通过。在发现其他刊物刊登历史地理错误文章时，作为专业委员会的刊物，也有责任发文纠正。这是对学科负责任的态度。"这种学术自信和学科坚守精神成为《历史地理》的宝贵遗产。

张先生作为一位地理学家，对复旦大学历史地理学科做出独特的贡献，这也是他对整个中国历史地理学发展的贡献。晚年的他对复旦大学历史地理学科充满感情，对历史地理学的发展寄予厚望，他一再谈到周振鹤先生在满志敏老师追思会上提的建议——"所里除了坚持传统研究以外，一定要把如何加强历史自然地理的研究作为所里的发展战略来考虑，要人文地理、自然地理两条腿走路。"张先生说："只要能够落实周老师提出的计划，相信会有新的发展，历史地理研究所一定大有希望！"这就是六十余年耕耘在历史地理学领域的张修桂先生最后的心愿。

（原载《读书》2022 年第 5 期）

极于高远，底于平实

——缅怀张修桂先生

邹 怡

（复旦大学历史地理研究中心）

寒假结束，又是一个新学期，复旦南区的国年路，春日和煦。国年路是一条单行小马路，两旁排布着复旦教工的老公房小区，闹中取静。植有梧桐的人行道，安详静谧。走过转角，一条棕色的小泰迪扒拉着梧桐树脚，磨磨蹭蹭，张修桂先生牵着狗绳，疼爱地叫着，"豆豆，豆豆，走啦——"2010年，胡阿祥老师专程从南京给张先生送来小狗豆豆之后，我在复旦南区遇到张先生，常是这般情景。而如今，煦日依旧，斯人已去，不禁唏嘘。

余生也晚，来到中国历史地理研究所读书时，张先生业已退休，无由课堂亲炙，不过在所里，时常能见到张先生。当时，研究所还在文科楼8楼，因中国历史地理信息系统（CHGIS）建设的需要，研究所将电梯斜对门的会议室改为工作室，邹逸麟、张修桂、王文楚、赵永复、钱林书和傅林祥等老师在其中专门进行释文考订工作。每次来研究所，到文科楼乘电梯上8楼，电梯门一开，向右转入研究所，迎面便是工作室，半掩的木门后，老先生们正在伏案工作。金庸武侠小说里，藏经阁中的低调老僧才是一等一的绝世高手，因此，这间工作室被同学们称为"藏经阁"，言谈中满是崇敬。

历史地理信息系统将计算机的GIS技术引入历史地理研究，外人或许以为从事该系统开发的工作室应充满现代电子科技气息，殊不知此项研发工作的重点是内容生产，其内核仍是硬桥硬马的史地考证。《中国历史地图集》受限于纸质载体，仅能在每一朝代取1或2个标准年代作为时间截面制图展示，中国历史地理信息系统的政区演变框架，则可方便地展现历史上的每一次政区调整，可以说是《中国历史地图集》在时间精度上的细化推进。工作室的诸位先生曾亲历《中国历史地图集》的编研绘制，于史地文献稔熟，在信息时代再度全力投入历代政区演变的绵密考证。资料室的孟刚老师当时在工作室担任助手，某日午休时，带我进工作室一观，诸位先生的工作台上堆满《大清一统志》等古籍，名副其实的"藏经阁"。张修桂先生的桌上，当然还少不了标志性的白瓷大烟缸和玻璃大茶杯。他的白瓷大烟缸与一般烟缸形制不同，估计本是一盏分茶的公道杯；玻璃大茶杯，则是一个退了役、撕了包装纸的果珍瓶。

复旦百年校庆后，研究所搬入光华楼，"藏经阁"也有了更好的工作环境，张先生与邹先生共用西主楼22楼最南厢的一间办公室，继续释文的考订工作。2007年，我留校工作，与几位年轻老师一同接受所里的工作安排，参与释文的考订工作。彼时初次接触此项任务，对于释文内容的取舍和详略，全无把握。我们便以张先生的释文，尤其是张先生拟定的福建省县级政区释文为模板，仔细揣摩。在实际参与过程中阅读张先生的释文，更能体会张先生释文的精准简洁、要言不烦。我们完成若干县的释文后，也请张先生过目，根据他的意见，再行修订，直至张先生点头肯定，心中惴惴方才消失。

初到研究所读硕士时，常听高年级同学津津乐道前些年张先生带队开展历史地理综合考察的往事，张先生不仅学识渊博，且幽默风趣。至博士一年级时，终于等到了一次近距离跟随张先生开展田野考察的机会。那年秋季学期，研究所组织例行的历史地理综合考察课，当时已退休多年的张修桂先生亦带队讲解。那次考察的主题为上海的成陆过程和吴淞江的变迁，主要考察马桥冈身地貌、高宅基冈身遗存和旧青浦青龙港遗迹，均为张先生曾实地考察、深入探讨的领域。历史自然地理的遗迹，较之历史人文遗迹，其识别更为专业、冷僻，也常被现代基础建设所扰动和破坏。张先生凭借深厚的田野功力和专业积累，遇到考察点情状发生变化时，略作观察，便总能在周边捕捉到蛛丝马迹，确定新的观察点。一路上，同学们还不时有引申的思考和追问，张先生总能信手拈来，一一解答。十多年以后的今天，我也忝为同一路线的考察带队教师。虽行前尽力做好功课，然终因史地素养薄弱，田野经验不足，若有已知遗迹灭失，难从现场立时捕捉到其他可靠的蛛丝马迹，遇到同学引申追问，亦常有捉襟见肘之感。每逢此时，不禁感叹张先生举重若轻、娓娓道来背后深厚的史地功力。

研读张先生的论著，有一措辞几乎出现于每组研究的起首，令我印象深刻，那就是"为当前的社会经济发展服务"。此语貌不惊人，若匆匆读过，还以为是一句开篇套话。这也难怪，现今各种科研项目申请，常有现实意义一栏需填写，申请者即便对于研究的应用场景和现实价值茫然无措，亦不得不强作数语，以求形式之完备。张先生此语虽寥寥数字，却绝非应制套语，而是其研究思考的真正出发点和落脚点。

张先生的多组研究，均贯穿着这一思考路径。他围绕长江中下游河湖地貌演变的系列研究，为该流域河湖的整治提供了崭新、可靠的依据，而此前尚未有人对该区域的水体演变进行过如此系统的梳理。尤其是他对江汉、洞庭地区湖泊演变的精深探讨，首次提出了"北湖南陆—南湖北陆—北湖南陆"的"跷跷板"演变模式，为江汉平原可能再次沦湖,必须死保荆江大堤的防灾策略提供了理论和历史依据。20世纪70年代末,长江流域规划办公室(即1988年以后的水利部长江水利委员会)曾来上海调查,抄录了张先生关于荆江、云梦泽、洞庭湖和鄱阳湖的四篇专稿。专稿在两湖水利部门中广泛传阅,得到了普遍认可。长江三峡工程启动之后,张先生又对长江宜昌至城陵矶段河床的历史演变及其影响展开专题研究。他对此项研究的现实意义有着清晰的认识,只有厘清自然河流状态下此段长江河床的演变历史,作为基本的背景,方能在三峡工程兴建之后,对比观察库区下游的河床演变,评估工程的影响强度。张先生围绕上海地区地貌演变的系列研究,亦直接为当代建设提供了有益参考。他通过深入分析海岸沙带、古捍海塘,对上海地区成陆过程中的几条关键岸线做了新的定位与定年。其中,对上海南部金山卫一线海岸线的研究,确定金山卫滩地虽然在历史上有大幅变化,但目前地基稳定,且有外展趋势,符合上海石油化工总厂的建设需求,滩地外侧的金山深槽又恰可为厂区建设深水码头之用。张先生对崇明岛形成过程的梳理,也确认了东沙地基的坚实可靠,上海长江大桥的陈家镇引桥建于此处,基础无虞。黄淮海平原是中国古代文明的繁盛之地,但自中古以降,水资源逐渐匮乏。张先生全面梳理了黄淮海平原湖沼的历史演变和当代海河水系的形成过程,探讨了该区域由历史上的湖泊星布演变为今日缺湖少水的根本原因,为当代此区环境保护措施的制定提供了历史依据。

学术研究与现实需求的对接,并非易事。无视或鄙视现实需求,悠游于学术海洋,于个人固然为惬意之事,但也无法分辨研究的轻重缓急,扼滞能与社会对话的问题意识。紧跟现实需求,以学术为政策背书为能事,则易偏离求真务实之正轨,浅尝辄止,掏空学术。学术研究与现实需求之间,颇有点近则不逊、远则怨的两难,而张修桂先生很好地处理了两者间的关系。窃以为,其中的关键在于张先生从现实需求出发,厘清亟须解决的现实问题,进入问题分析阶段,则及时转换为学术思维,由问题出发,遵从科学认识,延展探讨范围,包络现实问题,从而在完整的事实脉络和知识体系中认识问题、解析问题,为问题的现实解决尽可能地提供系统、全面的知识背景。如此得到的学术成果,不仅针对已露头的现实问题,且常能覆盖与之相关、然尚未显现的潜在问题,从而具备学术的前瞻性和现实的预见性。

基于多年经验,张修桂先生积累、形成了系统的研究方法。他擅长爬梳历史文献,抉出地貌演变,尤其是河湖水系变迁的零星史料,加以系统整理。在此过程中,依据地貌学原理,对史料记载的时空信息和地貌情状进行辨伪考证,从而筛选出可靠的记载,逐步拼接出地貌演变的历史过程及动力所在,并以宏观地质运动为背景,对地貌演变的态势和动因作出时空尺度上的区分。张先生能同时娴熟运用历史文献和地貌原理,对这两种材料和方法的短长有着清醒的认识:历史文献方法擅长断代,但在定位方面偏于模糊;应用现代地理技术开展的地貌分析方法擅长定位,然在断代方面偏于粗糙。因此,张修桂先生力主两种方法不可偏废，当融会贯通。由此，张修桂先生也一直关心着文献史料的发掘，追踪着地理新技术的进展，勉励后学接引最新史料发现和地学手段，取长补短，综合推进。

张修桂先生不仅在历史自然地理方面贡献卓越，在历史人文地理方面亦成就不凡，给予后学诸多启示。他擅长运用其历史自然地理特长，解决历史人文地理难题。长沙马王堆汉墓出土的《地形图》，因过于破碎，难以拼合。文物专家基于地图出土时的叠合次序和碎片上残留的折叠印痕，做了初步的拼接。张先生则独辟蹊径，从地图所绘水系、地图绘制风格入手，结合当地水系主从结构、图面水道线条粗细，指出了初步拼接中存在的错误，提出了新的拼合顺序。甘肃放马滩战国秦墓出土的木板图组，图上地名注记全无文献记载，常规文献方法近乎束手无策。张先生利用图中所示地貌特征，结合墓主履历，对地图所绘地域范围、图组的版式方向做出了令人信服的考证和辨析。

利用地貌信息，辨析古地图所绘地物，或许仍偏于历史自然地理的考证，张修桂先生基于古地图研究，对地图作者的考证、绘制目的的推断、军政时局的分析，则更为鲜明地展现了他深厚的历史人文地理功力。张先生从马王堆汉墓出土《地形图》《驻军图》中地物信息的详略取舍出发，结合史籍所记西汉王朝与南越国之间的政治博弈和军事拉锯，生动、细致地复原了文帝初年南方前线复杂的军政形势——双方暂时议和背景下，南越不断试探侵扰，汉王朝则暗中备战，以待时机。在张先生笔下，透过古地图的精巧注记，汉初南方的经略风云跃然纸上。

历史政区地理研究以地理志为基本史料，然地理志所载政区沿革，常有缺失。张修桂先生基于马王堆汉墓《地形图》，考证了龁道县的置废年代，分析了其置废缘由及其在汉朝边陲地位的变迁，弥补了地理志记载之不足，开辟了历史政区地理研究的一条新路。地理志中，政区界线更是大多语焉不详。张先生结合西汉与南越的军政对峙形势，分析了马王堆《地形图》中南岭南北山脉和水系的对应关系，洞察到马王堆《驻军图》图面内容的精心布局和有意变形，巧妙地发现这两幅古地图中暗伏着一条没有直接绘出的长沙国南界，令人拍案叫绝。

张修桂先生的论著，文字朴实无华，读来却如无声处听惊雷，无色处见繁花。他的每一组研究，在专题上常有开先河之功，且开局即成巅峰，为后世同专题研究者奠定了系统且扎实的认知平台。不仅如此，他的研究在方法和体系上均具有强大的张力，为后世研究者探讨相近问题提供了基本的研究方法和工作路线。窃以为，用极于高远、底于平实来概括张先生的治学风格，至为贴切。

张先生的学术生涯，绝大部分奉献给了集体任务，甚至在退休之后，他还参与了多项集体项目。尝读老辈学人回忆若干，有以巧妙应付集体任务而窃喜者，有以集体任务耽误个人研究而懊悔者，而张先生总是将集体任务视为研究机遇，全力以赴，从无私心怨言。张先生极于高远的学术成果几乎全为尽心完成集体任务而取得，而他从未借此提出个人的名利要求。张先生人淡如菊，简约生活。他的居所，几无装潢，尝有到访者不堪其忧，而张先生不改其乐。张先生晚年听力不佳，我们曾建议装一个助听器，张先生笑答："少听一些，简简单单，不是更开心么？"极于高远、底于平实，这也是张修桂先生处世的写照吧。

在记忆的田野中追寻：怀念张修桂先生[*]

祁 刚

（温州大学历史系）

"田野调查被认为是人文思想的实验室。"从学以来，最初带领我们踏入这个"实验室"的引路人正是张修桂先生。

2006年入学读博时，张先生已经退休，无缘聆听讲课。所幸的是，应满志敏老师的邀请，先生欣然同意参加当年12月初的硕博士研究生历史地理野外实习考察活动。正是这样一次为期两天、辗转三省（江浙沪）的专业考察，在张先生、满老师的带领之下，行程紧凑、内容丰富，令人印象深刻，俾使众人在初窥历史地理田野调查门径与堂奥的同时，也在江南寒冬的平野中切身领略到了先生春风化雨、润物无声的风采。

2006年12月1日的清晨，大家按约定在邯郸路校门口集中登车前往本次考察的第一站青浦。车还未到时，先生与人谈笑风生，言谈诙谐，神采奕奕。特别是听到他浓淡相宜的"地瓜腔"（闽南普通话），令人倍感亲切。驱车一个多小时后到达青浦区白鹤镇附近的陈岳村。先生下车之后就不苟言笑，一手持扩音喇叭，一手指着村中水道走向，首先从"横塘纵浦"的基本概念开始讲起，边讲边走，带领众人徐行村间。第一次的田野考察就这样开始了。

从白鹤镇、顾会浦、通波塘、吴淞江讲到"先有青龙镇，后有上海滩"，先生一路娓娓道来，如数家珍。生等虽无江南水乡地理的专门知识，但经先生绘声绘色的生动讲说，不仅毫无陌生、隔膜之感，也不觉冬日村野的清冷，不惑于水汽氤氲的迷茫，反而有些按捺不住的兴奋和好奇，纷纷挤在村中大桥上仔细丈量着眼前的水势、地形，且作宋元时期青龙港、青龙镇的怀古之想。

---

[*] 两天三省的田野调查是史地所06级研究生的共同记忆。感谢大家分享考察工作照，同作怀念和追思！

图 1　张修桂先生手持扩音器,带领众人在白鹤镇陈岳村考察

行至村中大桥后,先生在桥上来回踱步,左右顾看,指间夹一支香烟,神情专注而严肃,眼神深邃而坚定,不时转身与满老师耳语,或挥手指向远处。顺着指向望去,大家当时并不觉得有什么。但在考察结束后不到半年,张先生在《历史地理》(第 22 辑,2007 年)正式发表了《青龙江演变的历史过程》一文。在论文中,他记述了当时在

图 2　全体师生在青龙江段合影留念(右一为满志敏教授,右四为张修桂先生)

田野中的观察与思考,"据实地考察……鹤星村以下河段,河面宽度一般只有10米左右,有的河段不足5米,而且芦苇杂草丛生,几乎看不到水面,个别河段甚至已被人为堵断。故道已明显处在自然和人为消亡阶段"。字里行间的沧海桑田,是唐宋至今青龙江段的巨大变迁。拜读至此,方才读懂彼时先生伫立桥上的眼见与心想,后知后觉,不禁叹服先生历史自然地理研究的眼界之高,而其扎实、深厚的田野调查功底毋庸讳言。

时近中午,天气暖和了许多,一行人的考察兴致盎然。考察路线顺着青龙江河段逶迤而行,下一个点是青浦青龙寺。这一安排初不经意,以为只是名胜古迹的走访,或是对该域人文地理景观的调查。进得山门,有人驻足于寺中银杏与佛塔,而先生在寺中依序而行,若有所思。所思为何?惜哉!现场未及追问深究。此后虽与先生有数面之缘,然未及问道于此。念念不忘,必有回响。直至2017年在"上海青浦青龙镇遗址与海上丝绸之路"的讲座现场,得知青龙镇隆平寺塔塔基遗址的考古成果与历史发现,方才明白先生那时在寺中的所思。"近海浮屠三十六"之一的隆平寺塔、青龙寺塔与水道江流变迁的位置参照,乃至于航道、港口、市镇与海外贸易云云,宛若"大地的钟声"。

图3　张修桂先生带领研究生在青龙寺考察

好的田野考察,在打开一扇窗时,会在不经意间推开一扇门。念兹在兹,在青龙寺中随先生考察时,我从未敢想自2007年的夏天开始,此后的许多研究都是在福建、浙江和江南的田野调查中起步、展开的。回到历史的现场,正是这次冬天里的青浦考察,得益于张先生的身体力行与言传身教,泽惠无穷,才为后来的田野学步打下了基础,树立了榜样。

好的田野考察,既要有知识、经验的储备,还要有移情入境的感同身受,不仅得有问题意识,文献解读、地物描摹等眼见心得的醇香,还得有经得起时间检验的醇厚。不久之前,当对台州温(岭)黄(岩)平原进行田野调查,在梳理沿海水系诸如"港""汇"等地名通名的时候,思绪又随之翩然回到了"青龙港""白鹤汇""盘龙汇"……仿佛是在田野中与先生的一次偶遇。

青浦的行程全部结束之后,一行驱车至闵行、金山。与上午略显紧张、生涩的气氛相比,午后在马桥镇、金山嘴的实地考察,节奏舒缓了下来,众人多了些欢声笑语。张先生在下午田野考察中的状态也明显轻松了不少。在马桥镇某处服务区的侧后方,如果不是先生半开玩笑半当真地"脚踏实地",大家很难相信也很难想象,6 800年前与历史时期上海成陆过程关系密切的冈身,竟然就在脚下一片黄草之中。在老先生"顽皮"的一再"怂恿"下,不乏好奇者蹲下身来拨开草皮,用手从土坷里扒拉出古老的贝壳。那种发现和探索的喜悦之情,浸润在孟冬日侧的光影里,其乐融融。一抬头,先生正站在不远处,眼神关切,神情恬淡,双臂环抱胸前,指间夹着香烟,香气袅袅,言笑晏晏。考察回来重读先生论著,方知其怡然自得,缘于他对上海地区成陆过程研究的成竹在胸。

伴随着落日的余晖,车行在金山卫海边的公路上,驱驰进入浙江省界时,星光依稀。第一天的行程,在到达西塘后告一段落。夜晚的西塘景区,没了白天的游人如织,夜色格外静谧清冷。有同学回想起来,那天晚上许多人顾不得考察的辛劳,一起聚在宾馆房间里的电视机前,集中观看多哈亚运会的开幕式。当然,也有许多人期待着第二天的考察行程和收获。

12月2日清晨,天光乍亮,水乡古镇慢慢苏醒。三五结伴早早出门去,近距离看看小桥流水人家,看看江南市井生活的日常。不多时,桥头、水畔、巷尾的人声传来。芡实糕、龙须糖、赤豆元宵的铺面,又开始了日复一日的生意喧闹。

无意间,经过临水一间民房改建的小店时,大家瞥见熟悉的身影,听到了熟悉的声

图4 张修桂先生在马桥镇田野中的怡然自得

音。原来是张先生在小店中端坐,悠然自得地享用早点。这间小店铺面并不大,主营老酒、臭豆腐、五香蚕豆、茶叶蛋等特色小吃。有眼睛尖的,看到了先生面前正摆着一杯烫好的老酒、一碟油炸臭豆腐,香气扑鼻。看到店外经过的众人,先生很是热情,招呼着进来一起享用。大家笑了笑谢了谢,一是有人怕扰了先生早间难得的悠闲自在,一是有人不大能够理解这香气馥郁的臭豆腐,正欲离开。许是看出有人面露难色,先生爽朗笑道:"你们这些人呐,真不懂得享受!"这大概就是先生"活泼泼"的真性情,也是他在生活中朴实无华的样子,就像是这镇上普通的邻家老者。

图5　全体师生在西塘合影留念

上午西塘、下午同里的古镇考察,比起第一天要自由很多。园林、古建、水道、桥津,大家各按照自己的兴趣去探索。这比不得前一天张先生带队的时候,大家一起活动,集体行动听指挥,集中思考有讨论。因此,无意中不免也少了一次跟随先生走读江南古镇的学习机会。现在想来,着实遗憾!直观上,这一天的行程似乎格外快速,从浙江到江苏的时空知觉尚未及反应过来,就已经回到上海境内的淀山湖了。

从那以后,转眼快16年过去了,满志敏老师、张修桂先生先后离我们而去。其间再未去过那次两天三省田野考察的地方,然而那时走过、看过、想过的许多地点、场景、问题,却一直深深烙印在心底,时常会想起,在记忆的田野中不断追寻。追寻着第一次田野调查的初心,从推门踏入田野考察的第一步开始;追寻那次田野调查当中张先生所给予的教泽和启发，田野考察是对地理、历史中的人及其作用有所理解；追寻着在田野实践和思考中不断去体会人之日常生活经验的真实，要懂得生活。

常恨言语浅，不如人意深。谨以此追忆，献给可敬可爱的修桂先生！心香一瓣顶礼，愿他长生欢喜！

（2022年7月23日）

纪念张修桂先生

孙 涛

(复旦大学历史地理研究中心)

时间过得很快,又到一年教师节,老张先生也走了一年。2004年我到所里参加中国历史地理信息系统(CHGIS)的项目,一开始的工位就在老张先生的正前方靠墙的位置。那时候史地所三位张老师,学生们为了彼此称呼时不至于搞混,就分别在老师前面冠之以"老张""男张"和"女张"好作区分,我觉得这样区分很科学,很快也就随着这么叫了,"老张先生"的称呼感觉十分亲切。

一开始我和各位老师在文科楼CHGIS图组一个大房间里。每天早上,邹逸麟先生喜欢和各位老师讨论每天的新闻,说到兴头上都是用的上海话。我初来乍到,只能是半懂不懂地听个大概,努力抓取关键词。每每这时候,老张先生也是专心听,并不插话,等到邹先生突然来一句"老张,你来说说",老张先生才不紧不慢地用普通话发表个人看法,此时我心道:原来老张先生的沪语听力真是了得,我得学成他这样!后来才知道老张先生已经在上海工作生活五十年了。这大概就是我对老张先生的最初印象吧。

老张先生在我的专业学习之路上,给了我相当大的帮助。我自己的具体工作一开始是协助满志敏老师做CHGIS的数字上图,后来做资料整理入库,总之都是技术类工作。平时遇到文本和草图搞不清的时候,我总是向老张先生请教,每次他都是耐心给我讲具体内容分辨的缘由和逻辑,这也是我对"考证"最初的理解来源。老张先生觉得我应该在学术道路上做做尝试,大概是2006年的时候,借着《历史地理》接到了一篇关于历史地震投稿的机会,老张先生让我试着分析一下稿子中的各个观点并作回应,争取能和这篇稿子同时发出来。这是我第一次作一篇正式的历史地理考证类文章,其间从查资料、整理到写作,多次向老张先生汇报,按照老张先生的意见再查资料做修改。因为这是老张先生交给我的任务,让我这学术考证的第一次工作就充满了庄重和责任感,这也使得我后来对待学术工作不敢有一丝的大意,实在是这第一次的起点要求就很高。遗憾的是可能审稿周期拖得太长，这个文章没能在《历史地理》上发出来，但是我第一次完成了一篇完整的文章，为我后来在历史地理方向上的研究道路提供了充分的自信。

《中国历史地震图集》是国家地震局地球物理研究所和复旦大学中国历史地理研究所共同编制的，老张先生在其中做了很多工作，作为作者也就存了一大批的历史地震图集。2008年汶川地震之后，老张先生为了做一份贡献，委托我帮他把手头上的地震图集理了理，一共整理出大概十几套（一套三册），通过在校内BBS上发帖，一共卖了大概千把块钱，通过邮局全部匿名捐给了灾区。大概是觉得我对历史地震的学术兴趣可以再培养培养，老张先生在搬离办公室的时候，把他收藏的一大批历史地震汇编资料复印本都送给了我。

准备考博的时候，老张先生问我打算以后做什么，我回答说："跟着满老师做自然地理呗"，老张先生语重心长地说道："做自然地理好，好好做学问！"及至后来我从历史地貌的角度做黄河故道变迁，老张先生总是对我鼓励有加。那时候图组项目已经结束，老张先生来学校的频率不像之前那样多了，但每次见到了，我都会抓紧时间请教他关于历史河流地貌的一些经典研究方法和专业表述的问题，他也很是开心地回答我的各种问题，还常常给我提专业的意见，尤其是叮嘱我："你这新技术够好了，但是要把握好写历史地理的文章"，让我一直保持学术专注度。

老张先生喜欢开玩笑，我这个晚辈在他面前从不拘束，每每想起和老张先生一起的画面，多以活泼为主，如今静静想来，梳理一下这些年的一些点点滴滴，老张先生在我的专业学习道路上也是指导颇多，于是以此为一专题，做篇小文以作纪念。

（2022年10月6日雨夜）

张先生指点江河

林 宏

(上海师范大学人文学院)

张修桂先生与我的祖父林汀水先生交好,在中国历史地理学的"生肖图腾"传说中同属"小猪"(祖父语),又是旧泉州府同乡,曾在复旦历史地理研究室共事十余年。祖父在20世纪70年代中叶调回厦门大学,此后他们仍时常相聚,进入21世纪的数码时代后,在历次会议留下的丰富影像中频频同框出镜,或危坐席台,或悠游林泉,更多的还属茶歇间的夹烟言欢。家父从厦大毕业后来沪工作定居,我也在沪生长。最近十余载每逢年节,由沪抵厦当晚都有保留项目,由我拨通张先生电话后,二老笑谈半刻。祖父在鹭岛海风中追忆"沪漂"往事时,也是五句不离"修桂"。2011、2012年连续举办的谭先生百年诞辰、史地所所庆活动中,祖父两度来沪,张先生在味千拉面馆与南区某小馆做东,煮酒论英雄,我也有幸陪坐,可惜具体谈话内容均已忘记。

成年后初见张先生是在2005年春,那时史地所尚在文科楼,张先生只说了句"和你老子真像啊",就将我带到历史系的转专业面试间。2007年夏,头回来到迁至光华楼的张先生办公室,正巧《中国历史地貌与古地图研究》出版不久,幸得签赠,并且是两本——因为先生觉得第一本上没有签好。这部大

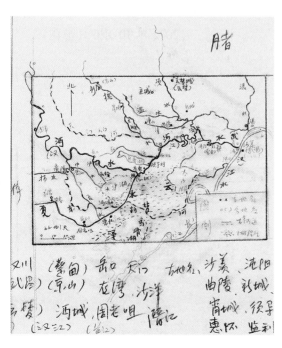

图1 张先生《水经注》研究配图手稿(一)

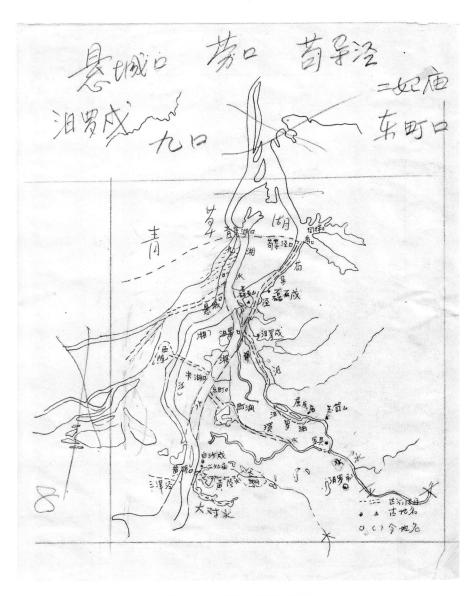

图 2　张先生《水经注》研究配图手稿（二）

书太重要，这些年来随手取用反复学习，两本上都做满圈画，如果当初只得一本，恐怕已经翻烂。2008 年入所学习后，又在张先生的联络下如愿拜入周振鹤师门下。2013 年，我在《历史地理》上发表个人第一篇专业论文，内容是对长江口南翼局部岸线演变的考证，后从周师处得知是由张先生审读通过的，此文的发表带给我莫大激励。

余生也晚，无缘聆听张先生的完整课程，也未及像高我三级的学长那样参与由张先生带队的田野考察，但仍非常幸运，赶上了 2008 年研究生入学教育时所里安排张先生为新生讲授的一堂启蒙课，印象中在所里学习的此后 8 年间张先生未再做过类似报告。关于讲座内容，记忆犹新的是在解释历史地理学经世作用时笑称"毕竟历史地理学的方

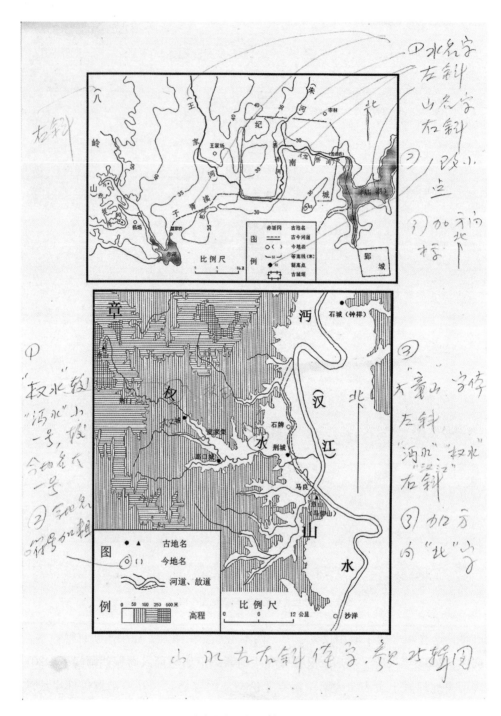

图 3　张先生在研究配图初印稿上的批注

法便宜嘛",这是张先生从对金山卫海岸线变迁的典范研究中总结的经验之谈。近年回味此语,愈发感到其中除了诙谐,还蕴含着对本学科独到方法和价值的深刻自信。

张先生在复旦三舍的家非常简朴,有些局促的会客室兼书房中,两架书橱以外,巍峨地层累起几摞大部头地图集与图书，自从爱犬豆豆入住后，书山又与豆豆的玩具堆峰峦相接。会客室的阳台外水杉摇曳，电视机里主要播放武侠剧或球赛，世纪初型号的台式电脑也日夜运行，辅佐先生的"夕阳红项目"研究。

2011年，得知我已初学Mapinfo软件制图，并已有为祖父绘图的经验后，张先生开始召唤我为他的《水经注》系列研究加工电子插图，此后三年里陆续加工了四批十余幅。张先生提供的草图是用铅笔清绘在玻璃纸上的，少量图幅用黑色水笔描深或修改，草图完成度极高，所有点、线、注记俱全，河流已用粗细区分干支，并已绘好图例、图框，此外为方便我转绘时核对，有时还贴心地用大字在纸张空白处列出全图地名，或单列某些生僻的小地名用字。我所要做的工作很简单，将玻璃纸扫描后，在软件中摹写各项要素即可。但是，第一回图成打印交给张先生后，隔日便领回密密麻麻的批改，包括字体的大小与方位、河流注记的倾角、方位尺的标注、符号线条的粗细等，使我第一次真切感受到张先生和善外表下对学问的一丝不苟。几天后，我将修订后的地图送至府上，各项细节已符要求，只见张先生接过后，戴上眼镜，左手持图，右手伸出食指（像先生文集中的那幅标准像中一般，又像先生喜爱的武侠剧招式），在图上江河山岳间穿梭指点，嘴中伴随着"嗯哼嗯哼"的轻快节律，倏忽之间，几幅图上的全数地名检阅一过，验收完毕！临走时先生赏赐火龙果一大只，我也从此荣任"御用"画师。张先生没有收回那些玻璃纸草图，它们是我永久的珍藏。

2016年我博士毕业，去张先生家中致谢，他抱着豆豆打趣道，"要是我们家豆豆也会写论文就好了"。毕业那年有幸参加周师主持的新编上海历史地图集项目，承担崇明沙洲演化的复原工作，在张先生对崇明岛变迁的精深研究框架基础上，我在工作中逐渐发现如果更充分地运用古旧地图资料，有可能绘出更精细的历史地图来。但此项工作临深履薄，几易其稿，在未完成前始终不敢向先生汇报，至图、文终于定稿时，张先生已离开了我们。

疫情加速了时光流逝，去年7月韩昭庆老师为张先生组织寿宴的场景仍在眼前，转眼却又到夏天。作为张先生口中"我好朋友的孙子"，作为历史地理学的晚辈，再次向张先生表达无尽的怀念和感激！

（2022年6月2日）

怀念张修桂老师

夏晗登

（中共海南省委党校）

我于2012年开始读硕士，在做硕士学位论文时，我选择做历史地貌学方向的研究，因为我觉得历史地貌研究给了我一种踏实感，它是自然的演变，展现的是一幅幅在时间中不断演变的画卷，我是一个站在这幅画卷前的欣赏者，是真正的"欣赏"，因为我从中感受到了自然之美。我要做的就是从浩瀚的文字、古地图等史料中，把这些已经逝去的"美"复原于现代地图之上。做这些的时候，我感受到自己存在于一个泡泡中，只有我一个人，这个世界归我掌控。

我不知道张修桂老师在做历史地貌研究时是什么样的感受，但我常常从张老师身上感受到他那份独有的孤独。我在2016年进入复旦大学读博，师从韩昭庆教授，想继续我的历史地貌学的研究。有一天韩老师要带我去拜访张修桂老师，我有些紧张，因为于我而言，张老师一直是教材里的人物，我自己才疏学浅，怕不知道和张老师聊什么，最后还是去了。韩老师让我在政修路的一个路口等她，然后我们一起走进了一个似乎年代已经很久的院子，路尽头的第一栋楼，就是张老师住的楼。韩老师按下楼口的门铃，楼上便传出了一阵阵狗叫声，我们上楼就看见，张老师正在门口迎接我们。

初见张老师，觉得张老师是个小老头，个子不高，但很有精神，尤其是眼神。张老师的眼睛炯炯有神，很犀利。可能是怕我初来紧张，所以看了我几秒，就看向别处。韩老师向张老师说了说最近历史地理研究中心的情况和工作，张老师一边听一边抱着他的泰迪，听一会儿，就哈哈一笑，然后说一句简短有力的评论。聊了一会，韩老师和我就向张老师道别，离开了张老师的住所。此后我因为论文，又多次去见张老师，张老师总是不多话，但总能一针见血地指出我论文的问题所在。

2017年，韩老师嘱托我，每月去给张老师送一次药，之后我给张老师送了半年多的药。每个月，我都先到张老师家拿好处方，再骑单车到肺科医院取药，然后送到张老师家中，张老师话不多，每次都笑呵呵地向我道谢。最后一次送药，张老师说你们博士很忙，以后不用每月送了，我需要时再给你打电话，然后拿出一盒西湖龙井茶叶送给我。我不懂品茶，但我把这盒茶叶从上海带到了海南，它常常让我想起张老师。

忆起一次在旦苑食堂外，我和我爱人遇到张老师，我向张老师介绍了我爱人，张老师还是不多话，但笑呵呵说我爱人很漂亮，一如他点评我的论文一样。最后一次见张老师是在2020年，我博士论文答辩完后，韩老师和我一起去看望张老师。张老师还是坐着抱着他的小泰迪，我把自己的博士论文交给张老师指正，跟张老师说珠江口有很多测绘地图，所以我做了珠江口的历史地貌研究。张老师问我有多少张地图，我回答说大概有几百张，张老师笑笑说，那很多嘛，不错不错。

我见过张老师很多次，但几乎没有和张老师深聊过他的学术和成果。读硕士时，我就读过他的专著《中国历史地貌与古地图研究》，那时我还未系统地接受历史地貌研究的训练，河流湖泊的演变又涉及大量的地名，所以当时还读不懂这本书。后来读博时，我越发感觉到历史地貌研究之艰难，不得已才将方向转向地图学史，尝试首先通过对地图的研究，打开珠江口历史地貌学的一扇新窗户。其后经过几年挣扎，勉力完成了博士学位论文，在答辩前，我重读了张老师的《中国历史地貌与古地图研究》，这才发现，有关历史地貌研究的方法，张老师早已阐述得明明白白。张老师谈到"应用古地图和当代地图作比较，是研究地貌历史演变过程最有效、最简捷的方法"，张老师在书中对历史地貌学的研究对象、任务、内容、方法，均以其数十年研究之功力，精辟地阐述过了。

可能确实是不做这些研究，这些道理便无法体会。在历史地貌学上的研究，我虽然能感受到其中的乐趣，但又常常体会到史料上的艰难，只能利用各种各样的方法和手段进行佐证，这样的研究一度让我深感困难而想放弃。张老师穷其一生从事历史地貌学研究，想必经历了无数个日日夜夜的"独上高楼，望尽天涯路"吧，也许正是历史地貌学的那份"自然之美"带给了张老师慰藉，让他在做这些研究的时候孤独又快乐吧！

下编　禹迹九州　探赜索隐

天水放马滩木板地图的绘制技术及其历史地位

雍际春

（天水师范学院陇右文化研究中心）

弁 言

时值2022年4月底，敬爱的张修桂先生仙逝已逾半年了，然先生之音容笑貌却时常在脑中清晰闪现，尽管我与先生的交往仅有两次。

初识先生是在1996年春节刚过，在复旦大学举办的纪念谭其骧先生诞辰85周年学术研讨会上。有两件事印象深刻，其一是先生在大会的发言，娓娓道来而思路清晰，言简意赅而逻辑严密，结论观点鞭辟入里，令人信服。所以，我脑海中油然而生四个字——大家风范。第二件事是参观复旦史地所资料室过程中在地图室的片段，先生向与会代表介绍大比例尺市县地图时如数家珍的场景和对地图之熟稔、专注与爱护的神态，虽发生在二十多年前，却至今仍历历如在眼前。愚以为这正是先生对学术的热爱和敬畏，也是先生能够卓有所成在平时行为举止上的一种自然流露吧！

我与先生的第二次交往是1998年夏中国历史地理专业委员会在沈阳举办的"区域历史地理学术讨论会"期间。在那次历时一周的学术研讨和考察中，与先生朝夕相处并相互认识。在会外和学术考察中，先生之随和风趣、健谈和不拘小节，使大家未因名校名家和长者而对他敬而远之，相反都觉得他是一位值得信赖和乐于与之交往的朋友。

君子之交淡如水。我与先生的进一步相熟实际并不在有限的见面上，而是缘起于发现于我家乡的天水放马滩木板地图。1986年在天水市麦积山附近放马滩发现了秦汉墓葬群，经甘肃省文物考古队的发掘，M1号墓出土了甲、乙

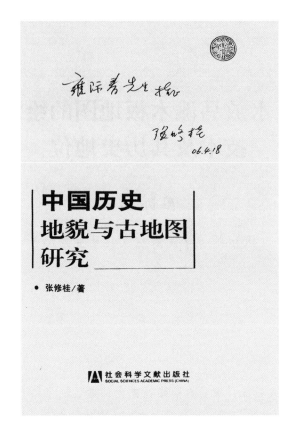

图 1　张修桂先生题签的赠书

两种竹简《日书》《墓主记》和绘在 4 块木板上的 7 幅地图（其中 6 幅为成品图）等一批重要文物。其中，由于木板地图是距今 2 300 年前绘制的目前考古所见中国最早的实物地图而引起学界关注，发掘报告和资料公布后，学者们纷纷就地图作者、绘制年代、地图内容、地图组合、地域水系和绘制技术等问题进行研究和发表见解。先生作为古地图和历史地貌研究专家，也先后发表了多篇论文，先生发表的成果虽然不是最早的，但他却是首位对放马滩木板地图进行系统研究且多有创获突破的学者。尤其以 1992 年 7 月刊载于中国地理学会历史地理专业委员会所编《历史地理》第十辑的《当前考古所见最早的地图——天水〈放马滩地图〉研究》一文，洋洋三万言，对天水放马滩地图所涉及的几乎所有问题均有论列和深入研究，如对地图图组构成、版式方向、绘制年代、作者、地图性质、地域范围、水系复原、绘制技术与历史地位等基本和重要问题均有翔实考证和独到见解。读之引人入胜，令人信服又大受启发。

　　正是受先生和其他学者成果的影响与启发，我萌发了对家乡地图作进一步探究的想法，在先后发表几篇论文的基础上，出版了《天水放马滩木板地图研究》一书（甘肃人民出版社 2002 年版，该书 2006 年获教育部全国高校哲学社会科学优秀成果三等奖)。虽然书中有不少观点和结论与先生相左，但我还是在拙著甫一出版，即给先生寄去求教。后来，先生收有对天水放马滩地图研究成果的专著《中国历史地貌与古地图研究》一书（社会科学文献出版社 2006 年版）出版后，很快给我寄来了题签的大著。突然间收到先生惠赠大著，令人感奋亦心安。感奋的是已多年未与先生谋面和联系，他还记得我，并不以我疏于联系和学浅而见弃；心安的是先生没有因后学文章、书稿有些观点和结论与先生相左而介意。先生之学术胸怀和大家品格令人敬仰。

忆及于此，我自己都感到奇怪的是我与先生并无私交，也一直没有书信往来和电话联系过。恰恰是共有的学术关注点——天水放马滩木板地图，使我有幸与先生有了交集和学术联系，窃以为这就是神交。太史公曰："桃李不言，下自成蹊"，诗云："高山仰止，景行行止。"诚哉斯言！

值此复旦大学中国历史地理研究所编辑张修桂先生纪念文集之际，承蒙胡阿祥教授代为邀约并嘱提供文章。惭愧的是我与张先生交往不多，故此谨就与先生相识的记忆片段和天水放马滩木板地图的学术因缘，聊作"弁言"，以礼敬张先生在天之灵，提交旧文，以怀想张先生启发之恩……

中国是一个历史悠久、文化发达的文明古国，地图以及地图文化作为中国传统文化与科技的有机组成部分，也很早就出现并加以利用了。传说中的"龙马负图""史皇作图"以及大禹"铸九鼎，象九州"等，都间接地说明早在史前时代，描绘与人们生产和生活实践紧密关联的山川、道路、鸟兽、草木分布等地理事物的原始地图已经出现。至迟在西周初年，有关军事、土地、城建规划等地图已在实际使用之中。天水放马滩地图作为战国时代的地图作品，是我国迄今发现的最早的实物地图，也是世界上最早的实物地图之一。它对于了解先秦时期我国地图测绘理论，认识战国时代我国地图绘制技术、绘图方法以及地图文化的发展，提供了极为珍贵的实物资料，也为重新估价中国古代地图学和世界地图发展史，提供了新材料和新视野，因而，天水放马滩地图在中外地图学史与科技史上，都具有重要的价值。

一、放马滩地图绘制技术管窥

从文献记载可知，我国古代地图的绘制出现很早，但长期以来人们所能见到的实物地图，却是晚至南宋时所刻的《禹迹图》与《华夷图》。而此前的古地图由于苦于没有实物资料而难究其详。1973 年在长沙东郊马王堆汉墓中，首次发现绘在丝帛上的三幅地图——《地形图》《驻军图》和《城邑图》，其绘制时间在公元前 168 年（汉文帝初元十二年）之前，这就将我国古代实物地图的历史由南宋上推到西汉初年。天水放马滩地图绘制于公元前 310 年前的战国晚期[①]，则又将我国古代实物地图的历史再向前延伸了近 150 年。作为距今 2 300 年前的战国地图，它在地图绘制技术、方法等方面的特点和成就，无疑体现了我国先秦时代地图绘制所达到的实际水平，从而填补了先秦至战国时期我国地图学史和科技史的空白。

1. 形成统一的图式体例

放马滩地图已经形成一套完整而统一的图式体例。地图通过文字、符号、图形等特有的地图语言，准确、形象而又清楚地表现了各种不同的地理事物。地图的文字注记包括内容和方位注记两种。方位注记仅限于 2 号图，系特意表明该图及该图相关联的 1 号图的正读方向，方向为上北下南。其余 4 幅地图没有注明方向，它们都是横列北南方向，之所以未做标记，可能这种地图方向已是约定俗成的惯例。地图文字注记的内容包括地名、林木物产、道路里程三类，表示城邑居民点、山谷名、河流溪水名、关隘名、林木采伐、物产分布、道路里程 7 种地理事物。文字注记再配以符号和图形，非常清晰地表达了作者绘图的主题思想，并将各种地理事物形象直观地呈现于读者面前，说明当时的地图绘制在技术上已经达到比较成熟的水准。

符号注记可分为线型符号、几何符号、象形符号、示意符号四类。线型符号表示河流水系、分水岭、山脉闭合曲线和交通线等地理事物，几何符号则特别标明了地名中较为重要的城邑乡里分布，象形符号代表亭形物和关隘设置，示意符号主要反映了林木、药材的分布和采伐点。符号注记配以文字和图形，将地图涉及的河流、山谷、分水岭、植物分布、关隘、特殊标记（亭形物）、城邑乡里、交通线、里程、采伐点等内容醒目清楚、协调统一地有机结合起来，从而构成了放马滩地图完整统一的图式体例系统。作者充分利用这一系统的表现功能，把各图主题内容、作者意图完整地展现在读者面前。

放马滩地图除了 2 号图内标有注明地图正读方向"上"字之外，原图虽然没有图名、图例、比例尺和绘制年代等现代地图所必备的标注，但由于地图图形较为准确，符号形象易辨、表现合理，文字注记与图形、符号结合紧密又搭配连贯，因而面对地图上各种地理事物，虽时隔两千多年，我们仍然能够一目了然通览全图，大体上不致发生对地图内容理解的淆乱和误读。地形地貌、水系、居民点、交通线是构成现代地图的四大要素，放马滩地图对这些地理事物都有相应的符号和注记加以表示。例如，线型符号表示了河流水系、分水岭、交通线和闭合山形曲线等 4 种地理事物。其中，前 3 种见于 6 幅成品图，它们均以单线表示，除交通线细而平直之外，河流与分水岭线都以单曲线表

[①] 雍际春、陈逸平：《天水放马滩地图作者与绘制年代问题新探》，《陕西历史博物馆馆刊》第 9 辑，三秦出版社 2003 年版。

示，但从图形结构和不同走向、相互关系识读，何为水系、何为分水岭清晰而直观，即使图上个别局部存在水系支流与分水岭线相连的问题，但仔细辨认，也不致使两者混淆。这些线型符号均系手绘而成，粗细虽有变化但大体均匀。不足之处在于表示河流的曲线上下游没有粗细变化，且往往在主、支流源头起笔或落笔时线条反而较粗。细而平直的交通线与现代地图的表示方法相同，明显区别于河流水系曲线。一线多用，表示不同事物又不致混乱，这显示了地图作者良好的绘图技术和表现能力。

值得引起注意的是放马滩地图中未完成的半成品5号图，在绘制技术和注记符号两方面它都具有重要的价值。放马滩6幅成品图从图形和线条判断，显系手绘地图，就地图本身而言，看不出有借助绘图工具制图的痕迹。相反，5号图虽系半成品，但从图上线条和图形表现分析，则是使用绘图工具的产物。从其有限的信息可知，该图表现的是部分闭合山形曲线，线条粗细均匀，图形精制流畅，富有美感。在线条凹进处绘有空心角形符号，这一符号在马王堆汉墓地图《驻军图》中也绘于山形线的凹进处，所不同的是后者为实心角形符号，"可能是表示山体外侧的突出地形如山头、山嘴等"①。同时，在这一符号的对面（即山形线凸出的一面）大多绘有由3个半圆组合的鱼鳞形符号。这种较为特殊的符号在两种地图中的相似和不同，正体现了一种继承发展的关系。说明早自战国时代以来，我国地图的绘制在图式体例上已经有了共同遵循的基本规范，这正是当时各地间文化交流广泛和地图普遍使用的反映。放马滩5号图半成品明显是未完成的山形闭合曲线，这种表示方法与现代等高线极为接近，这在距今2 300年前的地图中已经开始使用，足见当时地图绘制技术的先进与高超。在马王堆汉墓《地形图》中，以这种闭合曲线又加上晕线的方法表示山形走向，极为清晰直观，也同样体现了两者之间前后继承和发展的关系。

总之，放马滩地图从图式体例上已形成了自身较为完整的体例规范，可以直观自如地表现各种地理事物，明确表达作者的绘图思想和地图主题，因而地图已经达到了符号有成例，注记有章法的境界。

2. 基本比例的概念已经形成

比较而言，放马滩地图的比例尺精度明显较长沙马王堆地图为差，这不仅表现在各图中比例尺的差幅较大，而且也反映在同一幅地图采用不同比例尺方面。尽管如此，放马滩地图仍然是地图作者按一定比例绘制而成的。特别是从地图作者在采用大比例尺对各图较短河流与支流的表现上，我们更能清楚地看到这一点。虽然大比例尺的精度仍然欠佳，但在同一幅图内各点间比例尺的差幅，已明显比小比例尺对较长水系的表现，差

---

① 马王堆汉墓帛书整理小组：《长沙马王堆三号汉墓出土地形图的整理》，《马王堆汉墓帛书古地图》，文物出版社1977年版。

距要小得多，甚至在4号图内，各点差幅仅1.4万，较长沙马王堆汉墓地图比例尺的差幅还要稍小。

因而，客观地评价天水放马滩地图的比例尺问题，就应该既看到它作为一种基础用图即草图或分图的粗糙性和随意性，又考虑到水系取源与自然变迁的古今差异性因素的存在，还有我们比照古今地图进行对应测算过程中也必然存在的误差。这都是我们应该正视的问题。如果充分考虑到地图自身以及外在因素的影响，我们就不得不承认，放马滩地图在绘制上既有示意性因素存在，又具有基本的比例尺概念，示意性与基本比例概念在各幅地图中同时并存。

另外，值得注意的是在同一幅地图上，作者用不同的比例尺表现各种地理事物，却能够协调统一地展示出来，又不致出现彼此混乱的现象。之所以如此，则与作者突出重点，扩大主区，着意表现具体地理事物的需要有关。这种方法从绘制技术上分析，明显会降低地图整体的准确性和科学性，但从服从主题需要、突出主体内容的实用角度分析，却有其合理性。这说明作者绘图的整体思路和主题思想不仅非常明确，而且也得到充分体现，它又从一个侧面揭示了地图基本比例概念存在并运用于实际的事实。

3. 以水系为地图的基本框架

面对放马滩地图，我们会清楚地看到，每幅成品图上均以突出而醒目的线条描绘河流水系，这是放马滩地图绘制的一大特色。这些线条除了表示河流水系之外，它还具有作为各幅地图主体框架的特殊功能。

放马滩6幅成品图均以粗重的曲线表示各河流水系，构成各图最重要也是最基本的图式符号。在长沙马王堆汉墓地图中，尽管图上内容和信息明显较放马滩地图为多，且河流水系使用由细渐粗的曲线加以表示，地图绘制远比放马滩地图精确，但就其《地形图》和《驻军图》而论，它仍然是以河流水系作为地图框架，这与放马滩地图水系符号的功能完全一致。

在西方经纬网地图绘制法传入中国之前，我国古代的地图绘制曾有过"计里画方"法和山水画式地图等绘制方法。①"计里画方"法最早出现于西晋，有中国传统地图学奠基人之誉的裴秀可能最早使用了这一绘制方法。裴秀曾以80匹缣制成的汉代"天下大图"为依据，将其按1∶150万的比例尺缩减为"以一分为十里，一寸为百里"的"地形方丈图"，使其"备载名山都邑，王者可不下堂而知四方也"。这种"计里画方"法，李约瑟在《中国科学技术史》一书中称为"网格法"或"矩形网格制图法"，并认

---

① 中国科学院自然科学史研究所地学史组主编：《中国古代地理学史》，科学出版社1984年版，第293页。

为这一方法的创始人是早于裴秀的东汉科学家张衡。① 这种绘图法以方格线为坐标，便于确定地理事物在图上的位置，可以说代表了经纬网绘图法出现之前传统地图绘制法的最高成就。山水画式地图既是地图，又像图画，其最大优点在于形象直观。但这种地图对方位、道里往往无法准确表示，彼此之间亦不成比例，因而从制图方法上衡量，它的科学性较差。从魏晋南北朝至清代，这种绘图法一直流传延续，且使用范围很广，数量也不少。

在我国，上述两种地图绘制方法均产生于汉代以后。长期以来，汉代以前我国地图绘制方法，因限于史料和实物而难究其详。长沙马王堆汉墓地图和天水放马滩战国秦墓地图的发现证实，早自战国以来，我国地图绘制技术就已经达到较高的水平。这两种实物地图一脉相承地突出了河流水系的绘制，并形成全图的主体框架。在放马滩地图中，无一例外地各幅成品图均以河流水系为主要表示的地理事物。对照原图不难发现，放马滩地图不仅文字注记依附于河流水系而标注，并以河流方向和水系形态变化而安排文字注记的位置与方向；而且，其他符号注记，如关隘、道里、植物分布、采伐点、分水岭线等，几乎所有图上标示的信息，都是围绕河流水系而标示的。如果抽取了放马滩各幅成品图中的河流水系曲线符号，那么图上留下的就会只是一些混乱杂陈的文字和符号，地图也就不复存在了。所以，放马滩地图中河流水系曲线符号除了代表自身地理信息之外，毫无疑问还具有地图主体框架和参考坐标的特殊功能。

以水系为框架，具有便于与其他地理事物互为参照，进而确定其相对位置的功能。因而地图水系框架也发挥了与"网格法"方格线坐标大致相同的作用。这种方法的可贵之处在于即使地图上各点的绝对位置可能并不准确，但各点间的相对位置却因水系框架的存在和标示而基本可靠，这就大大提高了地图的实用性，而为人们所接受和实际使用。我们可以肯定地指出，在我国古代"计里画方"法和山水画式地图绘制方法产生之前，至迟从战国时期开始，我国古代地图在绘制方法上还曾经有过一个以河流水系为框架的"水系框架法"制图阶段。这个时代应是我国古代告别原始地图时代而进入传统地图学时代的第一个阶段。

4. 地图准确性较高

放马滩地图已经具有一定的比例尺概念，并以河流水系作为各图的主体框架和坐标参照系统，这就使地图所要表现的各种地理事物在图上相对位置的准确性有了基本保障，因而，放马滩地图作为经过作者实地勘查的实用地图，其准确性是比较高的。

对照放马滩地图原图，结合对原图水系的复原，地图所表现的内容大都基本准确。

---

① ［英］李约瑟：《中国科学技术史》第 5 卷《地学》第 1 分册，科学出版社 1976 年版，第 106 页。

第一，从构成各图主体框架的水系结构及其分布形态分析，各河流水系及其位置与分布大体准确而符合实际。尽管在地图上也存在两条河流长度与大小彼此颠倒（如葫芦河与牛头河），短而小的河流在图上标绘过长等不准确的因素，但这些因素并未改变地图的整体关系。第二，从地图表现事物的信息密度判断，更突出了地图的准确性和实用价值。如渭河支流藉河水系与嘉陵江上源西汉水水系，前者尽管古今取源有别，但其各支流关系以及二级支流的表现，都完全与今河一致，即使是一些短程小河与溪水，也在地图上都有所反映。西汉水水系不仅众多的支流基本都得到表示，而且其源头区源流关系交代尤为细密，其详确程度绝不亚于现代大比例尺地图。第三，以地图上其他地理事物衡量，同样印证了地图绘制具有较高的准确性。如邽丘的位置就与今北道（麦积）区所在地相合；地图共绘有两处关隘，其中2号图上今葫芦河水系标有"闭"字的关隘，就是今平凉地区庄浪县境内的磨石峡等峡谷走廊，3、4、6号图上所标的同一关隘（即"燔史闭"），正是位于今天水市秦州区南的铁堂峡。再如3、4、7号图上所绘的同一条分水岭线，若按最为完整的4号图进行比较，与现代东自齐寿山、西至瘦驴岭之间一段的黄河同长江流域（具体即藉河与西汉水之间）分水岭完全吻合。第四，从地图上相同地理事物在不同图幅的表现进行观察，3号图分水岭线东侧水系与7号图水系基本一致，两图共同绘制了今藉河水系；3号图分水岭西侧水系源头与4、6号图水系共同组成了今西汉水水系上源段的完整形态，这3幅地图所绘西汉水水系，尽管也存在个别小支流长度、形态的差异，但就整体分布关系分析，无论其主支流的分布还是文字注记，都体现了高度的准确性和一致性。第五，放马滩6幅成品地图由于互有关联而形成两个图组，并通过3号图又可组成范围更大、更为完整的今天水地区地图。这除了地图自身存在的内在关系之外，也与各幅地图准确性较高不无联系。否则，如果同一地理事物由于图幅的不同而差异甚大、面目全非，即使我们能够确定彼此为同一内容，也难以进行拼接、组合与编缀等复原工作，更谈不上将6幅地图复原为更大范围的一幅地图。

以上诸点充分说明了一个问题，尽管天水放马滩地图绘制较为粗糙，有关内容也存在表现失实之处，但就整体质量和主体内容而言，它不失为准确性较高的实用地图。

二、天水放马滩地图的历史地位

天水放马滩地图是我国目前所见最早的实物地图，距今已有2300多年的历史，它不仅在中国地图学史上和科技史上占有重要的地位，也为世界地图学史和科技史增添了耀眼的光彩。

1. 放马滩地图是世界上最早的实用地图

地图的产生是人类文明的必然产物。中外最早的地图的产生，都与原始绘画有关，人类在同自然界交往的过程中，将自己所熟悉的周围世界的山、水、树木、石头及其道路等事物，用形象示意的符号刻画成图，这样的图画一旦为同伴所接受，并在实际生活生产中具有提示导引功能时，它就由图画而成为"原始地图"。

国外学者认为，人类原始地图的绘制始于石器时代。据《世界古代发明》一书介绍，1966年，在乌克兰梅日里奇出土的刻有铭文的猛犸象牙碎片上，刻绘有小河及河畔的房屋平面图，其距今年代在1万年以上。在土耳其恰塔尔许于克镇曾出土一幅约公元前6200年的壁画，从中可以看到房屋和街道的布局，被认为是世界上最古老的城市平面图。在巴比伦城北约300千米，曾发现距今4 000余年的陶片地图，图中绘有美索不达米亚的北部，包括幼发拉底河及其支流东西侧的山地。① 在乌克兰梅科普一座公元前3000年的陵墓中出土的银瓶上，绘有两条河流从一条山脊奔腾而下流入湖泊，水面周围是宰杀完毕的野生动物。这幅图画被誉为"世界最早的地图"。在西亚，从伊拉克北部约尔根佩发现了一幅公元前2300年制作、现已磨损的小块黏土地图，图上绘有土地、山丘、运河或水道以及土地所有者的姓名与土地面积，周边还标有东、西、南、北的字样，是已知标有基本点的最早地图。在公元前600年前后，在巴比伦一块泥板上刻绘的包括巴比伦及周围国家的球形世界地图，是世界上现存最早的"世界地图"。在埃及，也曾发现约绘于公元前1150年的采矿图，地图绘制在"都灵纸草书"的残片上（因其所藏地点而得名），这是世界上最古老的采矿图。② 以上地图的绘制以及绘图技术、地理知识的积累，为古典时代地图的发展奠定了基础。

在古典时代，希腊和罗马的科学家在地图学上取得不少成就。如被后来希腊百科全书编纂家誉为地图发明者的爱奥尼亚天文学家阿拉克西尼，曾绘有世界地图，惜未能流传下来。从公元前500年前后赫卡泰奥斯所绘地图的现代复制品中可知，当时的希腊人已经发现世界是个球体，而"在平面上"对其进行最简易的表现方式是使用一个圆环，并将各个大陆简单纳入规整的环形海洋之中。从公元前5世纪至前3世纪，伴随地理知识的进一步扩展，希腊地图学家已能够以希腊探险家们的观察所得为依据，较为准确地标示非洲、斯堪的纳维亚、不列颠、冰岛以及东方的阿拉比亚、印度、锡兰的位置。值得称道的是在公元前3世纪的埃拉托色尼，他较为准确地绘制出了世界地图，并率先划分出地球的五个气候带，这种划分一直沿用至今。他测定的地球周长为39 600千米，与准确数字误差不到200千米。埃拉托色尼还通过分析比较大西洋与印度洋潮水涨落的情

---

① Erik Arnberger, Wesen Und Aufgaben Der Kartdgraphie To Pogkaphis Che Kab Ten（《地图学的实质及其任务·地图部分》），1925，WIEN（维也纳）。
② ［英］彼得·詹姆斯、尼克·索普著，颜可维译：《世界古代发明》，世界知识出版社1999年版，第65页。

况，断定两者相通。这些成就是非常了不起的。

古希腊人所绘地图并没有保存下来，其地图学成就是通过文字记载和后人评论、复制而得以流传的。他们对地图学的最大贡献是发明了现代地图绘制的基准体系即经纬度。其标志是在公元100年左右，地理学家马里努斯发明出一种间距相同的经纬线构成的网格状体系。他还成功地将圆球上的地貌绘制在一个平面上，从而率先解决了投影这一难题。继希腊之后的罗马时代，最杰出的地理学家托勒密（约90—168）不仅进一步发展了投影技术，而且其所著8卷本《地理学》一书中，有6卷记载了不少各具体地点的经纬度表，精确度达到1/12度。其数据纬度基本准确，而经度则是推测的结果。托勒密还曾绘制了世界地图，其包括的范围共有经度180°和纬度80°。托勒密有关地图学的理论和地图绘制，代表了西方古典时代早期地图学的最高成就，托勒密之后，欧洲进入了古典地图学的大中断时期。[1]

在我国，原始地图的出现也非常之早，《世本·作篇》中"史皇作图"的记载说明，早在"五帝"时代地图可能已经出现。据东汉宋衷注云："史皇，黄帝臣也，图，谓画物象也。""五帝"时大致相当于考古学的新石器时代的仰韶文化时期，此时，我国原始先民在彩陶制作中已经能够绘制形象生动的人物、动物、各种花纹以及几何图形的各种图案。在甘肃秦安大地湾遗址F411房基中发现了距今5 000年左右的地画。[2] 这都证明，早在距今五六千年前，我国原始绘画与原始地图的出现是完全可能的。

夏商以降，我们从考古发现的西周初年康王时期青铜器"宜侯矢簋"铭文可知，康王曾查阅武王、成王的"伐商图"和"东国图"。前者当属军事地图，后者为区域地图，显然性质与用途不同。说明早在距今3 000年前，我国已经出现早期的地图。《尚书·洛诰》篇中，曾有关于周成王时周公营建洛邑时选择宫室基地的记载："我乃卜涧水东，瀍水西，惟洛食。我又卜瀍水东，亦惟洛食，伻来以图及献卜。"这幅图当为洛邑地理位置图或城市规划图。1964年，在陕西宝鸡市出土的青铜器"何尊"铭文，也记载了成王赏赐营建洛邑有功之人的史实，说明了《洛诰》内容是真实可信的。不难看出，西周时期，我国早期地图的绘制和使用已经较为普遍。

进入春秋战国时期，地图的种类和使用相当广泛。据《周礼》诸篇记载，已有多种用途和性质的地图，如《职方》篇："掌天下之图，以掌天下之地，辨其邦国、都鄙、四夷、八蛮、七闽、九貉、五戎、六狄之人民，与其财用九谷六畜之数，要周知利害。"所谓"天下之图"也就是当时全国性的行政区域图。《地官》篇："大司徒之职，掌建邦之土地之图……以天下土地之图，周知九州之域广轮之数，辨其山林、川泽、丘陵、

---

[1] [英]李约瑟：《中国科学技术史》第5卷《地学》第1分册，第74页。
[2] 甘肃省文物工作队：《大地湾遗址仰韶晚期地画的发现》，《文物》1986年第2期。

坟衍、原隰之名物，而辨其邦国都鄙之数，制其畿疆而沟封之。"可知当时已有专门保管地图的官职，而且内容涉及地域大小、山林、川泽分布等。显然属于地形图性质。《土训》篇又说："掌道地图，以诏地事。"即是按全国形势和山川所宜，作为帝王发布农业生产诏令时参考的农业生产图。《地官》篇：矿人"掌金玉锡石之地，而为之厉禁以守之。若以时取之，则物其地图而授之"。可知当时有关表现矿物产地与分布的矿产分布图也已产生。《夏官》篇又说："司险掌九州之图，以周知山林川泽之阻，而达其道路，设国之五沟五涂，而树之林以阻固，皆有守禁而达其道路，国有故则藩塞阻路而止行者，以其属守之，惟有节者发之。"这种九州之图及其道路关隘的守禁，表明是有关道路交通与军事守备的地图。《春官》篇又有"冢人掌公墓之地，辨其兆域而为之图"，"墓大夫掌凡邦墓之地域为之图"。这是有关墓葬区域的墓域图或"兆域图"。凡此种种，充分展示了我国至迟在春秋战国时期，地图不仅数量和种类繁多，而且在当时国家政治、经济、军事诸方面都发挥着重要的作用。

春秋战国时期，是一个列国争霸、群雄逐鹿的时代，地图在战争与军事斗争中发挥了重要作用，而军事斗争的需求，也刺激了地图与地图绘制的进一步发展，据《管子·地图》所载：

> 凡兵主者，必先审知地图，辕辕之险，滥车之水，名山、通谷、经川、陵陆、丘阜之所在，苴草、林木、蒲苇之所茂，道里之远近，城郭之大小，名邑、废邑、困殖之地，必尽知之。地形之出入相错者，尽藏之。然后可以行军袭邑，举错知先后，不失地利，此地图之常也。

这段精妙的论述，虽然是针对战争中军事指挥者要熟知地图、掌握地形地物而提出的，但从中可以看出当时的地图所表现的地理事物和内容非常丰富；这样的地图，如果绘图者没有丰富的地理知识、良好的绘图技术和实地的勘查测量的话，是不可能出现的。在反映春秋战国时期我国数学成就的《周髀算经》《九章算术》《海岛算经》等著作中，都有关于测量山高、距离、谷深的方法，如测量山高及远的重表法，测邑方及远的连索法，测谷深的累矩法等。① 表明当时人们已经掌握了测量高、远、深、广的方法，绘制地图的基本技术条件业已具备。

中外地图的产生和古典时代早期地图绘制的历史表明，无论中国还是欧洲、西亚，地图的出现都很久远，在时间上亦相仿佛。就最初的地图而言，都是以图画方式而出现的，既似图画又具有地图的功能，还不是严格意义上的地图。这种图画式地图实际是一

---

① 中国科学院自然科学史研究所地学史组主编：《中国古代地理学史》，第281页。

种仅具示意性质的地图,如前述巴比伦陶片地图和"世界地图"皆属此类。当然,这种图画式具有示意功能的地图,都是古典地图的直接渊源和前身。目前所知的国外古典时代早期地图,乃是希腊、罗马时代地理学家所绘的"世界地图",其时代约与我国战国至秦汉时期相当。以希腊、罗马为代表的西方早期古典地图,不同于中国早期地图的最显著特点,在于从一开始就注意到对"世界"的探索与标绘,而不局限于对某一国或某一地区的反映。但在中国整个古代地图学史上,却鲜有对"世界地图"的探索和反映。除此之外,从古典地图绘制的技术、方法和时间上,两者可谓并驾齐驱、难分高下。西方所绘"世界地图",限于当时世界知识的贫乏和绘制技术的局限,地图所描绘的世界既残缺不全又不准确,就此而言,这样的"世界地图"仍然没有完全超越示意功能的窠臼。

与此相反,古典时代中国早期地图的绘制,虽然没有对当时世界的探索和表现,但却在绘制实用地图方面捷足先登,成就辉煌。前述有关营建洛邑,特别是《周礼》所载的行政区域图、地形图、农业生产图、矿产分布图、军事地图和兆域图的出现与使用,无疑反映了西周和春秋战国时期各种不同用途的地图被广泛使用的实际。发现于河北省平山县的战国时中山国中山王墓的《兆域图》和天水放马滩木板地图,均以实物资料令人信服地展示了战国后期我国实用地图的绘制技术和使用情况。

《兆域图》是镌刻在一块长 94 厘米、宽 48 厘米、厚约 1 厘米的长方形铜版上的墓域建筑规划平面图。墓主中山王的埋葬时间在公元前 310 年左右,至今已有 2 300 年历史。从其对"堂""宫""丘足"(即墓坡的坡足)之间大小与距离的标注可知,该图的比例尺约为 1∶500。①《兆域图》虽然没有直接标明方向,但就内容和表示形式来看,它是有一定方位的。如图上四个宫的门表示在上方,结合中山王墓墓室门朝南开的特点,该图以南为上方,北为下方。说明该图既有比例关系,亦有一定的方位,它必然也是能够实际应用的规划图。由于《兆域图》是一种墓地平面规划图,学术界对其是否属于地图的看法尚有分歧。但与《兆域图》同时或略早的天水放马滩地图作为一种完全意义上的传统地图,则是毫无疑问的。天水放马滩地图不仅反复细致地标绘了天水地区的主要河流水系,而且对邑聚乡里、道路里程、关隘方位、林木采伐等地理事物的分布,都有具体、翔实的反映。它无可争议地表明地图是出于实用目的而绘制的。就目前所知,早在距今 2 300 年前西方类似的实用地图尚未出现,即使是具有示意性质的希腊埃拉托色尼和罗马托勒密所绘"世界地图"亦较天水放马滩地图晚出 100 至 500 年。因而,可以毫不夸大地说,天水放马滩地图是中国、也是世界上最早的实用地图。

---

① 孙仲明:《战国中山王墓〈兆域图〉的初步探讨》,《地理研究》1982 年第 1 卷第 1 期。

2. 放马滩地图是中国古代重视河流水文的典型

水同人类的关系密不可分，我国古代先民向来注重河流水文与人类社会的关系。从最早的地理学作品《禹贡》《山海经》到历代正史《地理志》，从历代地理总志到蔚为大观的方志，都有大量关于江河湖海等水文资料的记载，也有历代劳动人民认识和探索河流水文，治理水患的经验和教训。至于从《水经》《水经注》到《行水金鉴》《水道提纲》，以及历代正史《河渠书》《沟洫志》等作品，则更以河流水系为纲，详述各地河流水系的基本水文特点，记载历代劳动人民加固堤防、疏浚河道、兴修水利、开凿运河等兴利除弊的壮举，以探究河流水文与人间治乱兴衰的关系。这种重视自然、重视河流水文的传统，早在战国时代的放马滩地图中就得到了充分的体现。

如前所论，在放马滩地图的6幅成品图中，不论各图的主题与侧重如何，无一例外均以河流水系作为地图的主体框架。各图通过河流水系的展布，辅之以文字和符号注记，比较准确而清晰地表达出各图的旨趣和主题。第一，就各图所反映的地理事物而言，以河流水系为最突出，也最详尽，大至一条水系的主支流及构成形态，小至源头溪水，都有清楚的描绘和交代，一目了然。第二，图上大部分文字注记是依附于大小河流的展布而标注的，这无论从书写方向还是从注记位置来看都是非常明显的。如果离开了图上各河流，那么大部分注记我们就无从辨别其位置和属性。第三，在放马滩地图诸地理要素中，河流水系不仅最为详尽，亦最为重要，这说明河流水系不仅在地图绘制中发挥着立体框架的定向功能，而且也说明当时人们在对自然地理现象认识方面，尤为重视对水文的探索。地图所绘以真实可信的实物资料，再现了先秦时代中国人民重视水文、认识自然的客观历程和已经达到的科学认识高度。

3. 放马滩地图是中国古代区域专题图的代表作

从文献记载可知，至迟在西周时期，我国古代地图中的区域图和专题图业已出现，惜未能保存下来，或者说至今尚未能发现。天水放马滩木板地图的出土，则以实物地图的形式展示了我国战国时代区域地图和专题地图的风采，表明当时这种区域图和专题图已经颇为流行和广泛使用。

天水放马滩6幅成品图虽然各图比例尺并不一致，但都属于大比例尺的小区域图，它们共同反映了战国时代天水地区的自然、人文地理风貌。如前所论，在6幅成品地图中，它们互有联系分合，由1、2号图构成第一图组，3、4、6、7号图构成第二图组。其中的3号图则是天水地区渭河、嘉陵江两大水系的接合关系图或中心图；同时，由3号图和7号图则又将两个图组有机联系起来。第一图组的2号图是1号图的局部扩大图。第二图组的4、6号图又是3号图西部嘉陵江水系西汉水的扩大图，7号图则是3号图东部藉河水系的扩大图。这种扩大局部的地图表示方法，在现代地图中极为普遍，但早在距今2 300多年前的战国时代，已被广泛而熟练地运用于实用地图中，既代表了当时这种局部扩大图在地图绘制和使用中的普遍性，也透露出这种扩大图的绘制早在战国之前就已产生。就6幅成品图所绘内容与侧重可知，各图的主题内容和作者的绘图意趣是不同的，既有以城邑居民点为主的政区图，也有以河流为主的水系图，亦有反映物产、道路的交通物产图。说明天水放马滩地图已属于表示不同主题的专题图。而局部扩大图的绘制和使用，实际上也是一种专题图的体现，目的在于对该图中心主题或主要地理事物的详细展示，借以进一步突出和强化主图的主题内容。

另外，在放马滩地图的成品图中，对所表现的地理事物都是经过筛选而有重点地加以描绘的。在放马滩各幅成品图中，一方面在同一图幅存在不同比率的现象，无一例外都是中心区域或小河流区段比例尺相对偏大，而地图周边或大河流区段比例尺相对较小。这一现象虽然导致了整幅地图精确度的下降，但又使各图主题得以突出和明显强化。另一方面，各幅地图所反映的地理事物，无论城市居民点还是河流溪水、物产里程以及文字注记的分布，也都体现了主次分明、详略有致的特点。如第一图组1号图突出了"邽丘"及其周围城市居民点的分布；2号图则主要反映了今葫芦河水系和特殊的亭形物、关隘以及山谷的分布；3号图又以分水岭为界展示了两大水系的分布和接合态势；4号图突出物产交通；6号图和7号图完整标绘了水系。放马滩地图这种局部扩大图的灵活使用与区域专题图的有机结合，使地图主题特征得以强化，重点更为突出。如此富有特点和表现力的地图及其绘图技术与方法，无疑说明天水放马滩地图堪为我国先秦时期区域专题地图的杰出代表作。

4. 放马滩地图奠定了中国古代地图绘制的基本规范

作为一个有着悠久地图绘制历史的国度，战国时代的天水放马滩地图已经是一种比较成熟的实用地图，是我们目前所见最早的实物地图。这种地图的绘制，既是继承前代绘图经验又加以完善创新的产物，也是将中国古代地图绘制体例发展到新阶段的代表作。

从放马滩地图成品图的主题和内容可知，各图主题明确，各有侧重，体现了作者具有明确的绘图思想和主题表达意识，以及熟练的绘图技巧，地图的绘制已经形成一整套完整的绘图体例和表达语言，可以运用自如地将各种地理事物表现于图上。居民点、地形、水系、交通道路、物产分布等要素，是现代地图内容标示的基本要素，对于这些放马滩地图不仅完全具备，而且其标示形式也大多为后代乃至现代所沿用；即使是对一些特殊事物的示意符号，几乎与现代标示符号如出一辙。天水放马滩地图的注记体例和标示方法的基本特征，在长沙马王堆汉墓地图中也都得到继承和进一步完善。现代地图注记的图式符号尽管五花八门，但也不外乎文字、符号和色彩三大类型。距今2300年前的放马滩地图除了色彩一类之外，其余两个类型的注记体例与基本图式，都已大体具备。可以毫不夸张地说，放马滩地图注记模式与图式体例，在中国传统地图的绘制中具有承前启后的纽带作用和规范功能。

此外，在天水放马滩地图绘制中，接合图、局部扩大图和专题图的出现，以及各图比例的灵活处理，地图主次内容的确定，详略层次的排列等，都充分反映了地图绘制在技术层面和主题思想方面，具有明确的原则和高超的技术方法。这对后世地图的绘制具有重要的指导意义。总之，从放马滩地图绘制所体现的绘图思想、制图原则、图式体例、方法技巧以及地图语言等，作为一种比较成熟而又形成体系的地图绘制思想与方法，它无疑是秦汉以来我国传统地图绘制所应遵行的基本规范和参照模式，从而影响并推动我国传统地图绘制理论和技术方法的进一步发展和创新。

5. 放马滩地图标志着中国古代具有先进的地图理论和技术

放马滩地图就实物地图而言，它不是已出土的世界上最早的实物地图；从文献记载而论，它也不是中国最早的地图。但是，就目前所知，它既是世界上最早的实用地图，也是中国最早的实物地图。因而，无论从哪个角度分析和评价天水放马滩地图，在中外地图学史和科技史上，它都占有独一无二的重要地位，具有里程碑式的独特价值。

首先，天水放马滩地图具有明确的绘图思想。放马滩 6 幅成品地图既独立成图，又相互联系，用不同的图幅或整体或局部将以天水地区为中心的自然、人文地理面貌予以清楚地展示。各图主题不同，内容有异，但却突出地反映了当时主要的地理事物和河流水文。这就充分说明作者绘制这些地图是具有明确的绘图思想，而地图内容也完全体现了作者的主观意趣，使作者的绘图思想与地图内容的展示得到完美的结合。从我国先秦时期关于地图绘制的文献记载以及已经具备的测量技术而言，放马滩地图的绘制，是作者深深根植于中国悠久的地图绘制理论与方法，又具有良好的地图绘制素养并加以创新完善的产物。

其次，天水放马滩地图的绘制具有一定的原则和统一体例。在 6 幅成品图中，无论主图、分图，还是接合图或扩大图，各图标绘内容各有侧重，也有详略和比例变化的不同，但它们都是根据一致的绘图要求和原则得以合理配置。如各图无一例外以河流水系构成地图的主体框架；各图中心区域不仅突出标绘，而且比例尺偏大；各图中同一类地理事物用相同的图例；主图与分图、全图与扩大图对同一内容标示得一致等，都体现出放马滩地图的绘制具有明确的主题和统一的构图原则。至于地图体例的统一，如河流、城邑、交通、物产、关隘、分水岭等，不仅各图标示体例统一，而且其标示符号也大多为后代乃至现代所沿用。

最后，放马滩地图的绘制反映了战国时代我国具有先进的地图绘制技术。如上所述，放马滩地图已经具备基本的比例尺概念；其中的两幅地图 8 处注记涉及里程距离；2 号图下方清楚地标明了地图的正读方向，而且图中地名注记涉及方位者不在少数；4 号图的交通线沿水系主流直线平行，并在河流弯曲处截弯直行。这些地理事物和地图技术要素在图上得以恰当反映,则表明在战国后期我国传统地图的绘制技术已经基本具备裴秀"制图六体"中的分率(比例尺)、准望(方位)、道理(里程)和迂直(以迂取直)四种。此外,5号图发明闭合曲线山脉绘制技术,则与现代等高线闭合线法极为近似。这就足以说明,放马滩地图已经具备的绘制技术,充分反映了战国时代我国地图学已经达到的科学水平,它在世界地图学史上和科技史上都占有重要地位。

三、结语

综上所述,我们完全有理由肯定地说,天水放马滩木板地图,不仅是世界上最早的实用地图,而且透过地图清楚地表明,这些地图既有明确的绘图指导思想,又有科学的绘图原则以资遵循。说明它既是充分继承和借鉴中国早期传统地图绘制理论的杰作,也是作者大胆创新、锐意实践、不断探索的成果。从地图绘制技术和绘图艺术而论,水系主体框架网格法的确立,基本比例概念的形成,专题地图、局部扩大图、接合图的采用与发明,图式体例系统的构建,乃至地图正读方向的标示,闭合曲线山脉绘制技术的发明,分水岭山系法的标绘等,都以无可否认的事实说明,早在战国时代,以天水放马滩木板地图为标志,中国不仅已具备一整套先进的地图绘制理论和地图绘制技术,而且,地图绘制理论与技术已经广泛地运用于实践,并不断完善和发展。

西晋著名地图学家裴秀曾说:

> 今秘书既无古之地图,又无萧何所得,惟有汉氏舆地及括地诸杂图。各不设分率,又不考正准望,亦不备载名山大川,虽有粗形,皆不精审,不可依据。或荒外迂诞之言,不合事实,于义无取。①

作为著名地图学家,裴秀从理论与技术角度对于汉代地图的专业性评价,长期以来成为人们公认的对中国早期地图不可动摇的定论。在裴氏看来,汉代"舆地及括地诸杂图"既无比例,又无方位,亦不标示重要地理事物"名山大川",故地图仅具"粗形","皆不精审,不可依据"。长沙马王堆汉墓帛书地图的发现证明,裴氏所论大大低估了汉代地图绘制技术及其科学水平。马王堆地图不仅按一定比例绘成,而且内容丰富,制作精良,是在实测基础上绘制而成;地图采用三色彩绘,具有规范的注记体例。马王堆地图所具有的高超技术和绘图成就,被国际学术界誉为"惊人的发现","保存了几千年的中国地图给地图学历史带来了革命性的变化"。由此可见,裴秀关于汉代地图的评价是难以成立的。不仅如此,天水放马滩地图的发现,又进一步说明早在西汉之前的战

---

① 《晋书》卷三五《裴秀传》。

国后期，我国传统制图学已经具有相当高的水平。放马滩地图的绘制已经具备了"制图六体"中的分率、准望、道里、迂直四种技术，还有前述多方面的技术发明和创新等，这一切都毋庸置疑地表明，我国传统地图绘制技术及其制图理论，早在战国时代已经初步形成。放马滩地图及其绘制技术，不仅是中国传统制图学理论初步形成的标志，而且由此改写了中外地图学史和科技史。因而，个别中国学者所谓中国古代"缺乏地图绘制的先驱"的观点①，是没有事实根据的。

传统观点认为，中国传统地图学理论创立于秦汉至魏晋时期。李约瑟的《中国科学技术史》一书认为，中国古代传统制图学肇始于秦汉时期，是由东汉科学家张衡所开创的。② 国内权威的《中国古代地理学史》一书以春秋至西晋时期作为中国传统制图理论的奠基时期，同时又将裴秀"制图六体"的创立作为中国传统制图学理论建立的标志。③ 金应春等所编《中国地图史话》亦主张魏晋时期为中国传统制图学理论的创立时期。④ 随着长沙马王堆汉墓帛书地图的发现，特别是天水放马滩战国后期秦墓木板地图的出土，均以实物资料的形式将战国以来我国发达的地图绘制理论和高超的地图绘制技术，形象而确切地展现于世。可以肯定，天水放马滩战国时代的木板地图，不仅是作者经实地勘查而绘制的世界上最早的实用地图；而且，它还是中国传统制图学理论初步形成的标志，因而，中国传统制图学理论创立的时间，应由魏晋时期上推到战国后期。

天水放马滩木板地图的发现，在中国和世界地图学史、科技史上都具有划时代的意义。它是世界上最早的实用地图；证明早在距今2 300年前的战国后期，中国传统地图学理论业已初步形成；放马滩地图及其多方面的技术成就表明，当时中国的传统地图绘制理论和技术均居于世界领先水平。

---

① ［美］丹尼斯·伍德著，王志弘译：《地图的力量》中文版序言，中国社会科学出版社2000年版。
② 李约瑟：《中国科学技术史》第5卷《地学》第1分册，第96页。
③ 中国科学院自然科学史研究所地学史组编：《中国古代地理学史》，第333、291页。
④ 金应春、丘富科编著：《中国地图史话》，科学出版社1984年版，第62页。

"黄侵运逼"视野中的淮河变迁

胡阿祥

(南京大学历史学院)

弁 言

2022年3月19日,本是奉安张师修桂先生于嘉定正寝园的日子。然而因受疫情影响,先生还是无法入土为安。在本来属于先生的这天,我在宝华家中,检出先生的《中国历史地貌与古地图研究》《龚江集》,温习着两篇"自序",又由着文章标题,回忆着并不如烟的历历往事——

如《龚江集》中首刊的《阳山关与阳山县》一文,其实与我有关。我有个中国唐代文学学会韩愈研究会常务副会长的身份,韩愈曾谪居阳山一年半,就因这一年半,阳山地志以韩愈为"名宦"第一人,阳山主峰贤令山,亦名牧民山,以韩愈得名,韩愈"遗爱在民,民生子,多以其姓字之",于是现代的阳山颇为重视韩愈之历史文化资源的发掘与利用,我与阳山方面也就颇多交往。犹记2012年9月,因为阳山关的具体位置不明、阳山县的始设年代与早期治所不清,阳山文史部门向我请教,我则向修桂先生求救,并安排了10月的阳山考察。虽然后来考察未能成行,先生却仍写出了大有助于阳山地方的《阳山关与阳山县》……

再如《中国历史地貌与古地图研究》中先生的"自序"中,言及"其次要感谢的是本书初稿的第一审读者胡阿祥教授,是他忙里偷闲逐字逐句审阅,提出不少修改和补充的意见"。当时确实"忙里偷闲",我是在火车上、机舱里、会议间"逐字逐句"拜读或者重温先生的考据、义理、辞章、经济的,也犹记我曾问先生,为何以此重任相托,先生笑言,其中的不少文章,你早年帮我看过校样,我很欣赏你的认真,所以放心,云云。先生的笑言,把我拉回"早年"跟随先生的本科求学时光,而印象尤深的是,1981年5月13日到25日,

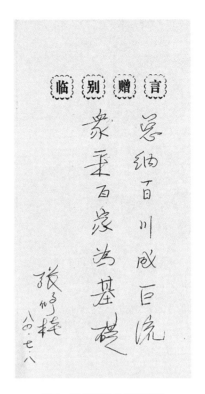

图 1　作者所撰张修桂先生的挽联　　　　图 2　张修桂先生临别赠言

先生领队我们历史地理班 31 位同学，赴南京、马鞍山、当涂、镇江一线，进行"历史地貌学"课程野外实习，也正是从此行开始，马传捷、陆永玲、张淑萍、周洁与我结成了"五人帮"，我们"五人帮"又与先生非常投缘，于是在这以后的三年多时间里，我们成了先生家的常客，我与传捷常常帮着先生在图书馆查资料、在家里看校样，永玲、淑萍、周洁帮着先生买菜、做饭、整理房间，我们也是看着先生的一对儿女小青、小涛长大的，那是一段多么温馨美好、其他同学又多么艳羡的特别时光哟，而今日念及于此，我又不禁泪目……

此刻，让我不禁泪目的是，我也曾辜负过先生的期望。查阅日记，1981 年 5 月 26 日，我到先生家，帮着校订《中国自然地理·历史自然地理》打印稿，当时我就奇怪分量极重的"历史时期的水系变迁"一章中，为何没有"淮河"一节，先生笑言"阿祥你是安徽人，以后你来做啊"；等到 1985 年秋季学期我考虑硕士论文选题时，先生又曾几次建议我关注淮河的变迁、洪泽湖的由来，说历史地理学讲究经世致用，你做淮河，应该也会有别人缺乏的家乡感情，而且典型史料并不难找，武同举所编《淮系年表全编》就很方便参阅。然而我虽遵循先生的指示，翻看了几天的《淮系年表全编》，却碍于不懂水工、没有什么感觉，复印了王先谦《合校水经注》的淮水部分，试着标点一

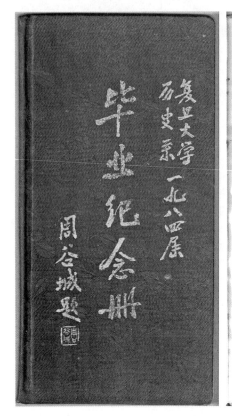

图3 复旦大学历史系1984届毕业纪念册

过,却没有发现什么"文眼",结果还是放弃了此题,并在征得吴应寿师、谭其骧师、邹逸麟师的认可后,改做了我更有兴趣的东晋南朝侨州郡县的研究。

想来,修桂先生对于开展淮河研究的情结,大概是持久的吧。证据之一就是,先生的弟子韩昭庆正以"黄淮关系及其演变过程研究——黄河长期夺淮期间淮北平原湖泊、水系的变迁和背景"为博士论文选题,并且取得了优异的研究实绩;而先生在1998年12月8日为入选"上海市首届社会科学博士文库"的韩著所作的"序"中,似又重复了1985年乃至1981年对我寄予的期望:

> 历史可以借鉴……淮河今日存在的弊端,主要是历史上遗留的恶果。只有首先查明目前环境形成的历史过程,才有可能制定全面周详的治理规划和措施。因此,历史自然地理学在诸学科中就充当先行官的作用。韩昭庆同志的论文,在收集大量原始资料的基础上,经过严密考证,弃伪存真,采用对比分析的方法,较为全面地论证了数百年来淮河环境的演变过程,具有很强的科学性,无疑也是今后治淮的重

要参考文献。此外,以往鲜有人对淮河的水系、湖泊做过如此深入的研究,在集大成的《中国自然地理·历史自然地理》一书中,就因此没能对淮河水系的历史变迁作出必要的论述。韩昭庆同志的这篇论文,在历史自然地理研究上,具有填补空白的意义。

能得弟子如此,先生自当宽慰。又不仅此也,昭庆教授的弟子、先生称为"小朋友"的杨霄完成于2019年5月的博士论文,则是更加聚焦,即"16—20世纪淮河下游水系变迁及影响研究",薪火相传,此之谓也!我在这里,也就不妨与永念的修桂先生天人对话:昭庆教授在南京大学本科期间,还是我的弟子呢,1992年她的毕业论文《〈禹贡〉半月刊地名研究述略》的指导教师,正是偶或不太听话、时常与亦师亦友的您没大没小的在下,在下与弟子张文华博士2010年也曾出版过"河流文明丛书"中的一册《淮河》呢……

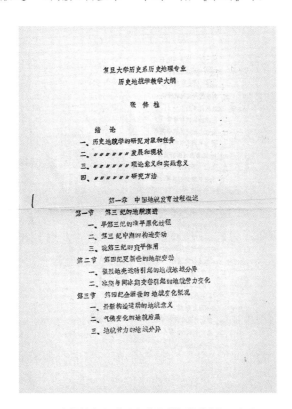

图4 张修桂先生"历史地貌学"教学大纲(部分)

今天,是2022年3月25日,修桂先生离开我们已经六个月又13天了。值此先生纪念文集征文之际,谨以2020年12月18日提纲、2021年8月11日定稿、2021年11月15日发表于《安徽史学》2021年第6期的拙文《"黄侵运逼"视野中的淮河变迁》①，以为怀想与纪念，也权当我这个老学生交给老师的一份迟到41年的"历史地貌学"课程作业，有劳先生批评指正。

2020年8月18日，习近平总书记先后来到安徽省阜南县王家坝闸、红亮箱包有限公司、蒙洼蓄洪区曹集镇利民村西田坡庄台，查看淮河水情，走进田间地头，看望慰问受灾群众。在王家坝闸，习总书记强调：

> 淮河是新中国成立后第一条全面系统治理的大河。70年来，淮河治理取得显著成效，防洪体系越来越完善，防汛抗洪、防灾减灾能力不断提高。要把治理淮河的经验总结好，认真谋划"十四五"时期淮河治理方案。

在西田坡庄台，习总书记感慨：

> 愚公移山、大禹治水，中华民族同自然灾害斗了几千年，积累了宝贵经验，我们还要继续斗下去。这个斗，要尊重自然，顺应自然规律，与自然和谐相处。

循着习总书记的足迹，2020年12月20日，我也来到"千里淮河第一闸"王家坝闸、蒙洼蓄洪区西田坡庄台，感佩着"舍小家，为大家"的王家坝精神，琢磨着蓄洪区里的"希望之岛"庄台、围合洼地保庄圩的村落形态，回想着淮河何以成为"新中国成立后第一条全面系统治理的大河"，梳理着淮河从"名副其实"到"名不副实"再到重新走向"名实相副"的变迁过程，进而思考着在传统帝制时代里，淮河变迁过程中所反映的黄、淮、运的复杂关系，以及蕴含其中的人力与自然、政治与民生的难解矛盾……

一、原"淮"："名副其实"的淮河

何谓"名副其实"的淮河？"淮"字就是形象的写照。如殷商甲骨文、周金文中的"淮"字，各举两例如下：

---

① 发表署名：胡阿祥、胡箫南。胡箫南系陕西师范大学历史文化学院本科生。在本文撰写过程中，胡箫南在查找文献、核实资料方面给予颇多帮助。

又在东汉许慎的《说文解字》中，小篆（秦篆）的"淮"写如 ⿰氵隹。然则"望文生义"，这些"淮"字的左边是指类的通名"氵"，表示"淮"是水，所以淮河最早的时候就称"淮"，后来才称"淮水""淮河"；"淮"字的右边是指位的专名"隹"，"隹"是什么？《说文解字》："鸟之短尾总名也。象形。凡隹之属皆从隹"，又清段玉裁注："短尾名隹，长尾名鸟，析言则然，浑言则不别也"①，而具体到"淮"之"隹"，可以理解为揭示了"淮"在得名之初的某些水文特征，即"淮"字的本义，原是各种各样的短尾巴鸟在碧波荡漾的水面上自由自在地浮翔，甚至"淮"字的读音也可能就是某些鸟的叫声。

这样的淮河，在古代中国的早期，地位又非同一般。《汉书·沟洫志》："中国川原以百数，莫著于四渎，而河为宗"，《尔雅·释水》："江、河、淮、济为四渎。四渎者，发源注海者也"，即它们都是独流入海的大川；而说起"四渎"的重要性，《礼记·王制》中称："天子祭天下名山大川，五岳视三公，四渎视诸侯"，即在中国的名山大川中，山的五岳（东岳泰山、南岳霍山、西岳华山、北岳恒山、中岳嵩山）、水的四渎最受朝廷重视。又具体到淮河，《尚书·禹贡》有云："导淮自桐柏，东会于泗、沂，东入于海"，《汉书·地理志》则称"淮水"自桐柏大复山发源，至淮浦（今江苏涟水县西）入海，"行三千二百四十里"（约合 1 347 千米），虽然这个数据不一定准确，却是关于淮河长度的最早历史记载，还是弥足珍贵的。②

然而较之江（长江）、河（黄河），流程并不算长的淮、济能够列入"四渎"，还是彰显了淮河与济水的某些特质。兹先以济水为比照，以见入选"四渎"的标准其实不一。唐人李甘有篇颇为有趣的寓言小品《济为渎问》，借北方诸侯与温县县令之口，将黄河与济水作了一番人格化的比较：

> 北诸侯来朝，过温，温令送于温。指问水名，令曰："济也。"侯曰："岂济渎邪？"令复曰："然。"侯曰："河吾望也，其横千里，浑猛，如涨，无风或毁船杀人，得清、淇、洹、漳之水不加深，别为九河不加狭，彼所以为渎也。今尽济水之力，载数石之舟，广不能横，深不能浮，而日与河同灵等秩，吾不识先生班祀之意也。"令曰："济，南去数十里过河矣，寡介如此，驰狂浊中，未尝波渝气夺，别河而潜积沙，连块千里，不压不翳，益壮其流。帅汶而东，

---

① 〔汉〕许慎撰，〔清〕段玉裁注：《说文解字注》，上海古籍出版社1981年版，第141、148页。为省篇幅，以下凡正文中明示了引文之文献出处者，不再出脚注。特此说明。
② 本段叙述中所涉文献的成书年代，《汉书》为东汉；《尔雅》上限不早于战国，下限不晚于西汉；《礼记》为西汉；《尚书》的《禹贡》为战国。

终能发山输海，此其所以为渎也。今河负其强大，自积石不捷趋海。往来戎狄间，胁泾、渭、沣、漆、汾、洛、伊、沁之水，以滋其暴决，愁民生，中土患，势逆曲多，穷始归海。此皆济水所羞也。执事岂以大为贤乎！"侯默然。①

此文从国计民生出发，认为"浑猛"的黄河虽然"为渎"，但"负其强大""滋其暴决"，遂至"愁民生，中土患"，所以不能"以大为贤"；反之，深、广无可称道的济水，却沉稳孤介、坚韧宽厚、滋养千里、泽被民众，理应受到敬爱。换言之，古人尤其看重的，是济水象征的高洁、顽强之品格，以及给予流域民生之美善恩惠。如唐白居易《效陶潜体诗十六首》之末首：

济水澄而洁，河水浑而黄。交流列四渎，清浊不相伤……

又北宋文彦博《题济渎》诗：

导沇灵源祀典尊，湛然凝碧浸云根。远朝沧海殊无碍，横贯黄河自不浑。一派平流滋稼穑，四时精享荐蘋蘩。未尝轻作波涛险，惟有沾濡及物恩。

然而这样因为品格得以列名"四渎"的济水，后来却因黄河的水质黄浊与河性狂暴，遂至容颜苍老乃至生命不再。②

与济水的命运相仿佛，同样列名"四渎"的淮河之容颜苍老乃至遍体伤痛，竟然也是因为本不相干的黄河侵夺的结果。那么黄河侵夺之前的淮河又是怎样的呢？

上文已述，由"淮"的得名，可见淮河之碧波荡漾、水鸟浮翔；而由《诗经·小雅·鼓钟》"鼓钟将将，淮水汤汤……鼓钟喈喈，淮水湝湝"，又可见淮水之浩浩荡荡、奔流向前。这样的淮水，槽深流清，颇富通航之利。早期如《尚书·禹贡》所规划的九州贡道，扬州贡道是"沿于江、海，达于淮、泗"，徐州贡道是"浮于淮、泗，达于河"，这样的贡道合并以观，可见由长江东出，沿海岸北上，转入淮河逆流西进，再转淮河支流泗水，北上转入中原水系（如菏、济、黄），乃是战国时代较为便捷的水路，其中的"达于淮""浮于淮"又是航程的关键。晚期如隋、唐、北宋，因为淮河连接着

---

① 周绍良主编：《全唐文新编》第13册，卷七三三，吉林文史出版社2000年版，第8515页。
② 古济水包括黄河南北两部分。河北部分源出王屋山而入河，河南部分本是从黄河分出的一条支派，因分流处与河北济口隔岸相对，古人遂目为济水下游。唐宋以降，因为黄河的泛滥改道，济水河南部分已经逐渐湮没，又因黄河河堤的阻塞，近代以来，济水河北部分也已不再入河。

漕运东南物资的邗沟（漕河）与汴河（通济渠），所以邗沟入淮的末口到淮河入汴的泗州一段的淮河航运①，尤其繁盛，只是这段淮河，一则有山阳湾之险，二则浪大流急，所以漕舟常遭覆溺，唐宋朝廷因此多次开挖新渠，期望避淮之险。如北宋元丰六年（1083），调发十万民夫，开挖"取淮为源""引淮通流"的龟山运河，"长五十七里，阔十五丈，深一丈五尺"，而如此兴师动众、"工费浩大"的原因，诚如发运使蒋之奇的建言："上有清汴，下有洪泽，而风浪之险止百里淮，迩岁溺公私之载不可计。凡诸道转输，涉湖行江，已数千里，而覆败于此百里间，良为可惜"，又都水监丞陈祐甫有言："异时，淮中岁失百七十艘。若捐数年所损之费，足济此役"，神宗皇帝也认可此役"费虽大，利亦博矣"②。然则淮河之于公输私载的航运价值，据此可见一斑。

槽深流清、颇富通航之利的淮河，也孕育了淮河流域的经济由较为原始的自然状态而逐渐走向富盛。以言自然经济，如此地先民叫淮夷，也称隹夷、鸟夷③，《尚书·禹贡》"海岱及淮惟徐州"条记"淮夷蠙珠暨鱼，厥篚玄纤缟"，"淮海惟扬州"条记"鸟夷卉服，厥篚织贝"。按"蠙珠"即珍珠；"鱼"包括鲜鱼与干鱼；"篚"，盛装东西的竹筐；"玄纤缟"，黑色的绸与白色的绢；"鸟夷卉服"，《汉书·地理志》唐颜师古注："鸟夷，东南之夷善捕鸟者也。卉服，绨葛之属"；"织贝"，先染其丝、织之成文的织锦。其他诸如淮河以北之徐州特产，有羽山之谷的"夏翟"（大雉）、峄山之阳的"孤桐"（桐木）、泗水之滨的"浮磬"（磬石），淮河以南之扬州特产，有"金三品"（三色的铜）、"瑶、琨、篠簜、齿、革、羽、毛"、"橘、柚"；徐州之植被"草木渐苞"即不断长成而且丛生，扬州之植被"厥草惟夭，厥木惟乔"即花草茂盛、树木高大。凡此，可见先秦时期淮河流域之自然环境、物产资源、经济状况。而经过统一的两汉时代之兴建水利工程、推广牛耕、发展手工业，分裂的魏晋南北朝时代之重视漕运、开展屯田、招抚流民，及至隋唐时代，淮河流域不仅农业、手工业发达，商业、城市繁荣，唐朝安史之乱以前，淮河流域更是成为朝廷的财赋基地。再经迂回曲折的中晚唐与五代十国，进入北宋时代，淮河流域的经济迎来了繁荣富盛的巅峰时代，水利灌溉事业取得巨大成就，引黄淤灌、治碱改土、扩大垦田措施甚见成效，交通航运繁忙；至于北宋朝廷特别重视淮河流域经济的深层原因，则在"北宋以汴京为都城。流域北部是北宋的京畿地区，中南部是其后方大本营。淮河流域是北宋安危存亡的根本，没有哪一个王

---

① 末口，今江苏淮安市淮安区北。泗州，今江苏泗洪县东南、盱眙县对岸，1680 年沦没洪泽湖中。
② 《宋史》卷九六《河渠志六》，中华书局 1977 年版，第 2381—2382 页。
③ 陈梦家《隹夷考——梦甲室商代地理小记之一》（《禹贡半月刊》第 5 卷第 10 期，1936 年）认为："隹夷者，鸟夷也……许慎《说文》虽分隹鸟为二部，而二部之间相互混用……故'隹夷'遂变为'鸟夷'。"

朝比北宋与淮河流域的关系更为密切了"[1]。

然则独流入海、槽深流清、颇富通航之利的自然的淮河，繁荣富盛、大体写实了隋唐北宋时代情况的民谚"走千走万，不如淮河两岸"的人文的淮河流域，从南宋建炎二年、金天会六年（1128）开始，突然发生了"质变"的惊天逆转。这样的逆转演至后来，自然的淮河成了一条"名不副实"、苦难深重的淮河，人文的淮河流域成了环境整体恶化、经济全面衰退的淮河流域。那么这样的"质变"究竟是如何发生的？又为什么会变得如此不可收拾呢？这广泛联系着掺杂了诸多人为因素的淮河与黄河、淮河与运河之间纠缠不清的"怨仇"，形象些说，就是淮河与淮河流域所遭受的"黄侵运逼"……

二、述"黄"：从短暂夺淮到长期夺淮

说起淮河与黄河之间的"怨仇"，元人陈孚《黄河谣》有着画影图形、拟声绘色的描写：

> 长淮绿如苔，飞下桐柏山。黄河忽西来，乱泻长淮间。冯夷鼓狂浪，峥嵘雪崖堕。惊起无支祁，腥涎沃铁锁。两雄斗不死，大声吼乾坤。震撼山岳骨，磨荡日月魂。黄河无停时，淮亦流不息……千载今合流，神理胡乃尔……

解读一番这首歌谣，就能见出淮黄"怨仇"的来龙去脉：

"长淮绿如苔，飞下桐柏山"，源自桐柏山的淮河，上游跌宕在高山崇岭和丘陵岗谷之间，所以其流奔腾，其水清澈。

"黄河忽西来，乱泻长淮间"，西北向着东南而来的黄河，忽然泻入淮河，麻烦的是，淮河中游本就坡降骤减，河道平缓，再间以每当汛期水势陡增的扼淮、颍、涡三水的正阳关，以及两山夹峙、水流阻滞的硖山口、荆山峡、浮山峡，以此，黄河"乱泻长淮间"是祸不是福，黄淮遂结怨仇。

"冯夷鼓狂浪……惊起无支祁……两雄斗不死，大声吼乾坤"，面对黄河狂浪的长途奔袭，清碧漾滟的淮河不甘屈服，淮河水神无支祁奋起抗争黄河水神冯夷的欺凌，这样的抗争，惊天动地，悲壮惨烈。

"千载今合流，神理胡乃尔"，本来，江、河、淮、济四渎发源注海，各安其位，各行其道，现在，济水已经因为黄河的影响，逐渐淤浅乃至埋没，而在黄大淮小、黄强淮弱的态势下，黄河又来侵夺淮河河道，黄淮合流入海，面对这样悖逆原始的"质

---

[1] 王鑫义主编：《淮河流域经济开发史》，黄山书社2001年版，第51页。

变",诗人陈孚既指斥着"黄河无停时"的霸道、同情着"淮亦流不息"的坚韧——这样的指斥与同情,也见诸其他众多诗人的吟叹,如元人萨都剌《过淮河有感》:"淮水清,河水黄,出山偶尔同异乡……东流入海殊不恶,万里同行有清浊",元人薛鎡《初见淮水》:"偶上仙槎入淮浦,欲见清流自千古。但令河伯知我心,莫把泥沙溷兹土"①——更是发出了如同"天问"般的质疑:"神理胡乃尔!"

神理胡乃尔?为何黄河会夺淮、淮河会被夺?其实也有着"科学"的解释。

黄河原是脾气暴躁、水患频发的"四渎"之"宗",而其暴躁、水患产生的根本原因,在于"水"与"沙"。黄河径流量相对贫乏,按照现代的情况,5 464千米长的黄河多年平均径流量仅为628亿立方米,这只是6 300千米长的长江多年平均径流量9 280亿立方米的大约1/15,也只稍多于1 000千米长的淮河多年平均径流量611亿立方米②;麻烦的是,黄河径流量虽小,年内分配却不均匀,又含沙量不仅丰富,而且产地集中,再加上黄河的丰水期与丰沙期一致,如7月到10月,水量是全年的70%,沙量是全年的80%,如此这般的"水沙条件",遂引发了黄河"善淤""善决""善徙"三大问题。具体来说,自从战国中期黄河下游两岸全面筑堤,制约了黄河泥沙的沉积范围后,黄河河床越淤越高,乃至逐渐成为一条"地上河";"地上河"容易决口,决口就意味着改道,为了堵住决口、避免改道,就得加高、加固堤防,而堤防越为高大、越为坚固,河床就会随之越来越高,淤积、决口、改道就会越来越严重,于是,从春秋战国到清朝末期的两千多年里,黄河下游决口泛滥竟然达到1 500多次,较大的改道也有20多次。这样的黄河,把河北太行山以东到河南伏牛山以东的广大地区,扇状扫射了一遍,那些扫射所及之地,洪水与泥沙吞没了农田与城镇,瘫痪了水陆交通,淤浅淤废了河流湖泊,这也包括了复杂的淮河水系与广大的淮河流域。

本来,淮河干流、支流以及淮河流域的自然地理,就存在不少经不起重大"打击"的薄弱环节。如言淮河干流,1 000千米的总落差仅为200米,其中上游的364千米,已经占去总落差的近90%,这就意味着淮河上游水流湍急,中游水流平缓,下游尾闾不畅乃至海潮倒灌;又如淮河支流,尤以淮北平行汇入的支流相当密集,它们多数河床坡度特别平缓,河道容易淤塞,汛期更易酿成洪涝灾害;再言今天总面积27万平方千米的淮河流域,除了西部、南部和东北部为山地丘陵之外,其余广大地区皆为平原,平原地形又大体由西北向东南倾斜,这也成为黄河"骚扰"乃至"侵夺"淮北支流、淮河干流、淮河流域的坦途大道。凡此种种,概而言之,诚如《淮河综述志》的"综述":

---

① 河伯,亦作"冯夷",即黄河水神。"溷"者,肮脏、混浊、扰乱也。
② 文中数据根据河口控制站1956—1979年资料推算,《中国水利年鉴》编辑委员会编:《中国水利年鉴1990》,水利电力出版社1991年版,第625页。

淮河以北是一个辽阔的北高南低的倾斜平原，北岸的支流呈西北东南向注入淮河。它的北面，紧靠世界上含沙量最大的黄河，这段黄河与淮河自古没有天然的分水岭，一旦东决或南决，滚滚浊流总是通过北岸支流，在淮北平原泛滥。①

换言之，从自然地理的"科学"角度说，不乏"内忧"、难以承受重压的淮河与淮河流域，其最大的"外患"，就在于摊上了黄河这么条含沙量极大、善淤、善决、善徙的近邻。

然而问题还有更加复杂之处。在文献可考的3 000多年文明史中，上述的黄河以及淮河本身的自然地理并无什么"质变"，但奇怪的是，若以1128年这个标志性的年份划分前后，则此前的近1 300年里，虽然黄河夺淮事件曾经多次发生，仍属历时几十天或几个月的暂时夺淮、历时几年最多24年的短期夺淮②，这样的黄河夺淮所波及的淮河水系，既局限在淮北支流泗水以及泗水入淮之后的淮河下游，其对淮河流域的影响也就比较有限；而在此后的700多年里，黄河却是先持续400多年的多股夺淮，再持续300多年的夺泗入淮，淮河水系既因此紊乱不堪，淮河流域也因此遭受严重破坏。那么，对于黄淮关系的这个转折点来说，1128年及其前后的一段时间究竟发生了什么呢？

《宋史·高宗本纪》建炎二年（1128）："是冬，杜充决黄河，自泗入淮，以阻金兵。"按此前一年的1127年，四月，女真金朝掳去徽、钦二宗，北宋灭亡；五月，钦宗所任河北兵马大元帅、康王赵构在南京（今河南商丘市南）称帝，南宋开始；六月，宗泽任知开封府、东京留守，招义军，修战备；十月，高宗赵构南迁扬州；十二月，金兵攻略河南、山东、陕西。及至1128年，金兵南下之势甚盛，宗泽忧愤而亡，"喜功

---

① 水利部淮河水利委员会《淮河志》编纂委员会编：《淮河综述志》，科学出版社2000年版，第82页。
② 西汉文帝十二年（前168）河决酸枣，夺泗入淮，随即堵塞决口，此为见载于史的黄河夺淮之始；武帝元光三年（前132）河决瓠子，夺泗入淮，元封二年（前109）堵塞决口。又公元69年到70年王景治河，以后的约八百年，黄河下游河道处在相对稳定时期，其相对稳定的关键原因则在于"东汉以后大批游牧民族入居泥沙来源最多的黄河中游的黄土高原地区，原来的农耕民族内迁，中游许多土地退耕还牧，次生植被开始恢复，水土流失相对减轻，下游河道的淤积速度减缓，决溢次数就必然减少了"（胡阿祥：《魏晋南北朝时期的生态环境》，《南京晓庄学院学报》2001年第3期）。及至北宋时期，黄河夺泗入淮事件又逐渐多了起来，如太平兴国八年（983）五月到十二月，咸平三年（1000）五月到六月，天禧三年（1019）六月到次年二月，天禧四年（1020）六月到天圣五年（1027）十月，如此等等。

名，性残忍好杀，而短于谋略"① 的相州（治今河南安阳市）人杜充（？—1141）继任东京留守兼开封尹，因为抚御无方，宗泽所集义军陆续散去……当此形势，杜充施行"以水代兵"之计，谋求阻止金兵南下，遂于李固渡（今河南滑县西南）西决开黄河，于是黄河新道约经滑县南，濮阳、东明之间，再经鄄城、巨野、嘉祥、金乡一带，汇入泗水，再由泗入淮。从此，黄河离开了先秦以来东北向流入渤海的旧道，开启了727年东南向夺淮流入黄海的历史……

不过仍然令人疑惑的是，此前屡次发生的黄河夺淮都属暂时夺淮或短期夺淮，为何杜充决河后的这次夺淮，竟至一发而不可收拾呢？不妨玩味两条文献的记载。《三朝北盟汇编》卷一九七绍兴九年八月十一日戊午条记金朝鲁国王、都元帅挞懒（完颜昌）之言道：

> 我初与中国议，可以河为之界。尔今新河且非我决，彼人自决之，以与我也，岂可弃之！今当以新河为界，则可外御敌国，内扼叛亡，多有利吾国矣。

这里的"我初与中国议，可以河为之界"，指北宋靖康元年（1126）金朝占有河北地后，迫宋和议，所提条件中，就包括以东北向流入渤海的黄河为分界线；及至绍兴九年（1139）南宋与金朝和议成立，双方虽然仍以黄河为界，黄河却变成了"尔今新河"即杜充决河后的黄河新道。这条黄河新道，变原来的东北流为东南流，金朝因此得地甚多、获益甚大。再到绍兴十一年宋金"划淮为界"，黄河下游已经尽入金朝疆域，而金朝仍然消极治河、放任河道迁徙无定，则如《金史·河渠志》大定九年（1169）的记载：

> 河南统军使宗室宗叙言："大河所以决溢者，以河道积淤，不能受水故也。今曹、单虽被其患，而两州本以水利为生，所害农田无几。今欲河复故道，不惟大费工役，又卒难成功。纵能塞之，他日霖潦，亦将溃决，则山东河患又非曹、单比也。又沿河数州之地，骤兴大役，人心动摇，恐宋人乘间构为边患。"而（都水监梁）肃亦言："新河水六分，旧河水四分，今若塞新河，则二水复合为一。如遇涨溢，南决则害于南京，北决则山东、河北皆被其害。不若李固南筑堤以防决溢为便。"尚书省以闻，上从之。

因为托言"所害农田无几"，因为不愿"大费工役"，因为恐怕"宋人乘间构为边患"，

---

① 《宋史》卷四七五《杜充传》，中华书局1977年版，第13809页。

金朝奉行的这种不堵不塞政策，终于导致"新河水六分，旧河水四分"，即两河分流而新河（主溜）流向东南、后来又分三股夺泗入淮的混乱局面。至于这种混乱局面的持续演变，笔者曾概述道：

> 从元代起至明嘉靖中叶的300多年间，河患十分频繁，黄河下游长期呈多股夺淮的局面……这是黄河夺淮为害最称剧烈的时期。300多年中，黄河迁徙不定，粗略统计，发生大规模的夺淮事件10余次，夺涡事件11次，夺颍事件11次，夺汴事件数次，滚滚浊流在西起颍水、东至海滨、北自黄河、南到淮河的黄淮平原上恣意漫流。黄河这条可怕的泥龙，东横西决，泛滥无归，所到之处，无不淤河道、塞湖泊，原本顺畅自由的淮北水系因此变得紊乱不堪，而水系打破、河道淤高、排水不畅、水旱洪涝之灾接踵而至，黎民百姓流离漂没，惨遭其害。①

行文至此，导致1128年黄淮关系发生惊天逆转并且持续恶化的根源，主要在于"人祸"，已经不言自明！其实这样的"人祸"，在中国历史上又何止杜充的决河、金朝的放任。就以黄淮来说，前文提到的汉武帝时"河决于瓠子，东南注巨野，通于淮、泗"之所以历时24年方才堵塞，亦有"人祸"在乎其中，《史记·河渠书》明确记载：

> 是时武安侯田蚡为丞相，其奉邑食鄃。鄃居河北，河决而南则鄃无水菑，邑收多。蚡言于上曰："江河之决皆天事，未易以人力为强塞，塞之未必应天。"而望气用数者亦以为然。于是天子久之不事复塞也。

后来因为黄淮之间的自然环境与农业经济遭严重破坏，汉武帝才"既临河决……卒塞瓠子……而道河北行二渠，复禹旧迹，而梁、楚之地复宁，无水灾"②，即"人力"战胜了"天事"。至于与杜充决河几乎同样的情景，又有1938年6月9日的黄河花园口决口。当时，为了阻止日本侵略军西进，国民政府决定"以水代兵"，于是掘开花园口（今河南郑州市惠济区北郊）黄河南岸大堤，滔滔浊流分成两股，由正阳关、怀远冲进淮河。虽然洪水泛滥，迫使日军暂时放弃了从平汉线进攻武汉的计划，但我方的损失也实在太大，受灾面积达到54 000平方千米，1 250万人受灾，390万人流离失所，死亡

---

① 胡阿祥、张文华：《淮河》，江苏教育出版社2010年版，第159页。按：本文因为论题甚大，所涉史实或有未能展开者，即可参考此书。
② 《史记》卷二九《河渠书》，中华书局1982年版，第1413页。

人口达到89万,至于大片良田变成贫瘠的"黄泛区",则间接导致了1941年到1943年惨绝人寰的"河南大饥荒"。

本节之述"黄",述的是黄河从短暂夺淮到长期夺淮,述的是黄河长期夺淮"神理胡乃尔",述的是"但令河伯知我心,莫把泥沙涸兹土"的辛酸无奈。然而祸不单行的是,淮河与淮河流域不仅南宋以来越来越受"黄侵",元朝以降又越来越遭更加"冠冕堂皇"的"运逼",而"运逼"的结果,乃至淮河失去了河形,失去了下游,失去了入海水道……

三、辩"运":蓄清刷黄,济运保漕

辩"运"之"运",这里专指元明清时代的京杭大运河;蓄清刷黄,即蓄淮河清水以释黄,借淮河水势以冲沙,目的则在济运保漕,首创其法者,为明朝治河大臣、湖州人潘季驯（1521—1595）。从嘉靖末年到万历中期,潘季驯四次出任总理河道,前后凡27年。他认为旧有的"分流杀势"即从多处分流分洪黄河的治河方略,远不及"以堤束水、以水攻沙""蓄清刷黄"来得有效,"盖筑塞似为阻水,而不知力不专则沙不刷,阻之者乃所以疏之也。合流似为益水,而不知力不宏则沙不涤,益之者乃所以杀之也"①。应该说,这是对黄、淮、运泥沙运动规律的准确把握与辩证认识,也为后来的治水者长久遵行,如《清史稿》卷二七九"论曰"即评价潘季驯道:

> 明治河诸臣,推潘季驯为最,盖借黄以济运,又借淮以刷黄,固非束水攻沙不可也。

这样的"借淮→刷黄→济运"的理论与实践,又使淮、黄、运更加复杂地纠缠在一起,淮河因之再起巨大变迁,黄河因之长期单股夺淮,运河则因之力保畅通,至于运河能否畅通,又关系到帝制朝廷能否正常运转。

如所周知,除了明初53年短暂建都南京外,元明清三代都在北京建都。其时,政治中心在华北平原的北端,经济中心偏居江南,这样的分离格局,遂引出了无尽的忧患与难解的麻烦。京畿自为人口集中之地,麇集于此的皇室、贵族、官僚、军兵仆役以及其他人员,官俸日用,常规消耗着难以计数的民脂民膏。然而京畿北部及东北为游牧狩猎地区,华北平原又太贫瘠,如此情势之下,朝廷只得仰仗江南以及汇聚江南的物资。滔滔运河之水,昼夜舳舻相继,运载着发自江南的物资,源源不断地输入京都。古人说"国之大事,在祀与戎",但这并非亘古不变,元明清三代的"国之大事"就在运河及

---

① 〔明〕潘季驯:《河防一览》卷八《河工告成疏》,广文书局1970年版,第215—216页。

漕运。运河及漕运沟通了南方经济中心与北方政治中心，缓解了因为两者分离造成的窘困，打破了"远水解不了近渴"的自然规律，从而成为帝国的经济维系线和政治生命线。然而任何事情都具有两面性，运河及漕运在给帝国带来种种实惠的同时，也让朝廷背上了沉重包袱，既时刻考验着政府的"综合治理"能力，也系统反映了国家"权衡利弊"的抉择。盖京杭大运河纵贯南北又北高南低，淮河横亘东西，黄河长期夺淮，再加上黄、淮、运三者的河性水情各异，因而其间的关系极为错综复杂；好在梳理这些关系的归宿，又是无比明确的，那就是明清两代的济运保漕，以及有明一代的护陵。

如何济运保漕以及护陵？元代相对不具典型意义。元至元三十年（1293）京杭大运河全线告成后，虽然漕船可从杭州直达大都（今北京市），但因山东境内运河存在的两大问题——水源不足、地势中间隆起而南北倾斜——未能解决，故此每岁漕运不过数十万石，这远远低于终元之世不罢的海运。① 而及至明朝尤其是成祖朱棣迁都北京以后，因为海运存在风险，起运时间受到季风与洋流等的限制较多，以及总体而言的海禁政策，又转以漕运为主，黄、淮、运的治理也就随即抟为彼此关联、无法分割的整体：

> 黄河与运河紧密地包裹在一起，可以说，黄河的每一次溃溢及改道都直接或间接地危害到运河并影响漕运，特别是黄河全河入淮后，在"黄高淮壅"的背景下逐步形成了以徐州为中心和以清河为中心的溃溢区……漕运面临着黄河和淮河的双重威胁……使修整运河陷入治河与治淮缺一不可的困境。②

这样的困境，较之上节述"黄"所陈史实，更加关系重大，如清人谷应泰指出：

> 隋唐以前，河与淮分，自入海。宋中叶以后，河合于淮以趋海。然前代河决，不过坏民田庐，至明则妨漕矣，故视古尤急。③

姑且不论"坏民田庐"与"妨漕"孰缓孰急，起码就"淮河变迁"而言，明清时代所

---

① 如据《元史》卷九三《食货志一》"海运"，至元三十一年（1294）即京杭大运河贯通的次年，岁运 514 533 石，至者 503 534 石；大德六年（1302）岁运 1 383 883 石，至者 1 329 148 石；至大二年（1309）岁运 2 464 204 石，至者 2 386 300 石；延祐七年（1320）岁运 3 264 006 石，至者 3 247 928 石。"岁运"与"至者"之差，则是因为"风涛不测，粮船漂溺者无岁无之，间亦有船坏而弃其米者"。中华书局 1976 年版，第 2366—2368 页。
② 张强：《中国运河与漕运研究·元明清卷》，世界图书出版西安有限公司 2021 年版，第 163—164 页。
③ 〔清〕谷应泰：《明史纪事本末》卷三四《河决之患》，中华书局 1977 年版，第 2 册，第 501 页。

受"人力"的影响,较之以往既倍增矣,"人力"影响下的淮河形态,尤其变得面目全非。此以洪泽湖、高家堰为例证之。

今天仿佛内流河"尾闾湖"的洪泽湖,本是独流入海的淮河流经地区,其处地势低洼,分散着众多不大的陂塘湖涧,其中破釜涧是洪泽湖的前身。"洪泽"之名始见隋代,隋大业中,杨广游幸江都,途经破釜涧时,久旱逢雨,而且大雨倾盆,洪水肆泛,因将破釜涧更名洪泽浦。明代初年虽然已有"洪泽湖"之名,但其面积仅相当于今洪泽湖区南部一隅之地。而在明嘉靖二十五年(1546)之前,由于黄河多股并存,迭为主次,侵夺淮河北岸支流入淮,泥沙被分散在各个泛道,泗水一线的来沙量不是很大,淮安以下淮河河道的沉积也较有限,所以洪泽湖的扩展速度相对缓慢。大体说来,两宋时期的洪泽湖区是湖涧并存的沼泽区,元代洪泽湖区的大部分仍在兴办着屯田,明代嘉靖之前的洪泽湖区在平水期仍然呈现一派湖涧分明的态势。

洪泽湖的最后形成,与以下两个因素直接相关。

其一,黄河单股夺淮造成淮河下游河道的严重淤积。《明神宗实录》卷三〇八万历二十五年三月条云:

> 至嘉靖二十五年以后,南流故道始尽塞……五十年来,全河尽出徐、邳,夺泗入淮。

"南流故道始尽塞"的原因,或是自然淤塞,不再疏浚,或是有意堵塞,引黄济运。而"尽出徐、邳,夺泗入淮"的这条黄河河道,后来再经潘季驯的筑堤治理,基本被固定下来,即今所称的"废黄河",它虽仍然时有决徙,但不久即复故道。对于黄河夺淮来说,这是从多股夺淮到单股夺淮的一大变局;对于淮北平原来说,这是黄河从四处泛滥到相对安流的一大利好;然而对于淮河变迁来说,这却不是福音,因为本来已经不再"名实相副"的淮河,由此更加速完成"名不副实"的过程。盖黄河单股夺泗入淮,全部泥沙滚滚而来,淮河下游的淤积急剧增加,尾闾水位抬高,排泄不畅,于是淮水逐渐向上潴积,乃至漫溢成湖。而当降及清口(今江苏淮安市淮阴区马头镇一带)的门限沙严重堆积扩展时,又出现黄水倒灌现象,这不仅增加了洪泽湖的来水量,而且淤垫湖底,抬高水位,扩大了水域面积。

其二,明代后期以来高家堰的大规模修筑。高家堰的修筑历史颇为悠久,先是东汉末年广陵太守陈登筑堰,意在阻障淮水东泛。此种策略,为后世治水者遵用。北宋庆历年间江淮制置发运副使张纶也曾修筑,明初永乐年间平江伯陈瑄再度修治。陈瑄所修的堤堰,北起武家墩,南至阜宁湖,相当于今堰的北段。隆庆年间,总督漕运王宗沐又招募淮民修堰,捍淮东侵。不过此时的高家堰规模仍然不大,高度在三四米上下,长度在

30里左右,即约相当于今洪泽湖大堤的1/4。及至万历年间的潘季驯,情况发生了重大变化。万历六年(1578),潘季驯第三次总理治河事务。其时的黄河,经常发生决口,而黄、淮、运交会的清口一带,淤积阻塞严重。潘季驯接任后,首先在黄河两岸筑成近堤、遥堤、横堤、月堤以及减水坝组合成的堤防系统工程,以约束水流、防御洪水;在初获成效后,他又大筑高家堰,意在抬高淮河水位,蓄清刷黄。次年,北起武家墩、南至越城、长60里的筑堰工程竣工。又次年,再向南延伸20里至周家桥。至此,淮河来水被大量拦蓄起来,洪泽湖基本宣告形成,担负着刷黄的巨大使命,运河漕运大为畅通。清康熙时,河臣靳辅仍然沿袭潘季驯"蓄清刷黄"的"金科玉律",他挑浚清口,开挖引河,堵塞高堰决口,培修残破堤岸,又将大堰向南延伸25里至翟坝,再修武家墩、高良涧、周家桥、唐埂及古沟东、西六座减水坝。康熙二十年(1681)六坝关闭,洪泽湖盛极一时。

然而,时有盈缩的洪泽湖,巍峨壮观的高家堰,对于淮河又意味着什么呢?

以言由河道变身湖泊的洪泽湖,因为黄高淮低、黄浊淮清、黄强淮弱,为了实现"蓄清刷黄"的目的,高家堰只能一步步增筑,洪泽湖底也就一年年淤高,水位则随之一层层抬升,水位抬升的意义,则在"以刷沙敌黄……亦资淮利济"①。如清道光八年(1828),洪泽湖水位蓄至一丈六七尺,仅能与黄相敌,蓄至一丈八九尺,始能畅出清口。而从道光十一年至咸丰元年(1851)的21年中,洪泽湖水位均在二丈以上,最高时达二丈三尺四寸,洪泽湖由此成为名副其实的"悬湖"。

以言淮河干流,因为中游末端洪泽湖的横空出世,因为黄河泥沙由泗入淮导致的淮河下游壅水逆流、河床抬升,加上高家堰在淮河中、下游之间的南北阻截,于是原本上游水流湍急、中游水流平缓、下游尾闾不畅的淮河干流,演变成"两头高,中间低"的"扁担河"态势,这样的淮河干流,上游留不住、中游流不动、下游流不走,打个形象而苦涩的比喻,就是上游得了"脑溢血",中游患了"肝腹水",下游则是"肠梗阻",或者说,淮河事实上已经失去了下游,因为理论上的淮河下游,潴积的主要是黄河之水,沉淤的主要是黄河泥沙,而理论上的淮河中游,其末端的洪泽湖已经成为汇淮刷黄济运的"尾闾湖",这样的情形,正如清人郭起元所言:"淮合诸水,汇潴于湖,出清口以会黄。清口迤上为运口,湖又分流入运河以通漕,向来三分济运,七分御黄。"②

以言淮河南岸淮扬地区,本来麻烦并不算多,因为黄河夺淮对于淮河南岸的负面影

---

① 〔清〕爱新觉罗·弘历:《重修淮渎神庙碑记》,王兴亚等编:《清代河南碑刻资料》第7册,商务印书馆2016年版,第402页。
② 〔清〕郭起元:《介石堂水鉴》卷二《洪泽湖论》,《四库全书存目丛书》史部第225册,齐鲁书社1996年版,第492页。

响仍不明显。及至悬湖既成、高堰既筑,一旦汛期淮、湖暴涨,高家堰开闸泄水,地形卑下的淮扬地区势必洪涝成灾,乃至汪洋恣肆,此诚如乾隆皇帝《下河叹》所云:

> 下河十岁九被涝,今年洪水乃异常。五坝平分势未杀,高堰一线危骑墙。宝应高邮受水地,通运一望成汪洋……旧闻河徙夺淮地,自兹水患恒南方。复古去患言岂易,悠焉南望心彷徨。

也许"河徙夺淮地"遂至"水患恒南方",还是自然与"人祸"的综合影响,至于"去患言岂易"与"南望心彷徨"的矛盾,就是明清朝廷"权衡利弊"、舍"小"取"大"造成的恶果了。

然则孰为"利"孰为"弊"?何谓"大"何谓"小"?《明书·河漕志》开篇有言:

> 汉、唐、宋皆漕于河,河第见利多,其害也不过坏民田庐,而国之命脉不与焉……元都幽燕,仰漕粟东南,始重漕与河,而尚海运居其半,漂溺所不恤,苟且以终……至于明,治水无遗法,用水无遗功,防水无遗力,因元都,势必因元漕,且北方田瘠收薄,除输正粮无余物,而国家百费岁亿万,不得不赖漕。明人之言曰:"漕为国家命脉所关,三月不至则君相忧,六月不至则都人啼,一岁不至则国有不可言者。"需漕固不重欤?

又明左给事中张企程《题开周家桥武家墩等处疏》:

> 臣尝熟为筹之,譬人一身,祖陵腹心也,运道咽喉也,民生手足也。善医者,腹心病则先腹心,咽喉病则先咽喉,手足病则先手足。脱有三者俱病,则由腹心而咽喉而手足,其缓急轻重固自不可紊者。况今腹心受病,宁以咽喉、手足之故而遂缓勿治耶?臣窃谓今日之役,以开周家桥、武家墩为急救祖陵第一义,其或有梗运道,随为区画,有伤民产,随议蠲赈,有损盐灶,随议减额。但处置得宜,下流有归,断断不为地方害。①

据知明朝治河治淮的基本原则,乃合"保漕"与"护陵"兼筹之,而关乎帝王家业兴

---

① 〔明〕朱国盛纂,徐标续纂:《南河志》卷四《奏章》,《续修四库全书》第728册,上海古籍出版社2002年版,第557—558页。

衰的"护陵"还优先于国家命脉所在的"保漕"①,至于所谓"民生","其害也不过坏民田庐",其病也不过"手足",于是在"三者难以兼顾的情形下,民生自然被彻底抛弃"②。及至明清鼎革、江山易主,"护陵"自然变得无足轻重,一切的治河治淮措施,包括负面影响了淮河干支流与淮扬民生的高家堰、洪泽湖,又皆服从和服务于济运保漕的国家大政,如雍正御撰《高家堰碑文》有云:

> 黄河为运道、民生所关,而治河以导淮、刷沙为要。高家堰者,所以束全淮之水,并力北驱以入河。河得清淮,则沙不积而流益畅。故考河道,于东南以高堰为淮、黄之关键。淮自中州挟汝、颍、涡、汴诸水,汇注于洪泽一湖,荡激潆洄,浩渺无际,而淮、扬两大郡居其下流,惟恃堰堤以为障御,所系讵不重哉!

按这段碑文包含了高家堰关乎运道安全、关乎淮扬民生两层意思,这在郭起元《介石堂水鉴》卷二《高堰石工论》中也有清楚表达:"高家堰者,所以捍御洪泽全湖水势,保护淮扬两郡民生,蓄清刷黄,通漕济运。"然而真实的情况却是,每当遇着暴雨洪峰,为了"通漕济运",朝廷总是放弃淮扬民生,敞开"所系讵不重哉"的"障御",开坝放水,而其结果,就如晚清高邮人夏宝晋《避水词》的描述:

> 一夜飞符开五坝,朝来屋上已牵船。田舍漂沉已可哀,中流往往见残骸。

淮扬既然已经屋上牵船、田舍漂沉,百姓遂视江南为避难所,于是江南社会秩序为之混乱,这又成为上至朝廷、下及地方政府新的忧患:

> 男拖棒,女挈筐,过江南下逃灾荒。云是淮扬稽天浸,幸脱鱼腹余羸尪。百十为群踵相接,暮宿野寺朝城坊。初犹倚门可怜色,结队渐众势渐强。麾之不去似吠犬,取其非有或攘羊。死法死饥等死耳,垂死宁复顾禁防。遂令市阛

---

① 明祖陵,今位于江苏盱眙县洪泽湖西岸。其处地势卑下,尤其是洪泽湖形成以来,更如置于釜底。出于容易理解的原因,迁葬了朱元璋高祖、曾祖、祖父的祖陵自然事关重大,必须予以周全保护,所谓"祖陵,国家王气所钟,祖陵被患,岂惟列圣龙蜕之藏不安于地,而千万年圣子神孙托根基命于何所?彼庶民衣食之流,尚恐伤其先茔,爰及一草一木,况帝王之家甚关宗社,亦切圣躬,最不可缓图者也"(《明神宗实录》卷三六六"万历二十九年十二月戊寅"条)。
② 详细论述参考陈业新:《国计、家业、民生:明代黄淮治理的艰难抉择》,《第二届淮河文化论坛论文集》,安徽阜阳,2020 年 12 月。

白昼闭，饿气翻作凶焰张。黔敖纵欲具路食，口众我寡恐遭殃。侧闻有司下令逐，具舟押送归故乡。却望故乡在何所？洪流降割方汤汤。①

要而言之，"保护淮扬两郡民生"只是说说而已，不能当真，因为相对于洵属国家大政的"通漕济运"，民生总被置于末位。然而这样的利弊判断、大小取舍，既使得"河徙夺淮地"导致的"水患恒南方"之地域越来越扩大、程度越来越深，也使得乾隆皇帝感叹的"复古去患言岂易"与"怒焉南望心彷徨"被打成了无解的死结，京杭大运河引起的"连锁反应"，就是如此地复杂，乃至难以辩出个是非曲直！

四、悟"道"：文学的拟喻与哲学的关怀

一部淮河三千多年的变迁史，真是跌宕起伏而又分期明确，其间所显示的"究天人之际，通古今之变"的规律，即"器"与"道"层面的启示，又堪称丰富且深刻。从见载于殷商甲骨文的"淮"字到南宋建炎二年以前的两千多年，这是"名副其实"、独流入海的淮河；从南宋建炎二年（1128）杜充决黄河到清咸丰五年（1855）黄河铜瓦厢决口的727年，这是"名不副实"、不能自主的淮河，其中南宋建炎二年到明嘉靖二十五年（1546）为黄河多股夺淮的418年，明嘉靖二十五年到清咸丰五年为黄河单股夺淮的309年，在这漫长的岁月里，淮河既全程备遭"黄侵"即黄河的侵夺，后半程又备遭"运逼"即运河的逼迫；而从清咸丰五年以后迄今的160多年里，淮河从前期（1855—1951）重新起步走向"名实相副"的过程但仍然满目疮痍，到后期（1951年后）全面治理遂快速走向"名实相副"的征途，又鲜活证明了"人力"的力量乃至伟力……

犹记李鸿章曾以"三千余年一大变局"之说，定性晚清中国社会之变迁；而借用此说，以言晚清时代之淮河变迁，竟然也能适用。

先是，咸丰元年（1851），排山倒海一般的淮河大水，使得洪泽湖水位迅猛上涨，乃至决开高家堰（洪泽湖大堤）南端的礼河坝，东进的淮、湖之水，浩浩荡荡地沿着礼河冲进高邮湖，复经邵伯湖及里运河迤逦南下，竟于扬州三江营汇入长江。从此，淮河主流与夺淮的黄河汇流入海的河势，一变而为淮河主流汇注长江、借江入海。

再是，咸丰五年，黄河水势异涨，巨浪掀腾，遂在兰阳铜瓦厢（今河南兰考县西北东坝头）决口，一时之间，决口刷宽至七八十丈。这次决口，使得黄河重新回到东北向流入渤海的局面，历时超过700年的黄河夺淮宣告结束。

又是，随着咸丰五年黄河改道北上，京杭大运河山东段逐渐淤废，这直接影响了漕运。及至1872年轮船招商局在上海成立，开始以海运方式承运漕粮北上，于是光绪二

---

① 〔清〕赵翼：《瓯北集》卷四七《逃荒叹》，上海古籍出版社1997年版，第1225页。

十七年（1901）朝廷宣告漕运结束。

然则晚清的这五十年（1851—1901），对于淮河来说，变局可谓既多又巨：江、淮开始牵手，淮河主动求得了新的生机；黄、淮正式分家，淮河从此又有了新的自我；运河漕运使命告终，淮河得以摆脱举步维艰的困境。这样，备受"黄侵运逼"折磨的淮河，终于迎来了"疗伤"——水系混乱、河道淤塞、出海无路等——的机缘与时空。只是平心而论，清末、民国时代的各种"复淮""导淮"规划，既不乏局限性与盲目性，其时动荡不宁的内忧与外患、分裂与战争，也导致多数工程无法落实或难见成效，淮河与淮河流域仍以最难治理、灾难深重的形象，可怜地呈现在世人的眼前。

令人欣慰的是，中华人民共和国时代的淮河与淮河流域，已经改变了这样的形象，并且正快速回归"名实相副"——水清河畅、岸绿景美、经济发展、民生幸福——的自然环境与人文面貌中。而饮水思源，这离不开伟大的人民领袖毛泽东。1951年5月，毛泽东主席发出"一定要把淮河修好"的号召，以此为标志，淮河上游筑坝建库、淮河中游修建蓄泄洪区、淮河下游通江达海的治淮工程全面铺开，于是自然的淮河向着自然与人文交融密合的淮河迅速转化，淮河下游增添了"人文"再造"自然"的入海水道、灌溉总渠，淮河也开始了如同"凤凰涅槃"般充满希望的新生。

回顾"千里长淮"从"名副其实"到"名不副实"再到值得期待的"名实相副"的百般变迁，又引发我们今人广泛的文学拟喻与深沉的哲学关怀。

以言文学拟喻，即如本文的标题"黄侵运逼"，笔者的用词就很重，重到可能会因此得罪了文化意义上的"母亲河"黄河、政治意义上的"富贵子"运河。笔者在诸多的场合，习惯把传统帝制时代的黄河拟喻为"父亲河"，京杭大运河拟喻为"富贵子"，长江拟喻为"母亲河"，淮河拟喻为"隐忍子"，因为哪有"母亲河"如黄河这样脾气暴躁、成天惹事，恣意霸道地欺凌打压自己的近邻淮河，乃至"以邻为壑""鸠占鹊巢"？因为京杭大运河得到了帝制时代那些自私自利的最高统治者不计成本的维护——比如延缓了江南地区的经济发展，恶化了淮河流域的生态环境，浪费了社会财富，牺牲了民众利益，乃至豢养了官僚利益集团，失去了海运技术的领先地位与开拓海洋的历史机遇[①]——所以回到历史的语境，这个"富贵子"的是非功过，实在难以评说。因为亘古及今，长江无疑是性情温柔的，起码对于江、淮关系来说，正是长江接纳了淮河，让它在三江营投入自己的怀抱，从此，江、淮这对久违的母子，就一直难舍难分地携手并肩，走到了今天。至于笔者同情淮河为"隐忍子"，不仅是相对于京杭大运河这个"富贵子"而言的，更是因为明清时代的淮河极委屈、超负荷地承担着"蓄清刷黄""济运

---

① 胡阿祥：《围绕京杭大运河之"蓄清刷黄保漕"的反思——以淮源、洪泽湖、高家堰、泗州城为例》，《学海》2018年第5期。

保漕"的国家大政，也就是无偿地牺牲自己、全身心地奉献运河，结果曾经槽深、水清、利航的淮河，演至后来，竟然成了罕见变形、遍体伤痛、失去下游、失去入海水道的"扁担河"……

  以言哲学关怀，就人地关系的复杂性论，淮河变迁过程中的人为因素，以及淮河与黄河、运河、长江之间的"恩怨情仇"，强力印证了革命导师恩格斯在《自然辩证法》中的经典论断："我们不要过分陶醉于我们人类对自然界的胜利。对于每一次这样的胜利，自然界都对我们进行报复。每一次胜利在第一步都确实取得了我们预期的结果，但是在第二和第三步都有了完全不同的、出乎预料的影响，它常常把第一个结果重新消除。"而就自然变迁与政治权力的彼此影响论，淮河在传统帝制时代"黄侵运逼"的艰难处境，鲜活展现了政治权力对自然变迁的负面影响以及对载舟覆舟的百姓民生的漠视乃至冷酷，这又密切联系着自然的中国之内地农耕社会大江大河多为东西流向、政治的中国之北方地区拥有主话语权、经济的中国之北方政治中心与南方经济中心的分离的大格局，这样的自然、政治、经济大格局，决定了传统帝制时代淮河让人扼腕叹息的无奈命运，谁让"隐忍子"淮河既是中国东部的南北地理分界线，又位居"父亲河"黄河与"母亲河"长江之间，并与"富贵子"京杭大运河呈直线交叉呢？如此，立足于这样的哲学关怀，我们当能更加切近、全面地理解诸如"日月经天，江河行地，不废江河万古流""河流孕育着文明，文明丰富了河流"这类宏大命题，也能更加系统、深刻地领悟习近平总书记"要把治理淮河的经验总结好，认真谋划'十四五'时期淮河治理方案"的重要指示、"要尊重自然，顺应自然规律，与自然和谐相处"的思想内涵。

学术的合作与创新

张伟然

（复旦大学历史地理研究中心）

找这个题目让我受了整整两年的折磨，或许更久。说或许是因为我找到后才恍悟，原来一直莫名其妙的某根神经疼痛竟然也与此有关。

去年这个时候，我们终于见到了传说中张修桂先生的大著《中国历史地貌与古地图研究》（社会科学文献出版社 2006 年版），煌煌一巨册，同事们都感慨不已。为此我们几个年辈相仿的不期而遇地在当时的资料室讨论过几次。与谭其骧先生一样，张先生也是到了七十岁才推出他的第一部个人著作（谭先生当时是《长水集》，人民出版社 1987 年版），可是仅此一部，足以让我们后辈的多少所谓著作都相形见绌。——不，简直无地自容。有人说，那是张先生他们老辈解读文献的能力强。说此话的兄弟出身非历史亦非地理，我可以理解，但是我不能全部同意。因为平心而论，单讲解读文献，数十年来前后辈当中此项能力强的不在少数。也有人说，张先生是跟谭先生跟出来的。此论可谓深契我心。张先生自 1959 年从华东师范大学地理系毕业分配到复旦以后，一直跟着谭先生编历史地图、做各种项目，就连他自己也在这本大著的《自序》中深情告白："回顾我的研究历程，我非常感激谭其骧先生。"但是，跟谭先生何以就能跟出那样大的学问，现如今典型犹在，而我辈眼见得行行渐远，这却是我感到非常困惑的。

那之前大概一年多，我比较集中地思考着一个令我十分好奇的现象：谭其骧先生作为一个历史地理学家，他受的完全是文科的训练，工作后也一直处在历史学环境，可是他的地理感出奇地好。他的论著中有纯历史自然地理的分析考证，也有按地理学方式展开的历史人文地理研究。这两点都是常人所难的。无论写文章还是平常论学，他思考问题能够很自如地运用地理学的思维，那种近乎本能的敏感为绝大多数非地理出身的历史地理同行所不及；他在工作中对于地理学原理和方法的采择也十分当行，找不出破绽，至少笔者目前还未能发现。

过去我一度以为，这大概与谭先生来复旦前的一段经历有关。他在 1940—1951 年的十一年间曾任职于浙江大学史地系，那时他从二十九岁到四十岁，正是学术上逐渐走向成熟的年龄段。在那里他可以很便利地受到地理学的熏陶。可是后来我反复考量，自己就推翻了这一构想。因为从论著中看，他那段时间的学术兴趣与之前之后实在无大区别。按照他在《长水集》自序中所讲，其一，他那时上课的任务很繁重，大部分时间要花在备课教课上，述作很少；其二，在他为数不多的那一时期的论著中，他自认为"历史地理方面较有分量的是《论丁文江所谓徐霞客地理上之重要发现》《秦郡新考》和《秦郡界址考》三篇"（第 7 页），这些仍基本上属于传统的沿革地理的路数。事实上，他后来回顾自己的研究历程，特别看重的是 1962 年发表的《何以黄河在东汉以后会出现一个长期安流的局面》，他说："我自以为这才是一篇够得上称为历史地理学的研究论文"，因为其中抓住了黄河中游土地利用方式与植被好坏"这一关键因素"（第 10 页）。即，把问题定位在人类活动对于自然环境变迁的影响。这确实是不折不扣的地理学思路。此时距他离开浙大又已经过去了十一年。

况且，就对地理学诉求的深度来说，这篇论黄河安流的文章还远不及他后来在 1970 年代以后写作的探讨长江流域地貌和水系变迁的几篇，如《上海市大陆部分的海陆变迁和开发过程》（1973）、《云梦与云梦泽》（1980）、《鄱阳湖演变的历史过程》（1982）。前面那篇只需掌握一些基本的地理学理念，而后面这几篇则要具体运用到一些很专门的地质学、地貌学、水文学等自然地理学的知识和原理。这，绝不是多年前在史地系教了一段时间历史课就能够胜任得了的。

毫无疑问，谭先生是一个在学术上不断发展自己、从而逐渐完善自己的人。问题是：在谭先生发展他的地理学智慧的过程中，是谁在起着经常性的作用？

我们可以注意到，谭先生在长期主持编绘《中国历史地图集》、而后创建复旦史地所的过程中，先后调进了多名学地理出身的工作人员。谭先生平生文不苟作，极少与他人联名合署，但上述鄱阳湖一文在发表时是由谭先生和张先生合署的。该文没有收进《长水集》，谭先生在自序中特地作了说明："还有一些研究课题，文章虽写成于近年，材料、观点却也是在编图过程中搜集、形成的。如对云梦泽、洞庭湖和鄱阳湖在历史时期的演变过程，我们所编绘的图，都是按我当时的研究成果画的，与传统说法迥不相同，但当时来不及把取得这些研究成果的考订、探索过程写成文字。编图工作结束后，我自己还是由于太忙，只写成了一篇《云梦与云梦泽》；关于洞庭湖和鄱阳湖的演变，都交由张修桂同志在编图时所取得的材料、看法的基础之上，再加以补充修订，写成论文……我只提供史料和看法，未尝动笔，所以都没有收入本集。"（第 11—12 页）

如果没有切身体会，看到谭先生这样的文字，自不免得出张先生从中单方面受益的印象。可事实上未必然。这些文章涉及的并不是一般的历史研究，而且不是一般的历史地理研究，它有很强的特殊性。我冒昧谈一点粗浅感受：做长江流域水系变迁这样长时段的历史自然地理研究，搜集材料这一步并不是太难；思维支点有限，对资料作适当归纳、形成合理观点（不一定要刻意与前人不同），这一步确实很不容易；而后在此基础上将材料串起来，作深度分析、考辨，写成文章，其实难度仍然不小。因为这才是思维的最终定型，之前的观点可以只关注一个个时间断面，而此时必须对整个发展演变的全过程作出解释。它不仅需要过硬的史学功底，更需要足够的相关学科的专业知识，以及基于这些知识的研究能力。其间的艰苦往往是研究者本人难以逆料的。

每每想到这些，我总是越想便越对谭先生钦敬不已。他老人家实在厉害，不仅自己做学问出神入化，他在组织项目、分解任务时，也非常高明。譬如，他让邹逸麟先生做黄河和运河的变迁，张修桂先生做长江流域水系的变迁，这实在是一个很知人善任的选择。黄河、运河史料浩如烟海，从中爬梳、整理对文献学功夫要求很高，出身历史系的邹先生对此自然是得心应手；长江流域则史料相对有限，而自然环境方面的变迁极为复杂，正适合张先生施展其所长。假如易地以处，恐怕两位先生都未必能取得我们现在所看到的这么辉煌的成就。

当然这中间有个过程，张先生并不是一开始就被谭先生委以重任的。他在业务上得到谭先生的特别赏识，其实已到了1974年。那一年谭先生得到一套刚从马王堆汉墓中出土的地图照片，有关部门请他进行研究。地图出土时已断裂为三十二块，因而第一步工作是将其拼合复原。当时张先生正处在最困难时期，师母长年住在医院，张先生在正常上班之外，既要管家里的两个孩子，又要到医院里照顾病人。谭先生体谅他，起先并没有找他，可是没办法，先后找了两个学地理和学考古的同事，死活做不出来。不得已，只好让张先生把地图照片带到医院里，一边陪床一边捉摸。护士走进来，看到张先生手中斑驳陆离的照片，大惊："你怎么搞起皮肤科来了？"就这样，最终搞出了一个让谭先生感到满意的结果。

根据这一结果，谭先生当即写了两篇文章：《二千一百多年前的一幅地图》《马王堆汉墓出土地图所说明的几个历史地理问题》。从葛剑雄先生的《悠悠长水：谭其骧后传》中可以看到，在文章写作过程中，谭张两位先生曾有过讨论，而且谭先生本来打算与张先生联合署名，遭到当时行政领导的干预，才只署了谭先生一个人的名（华东师范大学出版社2000年版，第202—204页）。后来这两篇文章在收进《长水集》下册时，谭先生又请张先生代为校阅一过，谭先生为此特地写了一个附识："根据修桂同志意见，除在文字上稍作改动外，并对原来三处考释作了修正。"（第262页）

这次合作对张先生产生的影响是巨大的。此后他一直保持着对古地图研究的浓厚兴趣，经常发表一些专题论文。在这本《中国历史地貌与古地图研究》的专著中，其第四篇便是古地图研究，包括三章：马王堆汉墓出土古地图、放马滩战国秦墓出土古地图、古地图应用及其他。与一般研究者所不同的是，张先生绝不仅仅满足于从科学史的角度讨论古地图的技术水平，他更注重充分挖掘古地图中的地理信息，深入辨析所涉及的历史地理问题，并根据图面特征，进而阐发作者的测绘思想及其所处的社会环境。就是说，他很着意把古地图看作一种独特的历史地理资料，探讨其内容而不仅仅是形式，这当然是非专门家无所措手足的。

另一方面更重要的影响是，从那以后，谭先生对他非常倚重，他和谭先生之间的业务交流越来越深入。

在那之前苗头其实已经有了。1972 年秋，为筹建金山石化总厂，当时的上海市领导请谭先生去实地考察，谭先生便带上了张先生。在海边转一圈回来之后，谭先生没发话，张先生凭着他在大学里养成的出野外必出报告的良好工作习惯，主动写成了《金山卫及其附近一带海岸线的变迁》。也就是这本专著中第六章的前身。那时候张师母已经住院，张先生每天陪完回家都很晚，于是挑灯夜战，从深夜到凌晨，断断续续写了两个多月。文章交给谭先生，谭先生又补充史料、提出一些修改意见。后来该文揭载于《历史地理》第三辑（1983 年），再后来获得 1979—1984 年上海市哲社优秀论文一等奖。

正是通过这样的合作，张先生逐渐显露出过人的从自然地理角度分析问题的能力，赢得了谭先生的高度信任。也是在 1974 年，谭先生带着同人去东太湖考察，本来张先生并没有去，但后来在写考察报告时，谭先生仍找张先生进行讨论。该报告 1980 年以集体名义发表，后收入《长水集》下册，文末保留了很有时代特点的对执笔人的交代："谭其骧（调查收获） 张修桂（两点看法）。"（第 140 页）

1975 年，谭先生主持的《中国自然地理·历史自然地理》编写项目开工，他本希望张先生承担长江一节。但当时张先生还困难着，谭先生没办法，对他说：你得给我推荐一个人。张先生果然给他物色了一个同事。写了一年多，稿子出来了，可谭先生就是无法满意。正好此时张师母已经往生，于是谭先生决定还是让张先生做，推倒重来。由此才有了谭张两位先生在历史地貌研究方面各用其长、珠联璧合的一段学术佳话。

现在从《谭其骧后传》中，我们可以看到谭张两位先生在这一阶段合作的鳞爪："为了正确显示历史时期长江流域的地貌和水系的变迁，谭其骧曾与张修桂等一起搜集、整理、研究了大量文献、考古和水文调查资料，对古代的云梦、洞庭湖、鄱阳湖的演变过程得出了与传统说法迥然不同的结论"（第 200 页）。为此他们还在 1977 年 4 月中，到湖北洪湖，湖南岳阳、长沙，江西南昌、九江、湖口等地实地考察过（第 197 页）。而这些研究成果，正构成了《中国历史地图集》自然地理要素的编绘依据。张先生本人对此有一篇回忆文章，载《历史地理》第 21 辑（上海人民出版社 2006 年版，第 351—353 页），有心人可以参考。

我常想，像谭张两位先生这样各自身怀利器的人，聚在一个单位不能说太少见。但是，要形成良好的工作关系，其实很难。而更难的是在长期的合作中相互学习、共同提高。偏偏学术上的事情，只有双方取长补短，才能谈得上真正意义的合作，才有可能取得超越个人能力范围的成绩。谭张两位先生，年龄上隔着一辈，学术背景一文一理，他们之间显然正形成了一种合之双美、离之两伤的可遇不可求的合作关系。他们互相切磋，互相成就，给我们留下的不仅是学术上一笔丰厚的财富，更有让后辈仰之弥高的学人品格。

为了验证这一感觉，我经常请张先生回忆他当年跟谭先生一起工作时的往事。张先生是厚道的，他总是只强调他跟着谭先生非常受益，无论讨论问题还是请谭先生看文章，常常会得到历史学方面的补充。就在这本大著的自序中，他还交代了他在各项工作中所受到的谭先生的启发，动情地说："我深深体会到，我们这一代人能经常得到谭先生的谆谆教诲，实在幸福。"（第4页）享受之情溢于言表。我想，这种幸福其实是双向的。对于谭先生来说，他既然能虚心下问，自然能从双方的讨论中受益，如果要说幸福，他只会享受到更多一重，因为他同时还在作育英才。据我所知，他是对这两种幸福都能够体会到的人。

20世纪90年代中叶，我听到老师间的一句议论：谭先生曾称赞张先生文章"一流"。这句话于我虽然只是间接史料，但对其真实性我深信不疑。我甚至还可以想象得出，谭先生在说这种话时，脸上会带着怎样开心的神情。

中国历史地理学从20世纪30年代开始发端，到50年代以后，整个学科才获得比较大的发展。这中间，历史自然地理作为一个新兴的研究领域，对研究者的学科背景和个人素质提出了崭新的挑战。传统的沿革地理虽然也有一些水道研究，但基本上是从文献到文献，不作地理学分析，学术价值很有限。谭张两位先生在70年代对于长江流域水系变迁的研究，合历史和地理两学科之力，从现代地理学原理出发对文献史料进行深度解读，可以说是将传统水道研究提升为现代科学意义上历史地貌学研究的成功范例。

时间又过去了三十年。沿着当初与谭先生合作时开创的道路，张先生又已经走出了很远。在这本《中国历史地貌与古地图研究》中，张先生已经可以给出一个具有科学意义的"引论"，对历史地貌这一历史自然地理学主干分支的科学属性发表具有指导意义的见解，并提出一整套研究方法。而作为其基础的，是包括"长江中下游河湖地貌演变""上海地区地貌演变""黄淮海平原河湖地貌演变""古地图研究"四篇共十二章的实证研究。这些内容是在作者三十五篇专题论文的基础上重新组织而成的，其中第二篇包括一项国家自然科学基金课题的研究成果。文章初发表时大多得过奖，除上述金山附近海岸线变迁的一篇之外，还有五个省部级以上的奖，都是一等奖或特等奖。我儿子在扉页上看到这些介绍时觉得很奇怪，问我："张爷爷为什么只得一等奖呀？"我跟小家伙说不清楚，于是对他说："那是因为二等以下的奖你张爷爷不要。"

（2007年6月21日）

中国历史地貌学开创者张修桂先生学术贡献述评

韩昭庆

（复旦大学历史地理研究中心）

张修桂先生（1935—2021）系复旦大学中国历史地理研究所教授、博士生导师，中国历史地貌学开创者和中国历史自然地理学奠基人之一，长期从事历史地貌学和古地图的教学研究工作。先生为福建惠安人，1959 年毕业于华东师范大学地理系，同年进入复旦大学工作，曾任中国地理学会理事、中国地理学会历史地理专业委员会副主任，及《历史地理》辑刊主编。2021 年 9 月 12 日，张修桂先生因病逝世于上海。作为先生指导的硕士和博士研究生，我尤感悲痛，值老师去世周年之际，谨以这篇一鳞半爪的研读心得，回顾老师的学术贡献，以表景仰缅怀之情。

张先生个人著述不多，但多属开创之作，他发表的绝大多数论文收录于《中国历史地貌与古地图研究》[①] 和《龚江集》[②] 两部专著。其中，他系统论述了历史地貌学研究方法，并通过系列翔实的研究案例展示了他利用现代地理学相关理论，综合其他学科成果，解读历史文献，从事历史地貌变迁的深邃思考。一些研究结果可以直接服务国家经济建设，是历史地理学科经世致用的具体体现。他的研究贯穿古今，是现代地理学与历史地理学有机结合的范式，更是后辈学者可资借鉴、至今却难以企及的样板。张修桂先生对历史地理学的贡献主要有以下五个方面的内容。

一、构建历史地貌学研究体系

中国历史地理学肇始于 20 世纪 30 年代的禹贡学会，该学会由顾颉刚和谭其骧等前

---

① 张修桂：《中国历史地貌与古地图研究》，社会科学文献出版社 2006 年版。
② 张修桂：《龚江集》，上海人民出版社 2014 年版。

辈学者发起。中国多数学者认为,按照研究主题可将历史地理学分为历史自然地理和历史人文地理两个门类,再按照具体研究对象分出具体分支学科①,而历史地貌学是历史自然地理的重要组成部分。1959年夏,张修桂先生从华东师范大学地理系本科毕业,分配到复旦大学历史地理研究室,在谭其骧先生安排下,他从抄录《元和郡县图志》等地理总志中的水道资料入手,开始接触历史地理专业知识。次年,因创建历史地理专业需要,历史地理研究室成立地理教学小组,由张修桂先生负责,具体安排地理学各门课程的教学工作。1963年夏,受谭其骧先生委派,张修桂先生参加了中国科学院地理研究所与河北地理所地貌室联合组织的考察,历时5个月。基于此次考察,他撰写了《从永定河故道的研究,谈谈历史河流地貌研究方法的一些体会》的考察报告,报告得到了谭其骧与侯仁之两位先生的鼓励和肯定,经谭先生推荐,以打印本形式分送全国有关单位和个人。这是张先生关于历史地理研究的第一篇习作,20多年后发表于《历史地理研究》第1辑上。②

在这篇报告中,张修桂先生开宗明义,一针见血地指出:能否将现代科学理论和工作方法运用于历史地貌学研究,是这门学科能否更好地服务于生产建设的关键。此外,还应该进行野外考察,因为今天的地貌形态往往烙印着历史地貌的痕迹。他强调历史地貌研究最重要、最根本的方法,"应该是通过历史文献的系统分析,并和野外实地考察紧密结合起来",这样,"我们只要科学地、慎重地把文献记载,特别是史籍记载和存在于今天地貌形态上的历史痕迹紧密结合起来,进行详细的分析研究,是有可能把历史时期的地貌形态复原出来的"。他还结合永定河考察的经历,介绍了历史地貌野外考察的工作程序、内容,总结了历史河流地貌研究的基本方法。其中,首先是各种历史文献资料的收集和研究,其次包括现代文献资料的收集和研究、地图和航测照片的收集与研究、钻孔资料的分析与研究、座谈访问、沉积物的分析,以及地貌观察等。这篇报告首次全面细致地阐述了历史地貌学研究的各种方法,至今具有极强的指导意义和可操作性。

在此后的教学研究实践中,他继续完善历史地貌学的基本问题和调查研究方法。③ 明确历史地貌学的研究任务是复原历史时期的地貌环境,目的是为当前的社会经

---

① 按:对此观点也有不同看法,如台湾学者姜道章认为历史地理学不属于自然地理学,也不是人文地理学的一个分科,历史地理学也没有历史自然地理学和历史人文地理学之分,历史地理学的性质,类似区域地理学。是一门独立于自然地理学和人文地理学之外的地理学分支。参见姜道章:《历史地理学》,台北:三民书局2004年版,第1—15页。

② 张修桂:《从永定河故道的研究谈谈历史河流地貌的研究方法的一些体会》,复旦大学中国历史地理研究所编:《历史地理研究》第1辑,复旦大学出版社1986年版,第220—240页。

③ 张修桂:《中国历史地貌与古地图研究》,第1—14页。

济发展服务。他指出，中国历史地貌学既属历史自然地理学的分支学科，也应当是现代地貌学的分支学科，因为二者研究对象大体一致，正如中国历史地理学是现代中国地理学的分支学科一样。关于历史地貌学研究中"历史时期"上限问题，在讨论曾昭璇先生提出的广义和狭义地貌学之后[①]，他建议尽可能覆盖距今一万年来的整个全新世，因为自全新世始，随着第四纪末次冰期结束，气温升高，人类活动范围扩大，对自然环境改变的程度较之前的更新世大为加强，地理环境的发展变迁不再是单纯的地貌演化。研究者应更加关注人类生存环境的变化态势。鉴于历史文献分析是主要研究手段，他指出历史地理学界应更加注重近2 000年来地貌演变过程的研究。至于"历史时期"的下限，张修桂先生认为，从实际应用而言，应当断在"昨天"为恰当。张修桂先生对历史地貌研究上下限的界定既充分考虑研究手段的特点，也照顾到历史地理分属地理学的学科属性。事实上，今天就是未来的过去，地理就是历史地理，或者是潜在的历史地理[②]，二者并无本质区别。

就历史地貌研究内容而言，张先生认为，鉴于历史地貌学的研究时段主要在历史时期，与当代地貌学研究对象应略有不同，包括河流地貌、湖沼地貌、海岸地貌、风沙地貌、黄土地貌以及人为地貌等。历史地貌学研究的基本任务可分为前后两个相衔接的阶段：一是对地貌过程进行断代研究；二是将断代结果按历史发展顺序系统分析，阐明地貌形态在整个历史时期的发展演变过程，以及当今地貌形态的形成原因，找出演变的基本规律，预测未来的发展趋势。在笔者看来，这其实也是历史地理学重建过去地理的任务和方法，即把地理发展的历史按照时间轴分成多个时间连续的横剖面，对每个时间剖面的地理现象进行充分研究，然后将这一系列剖面连缀起来，即可达到重建地理的目的。西方最有名的例子是达比主编的《英格兰历史地理新论》，按时间先后顺序分成12个横剖面。[③] 因此，张修桂先生系国内率先把历史地理学方法应用于历史地貌学研究中的学者，根据过去来了解现在，从而预判未来发展趋势。在研究方法层面，除了前述研究方法，张修桂先生进一步补充资料收集与分析应遵循以古论古、资料断代，以及去伪存真等基本原则。张修桂先生就中国历史地貌学研究对象、任务和方法提出系统论述，为后人的研究指明了方向。

二、开创现代地貌学理论结合历史文献分析的历史地貌学研究范式

由河流、湖泊承载的地表水和地下水是陆地水圈的重要组成部分，也是人类与其他

---

① 曾昭璇：《历史地貌学浅论》，曾昭璇、曾宪珊：《历史地貌学浅论》，科学出版社1985年版，第2页。
② 姜道章：《历史地理学》，第71页。
③ H. C. Darby, ed., *A New Historical Geography of England*, London: Cambridge University Press, 1973.

生物体生存和繁衍必不可少的物质来源。目前在世界范围内收集到三百多个有关洪水与文明起源的神话故事，便是水之于文明起源的一个重要体现。中国也不例外，很早就有治水和水系分布的记载。大禹通过疏导成功治水，成为中华民族的始祖和圣人，现存最早的地理著作、战国成书的《尚书·禹贡》记载了此事，并有导水篇，概述黄河、长江及淮河等干支流自源头入海的路径。汉代成书的《史记·河渠书》《汉书·地理志》《汉书·沟洫志》，皆以不同方式记录了局部水系的分布及变迁，尤其以黄河的记载为最。三国时期成书的《水经》，是我国第一部有关水道的专著，记录了137条大中型河流的源头、经流及入海口，但较为简略。公元6世纪初北魏郦道元著《水经注》，更加详细地记述了1252条干支流的源头、流路、流经地理情况及历史典故等。此后，在继承上述传统的基础上，又产生了各种为治理水患遗留下来的水利文书，以及记载各地山川形势的数千种地方志，这些为历史地貌学的研究提供了长时段可资参考的历史文献。不过由于这些文献重在水道记载，故而以往研究人员以水道复原及考证为主，尤以黄河变迁史最为显著。这除了与史料本身有关，也与这些研究人员出身史学，缺乏自然地理学，尤其地貌学的理论知识有关，所以复原工作并未脱传统窠臼。

相较中国悠久的水道之学，具有科学意义的地貌学是19世纪末20世纪初才发展起来的，研究地表地貌形态特征、成因、分布和发展规律，是一门很年轻的学科，河流侵蚀理论也是这一时期提出。河流地貌学是研究水流的侵蚀和沉积作用，及其所造成的河流及其各种类型地貌的形成、演变与分布规律的科学。[①]

张修桂先生之前，鲜有将河流地貌学理论与文献记载结合的历史地貌学研究。事实上，对历史文献的记载，首先，需要选择具有空间信息的内容，并将其复原到今天相应的地理位置上；其次，这些记载反映了古人的观察和记录，需要利用今天的地学语言进行解读和描述，然后进行分析。以往对水道的研究往往只能做到第一步，即地名的今地复原。与此前绝大多数学者不同，张修桂先生毕业于地理系，接受过地学的系统训练，到历史地理研究所工作之后，又受谭其骧先生引领，这为他对史学与地学融合创新创造了得天独厚的条件，正是经过他的努力，历史地貌学被推向了专业化方向，进而增添了中国历史自然地理学的内涵和特色。

张修桂先生关于历史地貌的研究主要涉及长江中下游河湖地貌演变、上海地区地貌演变及黄淮海平原河湖地貌演变。这些研究皆展现了他复原地貌变迁的方法和思路：以地貌变迁理论为指导，综合利用多源数据，辅以实地考察，对历史文献深入解读等。同时，这些研究也为后人创立了一套独特的研究范式和话语体系，尤其是他对长江中下游河床地貌演变的研究，更是如此。

---

① 林承坤：《泥沙与河流地貌学》，南京大学出版社1992年版，第1页。

这项研究始于谭其骧先生交代的任务。1973年，中国科学院地理研究所所长黄秉维先生邀请谭其骧先生担任《中国自然地理》编委会委员，由复旦大学历史地理研究室承担《历史自然地理》分册中部分水系的编撰任务，分析它们在历史时期的变迁，谭其骧先生便分派给张修桂先生部分工作。① 从1976年开始，因撰写书中"长江"一节的需要，张、谭二人一起搜集、整理、研究了大量文献，以及考古、水文方面的调查资料，首次全面论述了长江中下游河湖地貌的演变，就古代云梦、洞庭湖、鄱阳湖的演变过程得出了诸多与传统说法迥然不同的结论。这些成果也在《中国历史地图集》中得到体现。其中张先生撰《长江宜昌至城陵矶段河床历史演变及其影响——三峡工程背景研究之一》② 一文荣获1985—1994年度上海市哲学社会科学优秀成果奖论文一等奖。

这篇文章研究在自然河流状态下地处三峡库区下游的宜昌至城陵矶长江河床的历史演变，以便为三峡工程兴建后，继续观察库区下游的演变提供背景材料。该文最早发表在《历史地理研究》第2辑，后收入《中国历史地貌与古地图研究》一书，系该书第一章第一节，可见先生对此文的重视。原文先分析了荆江分流的地貌结果，即左岸分流与云梦泽、右岸分流与洞庭湖的演变关系，然后分段讨论了宜昌至城陵矶荆江河床演变的历史过程。后来收入书中时论文顺序则做了调整，先分段分析长江出三峡后南津关至枝城、枝城至城陵矶即荆江河床的发育及历史演变过程，再是荆江分流的地貌后果，还增绘了相应地图。修改后的论文更便于读者阅读理解。

按照现代地貌学理论，河床按形态和弯曲度分类，可分为顺直河床、弯曲河床、汊河型河床以及游荡型河床，河床侵蚀地貌分为岩槛、壶穴、深槽，河床堆积地貌分为边滩、心滩和沙洲等。这些河床类型和河床地貌可在同一条河流中出现，形成宽窄不同形态的河段，不同类型河段连结处为节点。节点上下河床相对稳定，一旦节点破坏，会引起节点以下一个或多个河床段冲淤平衡发生变化。而河流主流线摆动、洪水流量大小与沿岸岩性、地貌，以及人为活动皆会对河床地貌产生影响。③

在此理论指导下，张修桂先生在分析长江从宜昌到城陵矶的河床变迁过程中，依现在的江岸地貌形态将其分成不同河段，结合考古资料与地层分析，充分解读古代文献记载，以独特的话语体系辅以内在的逻辑和推理，逐一复原它们的变迁过程，并阐释了变迁的原因。例如，南津关至枝城河段地处丘陵地带，他认为出三峡之后，随着地势急剧

---

① 葛剑雄：《悠悠长水：谭其骧传》，广东人民出版社2014年版，第494页。
② 张修桂：《长江宜昌至城陵矶段河床历史演变及其影响——三峡工程背景研究之一》，复旦大学中国历史地理研究所编：《历史地理研究（2）》，复旦大学出版社1990年版，第12—65页。
③ 曹伯勋主编：《地貌学及第四纪地质学》，中国地质大学出版社1995年版，第51—54页。

下降，长江水势能减弱，泥沙会在一些开阔河段沉积，形成江心洲和分汊河道，但在狭窄的河段，水流湍急，泥沙不易沉积，则形成单一河道。又因该河段两岸多为低山、丘陵，是制约河床的天然堤防，故该段河势在历史时期稳定少动。这些结论都是基于实地考察当代地貌和解读历史文献得出。根据北魏成书的《水经·江水注》的记载，他分析得出今葛洲坝即书中记载的郭洲，今西坝洲即当时的故城洲，今西坝与宜昌市之间三江分汊的河床形态当时已经形成，并稳定了2 000多年，只是葛洲坝和西坝的形态受长江主泓道侧蚀作用，由宽阔变得狭长。先生还根据《水经·江水注》对地处上荆江河段的浣市至沙市段沙洲及其典故，以及长江北岸一系列景观的记载，推演出该河段曾经存在复式分汊、普通分汊及单一顺直河床形态。其中《水经注》记载，江水过马牧口后，"江水断洲通会"，指的是长江经过燕尾洲到此，南、北江终于合流，普通分汊河床遂演变为顺直单一河床形态。若无先生分析，很难理解"断洲通会"之意，类似的解读在先生的文章中比比皆是。

枝城至城陵矶河段虽统称为荆江河段，但因其流经不同地貌单元，即沙市以西的山前冲积扇平原和沙市以东的江汉云梦湖沼区，发育演变过程也存在极大差异。张修桂先生利用早期的《汉书·地理志》、《水经注》、《荆州记》、《荆南地志》、地理总志、明清方志以及古地图，结合沉积相分析，复原了该河段分汊分流河道、顺直分汊分流河道、弯曲河道、今日荆江"九曲回肠"蜿蜒型河道之形成和演变过程，及其与早期江汉云梦泽和洞庭湖演变之间的互动关系。云梦地区受荆江左岸众多穴口分水分沙影响，由史前湖沼景观至唐宋解体成陆；同时，洞庭地区由早期河网交错的平原地貌受荆江分流来水灌注演变为湖沼景观，荆江两岸的地形演变为北高南低的状态，至清中期洞庭湖面扩至最大。但它也受来沙淤淀影响，湖面高程增加，湖面容积逐渐缩小；而江汉地区常年得不到荆江来水来沙补给，加之受现代下沉构造运动影响，水位又有所上升，致使河网交错的平原转向湖沼洼地发展。张先生推测，基于对荆江两岸分流分水及影响历史演变的规律，如果没有荆江大堤的制约，将再次出现史前南陆北湖的景观，从而提出本区"北湖南陆—南湖北陆""跷跷板"的演变模式。张修桂先生的研究厘清了河湖变迁的相关问题，为确保荆江大堤的安全提供了理论依据，也为长江中游河湖整治提供了重要的历史依据，是两湖地区水利部门工作的学术基础。之后，他还系统复原了城陵矶到镇扬河段长江中下游河床演变的过程。这些研究皆极大丰富了我国河床历史演变的内容和理论。

除了河流地貌，张先生在海岸地貌的演变方面亦有创新，主要体现在对杭州湾北岸及上海成陆过程的研究中。波浪是沿岸泥沙运动和海滩剖面塑造最主要的动力因素，此外，还有来自潮汐和沿岸水流的作用，在这些动力因素的作用下，沿岸泥沙发生纵向和横向的运动，成为海岸侵蚀和堆积过程中的重要因素之一。岸线的曲折变化又会引起不同海岸岸段的侵蚀或堆积，从而引起新的变化。上海南郊金山卫一带海岸线是杭州湾北岸的一个组成部分，据历史文献的记载经历了王盘山、大小金山先后沦海，海岸后退的过程。1972年，上海市筹备在金山卫海滩建设石油化工总厂，需要搞清海滩的坍涨趋势，邀请谭其骧先生实地了解滩地状况，为建厂问题提出意见。张修桂先生应谭先生之约，一起实地考察了滩地状况，并撰写了《金山卫及其附近一带海岸线的变迁》①一文，这也是先生又一篇上海市哲学社会科学优秀成果奖一等奖（1979—1984年度）论文。

张先生通过对金山卫附近考古遗址的调查及对历史文献中关于杭州湾附近记载的分析，结合对大小金山附近潮流及岸流在历史时期动力条件下的变化的推演，阐释了金山深槽的形成过程及原因。金山深槽的形成是在南宋绍熙年间大小金山沦海之后，随着连接大小金山之间的陆地，即文献记载的"鹦鹉洲"被波浪冲蚀之后，大小金山之间形成一道海峡，史称"金山门"。元初，金山门的形成改变了附近潮流前进的方向，使得原来要绕过"鹦鹉洲"的潮流直接冲向大小金山和二者之间的金山门通道，大小金山及金山门的顶托作用使潮位陡然上升，所以当西向潮流通过金山门时，就会出现剧烈的向下淘蚀作用。金山门以西由于不断受到淘蚀作用，逐渐形成一道深水槽，因地处金山滩地前沿，故称"金山深槽"。由1972年测量资料可知，金山深槽深达50米，宽度与金山门大体相仿，长度为宽度的6倍。通过金山门的潮流由来自舟山群岛一带的东南海流和来自东北方向的岸流组成，由于东北方向的岸流受南汇嘴挑流顶冲点西移的影响不断加强，金山门潮流合力与方向在历史上有一定变化。随着明清顶冲点的西移，金山门以东的东北岸流不断获得加强，因此金山深槽继续向西伸展。但是清末以来，顶冲点已越过金山嘴，到达金山门以西的金山卫滩地，这样金山门以东的潮流已趋稳定。

这篇文章运用文献分析复原了金山卫附近海岸线的变迁，并通过对海岸西迁引起的海岸动力方向和强度的变化以及动力的位移，论证深槽目前处于稳定阶段，这为上海石油化工总厂地基的稳定性提供了依据。此文成为金山附近建设石油化工总厂重要的参考资料，同时也是历史地貌学研究直接服务于生产建设的又一经典案例。

1959年1月和12月，青浦县淀山湖和马桥镇俞塘村先后发现新石器时代遗址和青铜器时代遗址，由此引起学术界对上海地区成陆年代问题的讨论。1960—1982年，谭其骧先生就此问题先后发表了4篇论文，把上海市大陆部分依成陆过程分成冈身地带、冈身以内、冈身以外里护塘以内，以及里护塘以外四个地区。同时也指出旧捍海塘、下

---

① 张修桂：《金山卫及其附近一带海岸线的变迁》，《历史地理》第3辑，上海人民出版社1983年版，第38—50页。

沙捍海塘以及里护塘的位置和建筑年代的确定还存有异议。① 为此，张先生在谭先生的研究基础上，结合考古遗址、遗物、历史文献与古地图的分析，就下沙沙带、下沙捍海塘、里护塘以及旧捍海塘等关键问题展开深入研究。论证了谭先生此前提出的冈身以东20千米处自然形成的下沙沙带的存在，并把其形成年代定为南朝时代；同时修正了前人关于下沙捍海塘或旧捍海塘故址的说法；将下沙捍海塘定在下沙沙带以东的今里护塘故址，即明代成化年间王崇之重修的上海县海塘，认为里护塘创建于北宋初年的华亭县令吴及，这也是上海地区的第一条统塘，并在此基础上把上海地区成陆过程分成五个阶段。② 这些发现，是对谭先生关于上海成陆问题研究的继承和创新，也为上海成陆过程的研究构筑了新平台，开创了新局面。

2000年后，张修桂先生开始关注崇明岛的历史演变。以往由于沙洲众多、坍涨无常、方位难定，导致对于崇明岛历史演变过程的研究存在较大难度。先生通过对关键性沙洲进行准确定位，很好地复原了崇明岛从唐初长江口的东、西二沙，历经1000多年来复杂的坍涨合并，最后发育成长江河口巨型沙洲的过程，并在总结长江口沙洲演变规律的基础上，指出崇明岛向苏北的靠岸是历史必然。还针对当时在建的上海长江大桥崇明岛陈家镇引桥工程，提出该桥位处唐武德年间（618—626）成洲的东沙之上，基础坚实可靠，但崇明岛历史上潮灾严重，曾迫使崇明城五次迁徙，故今后仍应防范潮灾的威胁。③ 这一研究很好地融合了历史文献记载、古地图、地貌调查、河口动力学等多学科的研究手段，对长江河口沙洲的发育模式进行了探索，并对未来崇明岛的地貌发育趋势进行了预测。此外，他对早期黄河下游的"九河"分流河道体系④，以及海河水系形成发展⑤的研究皆独树一帜，亦给人启迪。

总之，张先生对于历史地貌学的研究，并不止于对过去地理的复原。他是利用地貌学理论和术语，分析并解释了这些地理变迁的机制与过程，这样的分析往往鞭辟向里，探骊得珠，让人信服。

---

① 四篇论文分别是《关于上海地区的成陆年代》《再论关于上海地区的成陆年代》《上海市大陆部分的海陆变迁和开发过程》以及《〈上海市大陆部分的海陆变迁和开发过程〉后记》，参见谭其骧：《长水集》下册，人民出版社1987年版，第141—185页。

② 张修桂：《上海地区成陆过程研究中的几个关键问题》，《历史地理》第14辑，上海人民出版社1998年版，第1—21页。

③ 张修桂：《崇明岛形成的历史过程》，《复旦学报（社会科学版）》2005年第3期。

④ 张淑萍、张修桂：《〈禹贡〉九河分流地域范围新证——兼论古白洋淀的消亡过程》，《地理学报》1989年第1期。

⑤ 张修桂：《海河流域平原水系演变的历史过程》，《历史地理》第11辑，上海人民出版社1993年版，第89—110页。

三、破解马王堆《地形图》拼复难点

张修桂先生对古地图的研究同样源于谭其骧先生交代的任务。1973 年底长沙马王堆三号汉墓出土了大批帛书，同时发现的还有两幅绘在帛上的地图。依据墓葬年代，可判断两幅地图的绘制年代在汉文帝前元十二年（前 168）前。其中一幅绘有山、水、居民点和道路，被研究人员称为马王堆《地形图》，这是我国现存最早、最精美的古地图。原图被折叠成多层长方形，收藏于三号墓椁室的漆奁里，因长期浸泡在棺液里，出土时如一块烂豆腐一样，后由故宫修裱师傅精心揭裱成 32 张帛片。每片帛片都不同程度破损，有的甚至破损成多片，无法恢复原貌。又因此图原是绘在轻薄的丝织品上，经长期叠压和浸泡，各层帛片间墨迹彼此渗染，印痕甚至可达十七八层，给复原工作带来了干扰，却也为地图拼复提供了线索。鉴于原图出土状况，对该图的研究始于地图拼复。

1974 年 8 月文物出版社将这 32 张断帛错位照片寄给谭先生，请求进行拼接。笔者曾向张修桂先生了解到，谭先生先后把这些照片交给所里另两位同事拼复，但均以失败告终，当时张师母病危，张先生日夜在医院陪护，谭先生不得已才将此任务交给了张先生。之后张先生独自完成了此图的拼复，并亲至北京提供拼复草图，告知拼复过程。这一结果得到学界认可，并被收入曹婉如先生等编的《中国古代地图集》中。① 谭先生在此复原图基础上，结合大量历史文献资料，撰写了两篇关于马王堆地图的重要文章，于 1975 年在《文物》发表。②

张修桂先生认为，帛片破碎不堪，虽然无法恢复原片面貌，但如果对较大的关键性碎片充分讨论研究，可大大提高碎片复位率。整理小组未充分考虑多方面意见就根据他们的理解进行了剪贴，制成照片拼接图和复原图，并据此对帛图原件进行了裱糊，将拼接图和帛图原件于 1975 年在《文物》和《人民画报》上公布。张先生总体上肯定了整理小组的复原图，但对局部，尤其破碎严重的地方存在的问题展开讨论。他以照片反映的地图内容及照片中出现的帛片印痕为依据，分析判断出最大问题在于折叠顺序的 3 号位和 6 号位帛片图上。根据折叠顺序分析，发现应处于 3 号位的帛片上只有印痕而无任何实际内容，只是一块与帛图一起入棺时紧邻帛书的断裂片，与原图无关。这意味着帛图实际留存和裱糊的只有 31 片，照相顺序比折叠顺序少一号，而那张残破至无法裱糊的帛片，才应当裱贴在 3 号位，所以他认为 3 号位应该空着，

---

① 曹婉如等编：《中国古代地图集（战国—元）》，文物出版社 1990 年版。
② 谭其骧：《二千一百多年前的一幅地图》，《文物》1975 年第 2 期；谭其骧：《马王堆汉墓出土地图所说明的几个历史地理问题》，《文物》1975 年第 6 期。

不宜随便用印有32号位等印痕的残片来填充，有损原图真实性。由于原3号位残片未被计入照相图，导致照相顺序号比折叠顺序号少一号。按照印痕，张先生还发现原提供给他的6号位片是反面照，公布的帛图原件也是如此，好在整理小组公布的拼接图已改正。此外，张先生还依照原图河道交汇处的绘制特点，指出9、12、13、16号以及4、5号位南海地区存在的拼接问题。① 这为古地图的拼复提供了关键论证，确保了对该图最大限度地正确复原。

此外，他在谭其骧先生研究的基础上，对马王堆《地形图》上岭南水系的今释、泠道和舂陵故址的再探讨，以及该图的绘制特点都深入探讨，对同批出土的另一幅《驻军图》的测绘精度及绘制特点等也认真分析，论证地形图和驻军图皆为古人实测基础上绘制的地图。在古地图研究中，他与谭先生的研究共同为后人提供了一套关于古地图本身的地图内史研究范式。②

在张先生第一篇有关永定河历史地貌考察方法的习作中就已提出，地图和航测照片是历史地貌野外考察必不可少的资料。在金山卫一文中，他利用乾隆《金山县志》卷首的海塘图及图说分析金山深槽的延伸位置和成因。在上海成陆过程研究中，利用东晋时期成图的《吴郡康城地域图》将下沙沙带的形成年代断在两晋时期。他还专门撰文论述同治年间马徵麟著《长江图说》的编绘缘由、特点及意义，认为它是研究长江河床演变详尽而直观的资料。基于在研究中运用古地图的经验，他强调在历史地貌研究中，应该特别重视古旧地图的作用，并明确指出，"应用古地图和当代地图作比较，是研究地貌历史演变过程最有效、最简捷的方法。只要通过简单的比较，即可以发现某些地貌变迁现象。而经过精密测量地图的对比，则是计算各种数据时常用的方法"③。张先生进一步将古地图内史研究拓展到将古地图作为史料运用于历史地理学研究的外史研究，这为我们日后在相关研究中对古旧地图的应用指明了方向，亦奠定了基础。

四、提倡使用新方法和新手段研究《水经注》

郦道元著《水经注》成书于北魏时期，是我国现存最早一部系统记载主要河流源流的奇书，该书以水道为纲，附记流经地的历史典故、地理概况及奇闻轶事。除去其中人物和事迹的描述，《水经注》保留了1500年前古人对于我国部分河流及其分布格局的认知，

---

① 张修桂：《马王堆汉墓出土地形图拼接复原中的若干问题》，《自然科学史研究》1984年第3期。
② 张修桂：《马王堆〈地形图〉绘制特点、岭南水系和若干县址研究》，《历史地理》第5辑，上海人民出版社1987年版，第130—145页；张修桂：《马王堆〈驻军图〉测绘精度及绘制特点研究》，《地理科学》1986年第4期。
③ 张修桂：《中国历史地貌与古地图研究》，第12页。

这为今天从事河流变迁研究提供了可供参比的宝贵材料。张修桂先生很早就关注到《水经注》对河流地貌变迁研究的意义，并于20世纪70年代开展长江变迁史研究时就已把它当作重要史料。不过《水经注》在流传过程中出现多种版本，到宋代时已散佚五卷，此后经辗转传抄，逐渐出现经注混淆、错漏或文字错置等现象。因此对该书需要校勘后方可加以利用。明清时期至民国初年有许多学者从事《水经注》校勘工作，成就卓著，其中清末民国初年杨守敬和熊会贞师徒的《水经注疏》是集大成之作，除校勘和史源学上的贡献外，他们还关注河流记载的地理学方面考证，但仅集中在河流流路复原上。

张修桂先生对《水经注》的研究并不局限于传统文献学方法，而是将历史地貌学的理论知识系统运用于《水经注》的校注之中，属于地理学范畴的复原研究。他不仅关注河流流路的记载，还关注其中反映的河床形态内容，将传统仅限于对"线"型水道的复原拓展到"面"状河床形态的复原，从而使对《水经注》的研究不再局限于沿袭明清以来学者对某一地物、某一河段的饾饤考据之学，而是深入挖掘出《水经注》对于长江河床地貌研究的价值，也由此把传统《水经注》的研究带入科学研究领域。

张修桂先生晚年基于他对《水经注》的利用，致力于《水经注》校注，并结合文献解读，复原公元6世纪长江中游的河湖地貌形态，他希望通过这一工作，"为相关研究者提供一个较为公允的比较平台，同时也可为今后重新整理《水经注》和新编《水经注图》做些前期准备工作"。他建议今后的研究方向，"第一，利用当前最好的《水经注》版本，转入具体内容的研究上，并以此为基础，对《水经注》的内容进行必要的订正后，编辑出版新的《水经注》；第二，在具体内容研究的基础上，以今天测绘的地形图为底图，编绘出版新的《水经注图》"①。在这一理念指导下，他利用陈桥驿的《水经注校证》，参校由段熙仲点校、陈桥驿复校的《水经注疏》，从2010年起，陆续发表长江中游河段、汉江流域、洞庭湖水系等6篇《水经注》校注成果。② 在校注复原

---

① 张修桂：《〈水经·江水注〉枝城—武汉河段校注与复原（下篇）》，《历史地理》第24辑，上海人民出版社2010年版，第1—23页。

② 张修桂：《〈水经·江水注〉枝江—武汉河段校注与复原（上篇）》，《历史地理》第23辑，上海人民出版社2008年版，第1—19页；张修桂：《〈水经·江水注〉枝城—武汉河段校注与复原（下篇）》，《历史地理》第24辑，第1—23页；张修桂：《〈水经·沔水注〉襄樊—武汉河段校注与复原——附：〈夏水注〉校注与复原（上篇）》，《历史地理》第25辑，上海人民出版社2011年版，第1—28页；张修桂：《〈水经·沔水注〉襄樊—武汉河段校注与复原——附：〈夏水注〉校注与复原（下篇）》，《历史地理》第26辑，上海人民出版社2012年版，第1—33页；张修桂：《〈水经注〉洞庭湖水系校注与复原（上篇）》，《历史地理》第28辑，上海人民出版社2013年版，第1—32页；张修桂：《〈水经注〉洞庭湖水系校注与复原（下篇）》，《历史地理》第29辑，上海人民出版社2014年版，第1—33页。

的基础上，他以国家测绘局编制的二十五万分之一地图为底图，采用古今对照的方式绘制了长江中游部分复原图。

五、其他工作

张修桂先生除了上述几个领域的研究，还参与了《中国历史地图集》《中华人民共和国国家历史地图集》《中国历史地震图集》《中国历史气候资料汇编》等多个重要集体项目的编撰。退休之后，又参与研究所与哈佛大学合作的"中国历史地理信息系统"（CHGIS）政区沿革考订工作，负责福建、广东及广西三省区的县级及以上政区的沿革考订，其中，明清时期福建（大陆地区）县级政区的考订，落实到县界每一年的变化，成为该系统庞大政区数据库中最完整的一个部分。此外，他还与邹逸麟先生合作，主编《中国历史自然地理》一书，这是另一历史自然地理学的标志性成果，是对中华人民共和国成立以来历史自然地理研究的系统总结，荣获第五届郭沫若中国历史学奖二等奖，时至今日依然是这一领域研究的标杆。

此外，自 1981 年《历史地理》创刊起，张修桂先生历任常务编辑、常务编委，1995—1999 年任常务副主编，2000—2004 年任主编等职，总计长达 24 年，对历史地理学术刊物发展有重大推进。离任之后他依然心系刊物发展。2018 年《历史地理》获批期刊号，由集刊改为季刊，更名《历史地理研究》，于 2019 年正式发刊。他对此也由衷地高兴，并于 2021 年 4 月 28 日寄语编辑部："史地所对我而言，我最关切的除了自然地理的发展之外，就是编辑部了，毕竟我在其中做了 30 年的工作，可谓不是一般的感情问题。"先生鼓励师生做好编辑工作，办好刊物。

张修桂先生在半个多世纪的学术生涯中，根据中国历史文献的特点，结合现代地貌学的理论和实地考察的方法，独创了一套话语体系进行地理描述和地理解释，贡献了许多创新性的研究成果和学术思想，为历史地貌学在中国的诞生和发展奠定了重要学术基础。他始终积极承担与国民经济建设密切相关的科研课题，在充分认识了解现状的基础上，总要反复鉴别、分析相关资料，进行深思熟虑的推演论证，以求还原历史真相。有关中国古代地理记载的历史文献往往简略，但是经过他的解读和分析，晦涩深奥的历史文献的价值立即凸显出来，久远凝重、波澜壮阔的历史地貌的演变过程也在他字斟句酌的叙述中逐一呈现，这些字里行间，尽显张先生地理学和历史文献学的厚重功底。

然则，也正由于先生论著的这些特点，只有随着他写作时思考的节奏反复阅读，才能参透其研究和著作中讨论的问题。先生平常话不多，我与先生交流的机会亦少，主要通过研读先生文章的方式达到向他学习的目的，也渐渐明白其中一些精妙之处。在我总以为有的是时间向他当面请教时，他却猝然驾鹤西去，只留下深深的遗憾。谨以此篇怀念恩师，或许有一知半解之误，又有表述不当之处，敬请读者批评指正。

张修桂先生无论是在《中国历史地貌与古地图研究》还是《龚江集》里，都饱含深情地缅怀了谭其骧先生对他学术研究的引领之恩，表达了对谭先生的感激之情，他的重要研究发现或来自谭先生安排的任务，或受谭先生启迪，有的则是对谭先生研究的进一步思考。在谭其骧先生、侯仁之先生及史念海先生等老一辈学者的基础上，张先生开拓创新，将现代地理学理论知识和其他学科最新研究成果与历史文献分析相结合，系统地提出历史地貌学研究方法并付诸实践，从而将中国历史自然地理学研究推向一个全新的高度。

（原载《历史地理研究》 2022 年第 3 期 ）

张修桂先生对湖北历史自然地理研究的贡献

夏增民[1]　邓航玲[2]

（1. 华中科技大学马克思主义学院；2. 华中科技大学人文学院）

张修桂先生是中国历史自然地理研究代表性的学者，从早期编绘《中国历史地图集》开始，他就对长江流域地貌、水系进行深入研究（同时，也有邹逸麟先生对华北水系的研究），"这些自然地理要素研究工作的完成从一个分支上标志着历史地理学真正实现了从沿革地理到历史地理的实质性转变"①，对历史地理学科的发展做出了重大贡献，在很大程度上可以说，张先生奠定了现代中国历史自然地理的研究基础。

翻检张先生的著作目录，关于湖北历史自然地理的研究占了多半。据孟刚老师回忆，张先生对自己的两篇文章很满意，一篇是《上海地区成陆过程研究中的几个关键问题》，另一篇是研究赤壁的《赤壁古战场的争论和旅游资源的开发——兼与冯金平先生商榷》。② 这似乎也可以说，张先生对上海成陆和长江中下游地貌历史演变的研究堪称其学术成果的代表——赤壁地望的考证，其实是长江中游河床形态研究的副产品。但是，令人遗憾的是，抛却上海成陆问题不谈，张先生关于湖北历史自然地理的研究成果，社会公众知之甚少，甚至还存在一些有意无意的曲解，一些错误的知识和观点仍在流行。

对张先生最好的悼念，就是阅读先生的著述，并让先生的学术观点为更多的人了解，推动历史地理知识的普及和学术研究的创新。我们概括总结张先生对湖北历史自然地理研究的贡献，主要体现在长江湖北段流路和河床形态的研究以及汉水河口段流路的研究两个方面，诸如赤壁等具体问题的研究，正是在这两方面的研究基础上得出的结

---

① 孟刚：《事了拂衣去　深藏身与名——纪念张修桂先生》，《读书》2022年第5期。
② 分见张修桂：《上海地区成陆过程研究中的几个关键问题》，《历史地理》第14辑，上海人民出版社1998年版；《赤壁古战场的争论和旅游资源的开发——兼与冯金平先生商榷》，《历史地理》第29辑，上海人民出版社2014年版。

论;而张先生晚年对《水经注》的疏解,也是这两方面研究深化的体现。接下来,我们复述张修桂先生关于湖北历史自然地理研究的主要学术观点,以广流传,同时也总结先生的治学经验和方法,期待中国历史自然地理研究再出发,有更大更新的突破。

一、长江湖北段流路和河床形态的研究

韩昭庆老师把近70年来历史时期河湖水系的变迁研究分成四个阶段,前三个阶段是自1949年至新版《中国历史自然地理》的出版,第四个阶段是21世纪初以来GIS等新技术、新方法、新材料在水系变迁研究中的应用。① 至少在前三个阶段,张修桂先生是这一研究领域中的领军人物,在此期间,他重点研究了长江河道的历史变迁,取得了丰硕的成果,基本上梳理清楚了整个长江中游的河床形态及其演变过程,解决了长江河床变迁的动力、云梦泽变迁与荆江河床塑造的关系等问题,以及赤壁地望的确切所在、长江主泓南注洞庭等历史疑案。

张先生对长江中游河床形态的研究,是分成三部分分别开展的,即宜昌至沙市河段、沙市至城陵矶段和城陵矶至湖口段。这三个江段在自然地理条件和河床演变的规律方面,都有着独特性。

(一) 长江宜昌至沙市河段河床演变

历史时期,长江宜昌—枝城段河势基本稳定,整体而言,南津关至临江坪段为分汊河道——上段为葛洲坝分汊河道,下段为胭脂坝分汊河道;临江坪至云池段为顺直单一河道;云池至枝城为弯曲单一河道。

而枝城—沙市段则较为复杂,其河床形态演化的主要原因是江心洲的变迁。枝城至罗家港是关洲弯曲分汊河道:自明代江心洲涌出,"南江北沱"一直维持至今,变化在于上段因江心洲消失而演变为单一河型。罗家港至浣市是百里洲分汊分流河道:自先秦时期,百里洲就已形成;伴随着百里洲的变迁,先秦至南朝,此江段河床为复式分汊形态,隋唐至明代中叶为南江北沱分汊,明代中叶迄于今为北江南沱分汊。接下来,浣市至沙市是顺直分汊分流河道:此江段因为枚回洲、窖金洲等沙洲的变迁以及金堤、寸金堤、虎渡堤等人工堤防的建设而变得复杂,据《水经注》记载分析,南朝时期该河段就自西向东存在复式分汊、普通分汊和单一分流等三种河床形态,一直至今仍为分汊分流形态。

张修桂先生对长江宜昌至沙市河段河床演变的研究,基本上是依靠文献资料进行的复原,显示了张先生扎实的文献功底,这种传统的方法,仍然是历史地理研究的基本功。事实证明,历史地理的研究,离不开地理学的方法,更离不开历史文献的辨析和解

---

① 韩昭庆、韦凯:《近70年来中国河湖水系变迁研究述评》,《中国历史地理论丛》2022年第1期。

读，缺一不可。尤其是古代历史自然地理的研究，历史文献是获取地理信息的重要渠道，历史学的方法在历史地理研究中的作用，是由其特殊的学科背景决定的，在这一点上，张先生的文章，堪称古代历史自然地理研究的范本。

（二）荆江河床的塑造过程和下荆江河曲的形成过程

荆江河段是长江流域河床变化最剧烈的一段，这一变化，与云梦泽的变迁有直接关系。经过谭其骧、张修桂、石泉、蔡述明等一批学者的接续研究①，先秦至汉初、汉魏六朝、唐至北宋、清代以至近世四个历史阶段云梦泽的演变情况已经非常明了，其结论已成定谳。在这一研究中，张修桂先生在文献研究的基础上，更侧重于从地质学、地貌学角度对云梦泽的消亡过程进行分析，极大地推进了相关研究的进展，研究结论具有方法论的意义。

据张先生的研究，云梦泽的变迁过程主要是"由于以沙市为顶点的荆江陆上三角洲的东向扩展而不断萎缩，至唐宋时代，汪洋浩渺的云梦泽则已基本解体，最后演变成为明清时期的江汉湖群"②。

先秦时期的云梦泽仅局限在江陵以东的荆江三角洲和城陵矶至武汉的长江西侧的泛滥平原之间；秦汉时代，云梦泽"大体被分割成西北和东南两部分"；魏晋六朝时期，"云梦泽的主体已在华容县东"，并不断被迫东移，南朝时"城陵矶至武汉的长江西侧泛滥平原，大部沦为湖泽"，此时的云梦泽虽在东扩，但"范围不及先秦之半，深度也当较为平浅"；唐宋时期的云梦泽主体由于江陵金堤的修筑"基本上已填淤成平陆"，北宋初期云梦泽已基本消失，大面积的湖泊群已被星罗棋布的湖泊所替代。③

张先生从历史自然地理角度对云梦泽演变的研究，为探索长江中游荆江河段河床形态的发育过程及其与江汉—洞庭平原之间的关系提供了新思路。云梦泽的演变影响着荆

---

① 可参蔡述明、官子和：《武汉东湖湖泊地质（第四纪）研究——有关东湖成因和古云梦泽问题的讨论》，《海洋与湖沼》1979年第4期；谭其骧：《云梦与云梦泽》，《复旦学报（社会科学版）》1980第S1期；张修桂：《云梦泽的演变与下荆江河曲的形成》，《复旦学报（社会科学版）》1980年第2期；石泉：《古代荆楚地理新探》，武汉大学出版社1988年版；石泉：《古云梦泽"跨江南北"说辨误》，《武汉大学学报（社会科学版）》1993年第6期；石泉、蔡述明：《古云梦泽研究》，湖北教育出版社1996年版；蔡述明、赵艳、杜耘、何报寅：《全新世江汉湖群的环境演变与未来发展趋势——古云梦泽问题的再认识》，《武汉大学学报（哲学社会科学版）》1998年第6期。

② 张修桂：《近代长江中游河道演变及其整治》，《复旦学报》1994年第6期。

③ 历史时期荆江左岸分流与云梦泽演变之间的详细内容，可参《历史时期荆江的变迁》第一节中的"二、先秦时期的云梦泽与荆江分流""三、汉晋南朝时期荆江分流与云梦泽""四、唐至清时期的荆江分流变化与江汉湖群"三部分，见张修桂：《龚江集》，上海人民出版社2014年版，第210—216页。

江河床的塑造，用张先生的原话来说，"云梦泽的消亡过程也就是江陵以下的荆江河床的形成过程"。

从云梦泽的演变过程分析，上荆江河床的塑造大致经历三个阶段。①

第一阶段为荆江漫流阶段。因该地区现代构造运动持续沉降，且具有向南掀斜的特性，江陵以东的荆江漫流，有逐渐向南推移、汇集的趋势。

第二阶段为周秦两汉时期的荆江三角洲分流阶段。这一时期，由于长江泥沙长期在云梦泽沉积的结果，一是"以江陵为顶点的荆江三角洲早已在云梦泽的西部首先形成"；二则"荆江在云梦泽陆上三角洲上成扇状分流水系向东扩散"；三是"荆江主泓道受南向掀斜运动的制约，偏在三角洲的西南边缘"，形成了所谓的"荆江三角洲分流"现象。

第三阶段为魏晋至唐宋荆江统一河床的形成阶段。县治自上游向下游增设的时间与江陵以下的荆江河床塑造完成的时间也是一致的，反映了荆江河床的统一塑造过程。

总之，按张先生的结论，先秦两汉至唐宋，荆江河段在江陵以西的流路与今略同，"江陵以东的荆江主泓在云梦泽中有过自北向南转移，目前下荆江流路是它转移的最南界限"。这也就订正了因胡渭《禹贡锥指》主张而广泛流传的关于荆江流路的一个错误观点——"5 世纪以前长江主泓是南注洞庭，今之荆江在当时只是长江的一条汊道。"张先生认为不存在长江南注洞庭的问题，他指出，一是《汉志》《水经》记载尤详，荆州之沱是自大江分出复入于江的长江分汊河道；二是唐宋以前今松滋、公安一带地势，西南高、东北低，主要水道都自西南往东北流注长江，如著名的油水；三是从东晋江陵荆江河段北岸创筑金堤开始，长江泛滥泥沙沉积在荆南地区，加之元明时期长江北岸穴口堵塞，水沙大量涌向长江南岸，才致使荆南地区地势逐渐改变成北高南低（特别是公安县境）。古地貌改观的结果，形成了自北向南流的虎渡河，油水也开始改注虎渡河南流汇澧而不再入江，至清同治年间，油水又改入新溃决而成的松滋河。张先生对所谓"长江南注洞庭"问题的梳理，同时也复原了虎渡河和油水的变迁过程。

下荆江上起石首藕池口，下迄岳阳城陵矶，其河床形态的演变也分为三个阶段。

第一阶段是形成于魏晋而结束于隋唐之际的分流分汊河型阶段。它是由下荆江早期的边界条件和水流所决定的。之前，下荆江以漫流形式通过，魏晋以后，颗粒较大的沙、亚沙则在下荆江地区沉积下来，组成目前下荆江二元结构的下部沙层，形成大量沙

---

① 参见张修桂：《云梦泽的演变与下荆江河曲的形成》，《复旦学报（社会科学版）》1980 年第 2 期。以下所引皆出本篇，不一一标明页码。另，关于下荆江其他方面的研究，比如变迁因素、发展趋势、堤防修筑等情况，可参贺秋华、余德清、王伦澈、李长安、余姝辰、邹娟：《近 400 多年下荆江河段古河道演变过程及特征》，《地球科学》2020 年第 6 期。

洲、穴口分流，以故下荆江河床属于分流分汊型河床。

第二阶段是唐宋时期的单一顺直河型阶段。这一时期，云梦泽消亡，下荆江完全摆脱漫流状态，统一的河谷河床塑造完成。从此以后，洪水过程日益显著，筑堤工程随之迅速兴起，随着二元结构河床边界条件的逐渐形成，河岸稳定性日趋增强，穴口分流逐渐走向消亡，江心洲不断靠岸或消失，分流分汊河型就演变成单一顺直河型，这是下荆江河床形态的一次重大变迁。

第三阶段是元明之际至今的单一蜿蜒河型阶段。元明之际，下荆江二元结构边界条件已经全线发育形成，河床日趋缩窄，心滩靠岸成边滩，迫使水流弯曲，侵蚀彼岸，在弯道环流作用下，河弯得到不断发展，又由于下荆江横向摆动不受坚硬岩石控制，单一顺直河型迅速向单一蜿蜒河型方向转化。

由此，张先生地理学视野下的荆江河床形态的绵密考证，基本上结束了学界对云梦泽范围及变迁的争论，也从而使荆江流路的演化过程变得清晰可见，可以说是填补空白的世界领先级的成果。

（三）长江城陵矶—湖口河段河床演变

本河段总的河床形态为分汊性河型，粗略地可分为顺直分汊河型和弯曲分汊河型两种。[①] 这种河型上的差异，是由它们所处地段的地质地貌条件不同决定的。由于第四纪新构造运动，晚更新世以后，特别是近5 000年来以下沉运动占主导地位，但因两侧构造单元不同，各段有所差异，表现在两岸之间一般是左岸下沉，右岸上升或相对上升。新构造运动有着向左岸掀斜的性质，这种特点直接决定着本河段两侧的地貌形态和历史时期河道演变的总趋势，表现在河道形态上，即"绝大多数的河弯和弯曲分汊河段的弯曲方向都倒向左岸"。

城陵矶至石码头，沙帽山至武汉市，西塞山至武穴的三个河段大体上属顺直分汊河型。这类河型的河床两侧，往往有较多的矶头濒临江边，甚至成对称地锁住江道，约束河床自由摆动。因此，这类河型的河床在历史时期变幅很小，河道长期以来比较稳定。

石码头至沙帽山，武汉市至西塞山，武穴至湖口的三个河段属弯曲分汊河型。这类河型两侧的地貌形态有显著差异，右岸丘陵山地濒临江边，矶头较多；左岸大多为开阔的泛滥平原，矶头较少间距大，利于弯曲分汊河道的发展。在新构造运动向左岸掀斜的支配下，分汊河道的弯曲方向大多向左岸发展。因此这类河段在历史时期变化较大。

在长江中游河床演变的研究过程中，张修桂先生解决了一个千古聚讼不已的问题，即断定"赤壁之战"的"赤壁"，在今武汉市武昌西南金口赤矶山，而非蒲圻赤壁的流

---

① 本节内容参见张修桂：《长江城陵矶—湖口河段历史演变》，《复旦学报（社会科学版）》1980年第S1期。

行说法。"蒲圻赤壁"被确定为赤壁古战场,最早是唐代李吉甫的《元和郡县图志》,而张先生的主要依据,则是先于《元和郡县图志》的盛弘之《荆州记》和郦道元《水经注》,两书成书距离赤壁之战的时间较近,而且作者也治学严肃认真,还特别注重实地勘察。在两书中,不仅明确指明了火烧赤壁的确切地望所在,还指出乌林在西,赤壁在东,两地相距遥远,绝非同处在长江的一个断面上,这就符合大兵团作战的战场实态;尤其是盛弘之《荆州记》所载乌林与赤壁的里距,也与实测正合。除此之外,即使从当时曹军与孙刘联军双方的军事部署来推测,"赤壁"在金口赤矶山也是合理的。双方兵力对比悬殊,孙刘联军不得不进行战略收缩,重点防守夏口大本营,而同时在外围进行设防,逐级防御。如此,在武汉外围上游的大军山、小军山、赤矶山一带设防是完全可能,也是必要的,而到"蒲圻赤壁"去设防,则显得太远,会造成兵力分散,于整体战局不利。如此,张修桂先生就从各个角度论证了武昌金口赤矶山确为赤壁大战的"赤壁"所在,从而在学术上一劳永逸地解决了"赤壁"地望的争论。

二、汉水河口段流路及相关研究

张修桂先生对汉水河口段研究的重要贡献,在于坐实《禹贡》所载汉水"至于大别,南入于江"之"大别"的确切所指,以及订正了流行说法"明代中期汉水改道"之讹,并在此基础上重建了历史时期汉水入江口的变迁过程,同时也阐明了"汉阳"之所以得名的缘由。

汉水发源于陕西宁强县嶓冢山,自钟祥黄庄以下至汉口流经下游冲积平原。"先秦时期汉水下游曾为单一河型,其后演变为分流分汊河型"①,分流主河床摆动的总趋势呈现自北向南移动的特点;由于后世人为筑堤束水,又"使分流分汊河型逐渐演变成统一的限制性曲流河型",加剧了汉水下游的溃口、改道和洪水灾害。

关于汉口入江口的具体位置及河口段流路,历来争议很大。先秦时期,《禹贡》云:嶓冢导漾,东流为汉,又东为沧浪之水,过三澨,至于大别,南入于江。此"大别"何指,更是聚讼不已。张先生梳理了各种说法,在马徵麟、杨守敬等人观点基础上,认定"《禹贡》大别当指今黄陂滠口间的大别支脉",《伪孔传》"触山回南"之说,指的应是汉水触这一大别山麓,然后在滠口东南一带入江。

如此,《禹贡》时期汉水下游的流路,即是:"在长江巨流溢逼和大夏水自然堤制约下,汉水下游河段偏安于大夏水之北的大洪山区南麓,约自钟祥旧口东出,沿今天门河东行,绝富水、涢水、澴水,最后由府河东行至滠口东南入江。"

---

① 张修桂:《汉水河口段历史演变及其对长江汉口段的影响》,《复旦学报(社会科学版)》1984年第3期,第29页。以下所引皆出自本篇。

当时汉、夏二水虽近，但基本上各行其道，各有其口，汉口在北，夏口在南，先秦史载，未见混一。

大约在秦汉之际，汉水南向迁移，汉水下游因此逐渐摆脱长江分流夏水的溢逼，开始从旧口分流南下。因众分流散漫难辨其主次，故汉魏时期汉水又有沔汉之称。当时在纷错南下的汉水中，当有一支分流合夏水之后，流量激增，始成汉水正流，所以沔汉又兼有夏水之称，汉夏混一，当形成于这一时期或稍前。沔汉合夏水之后的下游段入江口，即在沙羡县北的翼际山北。翼际山即今龟山。因此，汉魏六朝时期，汉水始终稳定在龟山北麓、却月城之南注入长江。

在这一时期，蔡店（今蔡甸）以下的汉水河口段，河道相当狭窄，河口三角洲上不存在分流河道，河床形态属顺直单一河型。

唐宋时期，是汉水河口段从顺直河型演变为弯曲河型的一个过渡阶段。由于曲流的发育，汉水入江口有明显的向南摆动的趋势。这一时期，云梦泽已完全消失，长江洪峰增大，支流入江受阻，河床自动调节的结果，沿江支流河口段河曲迅速发育。汉水河口段自排沙口至郭师口之间的曲流就在这一情况下发育形成，使原来顺直河型逐渐向弯曲河型发展。

郭师口附近曲流发育的结果，使水流动力轴线改变，郭师口以下河势随之相应发生变化，河床向南摆动，沿今梅子山北麓的月湖东行，直趋龟山西麓。龟山则以分水铧咀形式把汉水劈为山南、山北二股分流。当时龟山南北二支分流尚以北支为主，南支为次，但时有交替，至元代前期，汉水主泓完全从龟山之南流入长江。

从元代后期至明代初期，牯牛洲汉水河曲进一步发展，曲率增大，河曲曲颈则日趋缩短，郭师口以下的汉水河段遂向西逆向发展，其结果使汉水河口段主流动力轴线再度北移，因此造成龟山北分流流量逐渐增大，再次成为主泓，龟山南分流尽管因为曲流所形成的水流分力使其继续存在，但毕竟因流量大减而成为涓涓细流的支汊。

由于明代中期汉水自然裁弯取直，河床主流轴线发生重大改变，汉水河口段也必然随之发生相应变动。原来依靠曲流分力而存在的龟山南分流，由于上游裁弯取直，弯道分力消失，龟山南分流也随之消亡。汉水河口段的径流，完全按照新变动所形成的动力轴线，依流体惯性从龟山北麓入注长江。

明代中期汉水河口段的这次大变动，大体上奠定了目前汉水河口段的河床形态和流路。因此，并没有明代成化间汉水入江主河道改道一说，张先生的观点是，原本就已存在的龟山南分流因上游裁弯取直而断流，龟山北麓汉水流量变得集中、丰富，再度成为入江主河道。

汉水河口段流路的变化，关涉到"汉阳"地名命名的相关问题。山南水北为阳，这是我国古代地名命名的主要根据之一。而今日之汉阳在汉水之南，按古训当为"汉阴",何以"汉阳"称之?流行的说法是在汉阳设县之初治所就地处汉水之北,故得汉阳之名;后汉水改道,遂延续汉阳之名未改。

张修桂先生不同意这种看法。经考证,汉阳县前身沌阳、汉津的原治在今武汉市蔡甸区临嶂山下,隋大业二年(606)改为汉阳,治所不变,一直处于汉水之阴;唐武德四年,移置今汉阳区主城,仍在汉水之阴,一直到宋代才有新的情况出现。那隋炀帝何以改汉津为汉阳?张先生认为,事实上很简单,就是"盲目地沿袭古名",如此而已[①];之所以"汉水改道说"深入人心,则是明代中期汉水河口段的变化给人以错误的认知。可惜张先生的文章发表30余年,这一似是而非的说法延续至今,仍为主流。

张先生对湖北水系的研究,《水经注》是最基本的资料,可以推想张先生对《水经注》的重视和感情,在晚年,更是主要致力于《水经注》江水和汉水诸篇的校注与复原,2008—2014年间,陆续发表了对长江中游河段、汉江流域、洞庭湖水系六篇《水经注》校注的研究成果。[②] 这些研究都成为湖北历史自然地理研究,尤其是长江、汉水流路研究的文本基础。

张先生关于长江中游及汉水河口段的研究前文已述,而他对汉水中上游的考察,也同样不容忽视,具见《〈水经·沔水注〉襄樊—武汉河段校注与复原——附:〈夏水注〉校注与复原》。他对《水经注》的研究,订正讹误和错简,尽可能地恢复该书本来面貌,不仅具有文献学的意义,同时也对水系流路、湖泊等地貌景观以及地名、政区进行疏证,贡献出不少的新知,同样具有历史地理学上的学术研究意义。

张先生对湖北历史自然地理的研究,不仅复原了水系流路、地貌变迁的历史过程,厘清了湖北地区历史发展过程中"地理舞台"的基本面貌,从而为湖北地区交通、政区、经济、军事等一系列问题的研究打下了坚实的基础。总之,张修桂先生对长江中游水系变迁全面、系统而深入的研究,极大地丰富了我国河流地貌历史演变的相关研究理论、方法和实践。他的一系列世界级重大、原创成果,为湖北历史自然地理、为中国历史地理研究的繁荣与发展做出了卓越的贡献,具有典范意义和示范作用。张先生的道德文章,也激励着历史地理人不断地推陈出新,创造有中国气派和中国特色的历史地理学,为中国特色哲学社会科学体系的构建做出更大贡献。

---

① 张修桂:《汉阳命名辨析》,《武汉师范学院学报(自然科学版)》1981年第1期。
② 分见张修桂:《〈水经·江水注〉枝江—武汉河段校注与复原(上篇)》,《历史地理》第23辑,上海人民出版社2008年版;张修桂:《〈水经·江水注〉枝城—武汉河段校注与复原(下篇)》,《历史地理》第24辑,上海人民出版社2010年版;张修桂:《〈水经·沔水注〉襄樊—武汉河段校注与复原——附:〈夏水注〉校注与复原(上、下篇)》,《历史地理》第25、26辑,上海人民出版社2011、2012年版;张修桂:《〈水经注〉洞庭湖水系校注与复原(上、下篇)》,《历史地理》第28、29辑,上海人民出版社2013、2014年版。

江陵"息壤"与鲧禹治水

尹玲玲

（上海师范大学人文学院）

鲧禹治水，是我国广为流传的上古时期的神话故事与历史传说。神话传说的背后蕴涵了一定的历史真实。故而，历史学界往往不满足于停留在传说时代的神话解释层面，更希望能在认识传说时代共性的同时，探究特定地域的历史个性。

上古之世的洪水究竟波及怎样的范围？是东西方一致，还是只涉及一定区域？洪水暴发时，先民们又是怎样对待洪水的？是消极躲避，还是积极治理？洪荒之世的先民治理洪水究竟有怎样的具体方法？如何认识这些问题，对于认识整个中华文明史乃至世界文明史，都有重要的价值和意义。

关于鲧禹治水的具体地域及范围，学界曾有争议，现在一般都认为仅在黄河流域。关于鲧禹治水的具体方法，则一直模糊不清。笔者认为，对于这个古老的论题，我们或许可以利用多学科、跨领域的学术成果做些集成研究。本文即是运用考古学的创获，结合环境史与水利史知识，从历史地理角度做出的研究尝试。不当之处，敬请方家批评指正。

一、问题的提出

2002年遂公盨出土，李学勤认为其铭文的发现，"提供了大禹治水传说在文物中的最早例证"[①]。大禹治水的文献记载相应提前了好几百年。关于上古洪水及其创世神话，有学者认为鲧禹治水神话同于西方的动物潜水捞泥取土造陆的神话母题。这一观点始自日本的白鸟库吉。[②] 傅斯年也认为"禹鲧之说，本中国之创世传说"，点明禹

---

① 李学勤：《论遂公盨及其重要意义》，《中国历史文物》2002年第6期。
② 贺学君：《中日中国神话研究百年比较》，《文学评论》2001年第5期。

的神道性质。① 日本的大林太良又从比较神话学的角度阐述了阿尔泰地区的神话，认为其流传地域遍及欧亚大陆及美洲印第安部落，由此认为鲧的神话原来应当就是捞泥造陆神话。② 在创世神话诸类型中，这类"动物潜水取土造地"型的故事是一世界性的传说。③ 吕威认为，该类型神话的中国版，经萧兵、叶舒宪、李道和等人的发掘研究④，实为鲧禹治水神话已"确无疑义"⑤。

如徐旭生所云，古代的传说虽口耳相传，因年代久远容易失真，但大约都有历史的事实为核心，并非子虚乌有；历史工作者如果能审慎地处理，就可以剥开它们神话的外衣，找出来真正历史的核心。⑥ 关于鲧禹治水传说中神话与历史的成分及比例，历史学界的认识也多有分歧。顾颉刚曾提出著名的"层累地造成的中国古史"观，对于鲧禹治水，则认为传说里面夹杂了很多的神话，质疑禹之是否确有其人。⑦ 徐旭生指出，传说时代的许多人名，往往兼有个人与部落集团的双重性质。因此，文献上的黄帝、炎帝、颛顼等人名，不能仅仅理解为个人，而应看成是由这些人或这些人的继承者率领的部落集团。⑧ 这一观点对我们认识鲧禹治水的传说很有启发。历史学界就鲧禹治水可以说基本形成共识，即该传说的某些细节虽然存在一些神话成分，但其背后仍突显了一个基本事实，那就是我国上古时代曾经洪水暴发，先民们曾在英雄式首领的带领下成功地治理了洪水。然而不同领域的学者还远未达成共识，神话学界与历史学界都还分别在各自的领域展开讨论，不断有大量新刊论文聚焦于此。⑨

神话背后往往有早期的历史渊源。知识阶层的差别造成了神话与历史的分流。带领

---

① 傅斯年：《民族与古代中国史》，河北教育出版社 2009 年版，第 24 页。
② ［日］大林太良：《神话学入门》，林相泰、贾福水译，中国民间文学出版社 1988 年版，第 51—52 页。
③ ［美］安娜·露丝：《北美洲印第安人的创世神话》，［美］阿兰·邓迪斯编：《西方神话学论文选》，朝戈金、尹伊、金泽、蒙梓译，上海文艺出版社 1994 年版，第 226 页。
④ 萧兵：《中国与美洲的息壤》，《中国文化的精英——太阳英雄神话比较研究》，上海文艺出版社 1989 年版，第 767 页；叶舒宪：《中国神话哲学》，中国社会科学出版社 1992 年版，第 338 页；李道和：《昆仑：鲧禹所造之大地》，《民间文学论坛》1990 年第 4 期。
⑤ 吕威：《"息壤"研究》，《中国文化》1996 年第 2 期，第 72 页。
⑥ 徐旭生：《中国古史的传说时代》，科学出版社 1960 年版，第 19—20 页。
⑦ 顾颉刚：《与钱玄同先生论古史书》，《读书杂志》1922 年第 9 期；《讨论古史答刘、胡二先生》，《读书杂志》1922 年第 12 期。
⑧ 徐旭生：《中国古史的传说时代》，第 35 页。
⑨ 最新的如黄文著：《神话"鲧禹治水"的历史解读》，《武汉工程职业技术学院学报》2018 年第 2 期；陈祺：《〈天问〉与〈山海经〉鲧禹治水之对比研究》，《青年时代》2018 年第 6 期；段友文：《鲧禹治水的洪水神话性质及其原始观念》，《中原文化研究》2018 年第 6 期。

群众创造历史的是掌握更多知识技能的少数个人。知识技能存在专业分化，史官不一定掌握各领域专门知识。民众在知识技能上处劣势，但在数量上占绝对优势。包含历史内核的神话故事借民众之口代代相传，构成古人的历史记忆和古老传说。

关于洪水暴发和鲧禹治水的具体地域，历史学界以徐旭生为代表的以往研究一般认为在黄河流域。他考证认为，洪原本是一专名，指发源于今河南辉县境内的小水名共水，其水旁乃后加，洪解为大是后起之义。洪水的发生区域主要在兖州，次则在豫州、徐州，余州无洪水。禹平水土遍及九州的说法是后人把实在的历史逐渐扩大而成的。① 对于共、洚及洪各字的考证与训诂及其各水间关系，徐先生后来已有反思，强调"此问题很复杂，不像从前所想象的简单"，他自己对"现在所能得到的解释也不能完全满意"。徐旭生在论证相关问题时，涉及南方地域的证据一般都予以否定。② 既然洪水之洪原非专名，不能导出洪水即共水，将洪水暴发区域和鲧禹治水地域定为仅在黄河中下游不太合适。事实上，早期文献中无论鲧、禹治水，均写为"鸿水"③，洪范也都写为"鸿范"④。从"鸿"之字形看应与江水有关。我们现在讲"开辟鸿蒙""鸿篇巨制"等语汇时，仍然在用其初、大之义。

洪水暴发与否和全球气候波动、海平面的升降密切相关，在暴发地域上具有一定普遍性，无论史前、历史时期还是当代，应该都不例外。自末次冰期至新仙女木事件期间的旧石器时代，全球气候仍处于较为寒冷阶段，新石器时代农业和稻作业的出现则与全新世大暖期的到来密切相关。当前，学界不乏掌握和运用先进研究方法和科技手段的跨学科研究成果，在全新世环境演变与人地关系研究方面，典型的如朱诚等运用细致的年代学、微体古生物学、沉积学和地球化学代用指标等研究手段，对长江全流域新石器时代以来的历史进行了环境考古研究，对全区上、中、下游典型自然沉积的全新世泥炭地层和河湖相沉积记录作了高分辨率的年代和孢粉学等研究，重建了全新世古气候与古生

---

① 徐旭生：《中国古史的传说时代》，第 161 页。
② 如："濮水正，汉水误，当无疑义"；"《禹贡篇》内所叙导山和导水的办法"乃"属张大其辞"，"不是大禹时代所能有的事实"；"孟子北人，所记关于江水事，大致沿袭当时人夸张的说法，殊不足信"；"禹致群神于会稽之山的说法起源很古"，"可是当日的会稽实为今安徽的涂山"；"越为夏后，说很难信"，"《孟子》书所说'决汝、汉，排淮、泗而注之江'殊不可靠"。（徐旭生：《中国古史的传说时代》，第 136 页页下注，第 143、146、151—152 页）
③ 如《礼记·祭法》：鲧障鸿水而殛死。（〔清〕阮元：《十三经注疏》卷四六，中华书局 1980 年版，第 362 页）《史记》卷二九《河渠书》引《夏书》云：禹抑鸿水十三年。（中华书局 1959 年版，第 1405 页）
④ 如《史记》卷三八引《尚书》云：昔鲧堙鸿水，汩陈其五行。帝乃震怒，不从鸿范九等，常伦所斁。鲧则殛死，禹乃嗣兴。天乃锡禹鸿范九等，常伦所序。（第 1611 页）《吕氏春秋》卷一《贵公》："故《鸿范》曰：无偏无党，王道荡荡。"（上海古籍出版社 2002 年版，第 45 页）卷一七《君守》："《鸿范》曰：惟天阴陟下民。"（第 1059 页）

态环境,并将其与考古遗址地层作了对比集成研究。该研究认为,长江流域在 4 kaBP 前后经历过显著的古洪水事件。①

长江流域幅员辽阔,江湖众多,土地肥沃,气候温和,资源丰富,历史文化悠久,也是中华民族的重要发祥地。古史起源多元论是民国古史研究中非常重要的观点,认为中国上古时期同时并存多个地理区域,其中生活不同的种族,他们在文化上也有不同。② 蒙文通认为,上古居民约可划为三个集团,分居于河洛、海岱和江汉三地域,先秦学术文化也大体可划为北、东、南三系,《山海经》《庄子》与《楚辞》等均属南系作品。他指出,《山海经》把古巴蜀、荆楚都作为天下之中来看待,且详记岷江中、上游。③ 我们认为,鲧禹治水非仅在黄河流域,生活在长江流域的史前先民同样面临过洪水暴发的困境,鲧禹治水足迹可能亦及长江流域。

鲧禹治水之方法,相关记述屡屡提到"息石""息壤",或单提,或并举。《山海经·海内经》云:"洪水滔天。鲧窃帝之息壤以堙洪水,不待帝命。帝令祝融杀鲧于羽郊。"郭璞注曰:"息壤者言土自长息无限,故可以塞洪水也。"并引《归藏·开筮》曰:"滔滔洪水,无所止极,伯鲧乃以息石息壤,以填洪水。"④《淮南子·地形训》云,"禹乃以息土填洪水,以为名山",高诱注曰:"息土不耗减,掘之益多,故以填洪水也。"⑤ 应该说,用息石、息壤以"堙洪水"的记述是非常具体的治水方法。但"息石""息壤"究为何物,因古文献相关记述极为简略,加之郭璞、高诱云息壤能无限生长、越挖越多,使其蒙上了神秘色彩。

"息壤"问题引发热切讨论。已有研究大体可分两派,一派致力于科学研究,试图寻找息壤的实物性定位,另一派则专注于深掘息壤所可能蕴藏的文化心理意义;前一派"膨润土"的观点"颇有说服力",但"诸说存在一个共同的逻辑问题",后一派的研究则"成果丰硕"⑥。笔者认为,神话一派的观点虽存一定分歧,但总的趋势是将息壤的含义无限扩大。神话学界注重发掘治水传说所反映的时代共性,对其具体方法则并不在意,甚至觉得无从考证落实。但正如王子今所论,史学界"更关注远古洪水传说的史实

---

① 朱诚、郑朝贵、吴立等:《长江流域新石器时代以来环境考古》,科学出版社2015年版,第597、615—618页,《序言》第1页。"4 kaBP"是地质年代的标示方法,即距今4 000年,下同。
② 舒铁:《〈山海经〉与民国古史起源多元论——从蒙文通、傅斯年到徐旭生》,《甘肃社会科学》2017年第5期。
③ 蒙文通:《略论〈山海经〉的写作时代及其产生地域》,《巴蜀古史论述》,四川人民出版社1981年版,第157—161页。
④ 袁珂:《山海经校注》,上海古籍出版社1980年版,第472页。
⑤ 张双棣:《淮南子校释》,北京大学出版社1997年版,第431—433页。
⑥ 李艳膑:《近现代"息壤"研究述评》,《西江文艺》2016年第14期。

背景,更关注以鲧和禹的事迹为神话影像的刚刚步入文明阶段的先民们治理洪水的具体方式,更关注与此相关的文明史的进程"①。

二、从江陵"息壤"的文献序列看鲧禹治水

长江中游是长江流域广阔的腹地,由于地势和气候条件优越,是长江流域人类文明起源和发展最重要的地区。根据5.1—4.5cal.kaBP屈家岭文化时期后期人类遗址主要分布在50至200米海拔高度的分析,其时人类生存可能受到过水域扩大和洪涝灾害的影响。在公元前2070—前1600年的夏代则经历过显著的特大洪水事件。②

鉴于考古学界以上判断,我们再来梳理历代有关"息壤"的大量历史文献。如果从其涉及的地理空间进行归类的话,记述较多且较为集中的大体有三个地点:其一,荆州子城南门外,即今湖北江陵沙市附近长江北岸;其二,湖南零陵县南一处名为龙兴寺的古寺;其三,秦地战国甘茂盟誓处。其余则是很少的零星记述。关于第二处地点的核心记述为唐柳宗元《息壤记》③,其余基本为后续转录或围绕该篇所作阐发议论。有关第三处的历史记述本有分歧,有的认为并非地点与地名。相比之下,以湖北江陵的"息壤"记载最为集中,形成一个连续的文献序列。

1. 西汉刘向《别录》:江陵子城南门有息壤

笔者目前追溯到的最早的江陵"息壤"直接记述乃苏轼之《息壤诗》④,最早的间接文献依据则为南宋罗泌《路史》"息壤"条目转引之《别录》。《路史》书成于乾道庚寅年(1170)。该条云:"江陵之壤,锁镇水旱。《江陵图经》引《别录》云:子城南门,地隆起如伏牛马,去之一夕,辄复如故。在昔传为息壤,腾践或死。"⑤"息壤"条之征引目录中同有《江陵图经》与《江陵志》。《路史》之后,前者仍常被其他文献所征引,如明陈士元《江汉丛谈》、清蒋骥《山带阁注楚辞》等。⑥ 隋唐图经骤然繁兴与官制变化密切相关,并由此演变成宋元后之"方志"⑦。《别录》乃中国首部有书名、有

---

① 王子今:《"息壤"神话与早期夏史》,《中州学刊》2003年第5期。
② 朱诚、郑朝贵、吴立等:《长江流域新石器时代以来环境考古》,第616页。"5.1—4.5 cal. kaBP",即通过校正后距今5 100—4 500年。
③ 〔唐〕柳宗元:《柳河东集》卷二八,上海人民出版社1974年版,第461—462页。
④ 〔宋〕《苏轼诗集》卷二《古今体诗三十八首·息壤诗》,中华书局1982年版,第59页。
⑤ 〔宋〕罗泌:《路史·余论十·息壤》,《四部备要》,中华书局1989年影印本,第225页。
⑥ 〔明〕陈士元:《江汉丛谈》卷一《息壤》,中华书局1985年版,第7页;〔清〕蒋骥:《山带阁注楚辞》卷三《天问》,上海古籍出版社1984年版,第76页。
⑦ 辛德勇:《唐代的地理学》,李孝聪主编:《唐代地域结构与运作空间》,上海辞书出版社2003年版,第442—443页。

解题之综合性分类目录书，西汉刘向所撰。"息壤"条之《别录》不可确定是否即为刘向《别录》，如是，则最早可溯至西汉。所记内容则明确提到"息壤"的地理位置在"子城南门"，且点明"在昔传为息壤"，可见该地早已流传此说，并已涂上"腾践或死"的神秘色彩。

2. 唐五代佚名《冥洪录》：裴胄误出"息石"以致洪与埋而止雨

《江陵图经》之后，较早的息壤间接文献当属唐五代之《冥洪录》。该书今已散佚，《路史》"息壤"条目有载，内容较《别录》之简单叙述丰富得多，所记之事据云乃唐代荆州牧所亲历，记载详细具体，故事也极传神。现转录如下：

> 元和初，裴宙镇荆，掘之六尺，得一石，规模楼橹，悉仿荆城。其中空，径六尺八寸，甚工致。命徒之藩篱间。是春淫雨，四月不止，潦涨莫遏。人抱为鱼之忧。会欧献乘居楚山，驰问之，对以事迫，凿石弗及，令陶范为江陵城，内广六尺八寸，楼堞门阙无少差，于南门外八十步，掘深六尺，埋之当止。宙始惊叹昔人所填，从之。既瘗，祭之。夕复隆起。①

"裴宙"，有些文献记为"裴宇"，均误，应为"裴胄"。前人对此已有考证，认为该故事中"宙、胄音近，疑即'胄'之讹，'元和'亦疑为'贞元'之误"，出任荆南节度的具体时间为贞元八年至十九年间（792—803）。②《冥洪录》中所记或即当为裴胄任职荆南期间亲历之事。该书见于《宋史·艺文志》，列入小说类，因此，这个故事是否为真实的历史事件尚存疑。不过，故事内容开始将"息壤"与"洪水"真正联系起来，有具体的时间、地点、亲历之人物，乃至事件前后发展的全过程，使得"息壤"与洪水的关联非仅停留于神话传说层面。

宋张世南《游宦纪闻》称此事乃"从道士欧阳献之谋"，该书转录了《冥洪录》中相关记述，谓"前古相传，不知其始"，并云"江陵城内有法济院，今俗称为地角寺，乃昔息壤祠"。《游宦纪闻》又录有柳宗元《息壤记》内容，并称"龙兴寺今在永州太平寺，而息壤不复见矣"，又指出秦甘茂盟息壤处"乃在秦地"，不是永州，并认为三地之息壤中永州与江陵"二郡大率相类，而秦地之息壤，则未详也"③。《路史》云欧献"乃洛中道士，博学多闻"，并说此事"亦见《江陵志》"④。考南宋淳祐进士周应合曾

---

① 〔宋〕罗泌：《路史·余论十·息壤》，第225页。
② 郁贤皓：《唐刺史考全编》，安徽大学出版社2000年版，第2679页。
③ 〔宋〕张世南：《游宦纪闻》卷六，中华书局1981年版，第52页。
④ 〔宋〕罗泌：《路史·余论十·息壤》，第225页。

编撰《江陵志》，淳祐在公元1241—1252年间，晚于《路史》，则《路史》所引《江陵志》当在周应合《江陵志》前即已成书，是早于该志之志。裴胄亲历"息壤"一事后又多见于历代志书及众多文集的征引或转录，故事面貌大体相近而稍有出入。①

3. 唐五代王仁裕《玉堂闲话》：禹用息壤以平洪与荆帅仿禹

《冥洪录》之后，有关江陵息壤的新描述当属间接文献《玉堂闲话》之记载。该书今已散佚，当前可见最早征引其中关于息壤条目者当为《太平广记》，为便分析，现全文转录该条如下：

> 江陵南门之外，雍门之内，东垣下有小瓦堂室一所，高尺许，具体而微。询其州人，曰："此息壤也。"鞫其由，曰："数百年前，此州忽为洪涛所漫，未没者三二版。州帅惶惧，不知所为。忽有人白之曰：'州之郊墅间，有一书生博读甚广，才智出人，请召询之。'及召问之，'此是息壤之地，在于南门。仆尝读《息壤记》云：禹湮洪水，兹有海眼，泛之无恒，禹乃镌石造龙之宫室，填于穴中，以塞其水脉。后闻版筑此城，毁其旧制，是以有此怀襄之患。请掘而求之'。果于东垣之下，掘数尺，得石宫室，皆已毁损。荆帅于是重葺，以厚壤培之，其洪水乃绝。今于其上又起屋宇，志其处所。"旋以《息壤记》验之，不谬。出《玉堂闲话》。②

《玉堂闲话》大抵为唐五代时笔记小说，今人有辑佚本。③ 将这一故事中所涉时间、地点、人物与上述《冥洪录》所载相较，除地点外，均有明显不同。时间上，如确为"数百年前"的话，则尚为早出。地点同在"南门"外，只是未用具体距离描述而强调其地物参照为"雍门之内，东垣下"。人物上，虽同有州帅，献策者则非"洛中道士"而为"江陵书生"，从外地方士变成了本地儒生。尤为重要者，故事已追述至大禹治水，非常明确地将"息壤"与上古传说联系起来，并指出江陵南门外之所以"泛溢无恒"乃因"兹有海眼"。大禹治水具体方法则为"镌石造龙之宫室，填于穴中，以塞其水脉"。支撑这一记述的则是一篇名为《息壤记》的特别文献，博学的江陵书生曾读过此文，王仁裕写作该书时，仍能看到，可以用来对照检验。该条目后又曾为多书广泛征

---

① 〔明〕陈士元：《江汉丛谈》卷一《息壤》，第7—9页；〔明〕徐应秋：《玉芝堂谈荟（第11册）》卷二四《江陵息壤》，进步书局1912年版，第13页右；〔清〕蒋骥：《山带阁注楚辞》卷三《天问》，第76页。
② 《太平广记》卷一九七《江陵书生》，中华书局1961年版，第1481页。
③ 蒲向明：《玉堂闲话评注》，中国社会出版社2007年版，第1—7页。

引,面貌大体与《太平广记》所引相类。①

4. 北宋王子融《息壤记》:淳化、庆历二度发息壤以求雨

苏轼《息壤诗》乃记述息壤之直接材料,其《叙》云:"今荆州南门外,有状若屋宇,陷入地中,而犹见其脊者。旁有石记云不可犯。畚锸所及,辄复如故。又颇以致雷雨,岁大旱,屡发有应。"② 可知"息壤"乃为苏轼亲见,但其是否真的不可触犯和致雷雨却并非其亲见,仍属转述。不过,北宋时真有亲历息壤与雨旱洪水相关事件者。《玉堂闲话》之后,间接记述江陵息壤可致雷雨的新材料当为北宋皇祐三年(1051)王子融所作《息壤记》,该篇先后为《路史》③《东南纪闻》④《江汉丛谈》《玉芝堂谈荟》《康济录》等征引或转录,或引片断,或引全文。现将《江汉丛谈》中所引全文转录如下:

> 庆历甲申,余以尚书郎莅荆州,自春至夏不雨,遍走群祀,五月壬申,与郡僚过此地,无复隆起,而石屋檐已露。请掘取验,虽致水沴,亦足为快。因具畚锸,置土数百担以备,俟旦从事。是夕雷雨大至,远近沾洽,亟以馨俎荐答。医博士张若水者,年逾七十,因言儿时,见大谏臧梦寿尝以久旱发之,数尺,巨石如屋,四面为柱为牖,其南隐出门闑。百夫莫动。乃縻以巨索,牵水咒二石提出之。大雨而止,未及穷其石城。因覆以屋,绘为风雷之像。陈希元又易以神龙像。皇祐三年,子融致仕,始记焉。⑤

这段文字包含北宋淳化初年与庆历四年(1044)先后两个历史故事,二者又有共通性,均因久旱而发息壤求雨。臧丙,字梦寿,河北大名人,"弱冠好学,太平兴国初举进士","淳化二年(991),拜右谏议大夫,出知江陵府,岁余,疾,上闻之,遣中使及尚医驰往视之,逾月卒。年五十三"⑥。王子融亲历之事在庆历甲申(1044),医博士张若水在现场,其时年逾七十。臧丙淳化二年任职江陵府,仅一年多点即病死,故张若水所言儿时见臧丙发息壤事应发生在淳化三年前后,距庆历甲申约52年,正好与张若水

---

① 佚名:《锦绣万花谷·前集》卷六《息壤》,上海辞书出版社1992年版,第50页上;〔明〕陈士元:《江汉丛谈》卷一《息壤》,第7—9页;〔明〕徐应秋:《玉芝堂谈荟》卷二四《江陵息壤》,第11册,第13页右;〔清〕蒋骥:《山带阁注楚辞》卷三《天问》,第76页。
② 《苏轼诗集》卷二《息壤诗并叙》,第59页。
③ 〔宋〕罗泌:《路史·余论十·息壤》,第225页。
④ 佚名:《东南纪闻》卷三,〔清〕钱熙祚:《守山阁丛书》,上海博古斋本,1922年,第12页。
⑤ 〔明〕陈士元:《江汉丛谈》卷一《息壤》,第7—9页。
⑥ 《宋史》卷二七六《臧丙传》,中华书局1977年版,第9399页。

所言"儿时"年龄相当。关于这次息壤发掘的故事，文字中有非常具体的细节描述，云"牵水兕二百蹄出之"①。如此，这一描述应当可信。

南宋时也有关于江陵息壤的记述，《吴船录》云范成大到达江陵留宿沙市时，与江陵帅辛弃疾一同游览"渚宫"，有"息壤，在子城南门外，旧记以为不可犯"，但只是"相传如此，近岁，遇旱则郡守设祭掘之"，发掘息壤时，"畚其土于旁，以俟报应。往往掘至石楼之檐，则雨作矣。雨，则复以故土还覆之"。"掘土而致雨"乃"辛幼安云亲验之而信"之事。② 但查存世辛氏文集未见有述及息壤者。

5.《五杂俎》与《觚賸》：明万历、清康熙时息壤的再现与再验

明清时江陵息壤记述未断，谢肇淛《五杂俎》中有"息壤祠"条目，先引《山海经》中"鲧窃帝之息壤以堙洪水"句，继而云"今江陵南门有息壤祠"，后即讲述前文所析裴冑任荆州牧时故事，再之后较珍贵者则乃明代当代息壤故事，记云："万历壬午（1582），新筑南门城，乃复得而瘗之，置祠其上。"③ 据此可知，万历十年时息壤又曾被发掘出来重见天日，随即又埋于地下，并在上面重建祠宇。

清初王士禛《香祖笔记》云："荆州南门有息壤，其来旧矣。上有石记云，犯之颇致雷雨。"这段文字与此前罗列文献所记相类，无甚稀奇，难得的是文中继而详述"康熙元年，荆州大旱，州人请掘息壤"，后从其请以发掘，当夜即发大雨，且雨水长达四十来天，导致江水泛溢冲决万城堤，差点儿毁掉荆州城的故事。④ 王氏所载并非孤证，钮琇《觚賸》亦载其事，文字面貌与王士禛所记大体相类，乃事件亲历者之详尽记载。钮琇康熙四年（1665）听太康王司训钿说起元年时随父在荆南为官，当年大旱，当地百姓请求发掘息壤，一开始他们并不相信息壤能致雷雨一说，但过了三个月都还不下雨，迫不得已，只好顺从他们的请求。到了荆州南门外的大堤上，挖了不到数尺，就有房屋模样露出屋脊，又挖下去约一尺，打开房屋走进去，看到一个方锥形物体，近看"非木非土，非石非金，其纹如篆"，当地百姓说，这就是息壤，于是赶紧掩埋起来，但还是如上文所说，当夜就连下暴雨，万城堤溃口，荆州城几近沦陷，可证以往志书之载，但石碑已经不在了。⑤ 康熙元年的这个故事后在《山带阁注楚辞》与《楚辞余论》

---

① 原文中"牵水兕二石提出之"一句不通，当因历代文献辗转传抄而错讹多出，现以多种文献进行校勘：《路史》云"率水兕二百踏出之"，《玉芝堂谈荟》云"牵水兕于石蹄出之"，《说略》云"牵水兕二百蹄出之"，集合诸家记载，"牵水兕二百蹄出之"应为正解。
② 〔宋〕范成大：《吴船录》卷下，《范成大笔记六种》，孔凡礼点校，中华书局2002年版，第224页。
③ 〔明〕谢肇淛：《五杂俎》卷四《地部二》，《明代笔记小说大观》，上海古籍出版社2005年版，第1543页。
④ 〔清〕王士禛：《香祖笔记》卷三，商务印书馆1934年版，第30—31页。
⑤ 〔清〕钮琇：《觚賸》，上海古籍出版社1986年版，第88页。

中又有转录。

综上所述,自西汉刘向《别录》以来,历经隋唐的图经地志,唐五代的志怪体小说,宋元明清的方志,直到明清的文集笔记,可以说多种文献体裁都有对江陵息壤的记述,构成了一个连续的记载息壤的文献序列。我们认为,湖北江陵或即为鲧禹治水的具体地点之一,除上述文献证据链外,还可从自然科学角度进行逻辑论证。

三、"息壤"与江陵沙市之"息壤"考辨

据环境考古研究,全新世以来的气候经历了多次波动,长江流域的考古遗址数量也呈现出相应的波动。湖北全省夏代主要遗址仅有7处,全部分布在海拔50米以上地区,其中3处分布在海拔150—600米地区,这一分布态势充分表明在夏代经历过显著的特大洪水事件,受洪水影响,人类只能在海拔50米以上地区生存。[①]

江陵凤凰山8号汉墓曾出土一笥泥土,竹简称为"溥土",李家浩关于"溥土"的议论紧扣"治水"主题。[②] 然而正如王子今所说,"即使如此,'溥土'也仍然只是一种象征。至于'息土''息壤'何以能够'镇治水''防御水',则仍然是未解之谜"[③]。"息壤"究为何物,具体到江陵之"息壤",又是怎样一种情形,下文将对此做深入剖析。

1. 以往研究对"息壤"的讨论

部分早期传世文献记鲧禹治水方法有明显区分,即鲧用堵而禹用疏。这种区分对后世影响很大,认为禹因疏而功成,鲧因堵而殛死。童书业则考证说:"这种观念笼罩了二千年来的人心,大家都认为无问题的事实了",但实际上"颇有和这种观念相反的说法"[④]。梳理《山海经》本身记载可知,集中记述鲧、禹治水的内容多在《海内经》与《大荒北经》。《海内经》云:"鲧窃帝之息壤以堙洪水……鲧复生禹。帝乃命禹卒布土以定九州","禹鲧是始布土,均定九州。"《大荒北经》云:"共工之臣名曰相繇……禹湮洪水,杀相繇","其地多水,不可居也。禹湮之。"[⑤] 可见,《山海经》中所记禹治水的方法,都是"布土"或"湮"。

后世人们对鲧禹治水方法有区分的认识,可能与屈原《楚辞·天问》中的质难有关,即"伯禹愎鲧,夫何以变化?""何续初继业,而厥谋不同?"[⑥] 人们结合《山海

---

① 朱诚、郑朝贵、吴立等:《长江流域新石器时代以来环境考古》,第610、314页。
② 李家浩:《江陵凤凰山八号汉墓"龟盾"漆画试探》,《文物》1974年第6期。
③ 王子今:《"息壤"神话与早期夏史》,《中州学刊》2003年第5期。
④ 童书业:《鲧禹的传说》,《童书业史籍考证论集》上册,中华书局2005年版,第142页。
⑤ 袁珂:《山海经校注》,第472、469、428页。
⑥ 〔清〕蒋骥:《山带阁注楚辞》卷三《天问》,第75页。

经》中"禹所积石"与《禹贡》中"浮于积石"及"导河积石"的记载,将禹治水之法主要解读成了疏导之法。① 《礼记》与《国语》等文献中的记述强调"鲧障鸿(洪)水而殛死"②。这种对比强化和固化了人们关于鲧、禹治水方法有别的看法。屈原乃天赋奇才式的诗人,然其可能不一定熟悉水工,《天问》乃其向天所发诘难,思维又多跳跃而非连续,故而所记之鲧、禹治水或许较本来面目已有距离。鲧、禹乃长期亲躬治水第一线的专业首领,《山海经》所记其治水多为较完整的传说故事,时间也更久远,应更可信。只是一方面早期文献缺少记载,存在断层,另一方面后人不懂经文所记治水之具体方法,从而视为神话。

鲧禹治水究竟是历史传说,抑或只是神话故事?吕思勉曾指出:"以息壤堙洪水者,谓以土填平低洼之区也","此盖古代治水诚有之事,抑亦其恒用之法。神话中仍有人事,犹之寓言中之名物,非可伪造也。"③ 先民治水确乎是"诚有之事",至于"息壤"这一"恒用之法"究为何,我们则可再做讨论以增进认识。

郭璞的《〈山海经〉注》云"息壤"乃"土自长息无限",其注文对经文的理解与表述已不够全面,或者说产生了一定的偏差;高诱注《淮南子》所云"息土不耗减,掘之益多",则开始偏离经文本意,之后历代学者的解说仍莫衷一是。"息壤"经理学名家朱熹之阐释,其含义更是大大偏离经文原义。朱熹云:"所谓帝者,似指上帝。盖上帝欲息此壤,不欲使人干也。"④ "帝"可解为天帝,也可解为"人主之帝",朱熹此说已将其释为"上帝","息"则被释义为"平息"。明代杨慎作《息壤辩》,认为壤"盖耕治之土也","盖指桑土稻田,可以生息,故曰'息壤',土田皆君所授于民,故曰'帝之息壤'。鲧之治水,不顺水性而力与水争,决耕桑之畎亩,以堙淫潦之洪荒,故曰'窃帝之息壤以堙洪水'"⑤。可知,杨慎已将"息壤"泛化成一般的可使作物在其上生息的耕地,强解为君授于民的桑土稻田。经杨氏这一阐发,"息壤"的含义被不断扩大。

杨氏观点之后有所流传,如明人朱国祯曾转录《息壤辩》全篇,篇前有按语:"息壤有二,一甘茂盟处,一即此。所云鲧窃以堙洪水者,未知孰是。则理诚不可穷。柳以

---

① 袁珂:《山海经校注》,第240页。〔清〕孙星衍:《尚书今古文注疏·禹贡第三》,中华书局1986年版,第180、188页。
② 〔清〕阮元:《十三经注疏》卷四六《礼记正义》,中华书局1980年版,第362页。徐元诰:《国语集解·鲁语上》,王树民、沈长云点校,中华书局2002年版,第157页。
③ 《吕思勉全集》卷九《读史札记(上)》,上海古籍出版社2016年版,第59页。
④ 〔宋〕朱熹:《楚辞辩证下·天问》,《楚辞集注》,上海古籍出版社2001年版,第186页。
⑤ 〔明〕杨慎:《升庵集》卷五《息壤辩》,《四库明人文集丛刊》第1270册,上海古籍出版社1993年版,第65页。

劳疫当之者,亦臆说也。而旧有详为辨者,未知孰是。"① 意谓息壤有二处,不知哪一种说法对,但朱氏认为柳宗元用辛劳和疾疫的观点解释息壤是臆测之说。此处之"旧有详为辨者",即指其全文转录的《息壤辨》,但他同样表示"未知孰是"故而全文转录以存。因朱氏书中转录之条目并未注明出处,故而罗漫、王子今引用讨论时未曾提及杨慎观点而当成朱国祯的原创。② 对于杨慎观点的深远影响,明陈士元认为"此说异于众说,而《荆州图经》所载皆略而不论矣"③。意即杨慎置鲧禹用"息壤"以"堙洪水"的具体地点和史实于不顾,从其口气不难看出,陈氏对杨氏观点不敢苟同。总之,随着历代名人名家的阐发与释义,鲧禹用"息壤"治水的神秘性被不断加强,其神话特质则越来越被强化,颇有点类似"古史辨"派所云"层累地造成的古史"。

当代学者的看法可分科学和神话两派。科学派有代表性的主要有冻融土、膨润土、夯土、加筋土这几种观点。当代史学界对息壤问题所倾注的热情和探索始自顾颉刚,他认为渭河峡谷的黄土土层因地下水之冻融作用而隆起的现象,是"息壤"传说的现实依据。④ 罗漫则认为息壤即现代工业中的膨润土,其最大特点是遇水膨胀,膨胀系数一般为十几到四五十倍,这与治水的息壤会"长息"的特点极似。⑤ 王子今则说息壤实为夯土,其"密度大于一般土壤,更大于新掘之疏土"⑥。李广信认为息壤应是古人利用草木竹石与土创造出来的加筋土,用以拦截阻挡洪水,秦汉时称茨防,宋代称埽工。⑦

或许是科学派的解释尚不能让人十分信服,故而神话一派的研究继续得到伸张。他们认为,"息壤"是具有生命与灵魂特质的东西。例如,叶舒宪提醒人们注意"原始神话中的息壤原型与古老的生命观念、灵魂观念的联系",认为"息壤之所以能自行生长,是因为它具有生命,它之所以有生命,是因为神曾用吹气的方式将生命之息——灵魂注入其中"⑧。很显然,当代学者们的观点可溯源至明代杨慎的桑土稻田说,周延良甚至将"息壤"扩义成了孕育生命万物的"土"的概念。⑨

已有研究给了我们很多启发,但据笔者对既有学术史之梳理摸排来看,虽有余伟的

---

① 〔明〕朱国祯编著:《涌幢小品》(上),中华书局1959年版,第334页。
② 王子今:《"息壤"神话与早期夏史》,《中州学刊》2003年第5期。
③ 〔明〕陈士元:《江汉丛谈》卷一《息壤》,第8页。
④ 顾颉刚:《息壤考》,《文史哲》1957年第10期,第43页。
⑤ 罗漫:《"息壤"与膨润土:一个文化之谜的科技考察》,《中国文化研究》1995年第2期。
⑥ 王子今:《"息壤"神话与早期夏史》,《中州学刊》2003年第5期。
⑦ 李广信:《从息壤到土工合成材料》,《岩土工程学报》2013年第1期。
⑧ 叶舒宪:《中国神话哲学》,中国社会科学出版社1992年版,第347页。
⑨ 周延良:《鲧禹治水与息壤的原始文化基型》,《文艺研究》1998年第6期。

通俗读物①联系具体地点描绘过息壤，结合具体地理位置和空间深入讨论"息壤"者则少。值得特别指出的是，宋小克认为鲧禹治水所用息壤出自昆仑，昆仑原型即位于楚国西北之岷山，息壤出自岷山证据有三：一、岷山为大禹故里；二、岷山附近流行石崇拜；三、荆州有息壤祠祭，而楚人出自巴蜀。② 文中虽未确指息壤究为何物，但其所论与本文内容有较密切关系，值得重视。当然，论题所宥，对于"息壤"究竟是什么则语焉不详，更遑论阐明其原理。既然是讨论古代先民治理洪水，那么发生洪水的具体地点在哪儿？这些地点又有怎样的地理特征？这恐怕是分析和解决问题的关键所在，也是接近历史真相比较可行的办法。

2. 江陵"息壤"：泥沙淤积而成的沙堤洲滩

自宜昌至江陵地势的下降，从峡江至荆江流速的减缓，必然导致河流输沙能力的下降，河流所含泥沙随着流速变慢而沉积淤淀，形成边滩或近岸洲与江心洲等，分江流为主泓道与分汊流。历史上枝江境内荆江河道中洲滩众多，或为江心洲，或为心滩，或为边滩，其中江心洲长期稳定，可以居住和耕种。③ 东晋盛弘之《荆州记》云枝江"县左右有数十洲盘布江中"④。《太平寰宇记》引该书云（枝江）县南自上明东及江津，其中有九十九洲。⑤

江陵县境的江段主要为沙市河湾段，上起陈家湾，下至观音寺，流经江陵、公安两县，为微弯分汊河段。⑥ 沙市段最初形成当距今约5 000年，均为多汊分流的弯道，且由该地区西北向东南迁移。河床南迁，北部洲滩淤长。自全新世以来，随荆江三角洲的发育，多汊分流与泓道南迁，形成大大小小的沙洲散布。据图1可知，洲群自荆州城东呈放射状向下游展布，相对密集的洲群可划分为四条洲滩系列，以北部杨泗洲为低，由北向南高度递增，以南部石油学院洲为高，高低差约达5米。洲滩规模以第三条为最大，由若干洲群相并，垅岗地形发育，一般土层单薄，局部洲顶仅有2—3米土层覆盖，砂层较为深厚。⑦ 李长安的研究则说沙市之地质—地貌剖面有5个南北并列的江心洲砂体，是5次河道变迁的产物。砂体的时代由北向南变新，表明了河道由北向南的迁移，

---

① 余伟：《山海经真相》，华中师范大学出版社2012年版，第201—204页。
② 宋小克：《息壤出自岷山考》，《社会科学研究》2010年第3期。
③ 张昌民：《现代荆江江心洲沉积》，《沉积学报》1992年第4期。
④ 〔北魏〕郦道元著，陈桥驿校证：《水经注校证》，中华书局2007年版，第795页。
⑤ 〔宋〕乐史：《太平寰宇记》卷一四六，王文楚等点校，中华书局2007年版，第2840页。
⑥ 水利部长江水利委员会水文局编：《长江中下游河床演变分析文集》第2辑，1993年内部刊印本，第53页。
⑦ 周凤琴：《湖北沙市地区河道变迁与人类活动中心的转移》，《历史地理》第13辑，上海人民出版社1996年版，第23—24页。

从江心洲砂体间距离来看,近 3 000 年来河道南迁的速度在加快。通过钻孔资料和遥感资料的综合对比分析,在全新世中期,长江古河道位于沙市市北,大约由江陵县向东流。① 无论如何,在各个时期江心都有沙洲沉积,并随着江流的南迁而向北并岸。

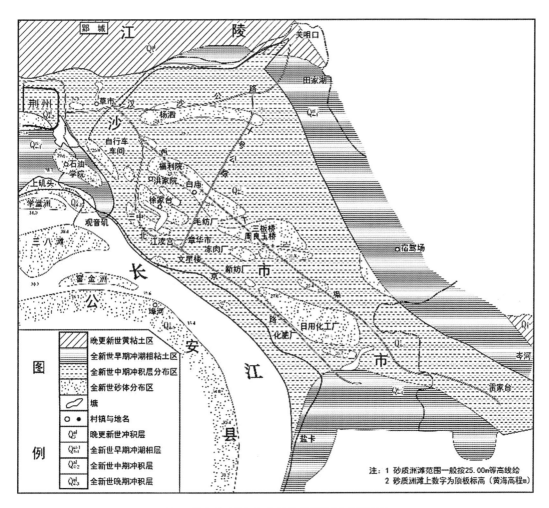

图 1　沙市地区第四纪全新世砂质洲滩分布示意图

资料来源:据周凤琴《湖北沙市地区河道变迁与人类活动中心的转移》文中
"第四纪全新世沙质洲滩分布图"(《历史地理》第 13 辑,第 24 页)改绘。

长江出三峡后河床坡降减小,两岸限制减弱,水力的机械分异作用充分表现出来,江心洲表面沉积物的粒度向下游细化。上游关洲和董市洲洲头为叠瓦状砾石床面,江口洲和火箭洲洲头为砾质砂覆盖区,马羊洲洲头为砂质覆盖区。洲头沉积物存在着粒度由

---

① 李长安:《桐柏—大别山掀斜隆升对长江中游环境的影响》,《中国地质大学学报》1998 年第 6 期。

关洲向董市洲、江口洲、火箭洲、马羊洲逐渐变细的趋势。① 泥沙沉积到马羊洲以下沙市河湾段已是粒径很细的细沙，由于交叉断裂的存在而导致河床近乎直角形转弯，江流在此形成回流，速度进一步减缓，易于沉积。因此，这里的地名自古以来就与洲沙有着千丝万缕的联系。春秋楚国宫名"渚宫"，说法之一即为"洲城"。南宋淳熙四年（1177）范成大自四川召还，五月由成都起程顺江东下，"庚午，发杨木寨，八十里至江陵之枝江县，四十里至松滋县，二百里至荆南之沙头，宿沙头，一名沙市"②。可见，南宋时地名即"沙头"，洲沙之头。可能因河湾处可供客货船舶停港靠岸贸易互市，形成规模可观的市场，故又名"沙市"。

"息壤"，即为泥沙淤积而成的沙洲。东晋郭璞所注《山海经》，为"息壤"一条所释之义即为沙洲。郭璞"土自长息无限"的解释使"息壤"蒙上无限神秘的色彩，实则应联系上下文整体看待。在解释其无限生长之特性后，先是转引《开筮》文字以更具体地描述伯鲧之治水方法，然后紧接着说汉元帝时临淮郡的徐县境内地面上涌，形成"长五六里，高二丈"的所在，这就是所谓的"息壤"。③ 这是一个沙洲生成的实例。查《汉书·五行志》：元帝永光五年（前39）夏及秋，大水。颍川、汝南、淮阳、庐江雨，坏乡聚民舍，及水流杀人。④ 又，《汉书·地理志》："河水别出为鸣犊河，东北至蓨入屯氏河。"⑤ 是年黄河在清河郡灵县鸣犊口决口，原屯氏河断流，出现了鸣犊河与大河分流的形势，行河六、七年。⑥ 可知公元前39年的夏秋季节，整个华北乃至江淮流域曾发生持续相当长时期的大规模降水，不仅黄河大堤北向决口，形成并流河，南面的江淮流域也爆发特大洪水，冲决民房聚落，洪流造成大量人员淹溺死亡。临淮郡在颍川、汝南、淮阳诸郡下流，郡下有29县，徐县即其一。⑦ 笔者认为，造成"徐县地涌"的，就是洪水带来的上游淮阳等郡的大量泥沙在徐县境内淤积，从而生成了一个大沙洲。鉴于如此大规模的沙洲在较短的洪水周期内淤积形成，恐怕非仅由淮河的含沙量所能造成。历史时期黄河下游河道的变迁由因东北、东南之决徙而呈扇形，因此，笔者怀疑黄河早在夺淮入海之前的汉永光五年（前39）就曾南决。这次特大降雨和洪水可能不仅导致黄河北向决出鸣犊河，可能亦因南向决口而导致含沙量惊人的河水部分下泄至淮水中，这才使得"临淮徐县地涌"而迅速淤成规模可观的沙洲。

---

① 张昌民：《现代荆江江心洲沉积》，《沉积学报》1992年第4期。
② 〔宋〕范成大：《吴船录》卷下，孔凡礼点校：《范成大笔记六种》，第224页。
③ 袁珂：《山海经校注》，第472页。
④ 《汉书》卷二七上《五行志上》，中华书局1962年版，第1347页。
⑤ 《汉书》卷二八上《地理志上》，第1577页。
⑥ 黄河水利委员会黄河志总编辑室：《黄河大事记》，河南人民出版社1989年版，第9页。
⑦ 《汉书》卷二八上《地理志上》，第1589页。

笔者以为，郭璞是一个长于观察与思考并能对自然界现象作出较为准确判断与描述的人。其《江赋》有"鼓洪涛于赤岸，沦余波于柴桑"句，王育民曾引以论证晋时涌潮现象。① 潮流所能到达的顶点是其时称为"赤岸"的扬州，而涌潮的力的作用，也就是潮波的波能，所能影响到的最西面的顶点则远及柴桑，也就是今天的江西九江。郭璞对更为复杂的潮流与潮波现象能有如此细致的观察、深入的思考与准确的表述，或可认为他对"临淮徐县地涌"现象，对"息壤"条目的注释，乃至对整本《山海经》的注释也都建立在同样科学认识的基础上。

事实上，凡是涉足自然科学领域者，尤其是水工第一线参与工程实践的专家，对"息壤"的理解和表述就都是写实的，未当为神话。如明代曹胤儒云："江阴地势最卑，当漕河下流，又为众水入江要道，去江壖可二里，并江多山，土隆崛坟起，日以广斥。盖古所云息壤也。"② 很显然，作者是将"息壤"理解成河流泥沙沉积而成的沙滩。又，明代姚文灏云："中吴地势，沿江有山为之包防，近山土壤迤逦隆起，山脉引带生气流通，日渐增长，如古之所谓'息壤'。"③ 大意与曹胤儒所言相类，只是更强调沿江岸线因为有山脉丘陵的包围防护，不易发生侵蚀，河流作用更主要地表现为泥沙的沉积隆起。顾颉刚曾就"息壤"现象咨询矿学家张幼丞，张说："息壤为自生自长的土，这话从地质学上说来也是正确的。世界上有两种显著的因素可以造成息壤，一种是水，一种是风。"④ 张氏是用水成说与风成说解释土壤沉积作用，并用崇明沙洲举例说明水力沉积作用，可见其认定与水相关之息壤即为沙洲。但他强调无论风成、水成，无论黄土层还是河流沙洲的形成都要经历相当长时期的堆积，都不是短时间内所能形成的，所以断定永州和江陵的息壤都"不属于此类"，也就是说不是沙洲。

自《别录》始，江陵息壤"去之一夕，辄复如故"⑤ 的特性即为后之文献广泛转录与流传。那么，江陵"息壤"是否真能迅速生成，一日可就呢？真相到底如何？从前引范成大所云已知"息壤"可一夕而就、迅速生成的特性只不过是"相传如此"罢了，也就是说，沙洲并不能一夕生成，而应该仍然是日积月累而成。只不过，当夏秋洪水泛

---

① 王育民：《中国历史地理概论》上册，人民教育出版社1987年版，第184—185页。
② 〔明〕曹胤儒：《常州府境水道志》，《三吴水考》卷五，影印文渊阁《四库全书》，台湾商务印书馆1986年版，第577册，第201页；又见《吴中水利全书》卷一八，影印文渊阁《四库全书》，第578册，第690页，个别字句有差异。
③ 〔明〕姚文灏：《九里河议》，《三吴水考》卷九，影印文渊阁《四库全书》，第577册，第324页；又见《吴中水利全书》卷二二，影印文渊阁《四库全书》，第578册，第805页，个别字词有差异。
④ 顾颉刚：《息壤考》，《文史哲》1957年第10期。
⑤ 〔宋〕罗泌：《路史·余论十·息壤》，《四部备要》第44册，第225页。

滥时，因河流含沙量明显高出平水与枯水期，让人觉得"息壤"能快速生成而已。

江陵"息壤"为泥沙淤积而成的沙堤洲滩已如上述，然鲧禹治水所用之"息壤"实乃堵管涌之"息石"。因"息石"与"息壤"有着密切的关系，对于二者的区别与关联，及其作用与功能的差异，人们的认识模糊不清，"息壤"的面貌变得越发神秘莫测、扑朔迷离。

四、禹镵石城以"塞海眼"与历代江陵"息石"之治管涌

据环境考古相关实证研究，在长江上游地区的考古文化遗址，发现有早在距今约四千年前的防洪水利工程。距都江堰58.9千米的成都市温江区红桥村遗址，是一处宝墩文化三期（4.1—3.9 kaBP）的大型聚落，为抵抗古岷江河道洪水袭击，采用木桩及夯土抵挡洪水，在古河道旁将河道砾石层加固为河岸夯土。该水利工程有其独特的地质基础，是先民对第四纪地质和水文作用不利影响的防治。① 那么，上述长江中游的江陵"息壤"锁镇水旱这一历史传奇，是否也揭示了与鲧禹治水传说时代基本相当的4 000 kaBP前后的防洪治洪水利工程呢？这一传奇背后究竟又有怎样的科学原理支撑？本文认为，"息石"，究其实质，是为治理堤防管涌。管涌，是指在渗流作用下，土体中的细颗粒被地下水从粗颗粒的空隙中带走，从而导致土体形成贯通的渗流通道，造成土体塌陷的现象。② 管涌破坏一般有一个发展过程，是一种渐进性的破坏。管涌发生时，水面出现翻花，随着上游水位升高，持续时间延长，险情不断恶化，大量涌水翻沙，使堤防、水闸地基土壤骨架破坏，孔道扩大，基土被淘空，引起建筑物塌陷，造成决堤、垮坝、倒闸等事故。③

1. 鲧禹治水所用"息壤"实乃"息石"

考古研究证实，江汉平原自新石器时代以来就有广泛的人类活动，也在很大程度上影响着江汉平原的环境变迁。从20世纪90年代的洪湖钻孔到利用孢粉、粒度、有机碳同位素、磁化率等多种环境替代指标分析，一些研究关注到江汉平原气候波动、环境变化和湖群演化及其与人类活动的关系。朱诚等通过对新石器文化遗址的分布、文化层、自然地层和埋藏古树的研究，并结合历史文献资料，揭示了江汉平原全新世异常洪涝灾害发生的规律。4.7—3.5 kaBP属于洪水频发期，江汉湖群的扩张和水患灾害是两湖平原文化北向和东向迁移的原因之一。④

---

① 朱诚、郑朝贵、吴立等：《长江流域新石器时代以来环境考古》，第264—265、283页。
② 陈书申、陈晓平：《土力学与地基基础》，武汉理工大学出版社2015年版，第60页。
③ 富曾慈主编：《中国水利百科全书·防洪分册》，中国水利水电出版社2004年版，第268页。
④ 朱诚、郑朝贵、吴立等：《长江流域新石器时代以来环境考古》，第290、613—614页。

笔者认为，鲧禹治水之地域亦当包括长江流域，例如江汉平原的洪水。前述江陵"息壤"文献序列仍明显偏晚，早期文献《楚辞·天问》中的相关记述或可佐证，且其内容可上连《山海经》。正如近来学者之总结，"《天问》是《楚辞》中的一篇奇文，也是屈赋研究中疑问最多的作品之一，向为楚辞学者所关注"①。文艺学界的相关论著可谓汗牛充栋。其中"鸱龟曳衔，鲧何听焉？"② 一句该作何解，向来争议颇多。学界认为，"从对《天问》原文的解释上说，分歧最大的便是对'鸱龟曳衔'一句和'阻穷西征'一节的理解"③。相关研究层出不穷，众说纷纭。王逸《〈天问〉章句序》中说，屈原于放逐之途，"见楚有先王之庙及公卿祠堂，图画天地山川神灵，琦玮僪佹，及古贤圣怪物行事"④。蒙文通指出，《山海经》古应有图，且图的起源应当很古，其图与经当与《天问》一样，都是据壁画而作，"《天问》所述古事十分之九都见于《大荒经》中，可能楚人祠庙壁画就是这部分《山海经》的图"⑤。永州龙兴寺"息壤"之色泽模样乃"状若鸱吻，色若青石"⑥。《天问》既为据壁画而作，楚人之祠壁上或当画有"鸱"形"息壤"。笔者认为，屈子此问中所提"鸱龟"或亦与用以压制管涌之"息石"有关，也就是被雕琢成形制貌若江陵城的有"鸱吻"形象或装饰的巨型石质宫室。至今，形容中国古建中宫室正脊两端翘起的雕饰的术语仍称"鸱吻"。"鸱吻"后演变成"螭吻"，其形象也历经演化，由鸱鸢、无尾四脚蛇等变为鱼龙，因属水性而用之镇邪避火。"鸱尾"雕饰的原初实用功能也有压镇意，用以压制屋脊筒瓦。"鸱龟"之"龟"则可能与后之龟趺相关，又名赑屃、霸下。龟喜负重，中国传统文化中向多碑下龟之形象，也符合用重物以压管涌的愿望。

永州龙兴寺之"息壤"既"色若青石"，可确知其为"石"而非"壤"。前述有关江陵"息壤"的历史文献序列，实际上也都与"石"有关，明人谢肇淛更曾明确指出，"息壤，石也，而状若城郭"⑦。前述江陵南门外历次发掘或出露的"息壤"也均非"壤"而为"石"。江陵子城南门之外向来即为难治之地，事实上，自传说的大禹治水以来，这里就存在堤防管涌现象，故而需用"息石"之强力压制以镇水，也就是说避

---

① 孟祥笑：《〈天问〉"呵壁"说研究综论》，《文艺评论》2015年第6期。
② 〔清〕蒋骥：《山带阁注楚辞》卷三《天问》，第74页。
③ 赵逵夫：《从〈天问〉看共工、鲧、禹治水及其对中华文明的贡献》，《社会科学战线》2001年第1期。
④ 〔宋〕洪兴祖：《〈楚辞〉补注》，白化文等点校，中华书局2006年版，第85页。
⑤ 蒙文通：《略论〈山海经〉的写作时代及其产生地域》，《巴蜀古史论述》，第176页。
⑥ 〔宋〕祝穆、祝洙：《方舆胜览》卷二五《湖南路·永州》，施和金点校，中华书局2003年版，第455页。
⑦ 〔明〕谢肇淛：《五杂俎》卷四《地部二》，《明代笔记小说大观》，第1545页。

免管涌。

2. 江陵"息石"：防止堤防发生管涌的巨石

用"息壤"以堵管涌的观点，余伟曾在其通俗读物中提出。能作出这种科学解释，实属难能可贵。只是该文未明确指出"息壤"究为何物，而是将以往学者的观点全部杂糅在一起。① 为更好地阐述相关问题，且看《路史》之"息壤"条目：

> 洪水滔天，鲧窃帝之息壤以堙洪水。(《山海经》云，帝怒，令祝融杀之羽山) 息生之土，长而不穷。(如出入息，息肉、息钱、息妇云者) 故有息石。(高子勉《息石诗序》：在江陵庄严寺。或云韬玉) 汉元帝时临滁地涌六里，崇二丈。……盖息壤也。江陵之壤，锁镇水旱。(《江陵图经》引《别录》云：子城南门，地隆起如伏牛马，去之一夕，辄复如故。在昔传为息壤，腾践或死) 昔高从诲镇渚宫，出经其处 (万胜门外)，问书记，孙光宪对以伯禹治水，自岷至荆，定彼泉原之穴，虑万世下，有或泛溢，爰以石屋镇之。②

渚宫，春秋时期楚国宫名，故址即在今湖北江陵。高从诲（891—948），五代十国时期南平国第二任君主。前述《太平广记》中已提到有《息壤记》云："禹湮洪水，兹有海眼，泛之无恒，禹乃镌石，造龙之宫室，填于穴中，以塞其水脉。"③ 这里提到的"泛之无恒"的"海眼"应即为管涌"穴"，禹所"镌石"则为治管涌的"息石"，禹治水的方法则为"填"与"湮"。追溯相关记述，我们可在《天问》中发现蛛丝马迹。屈子首句劈头就说："不任汩鸿，师何以尚之？""汩"字之义，童书业考证说，"'汩'字训'没'，与'湮'同意"④。笔者认为，"汩"应当是泡水的意思，也就是管涌，如成语所谓"汩汩流淌"是也。所谓管涌，就是坝身或坝基内的土壤颗粒被渗流带走的现象，是指在汛期高水位情况下，堤内平地发生"流土"和"潜蚀"两种不同含义的险情的统称，这种险情在湖北一般叫翻砂鼓水，在江西叫泡泉。⑤ 由此可见，"汩鸿"就是冒洪水的意思，涌水翻沙，水往上鼓，与《中国水利百科全书》中对"管涌"的定义与描述完全吻合。

相比《山海经》，《天问》中"汩鸿"与"鸱龟"的记述为我们提供了更多鲧禹治

---

① 主要是整合了王子今的论述，详见余伟：《山海经真相》，第201—204页。
② 〔宋〕罗泌：《路史·余论十·息壤》，《四部备要》第44册，第225页。括号内均为双行小注。查《汉书·地理志》，其中"汉元帝时临滁地涌"应为"汉元帝时临淮徐县地涌"。
③ 《太平广记》卷一九七《江陵书生》，第1481页。
④ 童书业：《鲧禹的传说》，《童书业史籍考证论集》，第143页。
⑤ 富曾慈主编：《中国水利百科全书·防洪分册》，第268页。

水的细节，但同时也留下了一些误导我们的记述。例如"洪泉极深，何以窴之？"① 一句，既说明江陵一带向有"洪泉"即管涌现象，可能即为鲧禹治水的对象；同时也说明屈原并不懂管涌真相，以为泡水的地方必为地下深泉，故而质问怎么能填。如此，当然也就不可能明白鲧禹用"息石"以压管涌的具体治水方法。"窴"后作"填"，其义亦可深究。窴，"塞也。从穴真声。待年切"②。有"穴"头则仍与"水穴"即"管涌"现象相关联，而"填"已失此关联，治管涌则主用镇而非仅填。笔者认为，"窴"与后来的"填"非仅为"塞"之意，应可通"镇"。古代曾用土星为岁星纪年，认为土星每二十八年运行一周天，一岁镇守一宿，称"填星"，"填"即通"镇"。

至此，据年代久远的《山海经》原文，中经《天问》所记各句连缀，兼及后续文献序列的相关记述，我们大致可得出以下判断，鲧禹是将巨石雕琢成形类江陵城的巨型宫室，填塞并镇压在发生管涌的泡水口，也就是用重物强力压制以治管涌。鲧禹治水的方法得到了揭示，并落实到汉代江陵子城南门外这一具体的地理空间，这一地点又随时间的发展、河床的南移而转移到后来五代十国时之万胜门外。笔者推断，柳宗元与祝穆所记湖南永州"状若鸥吻，色若青石"的"息壤"，其性质当亦与湖北江陵禹所镌"龙之宫室"相类，都属用重物压制以避免管涌的"息石"。

现代科技已经揭示，发生管涌的原因主要有三：1. 堤坝、水闸地基土壤级配缺少某些中间粒径的非黏性土壤，在上游水位升高，出逸点渗透坡降大于土壤允许值时，地基土体中较细土粒被渗流推动带走形成管涌；2. 基础土层中含有强透水层，上面覆盖的土层压重不够；3. 工程防渗或排水排渗设施效能低或损坏失效。③ 三者之中的前两种均与江陵沙市这一地点相吻合。管涌的现象在历史文献中称为"坌"，如宋人记"息壤"之"颇以致雷雨，近代有妄意发掘，水坌出不可制"④。"坌"，读作"ben"，去声，作动词有"涌出"之义，可组词为"坌溢"。至今，湘方言里说物满而溢仍用"坌"。言其"水坌上不可制"，就是水往上翻鼓、冒泡溢出之意，描述堤防一旦发生管涌即难以控制的景象。

"息石"的作用就是用巨石压制，避免因渗流而管涌。一旦"息石"被发掘出来或移开，就会因细沙逐步流失而出现管涌，造成堤防坍塌，使得洪水由溃堤处漫灌淹没城池。正因为存在这样的危险，为免后人不懂水性而误动"息石"，自古以来即在旁立石勒碑以示警诫。"腾践或死"的警示在不懂堤防洪水水性的民众眼里，自然充满神秘色

---

① 〔清〕蒋骥：《山带阁注楚辞》卷三《天问》，第75页。
② 〔汉〕许慎：《说文解字》，中华书局1963年版，第153页。
③ 富曾慈主编：《中国水利百科全书·防洪分册》，第268页。
④ 〔宋〕李石：《续博物志》卷一〇，商务印书馆1936年版，第129—130页。

彩，敬畏而不敢轻易触碰。不过，在长期摸索于治洪第一线因而深谙洪水水性的专业人士眼里，"腾践或死"并非吓人之语，而是实实在在的警告。既不能随意踩踏触动，更别说是将"息石"发掘而出了。因为一旦触动"息石"，甚至发掘而出引发管涌的话，就极有可能导致被洪水冲溺而淹毙。

《方舆胜览》又云："息壤，在籍县南一里，有地亩余，踏之软动。"① 此处所指"息壤"在今四川省眉山市仁寿县境内。"踏之软动"与上述因地下水渗流等可能导致的管涌前兆非常相似。可能即因该处亦有管涌现象，故而也用"息石"以堵塞与镇压。柳宗元言湖南"永州龙兴寺东北陬有堂，堂之地隆然，负砖甓而起者，广四步，高一尺五寸。始之为堂也，夷之而又高。凡持锸者尽死"②。"龙兴寺"地名当亦关乎水，或即因易发洪水故而称之"龙兴"。从"夷之而又高"一句来看，也与洲沙被铲平后又可淤高的特性相符。据前文所述可知，洲沙这种不具黏性的土壤最易发生渗流导致地基坍塌而管涌。如此，"凡持锸者尽死"一句也就不难理解了，也就是洪水管涌导致被冲溺淹毙。

治管涌者既为"息石"，为何自《山海经》以来皆称之为"息壤"？石头应该并不能生长，为何也称"息"？"息石"与"息壤"二者之间究竟有何关联？下文即围绕这些问题做出回答。

3. 石可息壤："息石""息壤"混称之由

我国自古以农立国，水利乃农业命脉，自鲧禹治水以来即积累了相当丰富的实践经验与科技知识。古人对河流水文力学有很科学的认知，如对江心中沙洲的淤涨坍消现象及其水文力学原理，即"洲聚于沙，而沙抟于水也"，也就是水流回旋致所携泥沙沉积聚而成洲。古人曾利用这一原理以人工干预，促使或加速沙洲的形成。明崇祯末年官军将帅左良玉用二艘巨舰装载铁器石头沉入沌河入江口，迅速淤成沌口沙洲就是例证。③ 古人明确指出，"凡江中洲渚多由浮沙旋拥以成，而沙之所以旋拥者，必有巨石重器兀然抵柱其间。水性湍逆，沙滓附著，顷刻而起"，故而沙洲的演变"虽天工所在，实可以人力为也"④。"中流砥柱"这一成语的原初意义与效果，看来早在鲧禹时代就已有很好的认识和利用。镇管涌之"息石"就相当于兀立中流之砥柱，可使江流减缓，助力泥沙淤淀。

---

① 〔宋〕祝穆、祝洙：《方舆胜览》卷五三《成都府·隆州》，第957页。
② 〔唐〕柳宗元：《柳河东集》卷二八，第461—462页。
③ 笔者曾有相关论述，详见拙文：《论我国古代对河流水文学与动力学的认识——以长江武汉段江面人工干预洲港变迁事例为中心》，《华北水利水电学院学报（社科版）》2008年第1期。
④ 乾隆《汉阳县志》卷五《山川·刘公洲》，国家图书馆藏乾隆十三年刻本，第68页。

对于沙洲与城垣聚落及民众生计之间的关系，古人也有精当总结，所谓"此以水藏洲曲，可以避风，水浅洲回，可以下锚故也"①。沙洲与城防安全有着密切的关系，明清两湖方志对此有详细记述。如武昌府江夏县境，大江"逼绕会城，旧恃金沙洲障之。迩来洲徙，水泛横流，直冲江岸，侵啮城址，岸石崩弛"②。汉阳府境南纪门外"曩江岸有刘公洲障之，去水略远。百年以来，洲既沦没，岸亦崩洗。城郭剥肤，势且不测"，"城根半在水中，向赖城南之鹦鹉洲以为外障。今洲已湮没，外无捍御，江水直洗堤脚"③。汉阳府与隔江对岸之武昌府城垣因有无沙洲护岸而轮番告警，交替反复。④

历史时期江陵也曾上演用人力干预沙洲演变，改变江流形势以护岸御堤的故事。乾隆五十三年（1788）上谕据地方官奏称"荆州水患，询之该处官员兵民人等，咸以窖金洲侵占江面、涨沙逼溜"，乃敕令地方查看形势，于府城濒江处所修建矶嘴、石坝之类，逼长江主泓南摆，以将南岸窖金洲所涨沙滩渐次冲刷，减小洪峰对北岸荆州江陵万城堤的冲击。⑤ 江陵治水之传统当可上溯鲧禹时期，或即以巨型"息石"压埋于此以免渗流与管涌。"息石"既可挡江流对荆江北岸的侵蚀与冲击，又助力泥沙以"息石"为中心淤淀沉积，形成洲滩，从而起到对北岸江陵的护岸与护城作用。总之，人工堤防没有出现前，沙坝自然堤就已有护城与护岸的作用。⑥ 人工堤防系统出现后，堤外又可赖以"息石"为内核而淤成的"息壤"也就是条带状洲滩以保护岸线与城垣，堤防与沙洲构成双保险。

正因为"息石"可息壤，也就是促进泥沙淤积，故而"息壤"既可指镇管涌所用之"石"，也可指"石"上所息之壤，"息石""息壤"之名由此混称并用。自《山海经》以下，历代文献记鲧禹治水者莫不如此。如非水利工程实践第一线的专业人士，大多不能明白其中道理，而经后世郭璞、高诱，尤其是朱熹与杨慎乃至今人的"层累"阐释后，更是众莫难辨。

江陵沙市何以易发管涌？何以需用"息石"以治管涌？上述江陵"息壤"与"息石"锁镇水旱这一历史传奇与其地理特征有着怎样的关联？换言之，江陵沙市在地理空

---

① 〔清〕范锴：《汉口丛谈》卷三，湖北人民出版社1999年版，第139页。
② 万历《湖广总志》卷三二《水利志一》，《四库全书存目丛书》本，齐鲁书社1996年版，第195册，第121页。
③ 乾隆《汉阳县志》卷六《城池》，第27页。
④ 尹玲玲：《明清两湖平原的环境变迁与社会应对》，上海人民出版社2008年版，第191页。
⑤ 光绪《荆州府志》卷一七《堤防志一·谕旨》，《中国方志丛书》，台北：成文出版社1970年影印本，第28册，第175页。
⑥ 尹玲玲：《明清时期长江武汉段江面的沙洲演变》，《中国历史地理论丛》2007年第2期。

间上究竟具有怎样的特殊性呢？下文拟剖析其地形地貌特征与地质背景。

4. 江陵沙市的地形、地貌特征及其地质背景

众所周知，中国的地势是西高东低，呈三级阶梯下降，自宜昌至江陵乃第二级降至第三级。地势的阶梯下降使得中国河流总体呈西东流向，所谓"一江春水向东流"。长江出三峡后进入江汉平原，因地势的阶梯下降，河流比降骤减，流速迅即减缓。自巴蜀至江汉，两岸的地形、地势与地貌迥然相异，这种自然景观上的对比与差异古人已有细致的观察和独到、准确的描述。峡江两岸、夔州奉节一带是摩天入云的陡峻高山，千峰万壑，但出宜昌后入荆江地界，回首西望，山峰已"杳然不复一点"，景观一变而为"苍烟落日，云平无际"[①]。长江出三峡在宜昌进入中游后，穿过夹江对峙的虎牙山与荆门山河谷，突然变得开阔起来，两岸已非"猿声啼不住"之山地景观，而是"极目楚天舒"之大平原。大江自三峡的瓶颈口——南津关奔涌而出后，再无高峡深谷之阻挡，长江终于结束了它4500余千米奔腾激越的上游行程，进入平野无垠、水天一线的中下游平原。

自峡江至荆江，其流速可从"千里江陵一日还"[②]与"九曲回肠"两种描述中感受到二者之间的对比。南津关以下之长江，虽较三峡远为宽阔，但两岸山势未尽，分布着白垩系与第三系红色碎屑岩丘陵，河床宽数百米，河漫滩狭窄，属单一微弯型河道。河流比降减小，江水不能迅速下泄，总得有所停蓄，于是只能以空间换时间，通过迂回转折，增加曲率，加长河道来停蓄水流。荆江从湖北枝城到湖南洞庭湖的出口城陵矶全长约430千米，其中又以藕池口为界，分为上、下荆江，上荆江河道较为稳定，下荆江河道蜿蜒曲折，全长240千米的堤岸直线距离仅80千米，江水在此绕了多个大弯，故有"九曲回肠"之称。荆江北岸是江汉平原，南岸是洞庭湖平原，地势低洼，河道弯曲，洪水宣泄不畅，极易溃堤成灾，故有"万里长江，险在荆江"之说。

由于桐柏至大别山自北而南的掀斜作用，在江汉平原北缘的各级水系均呈近南北向平行梳状排列（见图2）。地表水系是一种对地壳构造运动反映极为敏感的地貌类型，上述掀斜隆升对长江中游水环境的控制性影响十分明显。据图可知，江汉平原的水系平面展布特征极不正常。自西向东的各水系进入盆地后不是按自然规律直接向东从盆地中心穿流武汉，而是以近于直角转向南流，在盆地的南缘绕一个弯后再北东向流往武汉。[③]

---

① 〔宋〕范成大：《吴船录》卷下，《范成大笔记六种》，第224页。
② 〔唐〕李白：《早发白帝城》，胡云翼编：《唐诗选》，中华书局1930年版，第69页。
③ 李长安：《桐柏—大别山掀斜隆升对长江中游环境的影响》，《中国地质大学学报》1998年第6期。

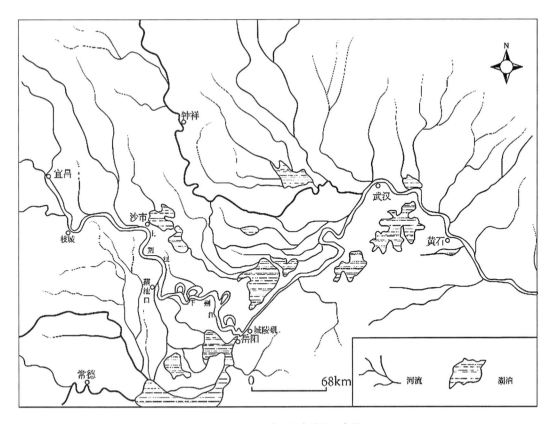

图 2　江汉平原水系展布特征示意图

资料来源：据李长安《桐柏—大别山掀斜隆升对长江中游环境的影响》（《中国地质大学学报》1998 年第 6 期）同名图改绘。

地质学者基于湖北省地质志的最新划分方案，依据江汉盆地第四系沉积物的成因类型组合、物源差异，并结合地貌类型和新构造运动特点等将江汉盆地第四系划分为西缘露头、沉积中心和东缘露头三个地层分区，并分别建立相应的岩石地层序列。江陵沙市正好处于前二者的分界线上。新构造运动的性质及特征对该区第四纪沉积有着明显的控制作用，近南北向的沙市—闸口断裂两侧无论在第四纪沉积厚度还是岩性变化上均有较大差异，并控制着江汉平原强烈沉降区的西界。[①]

河道如何弯曲转折并非随机，河流也非随意摆动，而是受制于河床所在的地层地质背景如断裂线等。长江在湖北境内的几个直角形大拐弯，均严格受构造运动所控制（见图 3），如宜都—枝城大拐弯受鄂西南隆起带东西向褶皱及天阳坪大断裂之抵制而成；沙市大拐弯为荆州背斜及其断裂所约束；郝穴大拐弯与监利—公安大断裂有关；石首大拐弯则受监利—澧县大断裂之影响。长江在城陵矶突然转向北东流，则与沙湖—湘阴大

---

① 杨青雄等：《江汉盆地新构造运动对第四纪沉积环境演化的制约》，《地质力学学报》2016 年第 3 期。

断裂有关。① 江汉盆地的基底断裂分布具有较强规律，据断裂走向和产状等的差异可分为四组。基底断裂的形成主要与东秦岭—大别造山带、江南构造带以及黄陵隆起带等在印支—早燕山期的挤压逆冲碰撞作用有密切关系。②

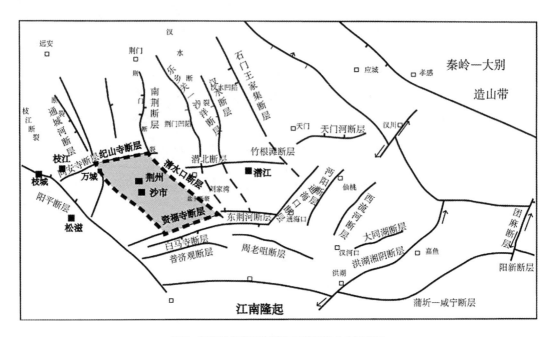

图3 江汉盆地基底断裂与江陵凹陷分布示意图

资料来源：据刘云生《江汉盆地的构造—地质结构样式分析》（《石油天然气学报》2008年第1期）文中地图改绘。

断裂是构造变形的直观表现，江陵凹陷是江汉盆地最大的次级负向构造单元，以万城断层为界东西分块，西部为一洼一隆的构造格局；东部以几条主要三级断层为界，又可南北分带。③ 江陵凹陷经历了多期构造运动，发育了众多断层，各期次运动发育的断层在性质与展布上有极大差异，因而具有多期性、多向性、多类型、多级别及分区性等特征。三个断裂系统分别反映了不同应力作用形成的断层几何学、运动学特征。万城断层为长期活动型断层。④ 江陵凹陷东界为丫角—清水口断层，北边有纪山寺断层，西为问安寺断层，南界为公安—松滋断层，它们共同控制着凹陷的生成发展。万城断层为前

---

① 李俊涛、张毅：《湖北水系演化的地质地貌背景》，《济南大学学报（自然科学版）》2007年第3期。
② 刘云生、王延斌：《江汉盆地的构造—地质结构样式分析》，《石油天然气学报》2008年第1期。
③ 高楠安：《江汉盆地江陵凹陷盐构造类型及成因机制探讨》，《石油地质与工程》2013年第2期。
④ 杨长清：《江陵凹陷构造特征形成演化及其与油气聚集的关系》，成都理工大学博士学位论文，2005年，第36—37页。

白垩纪基底断层，其后经历了三个主要活动期，并控制了这三个时期地层的沉积。① 此即为荆江万城堤乃该区史上最易溃决而险情迭出堤段之由。

总之，江陵凹陷中数百条大大小小的断层形如蛛网，相互交叉、切截。② 江陵沙市附近的长江两岸也存在着大小不一的交叉断裂线，这些交叉断裂线与桐柏山—大别山的掀斜运动共同控制着江水流向，使江流产生近乎直角形的转弯。江流则因此转弯而产生回旋，流速也就因回旋而变缓，江流中所含泥沙自然也就因流速的变缓而沉淀，日久即成洲滩。在这样的地形地貌条件与复杂的地质环境背景下，江陵附近的水沙形势也就表现得异常复杂而难以控制；与之对应的是，这里的洪水与泥沙的治理自然也就极为困难。据环境考古研究，长江中游地区居住面高程从 7.0—5.0 kaBP 峰值降到最低点，可能与前期的降水丰沛和水域扩张有关，因为人类需要向更高地区转移以抵御长江干流和支流的洪水。高程持续下降表明降水量和水患程度可能都低于前期，加上河流侧旁侵蚀与堆积作用造成的新阶地的增多，使人类向两湖平原东部地区转移，这些均导致新石器时代中期长江中游居住面高程的下降。③

结论：鲧禹以来江陵"息壤"锁镇水旱深具科学内涵

行文至此，我们已知鲧禹用息石、息壤是最具体的治水方法，但因其记述简略，"息壤"成神秘物质，其含义又因历代阐发而不断泛化，神话要素的成分被逐级放大，加重了息石、息壤的神话气息，强化了鲧禹治水的神话特质，使我们偏离了对神话背后历史真实的认知。历代有关息壤的记述，以湖北江陵沙市一带最为集中，资料最为翔实，构成了一个连续、丰富而多元的历史文献序列。掘息壤以致洪或发息壤以求雨的故事贯穿了自西汉至明清的历史，真正书写了江陵息壤"镇锁水旱"的历史传奇。传说与文献序列相连贯，考古学界的研究成果也证实长江流域在 4 kaBP 前后的鲧禹时代确乎经历过显著的古洪水事件。鲧禹治水应非仅在黄河流域，可能涉及更广阔的地域范围，具体地点之一，或可落实到湖北江陵沙市这一特定的地理位置和空间。鲧禹治水的具体方法在这里得到了较为明确的揭示，"息壤"为泥沙淤积而成的沙堤洲滩，"息石"则是用重物压制以防管涌的巨石。石可息壤，既可指所用之石，也可指所息之壤，故而混称并用，导致世人莫辨。

"息石"的特定埋深还有水文指示意义，时有因旱而设祭以发"息石"求雨的举

---

① 杨长清：《江陵凹陷形成演化与勘探潜力》，《天然气工业》2003 年第 6 期。
② 郝炜：《江陵凹陷万城断裂带断层封闭性及油气成藏模式研究》，长江大学硕士学位论文，2016 年，第 15 页。
③ 朱诚等：《长江流域新石器时代以来环境考古》，第 611 页。

动。气候的波动具有一定的周期性，具体表现在气温与降水这两个指标上。当长江流域的持续干旱到达一定程度，水位下降到接近某个特定的临界值，比如"息石"埋深所在的位置时，也就意味着接近周期的结束和转折的到来，从而旱期结束，发生降雨。人们在多次的求雨实践活动中，发现了"息石"与降雨之间的关联，从而得出发"息石"可致雨这样的经验总结。当然，实际上求雨是否应验虽有上述概率性原理，但具体到每一次则纯属偶然，只是应验与否却被有选择性地记住或遗忘。未能应验的，黯然遗忘；恰好应验的，则口耳相传。又因上述气候波动的概率性依据，应验的概率与次数肯定远大于未应验者。这一现象因此得以载诸史册，也就更加强化和深化了人们的相关经验，从而形成求雨实践上的循环。

总之，本文提出并回答了以下问题：鲧禹治水在哪儿治？治水地点之一：湖北江陵。鲧禹治水治什么？治水类别之一：治管涌。鲧禹治水怎么治？治水方法之一：用"息石"。江陵"息壤"锁镇水旱这一历史传奇的背后有着深刻的科学内涵，这与江陵沙市的地理位置与特征有着密切的关联。江陵沙市的地理特殊性在于其独特的地形、地貌特征及其地质基础。挑开江陵"息石"与"息壤"的神秘面纱，剥离其神话外衣之后，我们可以找到二者背后的深层原因，认识其科学原理与内涵。通过本文的研究，我们认为，洪水的暴发既因全球气候变化的一致性而具有普遍性，也因暴发区域和地点的不同而具有特殊性，故而洪水类型及相应治水方法也具有明显的地域性。这或许是本文在以往研究的基础上稍有进步和深入的地方，也是我们今后研究应该重视的问题。

（原载《历史研究》 2019 年第 4 期）

历史时期长江流域各区段洪涝灾害发生关系研究*

杨伟兵

(复旦大学历史地理研究中心)

一、问题与意义

对于长江流域历史水灾的研究，国内外讨论较多，特别是20世纪八九十年代因中国筹建、修建三峡水库，长江上游（以川江水系为主）与中下游洪水成灾关系成为学术和社会各界关注的热点问题之一。这一问题实际上涵盖了两个方面的内容：一是考察上游地区来水与中下游地区洪涝相关度，一是要全面统筹长江流域的生态治理。① 前一个内容涉及对于三峡水库修建的价值评估，即对于防范上游洪水对中下游地区的压力问题，这也是本文主要关注的对象之一，只不过本文的讨论着眼于从长江流域洪涝灾害发生的历史视角来考察，而对历史时期这方面的研究目前还比较少见。

---

* 本文原以"历史时期中国川江流域与长江中下游地区洪涝灾害发生关系初步研究"为题，以韩文刊于韩国庆北大学《历史教育论集》（第42辑，第129—152页，2009年），系2008年于大邱举办的"东亚海洋文明的纠葛与交流"国际学术会议报告论文。今对原文文献征引等稍作修订，中文版首次公开，谨以此纪念对长江河流地貌变迁和我国历史自然地理研究做出卓越贡献的敬爱的张修桂先生。

① 有关这个时期对于长江流域水灾的相关研究，可参见中国科学院、水利部等研究机构就三峡工程修建的生态效应等所做的大量评估、调查等研究著述，如中国科学院三峡工程课题组编：《长江三峡工程与环境影响及其对策研究论文集》，科学出版社1989年版；许厚泽等主编：《长江流域洪涝灾害与科技对策》，科学出版社1999年版，等等。此外，有关长江流域地区洪涝灾害研究与本文主题相关度较高的成果尚有：郭涛：《四川城市水灾史》，巴蜀书社1989年版；骆承政、乐嘉祥主编：《中国大洪水：灾害性洪水述要》，中国书店1996年版；蓝勇主编：《长江三峡历史地理》，四川人民出版社2003年版等。

现代研究表明，20世纪90年代以来长江中下游地区洪涝灾害发生较为频繁，甚至暴发1998年那样损失严重的百年一遇的特大洪水灾害。据陈国阶等人的研究，类似于1998年长江大洪水形成机制来看，上游地区洪水与中下游地区洪水的关系可以分为5个类型：（1）上游发生特大洪水直接导致中下游地区发生特大洪水；（2）上游洪水与中下游自身洪水各占水患形成的一半因素；（3）上游发生特大洪水，而中下游地区洪水较轻或不发生洪灾；（4）上游地区没有发生洪水，而中下游地区自身形成洪涝灾害；（5）全长江流域大洪水。1998年的大洪水形成实际上属于第5个类型。① 历史上的情况怎样？大洪水形成机制是否与现代情况一致？需要爬梳史料作出回答。就历史资料而言，涉及本文研究内容的先行资料整理成果较多，如《中国近五百年旱涝分布图集》②《华东地区近五百年气候历史资料》③《四川两千年洪涝史料汇编》④《清代长江流域西南国际河流洪涝档案史料》⑤ 等，这些重要史料也是本文的主要论据所出。特别是清代的档案史料，由于在时间和空间记录上的分辨率高，信息相对完整和系统，为我们了解清代时期长江流域地区的洪涝灾害提供了十分便利的条件，同时也使研究结论置信度更高。据《清代长江流域西南国际河流洪涝档案史料》，以及《清史稿》、道光《重庆府志》等史料的补充，笔者统计出自1658—1910年处于长江上游地区的三峡地带共有72年次洪涝灾害；从季节分布看，夏涝所占比例高达74.3%，十分突出。沿江河地区洪涝发生年次较多，这反映出当时的洪涝灾害与江河水患有密切关系。同时，在1736—1911年间清代档案史料还表明三峡地区与长江中游水灾具有同步性的年次达62次，占此时段长江三峡地区总水灾65次的95%，说明清代长江中游水灾的发生与上游（三峡地区）的洪涝有着紧密联系。但这并不能说明"上游水灾，中游必涝"规律肯定成立，因为长江中下游地区此期水灾次数已大大超过上游地区。所以有关历史上长江中上游洪涝发生诱因与机理的情况需要进一步做深入研究。⑥ 除了上述重要史料外，来自

---

① 陈国阶：《长江上游洪水对中下游的影响与对策》，载许厚泽等主编：《长江流域洪涝灾害与科技对策》，科学出版社1999年版，第11、12页。

② 中央气象局气象科学研究院主编：《中国近五百年旱涝分布图集》，地图出版社1981年版。

③ 上海、江苏、安徽、浙江、江西、福建省（市）气象局、中央气象局研究所编：《华东地区近五百年气候历史资料》，1978年1月编印。

④ 水利部长江水利委员会、重庆市文化局、重庆市博物馆编：《四川两千年洪涝史料汇编》，文物出版社1993年版。

⑤ 水利电力部水管司科技司、水利水电科学研究院编：《清代长江流域西南国际河流洪涝档案史料》，中华书局1991年版。

⑥ 关于历史档案资料所显示出的长江中上游水灾关联度问题，笔者在《历史时期长江三峡地区水系变迁、自然灾害初步研究》（西南师范大学硕士学位论文，1999年）中有过探讨。本数据引自该论文。

各地地方志、水文题刻也是本文研究的重要资料依据之一。

二、长江中上游洪涝历史分布与特征

长江是中国第一大河流，全长6 300千米，流域面积180万多平方千米，干流宜昌以上为上游，主要包括川江等水系和著名的长江三峡水系流域，区间流域面积100万平方千米，宜昌以上河段又称为金沙江；宜昌至湖口为长江中游，区间流域面积为68万平方千米，主要支流和来水为洞庭湖水系、鄱阳湖水系和汉江等；湖口以下为下游，流域面积12万平方千米。历史上关于长江流域洪水灾害的记载较多，流域各区间、各地均有大量的文献、石刻或其他史料遗存，但是全流域系统性的水灾记载依然是到清代以降详细的档案资料方能尽全，之前各个历史时期史料分布上仍为不均，难以科学统计。本文依据史料特点择取主要区域来予考察。

据沉积学分析表明，长江三峡地区及江汉平原在距今8 000—2 000年间有过5次大规模的洪水期和6次较小规模的洪水期。[1] 先秦时期包括川江在内的我国多数地区水灾由于史料的缺乏而难以细考，但一些零星史料仍能反映出当时较大区域或流域遭受洪涝灾害。比如，《孟子·滕文公上》有"当尧之时，天下犹未平，洪水横流，泛溢于天下"的记述[2]，《华阳国志·巴志》载"昔在唐尧，洪水滔天"[3]。据此多推测我国在公元前2 400年到前2 000年左右洪涝灾害相对较多。

有关长江上游地区（四川、重庆等地）先秦时期发生洪涝的描述，《水经注》卷三三称："时巫山峡而蜀水不流。帝使令凿巫峡通水，蜀得陆处"[4]，《太平广记》卷三七四云："时巫山壅江，蜀民多遭洪水，灵乃凿巫山，开三峡口，蜀江陆处。"[5] 可见春秋时期四川地区曾有较为严重的洪涝，出现水壅阻江，淹没沿岸及浅丘地带的灾害，而人们多采用疏通泄洪之法来治水。

战国至魏晋南北朝，川江地区发生水灾较多，"（江州）承三江之会，夏水涨盛，

---

[1] 朱诚等：《长江三峡及江汉平原地区全新世环境考古与异常洪涝灾害研究》，《地理学报》1997年第52卷第3期。

[2] 〔清〕焦循撰，沈文倬点校：《孟子正义》卷一一《滕文公章句上》，中华书局1987年版，第374页。

[3] 〔晋〕常璩撰，任乃强校注：《华阳国志校补图注》卷一《巴志》，上海古籍出版社1987年版，第1页。

[4] 〔北魏〕郦道元著，陈桥驿校证：《水经注校证》卷三三，江水（一），中华书局2007年版，第770页。

[5] 〔北宋〕李昉等编：《太平广记》卷三七四《灵异·鳖灵》，上海古籍出版社1990年版，第3册，第646页。

坏散颠溺，死者无数"①。汉高后三年（前185）夏，"汉中、南郡大水，水出流四千余家"②。西晋咸宁三年（277）"六月，益、梁二州郡国八暴水，杀三百余人。七月，荆州大水……十月，青、徐、兖、豫、荆、益、梁七州又大水"③。据正史资料统计，汉晋时期"荆、益、梁""益、梁""益、荆"等地发生水灾年份共3次。另据郭涛《四川城市水灾史》，公元前2世纪到公元4世纪，四川地区城市水灾年共有8次。④ 由于古人描述的简单化和史料记载的缺乏，无法实现尽全史料的情况，以上的讨论有其明显的不合理性，汉晋时期川江地区水灾发生次数的统计仅是一种推测，即汉晋洪涝灾害的发生频率高于旱灾。根据历史气候变迁研究表明，中国在公元1000年以前有一千年的旱期持续时间短、湿润期持续时间长的气候特点，这与长江流域在内的多数地区水旱灾害情况是有一定关系。⑤

隋唐至五代十国时期四川地区在6—10世纪发生水灾年份达29次，受灾城次为64次，受灾强度平均值为2.15⑥，属于历史时期水灾较为严重的时期。川东一带或多或少受之影响，洪涝灾害发生强度较大，如唐开成三年（838）八月，"山南东道诸州大水，田稼漂尽"⑦，该年夏季长江流域普遍发生大水灾，"江、汉涨溢"⑧。后唐长兴三年（932）七月，"夔州赤甲山崩，大水漂溺居人"⑨。

宋元时期长江上游地区的洪涝灾害发生也十分突出，现存的水文题刻资料记录下了许多宝贵的水文情况，其中以忠县发现的两处南宋《绍兴二十三年洪水碑记》和《宝庆三年洪水碑记》最为久远，共有三个题记，内容见下：

> 绍兴二十三年，癸酉，六月二十六日，江水泛涨去耳。史二道士吹籥书刻，以记岁月云耳。
> 绍兴二十三年，六月二十七日，水此。
> 宝庆三年，丁亥，去癸酉七十五年，水复旧痕，高三尺许。六月初十日，

---

① 〔晋〕常璩撰，任乃强校注：《华阳国志校补图注》卷一《巴志》，第20页。
② 《汉书》卷二七上《五行志上》，中华书局1962年版，第1343页。
③ 《晋书》卷二七《五行志上》，中华书局1974年版，第813、814页。
④ 郭涛：《四川城市水灾史》，第327页。
⑤ 中国科学院《中国自然地理》编委会：《中国自然地理·历史自然地理》，科学出版社1982年版，第17页。
⑥ 郭涛：《四川城市水灾史》，第327页。
⑦ 《旧唐书》卷一七下《文宗本纪下》，中华书局1975年版，第574页。
⑧ 《新唐书》卷三六《五行志》，中华书局1975年版，第934页。
⑨ 《旧五代史》卷一四一《五行志》，中华书局1976年版，第1882页。

嗣孙道士史袭明书记。①

据对公元972—1190年峡江地区水文资料统计，夏秋两季洪涝现象十分明显，夏季洪涝发生的比例高达57%。② 值得一提的是，宋代时期的绍兴二十三年（1153）和宝庆三年（1227）两年均是川江大洪水年份，特别是1227年，洪水高程达159.55米（忠县东云乡汪家院子），居历史第二位。③

明清时期（1368—1912）五百多年，由于历史遗留下的文献资料较为丰富，特别是地区方志史料、水文题刻和档案史料等的详细记载，为开展此期水灾研究提供了便利条件，其反映的内容也更为系统和全面。据笔者统计，明代川峡江地区共有26次水灾年，尤以夏涝为最多，秋涝也较为突出。④ 采用普遍使用的旱涝等级划分制（即中央气象局气象科学研究院主编《中国近五百年旱涝分布图集·说明》，地图出版社1981年版），水灾中有8次强度达到1级（即洪涝最严重一级），占总水灾年次（26次）的31%。如1463年"峡归大雨，庐舍漂没，民皆依山露宿"⑤。嘉靖三十九年（1560）东湖等地夏秋大雨，以至于居民粮荒，大饥。⑥ 万历四十一年（1613）峡江发大水"舟行入（东湖县治）文昌门内"⑦，灾情十分严重。据《清代长江流域西南国际河流洪涝档案史料》、《清史稿》、道光《重庆府志》等统计，自1658—1910年间三峡地区共有72年次较大洪涝灾害，从季节分布上看，夏涝所占比例高达74.3%，十分突出；从空间分布上看，发生洪涝灾害以宜昌最多（18次），其次依次是重庆（14次）、奉节（14次）、云阳（14次）、大宁（12次）、归州（8次）、巫山（8次）、涪州（8次）、开县（8次）、忠县（7次）、丰都（7次）、彭水（6次）、万县（6次）、石砫厅（5次）、垫江（5次）。

---

① 水利部长江水利委员会、重庆市文化局、重庆市博物馆编：《四川两千年洪涝史料汇编》，第19—21页。
② 杨伟兵：《宋元时期长江三峡地区水灾发生时节及分布表》，见《历史时期长江三峡地区水系变迁、自然灾害初步研究》（西南师范大学硕士学位论文，1999年），表3-2。
③ 川江历史上最大洪水年是1870年，其次分别是1227年、1153年。见重庆市博物馆三峡工程文物保护课题组编：《三峡库区川江水文石刻价值评估报告》，1994年12月未刊稿。
④ 这是对正史、同治《宜昌府志》卷一（同治五年〈1866〉刻本）、道光《重庆府志》卷六（道光二十三年〈1843〉刻本）、同治《续修东湖县志》卷二（同治三年〈1864〉刻本）、中共万县地委政策研究室主编：《万县地区五百年灾害研究（1440—1990）》（内部本）、重庆市博物馆三峡工程文物保护课题组编：《三峡库区川江水文石刻价值评估报告》等记载的1405—1570年间水灾的统计。
⑤ 〔清〕金大镛修，王柏心纂：同治《续修东湖县志》卷二《天文志》，同治三年（1864）刻本。
⑥ 同治《续修东湖县志》卷二《天文志》。
⑦ 同治《续修东湖县志》卷二《天文志》。

就特大洪涝而言，在川江地区清代共发生特大水灾 16 年次、大水灾 12 年次。①

近现代以来，1911—1996 年长江三峡地区发生特大洪涝灾害共计 18 次，其中又以 1905 年、1931 年、1954 年、1981 年、1991 年和 1996 年的洪涝最为严重。② 1950—1989 年万县地区年年有洪灾，其中发生特大洪涝灾 3 次、大洪涝灾 6 次、一般洪涝灾 24 次，受灾面都比较大。③ 宜昌地区在 1951—1983 年的 33 年中，出现全区性大的洪涝灾害就有 9 年次。④

以上洪涝灾害的历史介绍，大致可以明确两点：一是长江中上游地区（川江流域为主的四川、三峡、湖北宜昌等地）历史上较大的洪涝灾害发生较多，灾情严重，而且较大活动的水灾发生在长江上游地区几乎就是全区域性的，长江上游地区的川江、三峡、宜昌等地灾情关联性强；二是上述地区水灾关联性的体现，由于史料记载局限很难有精确的统计分析，但历史上四川地区的大水灾活动几乎都能在其下游地区的三峡、宜昌等地有反映，一方面可以理解为洪峰过境波及所致，另一方面则表明可能存在着雨场分布上的同时性（下文以清代档案史料来验证这一点），只不过这种上游地区的水灾关联性并不一定也体现于与长江中下游地区洪涝发生的关系上。

三、长江流域洪水过境及其灾情分析

对洪水过境情况的分析目的是考察长江流域上、中和下游水情情况。正如前文所言，历史上发生在上游地区的洪涝对宜昌等地水情有较强的关联性，这种上游来水的压力是否会对宜昌以下的荆江、洞庭湖、江汉（武汉）、江西（鄱阳湖）等江段有作用？这些影响会有多大？考虑到清代长江流域洪涝灾害档案记录的丰富、完整性，下文主要就长江干流清代发生大水的情况举例分析。

1. 乾隆五十三年（1788）特大洪水

四川境内："四川省六月以来，于初七、初八、初十、十五、十六等日（7

---

① 中共万县地委政策研究室主编：《万县地区五百年灾害研究（1440—1990）》（内部本），第 63—65 页。杨伟兵：《清代长江三峡地区洪涝发生时节及分布表》《清代长江三峡地区旱涝等级空间划分标准表》，见《历史时期长江三峡地区水系变迁、自然灾害初步研究》（西南师范大学硕士学位论文，1999 年），表 3-10、13。
② 骆承政、乐嘉祥主编：《中国大洪水：灾害性洪水述要》；朱诚等：《长江三峡及江汉平原地区全新世环境考古与异常洪涝灾害研究》，《地理学报》1997 年第 52 卷第 3 期。
③ 中共万县地委政策研究室主编：《万县地区五百年灾害研究（1440—1990）》（内部本），第 31—51 页。
④ 湖北省宜昌地区地方志办公室编：《宜昌地区简志（1949—1984）》（内部本），第 50—52 页。

月10、11、13、18、19日）连得大雨，余日阴晴各半。（据禀报）……沿河各州县水势直卸而下，并无泛溢之虞。惟下游忠州属之丰都、夔州府属之万县、云阳、奉节、巫山等县，地势稍低，于连得大雨河水泛涨之时，又值上游灌注，一时宣泄不及，遂致漫溢上岸，但一二日之间，即行消退。"①

湖北境内："查，湖北省本年江水甚大，被淹地方较广。……缘入夏以来雨水较多，上游溪涧及川南诸（水）同时盛涨，兼之江西水发，由彭泽湖出口横截大江，水势骤难宣泄，以致到处漫溢。……又续经报到之当阳、应城、东湖、巴东、归州……（成灾）以上三十六州县被水情形……"②

"据郑琴禀称，二十日（7月23日）荆州被水，计今已越六日……"③
"荆州因江水泛涨，溃决堤塍，致满汉两城均被淹浸……"④

"本年七月初六日，据岳州府属华容县知县……禀称，卑县地方南连洞庭，北接荆江，时当夏令，湖水本属盈溢，兹于六月十九至二十二等日（7月22—25日），连日阴雨，又值荆河、襄江二水并发，建瓴而下，一时宣泄不及，陡长二丈二尺有余。风大浪急，水高堤面，各堤垸同时漫溢，人力难施。……"⑤

江西境内："江西省五月中旬以前，雨泽应时。……兹查，南昌省城于五月二十三、四、五及二十八、九，六月初一、二、四、五、六、七等日（6月26、27、28日，7月1、2、4、5、7、8、9、10日），天雨连绵，颇为稠密……惟南昌、新建、进贤三县，切近鄱阳湖边之处，一时宣泄不及，漫入禾田。……现在只以长江充满，湖水出口稍缓，以致腹内之水，消退欠速。"⑥

"窃照，江西省本年五月及六月初间，雨水过多，南昌、饶州、南康、九江四府属，傍湖沿江低洼田地被水漫淹。……旋于六月十九、二十等日（7月

---

① 水利电力部水管司科技司、水利水电科学研究院编：《清代长江流域西南国际河流洪涝档案史料》，第476页。
② 水利电力部水管司科技司、水利水电科学研究院编：《清代长江流域西南国际河流洪涝档案史料》，第476页。
③ 水利电力部水管司科技司、水利水电科学研究院编：《清代长江流域西南国际河流洪涝档案史料》，第477页。
④ 水利电力部水管司科技司、水利水电科学研究院编：《清代长江流域西南国际河流洪涝档案史料》，第479页。
⑤ 水利电力部水管司科技司、水利水电科学研究院编：《清代长江流域西南国际河流洪涝档案史料》，第488页。
⑥ 水利电力部水管司科技司、水利水电科学研究院编：《清代长江流域西南国际河流洪涝档案史料》，第489页。

22、23日），大雨连朝，接壤之楚省叠次水发，兼之川水汇入，长江水势倒漾，以致鄱阳湖之水顶阻，无从宣泄，低洼之处，积水难消……"①

安徽境内："惟五月下旬及六月初二、三、四（7月5、6、7日）等大雨频施，低田间有积水……惟时届盛夏江水涨发，较往年略大，怀宁、桐城、宿松、望江、贵池、东流、铜陵、当涂、芜湖、繁昌、无为、和州等州县，沿江一带低处洲田，间有漫溢……"②

"伏查，安省本年夏间雨水稍多，又值湖广、江西之水汇注，致沿江怀宁、铜城等十二州县低田被淹……""安省本年夏雨过多，江湖并涨，致沿江近湖各州县低地被淹。……缘五六月间雨水充盈，江流日长，滨江低地渐被漫淹……讵上游湖广、江西之水涨发汇注，致江水增高不能消退，怀、桐等县逼近江西，支河、汊港在在（？）通江，低洼处所积水尚深……"③

江苏境内："伏查，（江苏）本年夏秋以来雨泽沾足……江宁府所属沿江围田，亦因六七月以来江水涨漫，致有淹浸……江宁所属之江宁、上元、句容、江浦、六合五县，沿江被水围田，各居该境不及十分之一……"④

1788年发生的此次大水，从上述档案资料可见，是一次长江全流域发生的特大洪水灾害，其成因主要是发生在7月间的大雨。根据以上记载和其他档案验证，7月初或上旬应在长江中游及其附近地区的江西、湖广等省形成暴雨，雨带随后西移至上游地区的四川等地，并在川省于7月10—20日间形成全省性暴雨⑤，导致长江上、中和下游地区流域雨水频发，中下游地区洪峰叠加，造成洪涝灾害，主要是大气环流所致。从受灾情况来看，灾情最重的是长江三峡、湖北、江西等地区，安徽次之，江苏属于一般性洪

---

① 水利电力部水管司科技司、水利水电科学研究院编：《清代长江流域西南国际河流洪涝档案史料》，第489页。
② 水利电力部水管司科技司、水利水电科学研究院编：《清代长江流域西南国际河流洪涝档案史料》，第491、492页。
③ 水利电力部水管司科技司、水利水电科学研究院编：《清代长江流域西南国际河流洪涝档案史料》，第494页。
④ 水利电力部水管司科技司、水利水电科学研究院编：《清代长江流域西南国际河流洪涝档案史料》，第495页。
⑤ 《四川两千年洪涝史料汇编》收录了1788年洪水碑刻26通、文献47条，从所收史料来看，该年的暴雨范围较大，"岷江、沱江和涪江均发生大水，致使重庆至宜昌间的川江河段，深受洪水之害。在沿河两岸，至今还留存有洪水碑刻26处"（水利部长江水利委员会、重庆市文化局、重庆市博物馆编：《四川两千年洪涝史料汇编》，第25页）。

涝。由此也可证明，1788年的长江中游地区大洪水是中、上游地区相继发生暴雨，各地来水增加、叠加所致，并非全是上游地区洪涝影响单一因素促成的。

2. 咸丰十年（1860）特大洪水

> 长江上游地区："楚北素称泽国，地势低洼，咸丰十年夏秋水涨，滨江各属田地多被浸淹……又，荆、宜两府入夏以来阴雨连绵，川江水涨异常，归州漫及城根，东湖县水浸入城。""川江水势盛涨，荆、宜等处，猝被水患。本年入夏以来，荆、宜两府阴雨连朝，江水日增，五月下旬大雨如注，川江来源异常盛涨，传闻巫山以上有九处起蛟之说。先据归州禀报，五月二十三日（7月11日）后，川水入楚，高至二十余丈，漫及城根，沿河两岸全行被淹。"①

此次特大洪水是长江中上游大范围夏季降雨所致，受灾区域上起四川，下至荆江两岸，强度极大，洪峰所至，无所不摧。奉节县"六月，大水入城，入正街而退"②，巫山县"大水入城，顺城街市多半倾圮"③，东湖"水漫入城，深至六七尺，衙署、监狱、民房悉被水淹，城墙间有坍塌"，归州"（水）高至二十余丈，漫及城根，沿河两岸全行被淹"④。根据《中国近五百年旱涝分布图集》1860年旱涝等级图划，当年发生在长江中游的湖广、江西大部和长江上游的四川等区域的水灾，长江干流上四川为2级，长江三峡为1级，宜昌以下的中游为1级，均属洪涝灾害发生严重和最严重等级；但下游河段和地区却没有大的水灾。⑤

根据历史文献、方志和民间调查，1860年的长江中上游特大洪水起因是同时性强降雨，该年6月下旬至7月上旬上游地区的金沙江、三峡地区、乌江、清江等及荆江地区都有普降大雨的记录，而同一时期在汉江、洞庭湖水系方面也发生强降雨，构成三峡地区、荆江河段特大洪水，冲开了荆江堤岸上的藕池口形成藕池河，洪水、泥沙大量涌入洞庭湖等地区，带来大范围水灾。这次水患被认为是历史上长江中上游地区百年一遇

---

① 长江流域规划办公室编：《历史洪水资料汇编·军仓奏折》，1976年；《清代长江流域西南国际河流洪涝档案史料》，第922页。
② 〔清〕曾秀翘修，杨德坤等纂：光绪《奉节县志》卷一一《灾祥》，光绪十九年刻本。
③ 〔清〕连山等修，李友梁等纂：光绪《巫山县志》卷一〇《祥异》，光绪十九年刻本。
④ 水利电力部水管司科技司、水利水电科学研究院编：《清代长江流域西南国际河流洪涝档案史料》，第922页。
⑤ 中央气象局气象科学研究院主编：《中国近五百年旱涝分布图集》，第201页。

的特大洪涝灾害之一。① 尽管此年洞庭湖等地水灾与上游藕池河冲入有关，但不可忽略的一点是6月下旬至7月上旬，三峡以下河段的宜昌、荆州等府和洞庭湖水系也发生了强降雨并成严重洪涝灾害，仍然是一个洪峰叠加致灾的例子。

3. 同治九年（1870）特大洪水

川东、三峡地区：此次特大水灾从大量的碑刻题记和文献史料记载来看，是长江上游自宋绍兴年间以来八百多年来仅见的一次特大洪水。② 该年洪水发生于嘉陵江流域，入长江后水势更甚，淹没峡江沿江各县，出峡后对中下游地区造成巨大损害。

"本年六月间，川东连日大雨，江水陡涨数十丈，南充、合川、江北厅、巴县、长寿、涪州、忠州、丰都、万县、奉节、云阳、巫山等州县，皆大雨，城垣、衙署、营汛、民田、庐舍多被冲淹。"③

丰都："六月十七、十八等日（7月15、16日）江水连涨十数丈，灌涌入城。其北门泾桥同塍亦均淹没，环城悉成巨浸。"④

奉节："六月十七八日，洪水渐涨入城。十九日大涨至府署牌坊下，城中不没者城北一隅。（水退后）城中淤泥高数尺"，"人、畜死者甚众。"⑤

巫山："六月大水，城垣、民舍淹没大半，仅存城北一隅。"⑥

归州："六月二十九日，江水暴溢，归州河一带巨涨，高逾屋楼，沿江水势几有越岭之虞，实国朝二百余年目所仅见。"⑦

根据川东、鄂西洪水碑刻题记统计，1870年农历六月洪水发生的信息如下⑧（见表1）：

---

① 骆承政、乐嘉祥主编：《中国大洪水：灾害性洪水述要》，第245页。
② 胡人朝：《长江上游历史洪水题刻、碑记考察》，重庆市博物馆编：《历史、考古文集（1950—1984）》，1984年本。
③ 水利部长江水利委员会、重庆市文化局、重庆市博物馆编：《四川两千年洪涝史料汇编》，第83页。
④ 水利电力部水管司科技司、水利水电科学研究院编：《清代长江流域西南国际河流洪涝档案史料》，第948页。
⑤ 光绪《奉节县志》卷一一《灾祥附》。
⑥ 光绪《巫山县志》卷一〇《祥异》。
⑦ 水利部长江水利委员会、重庆市文化局、重庆市博物馆编：《四川两千年洪涝史料汇编》，第93页。
⑧ 此表引自水利部长江水利委员会、重庆市文化局、重庆市博物馆编：《四川两千年洪涝史料汇编》，第31页。

表 1　长江上游地区水文题刻分布

洪水发生日期（阴历）	碑刻数量（通）	碑刻题记所在地
六日	1	忠县
十日	1	涪陵
十三日	1	重庆
十五日	4	合川、江北、巴县、涪陵
十六日	3	合川、丰都
十七日	4	合川、江北、巴县、忠县
十八日	6	合川、涪陵、北碚、江北
十九日	7	涪陵、忠县、万县、奉节
二十日	13	江北、巴县、涪陵、丰都、忠县、万县、奉节
二十一日	1	万县
二十二日	1	涪陵
二十三日	6	长寿、万县、云阳
二十六日	1	涪陵
六月中	5	江北、巴县、忠县

根据现代水文科学推测，重庆寸滩站水文分析计算洪峰流量为 100 000 立方米/秒，万县站为 114 800 立方米/秒，宜昌站为 105 000 立方米/秒。[①] 从水文碑刻记载地、日期来看，也可推断出 1870 年川江发生的特大洪灾应属于双峰型洪水，三峡长江干流在阴历六月二十日前应有一次大洪峰，之后二十三日起应再起一次大洪峰。实际上根据同治十三年（1874）在万县等地的调查采访也验证了这一点："六月十三日开始涨水，雨很大，下了七天七夜；六月十七日，……全城尽没，水到城隍庙门口，只涨不退，平了三天，二十日开始退水，退了十来天，退下去。第二次还回涨上街，又退下去。"[②] 同年

[①]《四川省历史洪水分析研究》，引自水利部长江水利委员会、重庆市文化局、重庆市博物馆编：《四川两千年洪涝史料汇编》，第 34 页。

[②] 同治《万县志·采访事实》，引自水利部长江水利委员会、重庆市文化局、重庆市博物馆编：《四川两千年洪涝史料汇编》，第 34 页。

江西九江"德化夏秋大水";① 安徽宿松、桐城"大水",② 贵池、东至、铜陵等地"历年蛟水""建德大水""大水"③。

1870年的洪灾,据《中国近五百年旱涝分布图集》1870年旱涝等级图划,川东、三峡、鄂西、洞庭湖、江汉等长江干流流经地区处于1级灾害(洪涝最严重)发生区域,江西、安徽、江苏等长江干流地区属于2级标准(洪涝严重)。④ 但是这次灾害并没有太多受到中游地区长江支流水系洪水的叠加影响,因为同一时期中下游地区发生较大区域范围的大雨资料不多见,也就是说长江中下游地区的洪涝灾害主因是上游地区的来水凶猛,即就水灾成因来看,发生在1870年的特大洪水主要是由长江上游地区的暴雨所致。这是一个十分重要的现象,前文提及长江大洪水发生机制类型之一的"上游发生特大洪水直接导致中下游地区发生特大洪水",正是1870年特大洪水的发生机制。但是,这种类型在长江流域大洪水历史中极为少有。

上述清代发生的三次大洪水灾害中,1788年特大洪水属于长江全流域长时间的洪灾,上、中、下游均发生强降雨(尤其是中、上游地区)导致洪峰叠加,值得注意的是强雨中心首先是在中游地区形成,再西移至上游四川地区。这一特大洪水发生的机制属于"全长江流域大洪水"。1860年特大洪水的发生机制属于"上游洪水与中下游自身洪水各占水患形成的一半因素",系川江、荆江、洞庭湖水系地区同时性强降雨、洪峰叠加所致。1870年特大洪灾则是典型的全江流域大水灾,属于"上游发生特大洪水直接导致中下游地区发生特大洪水"的发生机制类型,主要原因是上游地区强降雨发大水引发。值得一说的是,1998年长江全流域大洪水灾害的发生,洪水期长达2个月之久,自6月下旬开始到8月末结束,从受灾范围来看与1788年特大洪灾类似,但强度和持续程度均大大超过1788年。

四、长江洪水上、中下游发生灾次及其相关性

尽管前文对历史大洪水的发生机制及其表现有所论述,但如何从更为精细的角度来分析长江各区段洪涝灾害作用关系,仍是一个需要解决的重要问题。从历史可见资料统计来看,长江流域的大洪水主要情况如下(见表2):

---

① 上海、江苏、安徽、浙江、江西、福建省(市气象局),中央气象局研究所编:《华东地区近五百年气候历史资料》,1978年1月编印,第5.46页。
② 上海、江苏、安徽、浙江、江西、福建省(市)气象局,中央气象局研究所编:《华东地区近五百年气候历史资料》,第3.142页。
③ 上海、江苏、安徽、浙江、江西、福建省(市气象局),中央气象局研究所编:《华东地区近五百年气候历史资料》,第3.165页。
④ 中央气象局气象科学研究院主编:《中国近五百年旱涝分布图集》,第206页。

表2 长江历史上的大洪水主要年份统计表

时期（年）	主要发生区间	洪峰流量（m³/s）	周期估计（1遇/×年）	灾害强度（级）
1153	全江	92 800（宜昌）	210	1
1227	上游地区、川江	洪水水位159.55 m（忠县），仅次于1870年的162.22 m（忠县）	—	1
1520	川江、三峡地区	—	—	1
1560	中下游地区	—	—	1（中下游）、2（上游）
1583	江汉平原	汉江6 000（丹江口）	900（汉江安康河段）	2
1788	全江	86 000（宜昌）	—	1（中上游）、2（下游）
1840	四川地区	71 000（宜昌）	—	1
1860	中上游地区	92 500（宜昌）	100	1
1867	江汉平原	汉江30 000（安康段）	100	1
1870	全江	105 000（宜昌）	800	1（中上游）、2（下游）
1896	中上游地区	71 000（宜昌）	100	1（川江、荆江）、2（江汉）
1905	上游地区	85 100（寸滩）	50	1（川江）、2（中游）
1917	上游地区	66 600（寸滩）	100（岷江）	2（川江、江汉）
1926	洞庭湖、中游地区	—	100（洞庭湖）	1（洞庭湖水系）
1927	鄂东地区	—	—	2
1931	全江	119 500（湖口附近八里江）	100	1
1935	中游地区	59 300（汉口）	100	1
1954	全江	126 800（八里江）	100	1（中下游）
1955	鄂东地区	—	—	2
1969	中下游地区	—	—	1
1981	四川地区	85 700（寸滩）	70	1
1998	全江	60 000（沙市）	100	1

说明：1. 1896年（含）以后年份洪峰流量等数据为实际水文观测记录，以前年份为估测；2. 灾害强度等级采用《中国近五百年旱涝分布图集》划分标准1—5级为最涝至最旱；3. 1988年数据取自陈国阶：《长江上游洪水对中下游的影响与对策》，载许厚泽等主编：《长江流域洪涝灾害与科技对策》，科学出版社1999年版。

资料出处：水利部长江水利委员会、重庆市文化局、重庆市博物馆编：《四川两千年洪涝史料汇编》，文物出版社1993年版；骆承政、乐嘉祥主编：《中国大洪水：灾害性洪水述要》，中国书店1996年版；中央气象局气象科学研究院主编：《中国近五百年旱涝分布图集》，地图出版社1981年版。

从表2可以看出，历史上"全江"发生特大洪涝灾害有6年次，其中1788年、1870年2年份中上游地区发生1级洪涝灾害，但下游地区仅是2级灾度，仅1153年、1931年、1998年3年份为全江1级灾害。而1227年、1520年、1840年、1860年、1896年、1905年、1917年、1981年8个年份上游地区发生1级强度洪涝，但中下游地区没有记载或为2级灾害；此外，1560年、1583年、1867年、1926年、1935年、1954年、1969年7个年份中下游或中游发生1级强度洪涝，但上游地区没有特大洪涝的记载。这些大洪水发生情况表明，历史上长江中下游地区的大洪涝灾害与上游洪水关系不甚紧密，不存在"上游洪水、下游必涝"的发生情形和机制。

我们可再根据清代长江流域洪涝灾害档案史料来统计说明，以下是对1736—1911年长江干流洪涝分布地次的统计（即发生在长江干流各区段的灾害统计，不含支流）：

表3　1736—1911年长江干流洪涝分布统计表

时　　期	洪涝次数与所占比例			合　计
	上游地区	中游地区	下游地区	
1736—1911	214	1 441	1 888	3 543
占　比	6.04%	40.67%	53.29%	100%

资料出处：《1736—1911年各年资料条数；各年按水系分类的州县数和各年的州县合计数简明统计》表，见水利电力部水管司科技司、水利水电科学研究院编：《清代长江流域西南国际河流洪涝档案史料》，中华书局1991年版。

上游地区微薄的6%左右的洪涝比重与中下游地区水灾次数所占比例极不协调，这再次证明历史上长江洪涝上游与中下游地区水灾不存在一个紧密的相关发生机制。

现代气象科学研究还表明，长江中下游地区洪涝灾害的发生是否受到上游水文影响，将取决于两个因素：一是上游地区暴雨须大范围同步发生，即四川盆地、三峡地区同期发生暴雨，洪峰叠加，方能对中下游地区构成威胁；若上游地区两个地区不同步发生暴雨，即便是单一地区遭受强大暴雨，形成大洪水，也不会对中下游地区造成影响；二是上游洪水没有受到中下游洪峰顶托，一般不会对中下游地区构成较大的洪灾影响，致灾较弱。[①] 根据历史资料，上述第一个因素在历史上的形成，仅有一次对长江中下游地区造成特大洪灾，即发生在同治九年（1870）的特大洪水，但这种情况发生几率十分小。第二个因素却较为多样，前文研究显示，上游洪水暴发的多个年份，中下游地区没有洪峰顶托，造成的灾害较小，甚至不多见；反而是中下游地区暴雨，自身引发了多

---

① 参阅陈国阶：《长江上游洪水对中下游的影响与对策》，载许厚泽等主编：《长江流域洪涝灾害与科技对策》。本处笔者根据历史发生情况予以了综合分析。

次大洪水，与上游洪峰叠加的几率也不高。

五、结论

通过对历史以来长江大洪水发生情况的回顾和分析，可以得出这样的结论：历史上长江大洪水的发生机制是一个全流域雨场分布、洪峰相加关系的整体作用问题，各区段自身受灾情况有大有小，发生机制不尽一致，但存在着一定的相关性，这种相关性在致灾条件上一旦发生正相关（即同期、同步），有极大的可能将不同区段的洪涝转换为全区域的特大灾害。不过，因长江流域大气环流、地理环境、水系构成、水文质量等区域分异性较强，上游和中下游区段洪涝灾害发生正相关作用的几率并不高，至少在历史上是这样的。

然而，我们也应看到，长江流域是一个大系统，各区段和全江都不是孤立存在着的，如果出现全流域同期强降雨、洪峰叠加，特大洪水发生的几率将很高，历史上长江大洪水发生机制可以证明。值得担忧的是，近年来全球变化带来的气候异常现象正考验着我们，强降雨发生的广度和密度都有加强的趋势，长江中下游、上游地区致灾因素同步性的可能性加大。

《史记》中的"关中"与"关中之地"

马 雷

（四川文理学院巴文化研究院）

"关中"作为一个专有的地理名词由来已久。据史念海考证，"关中"一词最早见载于《战国策》中①，其具体指代的范围虽然随着时代的变迁有所盈缩，但大体不出今天的陕西省关中盆地一带。如《史记·货殖列传》中就明确提到："关中自汧、雍以东至河、华"②，这是对"关中"区域较早进行的定义。

但是仔细探究起来，司马迁在《史记》各处记载中对于"关中"范围的叙述并不像他在《货殖列传》中的定义那样明确。比如《史记·项羽本纪》里有这样一段记载：

> 项王使人致命怀王。怀王曰："如约。"乃尊怀王为义帝。项王欲自王，先王诸将相。……项王、范增疑沛公之有天下，业已讲解，又恶负约，恐诸侯叛之，乃阴谋曰："巴、蜀道险，秦之迁人皆居蜀。"乃曰："巴、蜀亦关中地也。"故立沛公为汉王，王巴、蜀、汉中，都南郑。而三分关中，王秦降将以距塞汉王。③

这里所称的怀王"如约"是指进攻秦军以前楚怀王与反秦将领们进行的约定。那么楚怀王的约定是什么呢？根据《史记·高祖本纪》中的记载："（怀王）与诸将约，先入定关中者王之。"④而项羽和范增所称"巴、蜀亦关中地"，许多研究者据此多认为

---

① 史念海：《古代的关中》，《河山集》，生活·读书·新知三联书店1963年版，第26页。
② 《史记》卷一二九《货殖列传》，中华书局1959年标点本，第3261页。
③ 《史记》卷七《项羽本纪》，第316页。
④ 《史记》卷八《高祖本纪》，第356页。

项羽将本不属于"关中"的巴、蜀强拉入"关中地区"范围,并以此作为项羽实际上"负约"的证据。

但同样是在《史记·货殖列传》中又有这样的叙述:

> 关中自汧、雍以东至河、华,膏壤沃野千里……南则巴、蜀。巴、蜀亦沃野……南御滇僰,僰僮。西近邛笮,笮马、旄牛。然四塞,栈道千里,无所不通……天水、陇西、北地、上郡与关中同俗,然西有羌中之利,北有戎翟之畜,畜牧为天下饶。然地亦穷险,唯京师要其道。故关中之地,于天下三分之一,而人众不过什三;然量其富,什居其六。①

这里提到的"关中之地"占当时的"天下",也就是西汉王朝早期疆域的三分之一,很明显的是包括巴、蜀、天水、陇西、北地、上郡等地在内。清代郭嵩焘在其所著的《史记札记》中也认为:"案关中,尽关以西之地,西北极陇、蜀,故于天下为三分之一。"② 如果真的按照郭所理解的那样,那么"巴、蜀亦关中地"就有了坚实的理由,项羽和范增也就谈不上什么"负约"了。

针对《史记》中这种地域范围叙述上的歧义现象,一些学者进行了探究,提出了各种各样的观点,并采取不同的处理方式。例如据朱绍华等人考证,较早的研究者有:葛剑雄将狭义的"关中"标识为"关中(中心区)",而称"天水、陇西、北地、上郡"四郡为"关中西部"③;侯甬坚则以为"关中西部"的提法欠妥,而易其名为"关中外围"④;也有学者为明确起见,将其析分为"关中区""巴蜀区"和"陇西区"三个小区⑤;朱绍华等人则归纳司马迁在《史记》中提到了三种"关中"概念,除了前面所讲到的两种以外,还包括有以关中盆地以北陕北高原的北地、上郡为整个"关中"的概念。⑥ 王子今则在朱绍华等人的观点上有所发挥,认为"关中"的概念有广义与狭义的区别,三种"关中"的最后一种界定可称作"大关中"说。⑦

---

① 《史记》卷一二九《货殖列传》,第3261—3262页。
② 〔清〕郭嵩焘:《史记札记》卷五下《列传》,商务印书馆1957年版,第454页。
③ 葛剑雄:《司马迁》,载谭其骧主编:《中国历代地理学家评传》第1卷,山东教育出版社1990年版。
④ 侯甬坚:《〈史记〉所见西汉以前的区域类型和区域年龄》,载《司马迁与史记论文集》第1辑,陕西人民出版社1994年版。
⑤ 韦苇:《司马迁经济思想研究》,陕西人民教育出版社1995年版,第22页。
⑥ 朱绍华、东湖:《司马迁的三种"关中"概念》,《中国历史地理论丛》1999年第12期,第39页。
⑦ 王子今:《秦汉区域地理学的"大关中"概念》,《人文杂志》2003年第1期,第86页。

实际上除了朱绍华等人所归纳的《史记》中明确提到的这三种"关中"定义以外，《货殖列传》中还隐含了第四种对"关中"的定义。因为司马迁在介绍了关中的物产风貌之后，就紧接以"南则巴、蜀"，并没有提到关中盆地以南、介于关中和巴蜀之间的汉中盆地。但在《项羽本纪》和《汉高祖本纪》中，刘邦所封汉王的统治区域都明确地指明是"王巴、蜀、汉中"，即汉中是排除在巴、蜀的地域范围之外的。根据这两种记载的地域范围分析，那么汉中就只能包含在巴、蜀以北的"关中"这一范围。但是仅包含狭义的关中和汉中两处的第四种"关中"定义，无论从地域范围限定还是从地形地貌的描述来看，又都与《货殖列传》本身所记的"自汧、雍以东至河、华"，从而"膏壤沃野千里"的"关中"相矛盾，所以并没有被明确地提出过，本文也只是在这里略微提一下。

综观前人的研究，对"关中"地域范围的处理可分为两种方式：一种是"六经注我"的方式，即以自己所发明的名词和定义对《史记》中的"关中"作出解释，这种处理方式的主要目的是更为明确地表述《史记》中所记载的秦汉时期区域类型，而非对司马迁关于"关中"的定义本身进行诠释，故而在进行科学归纳和分析的层面上是可行和合理的；另一种是"我注六经"的方式，即依据文献本身来探讨其定义，以及试图复原原作者进行这种处理方式时的最初想法和初衷。本文希望能在前人的研究基础上，以第二种方式对"关中"以及"地"在《史记》中的概念做一个梳理，力求进一步对《史记》中的"关中"问题作出较为合理的解释。

因前人关于"关中"的探讨较多，这里从略，仅从《史记》本身入手对其中出现的"地"和"之地"这两个名词的含义进行梳理和归纳。

检阅《史记》中出现的"地"和"之地"字样有一千余处，其中除去作为地形、地图、地震等意义解释的专有名词外，大多是作为"土地""地方"的意义来解释的。能看出地域范围，即可作为"地区"解释的较少，而且这些词又可解释为"土地"，两者往往相互混杂，另外在意义上也呈多样化。如：

《殷本纪》："西伯乃献洛西之地，以请纣去炮烙之刑。"[1]

《周本纪》："（周襄王）十七年（前635），襄王告急于晋，晋文公纳王而诛叔带。襄王乃赐晋文公珪鬯弓矢，为伯，以河内地与晋。"[2]

《秦本纪》："平王封襄公为诸侯，赐之岐以西之地。曰：'戎无道，侵夺我岐、丰之

---

[1] 《史记》卷三《殷本纪》，第116页。
[2] 《史记》卷四《周本纪》，第154页。

地，秦能攻逐戎，即有其地。'"①

《淮阴侯列传》："案齐之故，有胶、泗之地，怀诸侯以德，深拱揖让，则天下之君王相率而朝于齐矣。"② 等等。

从上面提到的这些例句可以看到，"地"或"之地"既可以作为"土地"理解，也可以作为"地区"理解。相比较而言，"之地"作为"地区"含义来解释更为明显和贴切一些。当然这中间也有例外，就拿"关中之地"来讲，如《史记·河渠书》中记载，郑当时为大农，向汉武帝建议穿渠引渭水以利漕运，言曰："引渭穿渠起长安，并南山下，至河三百余里，径，易漕，度可令三月罢；而渠下民田万余顷，又可得以溉田：此损漕省卒，而益肥关中之地，得谷。"③ 此处的"关中"从长安沿渭水向东以至于黄河，大致与贯穿关中平原的渭河流域相当，应当指的是狭义的关中地区，而这里的"关中之地"虽然也可以解释为"关中地区"，但理解为"关中的土地"似乎更合适一些。

"地"或者"之地"当作"地区"的意义讲时，其所指代的地域范围也是可大可小，而且也可以在原有范围上有所扩大或者缩小，即这个词汇在使用上更为随意。如《樗里子甘茂列传》中记载，吕不韦想派张唐到燕国作相国，以联合燕国攻打赵国，"以广河间之地"。后借由甘罗游说赵国，"赵王立自割五城以广河间"④。这里的河间地区有五个城的盈缩，但仍统称为"河间"，当然这是相对于之前的"河间之地"范围来讲的。所以相对于一个地区含义较为固定的中心区域来讲，"之地"的范围更为广阔，而且在范围上也会有所变化。

由此可知，"关中"与"关中之地"或"关中地"是两个不同的地理概念，"之地"或者"地"所指代的范围要更为广阔一些，二者之间的关系可以近似地理解为现代中心城市与城市所辖地区之间的关系，如"北京市区"与"北京地区"之间的关系。"关中之地"或者"关中地"也就主要含有"关中地区"的意思。

当然这也有例外，如《秦楚之际月表》中记载，义帝元年（前206）正月"羽倍约，分关中为四国"。其下并列有分关中为汉、为雍、为塞、为翟的字样。⑤ 这里的关中似乎囊括了四国的范围，即为王子今所称广义上的关中，则"关中之地"似乎也可以直接使用"关中"一词来指称。只是通过与《月表》中的其他叙述相比较，《月表》中也出现了"分楚为四""分齐为三国""分燕为二国"等字样，这里的楚、齐、燕等

---

① 《史记》卷五《秦本纪》，第179页。
② 《史记》卷九二《淮阴侯列传》，第2624页。
③ 《史记》卷二九《河渠书》，第1409页。
④ 《史记》卷七一《樗里子甘茂列传》，第2319、2320页。
⑤ 《史记》卷一六《秦楚之际月表》，第775页。

称谓实际上应是"楚地""齐地"和"燕地"的简称,因此这里的"关中"也应该是"关中之地"的简称含义。不仅如此,《月表》中叙述其他地区的分封时,都是直接以"分为某某"而非"分某某为某某"的句式,因此此处"分关中为某某"的句式是否是司马迁原文原意还存在一定疑问。

由《货殖列传》的记载可以知道,广义上的"关中之地"包括范围极广,而这一范围的最终界定有其历史渊源,即实际上都是战国后期至秦统一以前秦国的统治区域。其中关中是秦国统治的核心区域。巴、蜀原为相对独立的国家,后被秦所灭。蜀之灭是在秦惠王九年(前329),"司马错伐蜀,灭之"。此后一再反复,到秦昭襄王六年(前301),"蜀侯煇反,司马错定蜀"①。蜀最终成为秦国的一部分。秦由此为跳板,进攻楚国黔中地。巴之被灭基本上与蜀同时。李斯上书秦王政时曾说过:"惠王用张仪之计,拔三川之地,西并巴、蜀,北收上郡,南取汉中,包九夷,制鄢、郢,东据成皋之险,割膏腴之壤。"② 说明秦惠王时巴、蜀已成为秦国的一部分。天水、陇西、北地、上郡等都是原西戎、北狄等少数民族分布地区,经历秦国一系列的兼并战争而被纳入秦国的版图。秦惠文君十年(前328),"魏纳上郡十五县。十一年,县义渠。归魏焦、曲沃。义渠君为臣"③。秦开始吞并上郡等地,至魏襄王七年,也就是公元前312年,"魏尽入上郡于秦"④。直到"秦昭王时……宣太后诈而杀义渠戎王于甘泉,遂起兵伐残义渠。于是秦有陇西、北地、上郡,筑长城以拒胡"⑤。秦终于完成对这些地区的吞并与控制。综合起来看,"关中之地"大致应是以秦昭王时秦国的版图为参照和限定的。

与以上提到的这些地区相对,还有一些地区虽然也是在这一时期被秦吞并而纳入秦的版图,但是并没有被划入"关中之地"的范围。如秦惠王九年(前329)伐取的赵中都、西阳,十四年(前324)伐楚所取的召陵以及臣服的丹、犁,秦武王四年(前307)攻取的宜阳,涉河而建的武遂城⑥,等等。这不仅是因为这些地区在被秦吞并以前,都有明确的归属关系,分别隶属于楚、赵、韩等国,而且在地理位置上,这些地区也处在"河、华"以东,即秦的关中之外。事实说明,《史记》中所记载的被归入"关中之地"的区域,从北方的北地、上郡直到南方的巴、蜀,包括西方的天水、陇西,这些地区原来或自成一国,或围绕在秦国周边,都没有归属过其他中原诸侯国,所以很自然地被划分在秦国的基本区域内。

---

① 《史记》卷五《秦本纪》,第 207、210 页。
② 《史记》卷八七《李斯列传》,第 2542 页。
③ 《史记》卷五《秦本纪》,第 206 页。
④ 《史记》卷四四《魏世家》,第 1848 页。
⑤ 《史记》卷一一〇《匈奴列传》,第 2885 页。
⑥ 见《史记》卷五《秦本纪》,第 208、209 页。

从这里可以看出，司马迁在《货殖列传》中所记录的各个经济区虽然属于经济地理的范畴，但是从其历史渊源来看，仍与政治地理有十分密切的联系，即政治上联系的加强或者削弱同样也反映在经济联系上的加强或者削弱，一个地区纳入一个政治统治区域也即意味着其经济生产和生活也纳入一定的经济区域当中，当这一地区之前单独成区，或者没有被归并到其他同等的经济区时，就会成为统治其地的上一级经济外加行政区的一部分。这也是为什么在描述经济区的时候，司马迁更多地使用三楚、燕、齐、邹鲁等这样带有政治性的国名来指代西汉初期划分的经济区。而"关中"比较特殊之处在于，该处先是周王朝兴起之地，后由秦人继承，并向南北加以拓展，因此不便于用政区或者族名来进行指称，只能由"关中"这一具有自然地理性质的称谓指代。

所以回到《高祖本纪》，楚怀王与诸将约定的是"先入定关中者王之"，而不是"先入定关中之地者王之"。同样的道理，项羽和范增因为对刘邦有疑而将其封在巴、蜀、汉中，又担心背负违反与楚怀王以及各诸侯约定的罪名，怕诸侯借机起而反叛，而以"巴、蜀亦关中地也"进行曲解，实际上是以"关中地"替代"关中"的地域范围，是属于偷换概念的行为，这在秦代以前重信守诺的时代自然是为人所不齿。所以玩文字游戏的项羽最终众叛亲离，部分原因也是由其不守信用的人格所决定的。

从以上的分析可以看出，"关中"与"关中之地"所指代的地域在司马迁的许多叙述中含义并不相同，十分杂乱，这与"关中"这一地名形成的时间与司马迁生活的时代相近、定义还不十分明确有关。从最早记录"关中"概念的《战国策》中可以看到，"关中"与"关内"是同等的两个概念。在《秦策四》黄歇说秦王时，所称"韩必为关中之侯""而魏亦关内侯矣"①。"关中"与"关内"并称，说明在战国末期，"关中"概念在地域上的范围仅仅具有东面的界限，即仅局限于函谷关以西。根据《货殖列传》中"关中自汧、雍以东至河、华"的定义可知，"关中"这个概念到了司马迁时代出现了西部的界限，即开始有着西部的"汧、雍"和东部的"河、华"两条界线，这也是狭义的"关中"所限区域。而南面和北面并没有明确的界限，这也使"关中"的地域概念在南北轴线上扩展成为可能，另一方面则使南北界限的定义变得较为模糊。《货殖列传》中所记载的关中盆地以南的巴、蜀和以北的北地、上郡均大体在这个范围以内，而天水、陇西则突破了这一边界的西限，但是仍旧符合《战国策》中对于"关中"的定义。这说明即使到了西汉早期的司马迁时代，对于"关中"概念的范围仍是十分模糊，而且夹杂着先秦的概念范围，时时处于各种不同的定义变化之中。

正因为"关中"这种狭义与广义界限混淆带来了不必要的困扰，所以司马迁在《货殖列传》中对这一地理名称进行表述时所做的区别处理，也表明司马迁在努力区分

---

① 何建章：《战国策注释》，中华书局1990年版，第242页。

二者之间的差别，开始用"关中"指称狭义的关中，而用"关中之地"指称范围更广的关中地区。但是这一区分努力的效果并不明显，在《史记》中的许多地方，二者的含义依然晦涩不清即是明证，这也增加了后人对秦汉时期"关中"这一概念理解的难度。

或许也正是由于这种原因，到了东汉的《汉书》时代，班固采纳了另一套命名模式，"关中地"的称谓开始转而由"秦地"所取代，区域范围限定也更为具体，并有所扩大：

> 秦地，于天官东井、舆鬼之分野也。其界自弘农故关以西，京兆、扶风、冯翊、北地、上郡、西河、安定、天水、陇西，南有巴、蜀、广汉、犍为、武都，西有金城、武威、张掖、酒泉、敦煌，又西南有牂柯、越巂、益州，皆宜属焉。①

而且在《汉书》其后的叙述中也提到，"故秦地天下三分之一，而人众不过什三，然量其富居什六"。这与《史记》中所记载"关中之地"的地理范围、人口数量和财富总量比例等都相同，更说明《汉书》中的"秦地"基本等同于《史记》中的"关中之地"。这或许是由于"关中"的称谓越来越局限于今天的关中平原，再将占天下三分之一的土地称为"关中之地"将更容易产生歧义，转而由"秦地"进行命名似乎更恰当一些。当然历史变迁也使这种命名方式成为可能。《史记》中也出现了"秦地"字样，但是由于其历史记录的时间跨度较长，"秦地"更多是指称春秋战国时期"秦国的土地"或者"秦国的疆域"，即更多带有历史政治区划的特点，如果再用来指称历史经济区划，很容易与政治区划相混淆，更不用说"秦地"在整个春秋战国时期还处于不断变动的状态，这更增加了所指区域不固定的风险，所以司马迁并没有用"秦地"来指称范围较广的"关中地区"。而到了班固时代，"秦"已经完全成为历史名词，使用"秦地"这样的地理名称并不会带来大的歧义，从而使其用来指称整个广义上的"关中地区"成为可能。由这里的记载还可以看出，《汉书》中"秦地"所包含的范围除了《史记》里的"关中之地"外，还把巴、蜀地区以南原来不属于中原中央王朝的牂柯、越巂、益州等地也归并了进来。这些地区汉化程度较低，而且在历史上也没有归属过秦国，但是由于其在历史上相对独立，也没有归属过其他中原诸侯王国，所以方便起见，也一并被班固归入"秦地"中，可以看成是"关中之地"在地理概念和范围上的扩展。

由此我们可以理出这样一条脉络，即"关中"这一概念从战国时期的《战国策》

---

① 班固：《汉书》卷二八《地理志下》，中华书局1962年标点本，第1641页。

里开始出现，当时仅存在一条边界。到西汉早期的《史记》时期，关中的边界增加为两条，并分化为狭义和广义两种概念，其指称的地理范围也各有不同，使其在概念上出现混淆。司马迁试图澄清这两种含义，开始将其分别命名为"关中"和"关中之地"，但没有起到应有的效果。直到东汉时，班固在《汉书》中以"秦地"代替"关中之地"来指称广义的关中地区，才最终将大小两个"关中"区别开来，形成较为清晰、完整的地理概念。

（原载《巴文化研究》第4辑，四川人民出版社2019年版）

公元1523年华北地区沙尘暴灾害评估

费 杰

(复旦大学历史地理研究中心)

引 言

沙尘暴灾害是中国历史上一种重要的自然灾害,但是相对于水旱、地震等其他自然灾害而言,这方面的研究相对薄弱(高文学,1997)。历史时期华北地区沙尘暴灾害较为频繁,历史文献丰富,研究条件较好,近年来取得显著进展(陈广庭,2002;Fei et al.,2005;邓辉与姜卫峰,2006;张学珍等,2006)。我们发现,大多数研究关注的都是某一时期的沙尘暴灾害总体特征,对某些数十年、数百年甚至上千年的时期的沙尘暴灾害变化进行分析,迄今尚未有历史时期沙尘暴灾害的个案分析。

实际上,对于历史时期的气象灾害研究,对典型灾例进行个案分析是一种非常受重视的研究思路(王涌泉,1982;龚高法等,1987;侯甬坚与祝一志,2000;潘威等,2010;李卓仑等,2010;叶瑜等,2010;晏朝强等,2011)。本文选取公元1523年(明世宗嘉靖二年)沙尘暴灾害进行研究。公元1523年春季华北地区沙尘暴天气异常强烈,造成非常严重的灾害,灾情之重,历史罕见。

邓辉与姜卫峰(2006)建立的公元1464—1913年华北地区逐年沙尘暴数量(指历史文献记载的次数)序列,公元1523年是沙尘暴数量最多的一年。本文主要以自然灾害史研究的视角,对公元1523年春季的沙尘暴灾害进行个案分析。

一、资料

经过广泛查阅《明史》《明世宗实录》与华北地区各地的明清地方志等历史文献,我们搜集到十分丰富的关于公元1523年沙尘暴灾害的资料,共计73条,其中在《明史》中未见有相关资料,在《明世宗实录》中发现资料2条,在地方志中发现资料71条(表1)。需要说明的是,少数地方志对公元1523年沙尘暴灾害的记载非常相似,甚

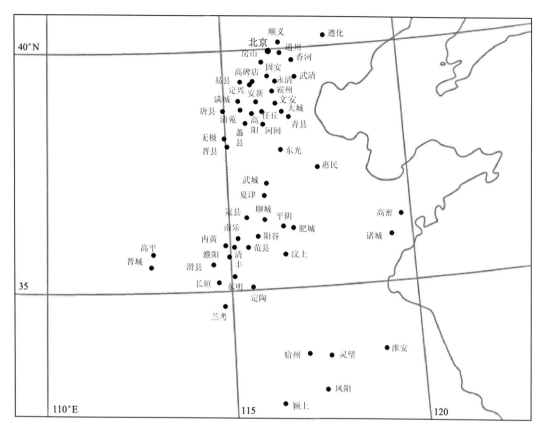

图1 公元1523年华北地区沙尘暴灾害涉及地域示意图

至完全雷同,不排除存在少数编纂时代较晚的地方志转录较早的地方志的可能性。但这种情况一般出现在相互毗邻、相距很近的地点,从沙尘暴灾害的特点来看,确实非常可能会同时遭受沙尘暴灾害。因此,对此类资料,我们还是予以采信。

表1 公元1523年华北地区沙尘暴灾害史料

地 点	日 期	史料原文	史料来源
北京通州、顺义等地	二月十三(2-27,指公历,下同)	狂风大作,吹沙蔽天,行人往往被埋。通州、顺义尤甚,压死数十余人	嘉靖蓟州志卷十二
北京通州	二月(2-15至3-16)、三月(3-17至4-15)	二月风霾大作,黄沙蔽天,行人多被压埋。三月雨黄沙,着人衣,俱成泥浆。	康熙通州志卷十一
天津武清	二月(2-15至3-16)	风霾大作,黄沙蔽天,行人被埋	康熙武清县志卷一

续　表

地　点	日　期	史 料 原 文	史 料 来 源
河北遵化	二月（2-15至3-16）	狂风大作，飞沙霾，压死十余人（狂风，飞沙霾，压死十余人）	康熙遵化县（州）志卷一
河北香河	二月（2-15至3-16）	风霾大作，黄沙蔽天	万历香河县志卷十
河北永清	二月（2-15至3-16）	风霾大作，黄沙蔽天	康熙永清县志卷一
山东惠民	春二月（2-15至3-16）	我州大风扬沙，害牟麦	万历武定州志卷八
山东诸城	二月（2-15至3-16）	忽大风，昼晦，树木相搏击，有火。农人迷路，夜宿达旦	康熙诸城县志卷九
山东高密	二月（2-15至3-16）	夜黑风，触物有火光，至旦而止，四野草色如焚	康熙高密县志卷九
河北深县	三月初二（3-18）	大风霾，红沙四塞，白昼为昏	道光深州直隶州志卷末
河北武强	三月初二（3-18）、初六（3-22）	大风红霾暗日，白昼为昏，六日复作	康熙重修武强县志卷二
河北威县	三月十二（3-28）	黑风，昼晦如夜	嘉靖威县志卷一
河南兰考	三月十二（3-28）	未时，忽无风而昼晦，逾时始发明，乃上下四方尽赤，其飞鸟坠于街衢者甚众	万历仪封县志卷四
河南范县	三月十二（3-28）	午时，黑风昼晦，至酉方消	嘉靖范县志卷五
山东定陶	三月十二（3-28）	黑风自北起，咫尺无所见	顺治定陶县志卷七灾异
山东阳谷	三月十二（3-28）	午时，黑风昼晦，至酉方消	康熙五十六年寿张县志卷五食货
天津武清	三月（3-17至4-15）	雨黄沙	康熙武清县志卷一
河北香河	三月（3-17至4-15）	雨黄沙，着人衣，俱成泥浆	万历香河县志卷十
河北永清	三月（3-17至4-15）	雨黄沙	康熙永清县志卷一
山东阳谷	春三月（3-17至4-15）	黑风大起，白昼如夜	康熙十二年阳谷县志卷四
河北晋县	春三月（3-17至4-15）	大风红霾，白昼为昏	康熙十四年晋州志卷十

续表

地　点	日　期	史料原文	史料来源
河北无极	三月（3-17至4-15）	大风，黑沙蔽日，白昼为昏	康熙重修无极志卷下
河北任丘	三月（3-17至4-15）	白洋淀风浪，死取藕人数百，邑南沙压死薪者数十，绝无麦	万历任丘志集卷八
河北深县、武强、无极等	春三月（3-17至4-15）	深州、武强、无极等县大风，红沙暗日，白昼为昏	嘉靖真定府志卷九
河北成安	春三月（3-17至4-15）	大风，昼晦如夜	康熙成安县志卷四
山西高平	春三月（3-17至4-15）	风沙，无麦，狂风骤起，沙土自空而降，凡三日，麦苗被沙堕死	顺治高平县志卷九
河南滑县	三月（3-17至4-15）	大风昼晦，逾旬始息	顺治滑县志卷四
河南清丰	春三月（3-17至4-15）	大风昼晦，移时复明	嘉靖新修清丰县志卷八
河南濮阳	三月（3-17至4-15）	大风昼晦，逾旬始息	嘉靖开州志卷八
河南长垣	春三月（3-17至4-15）	大风昼晦，咫尺不见人	康熙长垣县志卷二
山东汶上	三月（3-17至4-15）	大风霾	万历汶上县志卷七
河北任丘	春	风沙，无麦	万历任丘志集卷八
河北固安	春	昼晦如夜	崇祯固安县志卷八
河北河间	春	风沙无麦	嘉靖河间府志卷七
河北新城	春	昼晦	康熙新城县志卷一
河北青县	春	风沙，无麦	嘉靖兴济县志
山东肥城	春	黑风暴雨，木拔	嘉庆肥城县新志卷十六
山东平阴	春	黑风暴雨，木拔	顺治平阴县志卷八
河北邯郸	春	黑风昼晦，天色赤，逾时乃明	康熙邯郸县志卷十
河北广平	春	大风，始赤变黑，昼晦，树鸟皆伏于地	万历广平县志卷五
河北曲周	春	黑风，昼晦如夜，烈炬无光，逾时乃止	顺治曲周县志卷二
山西晋城	春	大风，飞沙三日，麦苗多压死	乾隆凤台县志卷十二

续 表

地 点	日 期	史 料 原 文	史 料 来 源
山东冠县	春	大风昼晦	顺治堂邑县志卷三
河北定兴	夏五月（6-13至7-12）	黄风蔽天，昼晦。旱，无麦禾	康熙定兴县志卷一
河北易县	夏五月（6-13至7-12）	黄风蔽天，昼暝。旱，无麦禾	顺治易水志卷上
河北文安	夏	黄风大起，飞沙蔽空，天日昼昏。大无麦禾	康熙保定县志卷二十六
河北清苑	夏	黄风大起，飞沙蔽空，天日昼昏。大无麦禾	康熙清苑县志卷一
河北蠡县	夏	大风沙，昼昏，无麦禾	顺治蠡县志卷八
河北唐县	夏	黄风大起，飞沙蔽空，无麦禾	光绪唐县志卷十一
河北高阳	夏	大风沙，昼昏，无麦禾	雍正高阳县志卷六
河北满城	夏	黄风大起，飞沙蔽空，天日昼昏。大无麦禾	康熙十九年满城县志卷八
河北东光	夏	旱，县境风沙无麦	光绪东光县志卷十一
安徽颍上	夏	入夏大旱，风霾累日	顺治颍上县志卷十一
安徽宿州	夏	亢旱，风霾累日	嘉靖宿州志卷八
安徽灵璧	夏	大旱，风霾	康熙灵璧县志卷一
安徽凤阳	夏	旱风霾，人相食	天启凤阳新书卷四
河北霸县		昼晦如夜	嘉靖霸州志卷九
河北大城		风沙昼晦	光绪大城县志卷十
河北安新		黄风大起，飞沙遍野。大无麦禾	康熙安州志卷七
河北大名		大风昼晦，逾旬始息	康熙大名县志卷十六
河北清河		黑风，昼晦如夜，树鸟皆伏于地，列炬无光，逾时乃止	康熙清河县志卷十七
山东武城		大风霾，雨赤沙	乾隆武城县志卷十二
山东夏津		大风霾，雨赤沙	乾隆夏津县志卷九
山东东明		大风昼晦，逾旬始息	康熙东明县志卷七

续 表

地 点	日 期	史 料 原 文	史 料 来 源
山东聊城		大风霾，雨红沙	乾隆东昌府志卷三
江苏淮安		黑风昼晦	嘉靖清河县志卷一
河南南乐		大风昼晦	康熙南乐县志卷九
河南内黄		大风昼晦，逾旬	乾隆内黄县志卷六
北京房山		大风拔木，昼晦	康熙十二年良乡县志卷六
北京周边地区	春	［三月癸亥（三月十六，4-7）］礼部左侍郎贾咏等以久旱风霾疏请修省。上是之……复诏礼部曰：亢旱久风霾不息，二麦未秀，秋种未布	明世宗实录卷二四
北京周边地区	春	［四月壬申（四月初一，4-16）］粤自去秋历冬以至今春，畿甸之内，雨雪愆期，怪风屡作，尘霾蔽天，四方灾异，奏报频仍	明世宗实录卷二五

二、时空特征

本文搜集到的史料，有的记有明确的日期，有的记作二月、三月或五月，有的只记作春、夏。在史书中，通常"春"指农历正月、二月与三月，"夏"指农历四月、五月与六月。从现有日期记载，如二月十三日、三月初二日、三月初六日、三月十二日与五月等来看，可能涉及至少 5 次沙尘暴天气过程。由于许多沙尘暴灾害史料没有记载日期。从多处出现"逾旬始息""逾旬"这样的记载，以及"风霾不息""怪风屡作，尘霾蔽天"，本年度可能连续出现多次沙尘暴天气过程，总的沙尘暴天气日数应该也很高。保守估计，本年度至少有 5 次以上沙尘暴天气过程。

就沙尘暴灾害的空间范围而言，涉及今北京、天津两市，河北、山东与河南三省大部，江苏与安徽两省北部，山西省东南部（图 1）。涵盖自然地理上的华北平原或者说黄淮海平原全部。

三、强度

1523 年沙尘暴灾害强度很高，应该有一次或多次沙尘暴天气过程的等级达到强沙尘暴、特强沙尘暴。根据《沙尘暴天气监测规范》① 与《沙尘暴天气等级》②，沙尘暴天气分为五个等级：一、浮尘：当天气条件为无风或平均风速≤3.0 m/s时，尘沙浮游在空中，使水平能见度小于10千米的天气现象；二、扬沙：风将地面尘沙吹起，使空气相当混浊，水平能见度在1千米—10千米以内的天气现象；三、沙尘暴：风将地面尘沙吹起，使空气很混浊，水平能见度小于1千米的天气现象；四、强沙尘暴：大风将地面尘沙吹起，使空气非常混浊，水平能见度小于500米的天气现象（注：大风一般指风力8级至9级，即风速17.2至24.5 m/s）；五、特强沙尘暴：狂风将地面尘沙吹起，使空气特别混浊，水平能见度小于50米的天气现象（注：狂风一般指风力大于10级，即风速大于24.5 m/s）。

"黑风"记载多次出现。根据地面气象观测规范，"黑风"是特别强烈的沙尘暴（水平能见度小于50米）的俗称，相当于沙尘暴天气等级的特强沙尘暴。而从"咫尺无所见""咫尺不见人"等记载来看，能见度可能在50米以下，可能是特强沙尘暴。这与"黑风"记载是一致的。从"昼晦"等记载来看，能见度可能在500米甚至50米以下，可能是强沙尘暴，甚至在部分地区是特强沙尘暴。

现行沙尘暴天气等级主要以水平能见度为评价标准，但有时历史文献资料缺乏这方面的记载。例如：公元1523年农历二月的一次或多次沙尘暴天气过程，没有关于水平能见度的相关记载，无法据此推测沙尘暴天气等级。但二月的沙尘暴天气是沙尘埋压造成人员死亡的记载最多的，推测其沙尘的沉降量应该是非常巨大的，不大可能是扬沙、浮尘，更可能是沙尘暴、强沙尘暴，甚至特强沙尘暴。

1523年沙尘暴天气的风力也是非常强的。从"木拔""大风拔木"与"树鸟皆伏于地"等记载来看，对照12级风力等级表，风力已经达到10级（24.5至28.4 m/s）以上。10级以上的狂风一般也都出现于特强沙尘暴，这些强风的记载虽然不能直接用于推定特强沙尘暴，但也可以作为强度很高的沙尘暴天气的旁证。

四、灾情

公元1523年春季的沙尘暴灾害的灾情十分严重，为现代所罕见甚至未见。现代华北地区的沙尘暴，较少造成农作物减产或绝收，极少直接导致人员伤亡。但1523年的沙尘暴灾害导致大量人员被沙尘埋压死亡。例如：在北京"行人往往埋压。通州、顺义尤甚，压死数十余人"，在天津"行人被埋"，在河北"压死十余人""沙压死薪者数十"。沙尘暴导致大量人员被沙埋致死，这在华北地区非常罕见。

---

① 中华人民共和国国家标准 GB/T20480—2006。
② 中华人民共和国国家标准 GB/T20480—2006。

沙尘暴灾害对农业生产的危害也非常大。在河北的许多地区，"无麦""无麦禾""大无麦禾"与"绝无麦"等记载可谓史不绝书。其中需要指出的是，河北定兴、易县与东光三地的"无麦""无麦禾"可能并非全部由沙尘暴灾害造成，还与旱灾有关。在北京等地，沙尘暴与干旱造成"二麦未秀，秋种未布"。在山西、山东，沙尘暴灾害造成"麦苗多压死""无麦""麦苗被沙堕死"与"害牟麦"等后果。沙尘暴导致的沙埋农作物，造成大幅减产或绝收，这在现代华北地区也很罕见。在安徽凤阳，"夏旱风霾，人相食"，沙尘暴灾害应该也是造成农业减产，引发饥荒的原因之一。另外，"四野草色如焚""木拔""树鸟皆伏于地"与"其飞鸟坠于街衢者甚众"等记载也可以旁证沙尘暴灾害对农业生产应当也造成了危害。

五、气候背景

我们首先讨论年际和年代际尺度上的气候背景。就气温背景而言，目前我国缺少年际分辨率的温度序列，从竺可桢列出的明清时期寒冬列表来看，1522 年冬季并非寒冬（竺可桢，1973）。而在年代际尺度上，16 世纪初至 20 年代是小冰期相对偏暖的时期（Ge et al., 2003；王绍武等，2007）。从整个北半球范围来看，1523 年前后也并不极端。卢瑟福等人（Rutherford et al., 2005）集成树轮资料，重建了北半球 1400—1960 年冬半年（10 月—次年 3 月）与 1500—1960 年夏半年（4 月—9 月）平均气温序列。其中，1522 年北半球冬半年平均气温较 1900—1960 年平均值偏低 0.32℃，1523 年北半球夏半年平均气温较 1900—1960 年平均值偏低 0.24℃（Rutherford et al., 2005）。需要指出的是，北半球 1400—1960 年冬半年与 1500—1960 年夏半年平均气温分别比 1900—1960 年平均值偏低 0.22℃与 0.17℃（Rutherford et al., 2005）。由此可见，1522 年北半球冬半年平均气温与 1523 年北半球夏半年平均气温虽然偏低，但并不极端。

旱涝方面，《明史·五行志》记载：1523 年"两京、山东、河南、湖广、江西及嘉兴、大同、成都俱旱，赤地千里，殍馑载道"。可见，1523 年华北地区是大范围干旱。从《中国近五百年旱涝分布图集》（中央气象局气象科学研究院，1981）来看，公元 1522 年华北地区旱涝并存，整体偏旱，1523 年大旱，但都算不上是过去 500 年里极端干旱的年份。

其次，我们讨论季节尺度的气候背景。从 1522 年春季开始，北京周边地区持续干旱。《明世宗实录》（卷十二、十五、十八、二十、二十一）记载了嘉靖元年的旱象："三月癸亥（1522-04-12），命顺天府择日斋戒祈雨，以春分后雨泽愆期也。""六月甲申（1522-07-02），以旱命顺天府官率所属祈祷雨泽。""九月己巳（1522-10-15），是日五更，大风扬尘，昼晦。""十一月庚戌（1522-11-25），命顺天府斋戒祈雪。""十二月壬午（1522-12-27），上以入冬无雪，谕礼部择日斋戒，遣官祭告天地、社稷、山川之神。"结合上文《明世宗实录》(卷二十四、二十五,表1)关于北京周边地区1523年春季干旱的情况,可知从1522年春季到1523年春季,北京周边地区持续大旱。

六、结论

本文基于明清地方志与《明世宗实录》的资料,对公元1523年华北地区沙尘暴灾害进行了初步分析。公元1523年华北地区沙尘暴天气总体强度很大,特强沙尘暴、强沙尘暴等都有出现。沙尘暴天气能见度很低,可能低至50米以下。风力很强,达到10级或以上。沙尘暴灾害非常严重,严重影响农业生产,造成许多地区农作物受损,大幅减产,甚至绝收。尤其是降尘量很大,导致数十人以上的人员因沙尘埋压死亡。就年际和年代际的气候背景而言,公元1523年春季强沙尘暴灾害的降水和气温背景都不极端。但从季节尺度看,从1522年春季到1523年春季,北京周边地区持续干旱。

[参考文献]

Fei J., Zhou J., Zhang Q., et al., 2005. Dust weather Records in Beijing (China) during 1860—1898 AD Based on the Diary of Tonghe Weng [J]. Atmospheric Environment 39 (21), 3943-3946.

Ge Q., Zheng J., Fang X., et al., 2003. Winter half-year temperature reconstruction for the middle and lower reaches of the Yellow River and Yangtze River, China, during the past 2000 years [J]. The Holocene 13, 933-940.

Rutherford S., Mann M. E., Osborn T. J., et al., 2005. Proxy-Based Northern Hemisphere Surface Temperature Reconstructions: Sensitivity to Method, Predictor Network, Target Season, and Target Domain [J]. Journal of Climate, 18, 2308-2329.

陈广庭. 北京强沙尘暴史和周围生态环境变化 [J]. 中国沙漠, 2002, 22 (3), 200-213.

邓辉, 姜卫峰. 2006. 1464—1913年华北地区沙尘暴活动的时空特点 [J]. 自然科学进展, 16 (5), 596-603.

高文学. 1997. 中国自然灾害史 [M]. 地震出版社, 1-525.

侯甬坚, 祝一志, 2000. 历史记录提取近5~2.7 ka黄河中下游平原重要气候事件与其环境意义 [J]. 海洋地质与第四纪地质, 20 (4), 23-29.

龚高法, 张丕远, 张瑾瑢. 1987. 1892—1893年寒冬及其影响 [J]. 地理集刊, 18, 129-138.

李卓仑, 王乃昂, 董春雨, 等. 2010. 1928年甘肃旱灾的时空差异及气候背景 [J]. 灾害学, 25 (4), 11-32.

潘威，王美苏，杨煜达. 2010. 1823年（清道光三年）太湖以东地区大涝的环境因素[J]. 古地理学报，12（3），364-370.

王绍武. 1990. 公元1380年以来我国华北气温序列的重建[J]. 中国科学（B）. 20（5），553-560.

王绍武，王日昇. 1990. 1470年以来我国华东四季与年平均气温变化的研究[J]. 气象学报. 48（1），26-35.

王涌泉，1982. 康熙元年（1662）特大洪水的气候与水情分析[J]. 历史地理，2，118-126.

晏朝强，方修琦，叶瑜，等. 2011. 基于《己酉被水纪闻》重建1849年上海梅雨期及其降水量[J]. 古地理学报，13（1），96-102.

叶瑜，方修琦，张向萍. 2010. 1883年长江三角洲地区台风灾害事件重建[J]. 古地理学报，12（6），665-674.

张学珍，方修琦，田青，等. 2006.《翁同龢日记》记录的1860—1898年北京沙尘天气[J]. 古地理学报，8（1），117-124.

中央气象局气象科学研究院主编. 1981. 中国近五百年旱涝分布图集[M]. 北京：地图出版社，1-332.

竺可桢. 1973. 中国近五千年来气候变迁的初步研究[J]. 中国科学.（2），168-188.

哈佛燕京图书馆藏《南阳县图》研究

徐建平

(复旦大学历史地理研究中心)

引 言

众所周知,在历史地理研究中,古旧地图是极为重要的一种资料,将地图绘制年代的自然、人文等各种要素以符号形式直观地展现出来,尤其是近现代的实测地图,更是具有不可比拟的价值。中国历史上大规模的实测地图始于清代,但中国地图测绘及地图学真正实现近代化则发生在清末同治光绪年间,以《大清会典舆图》的编绘为标志(包括为配合编图而设立的新式测绘学堂及留学生的派遣)。[①] 此后,清政府及后来的北洋政府、国民政府纷纷组织实测,编制了各种比例尺的大量实测地图。搜集、整理此类古旧地图可以为历史地理研究提供具有同一时间断面的各类地物的空间属性信息。

南阳县位于河南省西南部,处于南阳盆地核心区域。1994年7月,国务院批准南阳地区撤地设市,南阳县被撤销,与原县级南阳市以人民路为界重组为宛城、卧龙二区。南阳县明清时期即为南阳府附郭县,境域范围在明清民国时期大体稳定,然而到中华人民共和国成立初期,政区调整频繁,境域发生了很大变动,20世纪60年代后期境域大体稳定后,面积不及明清时期的一半。[②]

美国哈佛燕京图书馆善本部收藏一幅《南阳县图》[③],纸本彩绘,裁成横五纵四共20片,用整片麻布装裱拼接,折叠装成一册,展开后幅面106 cm×87 cm(见图1)。从地图的整体绘制风格看,绘制年代理应在清末时期,如此大幅面且绘制精美的清代县级

---

① 喻仓、廖克:《中国地图学史》,测绘出版社2010年版,第257页。
② 主要的境域变动发生在县境的东、北、西北三面,有关乡镇分别划入南召、方城和新成立的社旗县。见《南阳县志》,河南人民出版社1990年版,第34—43页。
③ 哈佛燕京图书馆善本书,索书号:T 3088 4272。

徐建平｜哈佛燕京图书馆藏《南阳县图》研究

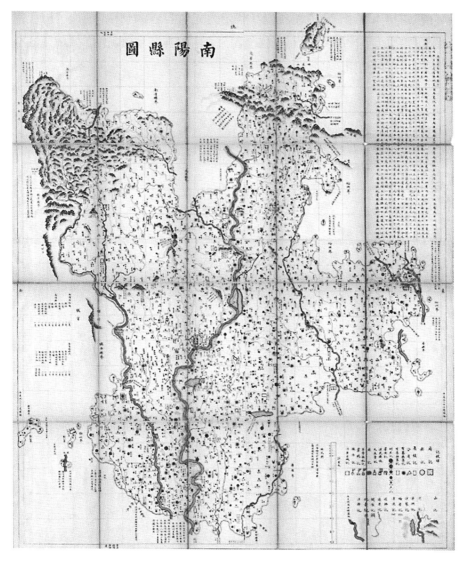

图1　《南阳县图》

地图是极为珍贵的。然而由于缺少信息，在哈佛图书馆的目录中，该图并未标注作者和绘制年代，这必然影响到此图的利用与传播。因此，本文拟对此图加以考察，考订其绘制年代以及与光绪《新修南阳县志》附图之间的关系，并对图上村落户口做一个统计分析，以便揭示该图的价值，为学界更好地利用此图打下基础。

一、绘制年代

哈燕所藏《南阳县图》并未标注编绘者信息及绘制年代，是因为此图绘制时本身就缺少相关信息，还是因为在流传过程中遗失了与之相配套的说明文字？曾担任斯坦福大学胡佛研究所的东亚图书馆馆长，后长期担任哈佛燕京图书馆馆长的吴文津先生将此

267

图定名为《南阳府南阳县图》,并将绘制年代定为光绪间。① 孙怀亮统计了历代南阳地区的著述,在舆图方面有《南阳县境分保全图》《南阳县区乡镇新图》《南阳县全境舆图》,但未提到《南阳县图》。②

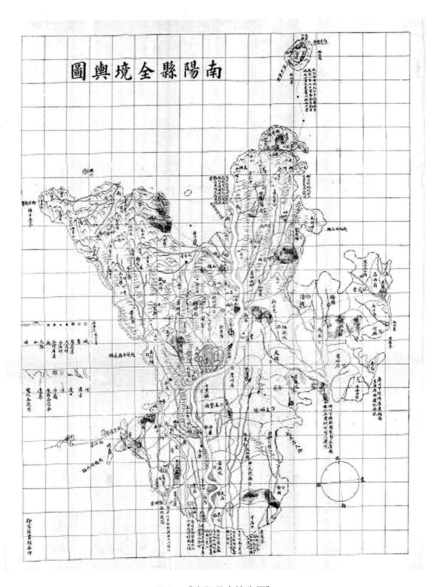

图 2 《南阳县全境舆图》

① 吴文津:《美国东亚图书馆发展史及其他》,台北:联经出版事业股份有限公司 2016 年版,第 215 页。哈燕所藏《南阳县图》之右上角载有《南阳府南阳县图序》,此应为吴先生定名之依据。张海瀛在访问哈佛大学期间曾阅览过《南阳县图》,他将此图定名为"《南阳府南阳县图》(光绪彩绘本)"。见张桂萍编:《缅晗集:张海瀛谱牒研究文选》,山西人民出版社 2012 年版,第 288 页。
② 孙怀亮:《南阳著述索引》,西安地图出版社 2012 年版,第 49 页。

根据此图绘制的风格来看，将其绘制时代定位于光绪时期应无问题，但能否有更为精确的年代呢？在通过图上所载内容来考订该图绘制年代之前必须先确定是否还有其他可以直接证明该图绘制年代的文件。其途径之一便是寻找该图的其他馆藏，如果此图确实还含有其他配套文件，那么其他馆藏地很有可能就有完整的收藏。

根据笔者对各大图书馆的检索，目前为止只发现在台北"故宫博物院"有同样的收藏。台北"故宫博物院"曾于2003年11月新购《南阳县图》一册，卷轴装订。该图尺寸106.5 cm×87.5 cm，作为善本收藏。① 经过比对，可以确认此图与哈佛燕京图书馆所藏《南阳县图》为同一地图。② 可惜在其登录系统中，该图也没有编绘的作者及年代信息。

光绪二十五年潘守廉为南阳县令，有意重修县志，直到光绪三十年编成《新修南阳县志》，其中卷一附有《县境全图》《山川图》等。③ 随后，潘守廉又编纂出版了《河南省南阳府南阳县户口地土物产畜牧表图说》，并将县志所附县境全图改编为《南阳县全境舆图》收录书中一并刊行。台北成文出版社影印的中国方志丛书中即收录此书，并按原大影印书中附图。从中可知，《南阳县全境舆图》由徐家汇印书馆刊印，《图说》由上海鸿宝斋印，两者均出版于光绪三十年。④ 中国国家图书馆藏有《南阳县全境舆图》，在收藏信息中注明：〔清〕潘守廉绘，石印本，十里方，光绪三十年，彩色，64 cm×49.2 cm。另有图说1册。《图说》内载《南阳县境分保舆图》和《南阳县境山水全图》各1幅。⑤ 国家图书馆所藏虽未得见，但无疑即为上述《河南省南阳府南阳县户口地土物产畜牧表图说》所附之图并图说。

既然无法从各大地图收藏单位找寻该图绘制人员及年代的直接信息，那就只能从图上所载内容中找寻时代信息。图上所载《南阳府南阳县图序》内容分沿革、经度、里距、四至八道、节气、分野、四乡所统集镇村落数等。图序内容中并无明确的年代信息。然而在图左侧的职官列表中，载有"南河店汛"和"三岔口汛"，均"尚未移设"。查光绪《新修南阳县志》对于此二汛的设置有明确记载："协防额外外委署二，一在县

---

① 台北"故宫博物院"图书文献处，统一编号：购善002586。
② 通过比对台北"故宫博物院"所藏图复制件的缩略图，笔者确定与哈佛燕京所藏图一致，感谢台北"故宫博物院"陈维新研究员的帮助。
③ 光绪《新修南阳县志》所附之县境全图与哈燕所藏《南阳县图》并非同一幅，两者之关系见后文分析。
④ 〔清〕潘守廉：《河南省南阳府南阳县户口地土物产畜牧表图说》，光绪三十年（1904）石印，台北：成文出版社1967年影印本。
⑤ 北京图书馆善本特藏部舆图组编：《舆图要录——北京图书馆藏6 827种中外文古旧地图目录》，北京图书馆出版社1997年版，第407页。

西北百二十里南河店，一在县西北九十里三岔口，均光绪十八年置。"① 由此可以确定，此图必定编绘于光绪十八年（1892）之后。又，由"尚未移设"可以推知，此图之绘制必定距离两汛设置的时间不会太远，此两汛可能尚处于筹备期，故而并未正式移设。而在光绪《新修南阳县志》所附之《县境全图》（下文简称《县境全图》）中，此两汛已正式标出。② 由此可以判定此图编绘年代之下限至少不会晚于光绪《新修南阳县志》刊印之光绪三十年（1904）。

那么是否还有其他更进一步的时代信息呢？《南阳县图》明确标识了清末南阳县乡村修筑堡寨的史实。将乡村重要聚落区分为"有寨无集"和"有集无寨"两类。南阳县在咸同年间开始大量修筑堡寨，光绪《新修南阳县志》记载了相关堡寨的名字，但并没有记录这些堡寨修筑的具体年代，只有一个例外——靳岗寨。靳岗这个错落在晚清的南阳地区非常特殊，因为这里是天主教整个中原地区的总堂所在。1844年，随着河南天主教徒的大量增加，罗马教廷在靳岗建立总堂，统管河南全省教务③，并于同治六年建成教堂。④ 光绪年间，反洋教运动此起彼伏，靳岗天主教堂为自保，决定修建堡寨：

> 光绪二十有一年，以倭寇天主教士惧，始修靳岗寨……靳岗寨，城西十五里，光绪二十一年建，中有天主教堂。⑤

由此可知，靳岗寨建成于光绪二十一年（1895）。《南阳县图》靳岗只标出天主堂，并未绘寨。而《县境全图》中靳岗则有寨。据此可以推断《南阳县图》的绘制年代应不晚于光绪二十一年。

除此之外，笔者无法再找到更多的信息以进一步缩小此图的编绘年代，只能暂时将此图的绘制年代初步定在1892—1895年间。众所周知，清光绪十二年开始，中央政府为了编制《会典舆图》，要求各地将省、府、县三级地图呈报到中央"会典馆"。那么《南阳县图》是否即为河南省南阳府南阳县呈报到"会典馆"的县级地图呢？

二、《南阳县图》与会典舆图的关系

"会典馆"在组织《大清会典舆图》编纂时，先后下发过两个类似于测绘章程的文件。

---

① 光绪《新修南阳县志》卷三《建置》。
② 光绪《新修南阳县志》卷首《舆图》。
③ 《南阳县志》，河南人民出版社1990年版，第19页。
④ 光绪《新修南阳县志》卷十二《杂记》。
⑤ 光绪《新修南阳县志》卷八《兵防》。

第一个文件是光绪十五年（1889）发出的，对主要要素、图例和地图格式作了简单规定，要求限期一年把省、府、县图各一份附以图说送会典馆，但对制图方法未提出具体的要求。这个文件发出后，只有广东省照办了，其他各省因人力、物力上的困难大都处在筹备阶段。

光绪十六年（1890）会典馆成立"画图处"，专门负责地图的编纂工作。由于画图处吸收了一部分熟悉制图工作的专家，他们对《大清会典舆图》的编辑提出了许多建设性意见。于是光绪十七年（1891）又补发了第二个文件。在这个文件中对《大清会典舆图》绘制规范提出了明确要求：

> （1）地图的方位统一为北上南下，左西右东。（2）县以上行政机关驻地测量经纬度。纬度以赤道、经度以英国格林尼治天文台为起始点。地周为360度，每度为60分，每分60秒。（3）地图采用圆锥投影。（4）长度测量以工部营造尺为标准尺度。（5）地图比例尺以计里画方表示，方格边长为七分二厘（合今 2.2824 厘米），方数不限，大小划一；每方省图折百里，府、直隶厅图折 50 里，厅、州、县折地 10 里。（6）规定图说格式。凡省、府地图附以图说，按照第一次通知的格式，州县图改为横表，表中要列沿革、疆域、天度、山水、乡镇、水道、官职七项内容。（7）测绘地图用鸟里，即水平距离；编纂说明用人里，即曲线路程距离。①

以上述绘图规范来衡量，《南阳县图》绘制方向为上北下南，左西右东。经纬度方面，图上标注经纬度线各一根，分别为京师西四度经线和赤道北三十三度纬线，因此，该图仍然沿用清三大实测图的经纬度体系，而尚未使用标准化的经纬度体系。投影方面，图上并未有相应的说明。比例尺方面，《南阳县图》以计里画方法绘制，每格方十里，与会典馆规范一致，但方格边长并非七分二厘（详见后文）。《南阳府南阳县图序》的内容记载了南阳县的沿革、疆域、天度、乡镇四部分内容。而山水、水道的内容则以注解的形式标注于具体的地物之上。官职则单列于图之左侧中部靠下。图上之里距，凡集镇标注距府城（县城）里数，个别集镇则既标人里，也标鸟里，例如"安皋至府五十里，鸟道四十六里""南河店至府一百二十里，鸟道一百里"。通过上述比较可以发

---

① 卢良志：《中国地图发展史》，星球地图出版社 2012 年版，第 136 页。关于会典馆颁布的这两个通知的内容，由于并未发现通知的原文，其内容是主要依据各地督抚上报给中央的奏折中概括出来的，内容大同小异，参见高偈：《明清两代全国和省区地图集编制概况》，载《测绘学报》1962 年第 4 期；赵荣、杨正泰：《中国地理学史·清代》，商务印书馆 1998 年版，第 138—139 页。关于光绪《大清会典舆图》编制的背景及过程，可参看王一帆：《清末地理大测绘：以光绪〈会典舆图〉为中心的研究》，复旦大学博士学位论文，2011 年。

现,《南阳县图》并没有处处符合会典馆颁布之绘图规范,其中属比例尺、图说格式和经纬度三个方面差异最大。如果严格按照会典馆的地图绘制规范,那么省、府、县图的比例尺依次为二百五十万分之一、一百二十五万分之一和二十五万分之一。① 《南阳县图》每个方格的边长约为4.95厘米,而非会典馆规范的七分二厘。如果严格按照会典馆的规范,《南阳县图》的图幅尺寸应为46 cm×39 cm左右,而非现在我们看到面幅。另外,图说的格式按照会典馆第二次颁布的规范,州县图应为表格的形式填报七项内容(参见图3)。显而易见,《南阳县图》并非光绪二十一年河南省编定并上呈会典馆之四册本《河南通省府州厅县散总舆图》中的县级图。② 但是从《南阳县图》的绘制格式

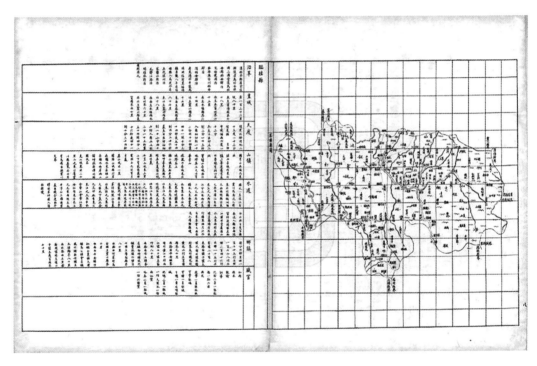

图3 《广西舆地全图·临桂县》光绪二十四年

① 各省在实际绘制地图的过程中,精度控制并不一致,由此导致县图的比例尺相差也很大,见卢良志:《中国地图发展史》,第138页。
② 光绪二十一年河南巡抚刘树堂《为报河南舆图测绘告成事片》:前准会典馆咨,以现办会典舆图颁发图式,行令绘送咨送等因。当经前抚臣行司转饬各属一体遵办。一面由善后局司道专委准补登封县知县陆钢、候补典史龚肇宗在局综核。嗣据各属陆续绘呈,间有参错阙漏,一再考证,随时指驳。上年臣到任后,复经饬催,兹据各属绘齐送局,经该委员等由散合总,确核无讹,绘具河南通省府厅州县散、总舆图,装潢成套,分为四册。该司道复核图说均尚详尽,呈送前来,臣复查无异。除舆图咨送会典馆外,理合附片陈明,伏乞圣鉴训示。见谢小华选编:《光绪朝各省绘呈〈会典舆图〉史料》,《历史档案》2003年第2期。

看，其必定与会典舆图有着密不可分的联系，甚至可以认为该图就是会典舆图南阳府南阳县图的底图。如若上述推论可以成立，那么《南阳县图》的绘制年代可以进一步压缩至1892—1894年间。

至于《南阳县图》的绘制者，同样无文献记载，我们可以与《县境全图》进行比较，并从中寻找蛛丝马迹。

三、《南阳县图》与《县境全图》之比较

《县境全图》的绘制者为戴广恩，图上经纬度则是王宗纲所测。① 《新修南阳县志》刊印于光绪三十年（1904），但是《县境全图》的编绘完成早于志书。② 那么戴广恩③所绘之《县境全图》与《南阳县图》是什么关系呢？《南阳县图》的绘制者会不会也是戴广恩呢？毕竟两者绘制年代最多相差十年。为了弄清两者之间的关系，必须先对两图的内容作一个全面的比对。

1. 比例尺

《新修南阳县志》载有地图多种，比例尺各不相同。《县境分保全图》的计里尺为每方十里；《南阳城图》和《南阳四关图》的计里尺为每方三十丈；而《县境全图》的计里尺为每小方一里。在具体的绘制上，县境以内为小格打底，即每小方一里；而县境周边则不打小格，代之以十里见方的大格。经过测量，每小格宽度大致在0.8—0.9毫米之间，则《县境全图》的比例尺在1∶72 000和1∶64 000之间。《南阳县图》的计里尺为每方十里，经过测量，每格宽度为1.95英寸，以此计算，则该图比例尺约为1∶116 000。由此可以看出，两图虽同为计里画方，但实际的比例尺并不一致，《县境全图》的比例尺几乎是《南阳县图》的两倍。④

2. 图例符号

地图起初由最简单的点线面来表达人们对周围空间的认知。随着时代的发展，点线面的形式越来越复杂，随之地图所展示的信息也越来越丰富。因此，符号种类的丰富程度，也成为衡量一幅地图绘制水平的重要指标之一。《南阳县图》使用了27种符号，而《县境全图》同样也使用了27种符号。从图例符号看，两图有着很强的继承性，但是也应该看到两图所标识地物种类也不尽相同，同一地物所用符号也有所区别（详见表1）。

---

① 《县境全图》被分割成45叶90面装订于光绪《新修南阳县志》卷首《舆图》。
② "是时戴图先成，无经纬度线，乃请王君宗纲测增。" 见光绪《新修南阳县志》卷末《跋》。
③ 戴广恩，镇平县人。关于戴广恩的资料非常少，除了绘制《县境全图》外，还有《采访各县矿产图说》。
④ 关于清末的度量衡，一般认为一营造尺的长度为0.32米，一里的长度为576米。见梁方仲：《中国历代户口、田地、田赋统计》，中华书局2008年版，第741页。

表 1　《南阳县图》和《县境全图》所用图例符号对比

记号分类	南 阳 县 图		县 境 全 图	
聚落	府记	▢	城	▢
	县记	○		
	集镇记	□		
	有寨无集记	●	寨	○
			寨有集	◉
	有集无寨记	□	村庄有集	◎
	村庄记	●●●●•·⁂	大小村庄	• ●
	沿革古城记	□	古城	□
官署	分司记	△		
	衙署记	🏛		
	演武厅记	▦		
	军营驻札记	⚑	卡房	⚐
	厘税记	⚑		
			驿站	⌐
	墩卡记	⚑	墩保	⚑
宗教信仰	庙记	🛕	庙	🛕
	天主堂记	✝		
山川景观	山记	⛰	山	⛰
			岗	〰
	河记	〜	河	〜

续表

记号分类	南 阳 县 图		县 境 全 图	
山川景观			沟渠	
	湖记		湖地	
	沙聚记			
	沙滩记		沙滩	
	冬日河内止船处记			
人工景观	桥梁记		桥	
	津渡记		渡船	
	道路记		大路、便路	
	边界记		境内保界	
			边界	
			境外边界	
			塚	
			窑	
			塔	
	关隘记			
	炮台记			

根据两图之图例符号，大致可以将其分为五大类。

第一，聚落的分类。《南阳县图》区分府城和县城，而《县境全图》只标城。城外乡村地区，《南阳县图》区分为集镇、有寨无集、有集无寨和村庄四类，而《县境全图》则为寨、寨有集、村庄有集、村庄四类。村庄的标识，《南阳县图》分7级，而《县境全图》只分大小两级。

第二，在官署的种类上，两图差异较大。《南阳县图》标识了6种，而《县境全图》只有3种。

第三，宗教场所的标识上，《南阳县图》标注了天主堂，而《县境全图》则无。

第四，自然景观方面，两图各区分为6种，但类别并不一致。《县境全图》将山、河两类细化为山、岗、河、沟渠四类。《南阳县图》则多了沙聚和冬日不能行船的河道两类。

第五，人工景观方面，《南阳县图》标识4种，而《县境全图》则有7种，尤其是对于各级边界的标注明显详于前者。

在符号的绘制形式上，两图也有差别，即使是标示相同地物的符号，也有相当多的改进。总体上来看，《南阳县图》的符号更加写实，偏重形象化。而《县境全图》的符号则有了进一步的抽象化，这应该说是与当时整个时代绘图理念、绘图技术的进步相一致的。

3. 县城形态

《南阳县图》和《县境全图》对于县城的绘制也有所不同。《南阳县图》绘制的县城相当规整，内城为横平竖直的县城，东西南北四个关城上下、左右对称。四座关城相连之后形成的梅花形，与内部的县城完美套叠。南北城门、关门和东西城门、关门都呈一直线，两线相交于县城正中心。这一绘制方式，明显过于理想化，而非基于实际勘测。反观《县境全图》，对照《新修南阳县志》所附大比例尺《南阳四关图》，明显看出更偏向于实测。

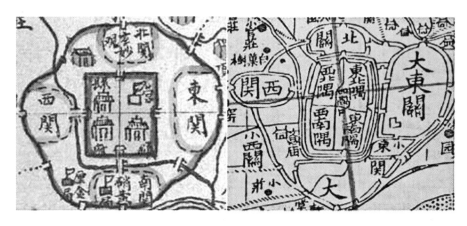

图4 《南阳县图》和《县境全图》所绘之县城

4. 地名信息

通过比对《南阳县图》和《县境全图》所绘内容，两图在对地物的标注，尤其是地名标注的详略方面有着明显的差别，《县境全图》所标注的地名明显要多于《南阳县图》，以南阳县境东北角八里庙之飞地为例（图5），如表2所示，《南阳县图》总共记录了12个村落名和2个非村落地名。而《县境全图》则记录了30个村落名和13个非村落名。后者记录的地名总数是前者的3倍多。这当然一方面与两图比例尺的差异有莫大关系，另一方面光绪二十五年开始重修县志，对于全县村落、人口、山川、物产等必定有了新的调查，为改进全县地图的绘制提供了更为详细可靠的资料。

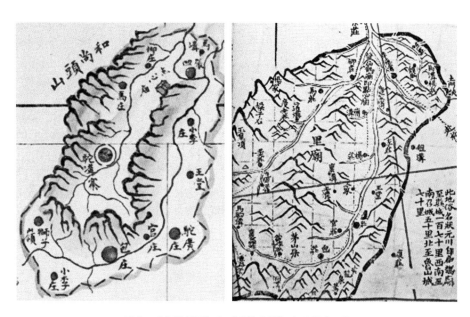

图5 《南阳县图》和《县境全图》之八里庙飞地

表2 《南阳县图》和《县境全图》局部内容对比

图名	地名类型	地 名
南阳县图	村落地名	马沟、张凹、小李庄、王堂、骆广庄、官庄、包庄、小李庄、狮子岭、鸵沟寨、马庄、柳庄
	非村落地名	和尚头山、点心庙
县境全图	村落地名	焦庄、杨庄、韩庄、李张湾、郭家沟、柳庄、马庄、二道沟、杨家、度老庄、王大庄、瓦庙沟、里沟、王家、王沟、马驹沟、里罗庄、外罗庄、包庄、官庄、王堂、×庄、李庄、黄龙泉沟、洞沟、车路沟、小庄、一字岭、小李庄、韩庄
	非村落地名	马沟、土门峡、扁鹊庙（即点心庙）、垛子石、玉皇顶、茅山垛、界茨庙、和尚头山、狮子岭、考主山（即考麓山）、双庙峡、麦子峡、仰天池

根据《南阳府南阳县图序》载，全县"共辖大小集镇四十七处，大小村庄二千一

十一处"。而上引《河南省南阳府南阳县户口地土物产畜牧表图说》的记载，光绪三十年南阳县有大小村落3 509处，但并没有提供完整的村落清单，只有每个保所辖的村落数字。笔者未能完全统计《县境全图》上所有的村落地名数量，但超过三千应无异议。到20世纪80年代，南阳县辖自然村数量虽仍相差不大（2347）①，但因为南阳县的幅员相比清末已大为缩小，故而该数字已不具有参考意义。

5. 注解文字

《南阳县图》和《县境全图》在图上对跨越县境的山、河、道路都有大量注解文字，表3提取了两图相应位置的注解文字进行对比。

表3 《南阳县图》和《县境全图》注解文字对比

南 阳 县 图	南 阳 县 志 图
此地名状元川，在柳河镇正北七十里，自点心庙距府城一百七十里。西南至南召城三十五里，北至鲁山城七十里	此地俗名状元川，自扁鹊庙至县城一百七十里，西南至南召城五十里，北至鲁山城七十里
东南八里至泥河入柳河	此河东南八里至泥河入柳河
柳河经裕州西三十里袁店入赵河	柳河经裕州西三十里袁店入赵河
自大石门北去柳河达南召，有山隘路一道只容一车之行	
此水东南流入赵河	
土色：城东三十里外八十里内土色微黑，其余皆黄	土色：城东三十里外七十里内土色微黑其余皆黄
此河自裕州西并柳河赵河归一名唐	此河自裕州西并柳河赵河东南流入唐县境为唐河
河源自裕州西北五龙庙所出经此	
赊旗镇至府九十里，俗谓赊店，东西长五里，南北阔三里，周十八里，其门八。东西大街三道，北曰山货，中曰天平，南曰老街。南北大街七道。东门内木场街系裕州管	赊旗镇至府九十里，俗谓赊店，东西长四里，南北阔三里，其门八。东西大街三道，北曰山货，中曰天平，南曰老街。南北大街七道。东门内木场街系裕州境
唐河经源潭东头，南至唐县西关外，南流，每船行至赊旗镇止	唐河经源潭东头，南至唐县西关外，南流，每船行至赊旗镇止
桐河经刘宾桥东南至唐县西北五里桐河嘴入唐河	桐河经刘宾桥东南至唐县西北五里桐河嘴入唐河

---

① 见南阳县地名委员会办公室编：《河南省南阳县地名志》，福建省地图出版社1990年版，第11页。

续　表

南　阳　县　图	南　阳　县　志　图
此河东南流十四五里至郭滩入唐河	
栗河西南至新野北入淯	
淯水南流经新野至樊城入襄江，每夏日山水暴涨并潦河漂溺村里禾稼	淯水俗呼白河南流经新野至樊城入襄
潦河至新野县北三十五里马河村南入淯。冬日水深八寸阔二丈，夏日水涨髋四十号，其至漂溺十余里	潦河至新野县北三十五里马河村南入淯。冬日水深七八寸，宽二三丈不等。夏日水涨，宽二十余丈，深可至漫溺十余里。通河细沙，故又名沙河
土色：自清华马集打席营于营等处西南土色惟黑，其余河西皆黄色	土色：自清华马集打席营于营等处西南土色皆黑，其余河西皆黄色
自三岔口有车路一道，东北达南河店，顺河转山而去不越岭岗冬日可行夏日则险	自三岔口有车路一道，东北达南河店
骑立山高四百八十长，长三十里。五峰并峙，俗名五垛。东北属南召界，西南镇平界，西北属内乡县界	五朵即骑立山，高四百八十长，长三十里。五峰并峙，俗名五垛。东北南召界，西南镇平界，西北内乡县界，惟东南属南阳
南河店至府一百二十里，鸟道一百里，高府城七十丈，自街中与南召分界	南河店至府一百二十里，高府城七十丈，街中与南召分界
排路河自平顶五垛发源经南河店东至贯河入淯	排路河自五垛山东发源，经南河店东至灌河口入白河
淯水发源于嵩县双鸡岭，经南召西白土岗魏湾刘村黄绿店东南交南阳县界。夏日水涨阔一里，深一丈。冬日水消，深二尺阔三丈。性淡平，俗名白河	淯水俗名白河，发源于嵩县双鸡岭，经南召西白土岗魏湾刘村黄绿店东南交南阳县界。夏日水涨阔一里余，深一丈许。冬日水消，深二三尺不等，宽三四丈不等。水性淡平，河内俱系细沙并无石泥
自张庄北去黑山头达南召，有越山险路一条，仅容一牛车之行。冬日则可，夏日则路废	
九粒山自南召西南口子河东迤至此	
黑山头至府一百二十里，鸟道一百一十里	
塘屋山高一百五十丈，斜四里。自南召西北丹霞迤逦东行于此断矣	
温水湖，深三五尺不等，内产地栗	温水湖，水深三五尺不等，内产地栗，今水竭为地

通过表3的对比可以看出，《县境全图》上的注解文字绝大部分承袭了《南阳县图》，有多处文字几乎一字不差。

《南阳县图》另有图序和职官的文字记载，这两部分内容是《县境全图》所没有的。这当然跟两图的性质有关，前者是按照会典馆的规范而作，后者则是方志中的附图，相关内容已包含在方志的正文中。然而在上引《河南省南阳府南阳县户口地土物产畜牧表图说》一书最后的《图说》部分，其第一条便几乎全文收录了《南阳府南阳县图序》的大部分内容：

<u>南阳县在地球子午经线偏西三度强</u>，赤道北三十四度弱。<u>至省城六百一十里，至京师二千一百四十五里。东至唐县界五十里，西至镇坪界三十里，南至新野界七十里，北至南召界六十里。西南至邓州界六十里，东北至裕州界七十里。东西广一百二十里，南北袤一百三十里。东北西南斜一百八十里，东南西北斜二百一十里。</u>北极出地三十三度六分。<u>东北乡统集镇一十二处，村庄七百六十九处；东南乡统集镇一十六处，村庄四百六十处；西南乡统集镇一十二处，村庄三百四十处；西北乡统集镇七处，村庄四百四十二处。共辖大小集镇四十七处，大小村庄二千零一十一处。</u>①

上述引文划底线的语句与《南阳府南阳县图序》完全一致，《图说》中的这段文字略去了《南阳府南阳县图序》的关于"天度"和"节气"的内容，其余则几乎照单全收。

上文通过比例尺、图例符号、县城形态、地名信息、注解文字五个方面对两图进行了全方位对比，我们可以作出两个推论：第一，《县境全图》必是继承了《南阳县图》并加以改绘，增补和修正了部分内容；第二，由于两图绘制时间相隔过于接近（不到十年），因此《县境全图》的绘制者戴广恩，有极大可能也是《南阳县图》的绘制者。

四、光绪年间南阳县户口空间分布

《南阳府南阳县图序》记载："共辖大小集镇四十七处，大小村庄二千零一十一处。亦以卫所、庙宇、山、水、桥梁、关津、隘口、古迹沿革、墩保、道路、卡税、团练驻札等则各注于当处，各以记号所解，以便披图者一览无余。"为了更好统计《南阳县图》所提供各类地物的空间信息，笔者对该图进行了数字化，并对相关信息进行提取并统计（表4）。

---

① 《河南省南阳县南阳府户口地土物产畜牧表图说》，第61页。

表4 《南阳县图》地物分类统计

地物类别	数据量	说　　明
村落	1 906	分七级，绝大部分有名称
宗教场所	62	天主堂、道观、寺庙、庵、祠
集镇	44	
村寨	63	
古迹	5	
渡口	21	大都无名
桥梁	102	大都无名
山	20	有名称、高度
厘金、保甲、军营	8	
墩卡	22	不记名

实际的统计数据与《图序》略有出入，这可能与笔者对图上所绘信息的辨认、分类的准确性有一定关系。应该说，作为一幅晚清时期的县级地图，同时包含如此多的地物信息是很不容易的，这些信息为我们提供了一份光绪年间南阳县域内的地情资料，尤其是村落户口资料更是极为宝贵，因为这部分资料是《新修南阳县志》和《河南省南阳府南阳县户口地土物产畜牧表图说》所没有的。① 也就是说《南阳县图》为我们分析光绪年间南阳县村落及人口的空间分布提供了可能。

根据《南阳县图》图例，村落以红色实心圆表示，按照大小分为七级，第一级为0—10户；第二级 10—20户；第三级 20—50户；第四级 50—70户；第五级 70—100户；第六级 100—200户；第七级 200—300户。经过数字化，共得到村落数据为1 906个，其中第一级为716个，第二级为775个；第三级为345个，第四级为97个，第五级为22个，第六级为6个，第七级为4个。以此估算，全县村落总户数在4万户左右，这个户口数字只是各级村落的户口数，并不包含县城、集镇及各寨的人口。据《河南省南阳府南阳县户口地土物产畜牧表图说》统计，全县总户口为6.4万户，该数字包含了

---

① 《新修南阳县志》所附之《县境全图》有更为详尽的村落名称，但是该图只是将村落区分为大小两级，至于这两个级别与户口之间的关系则并未交代，因此无法据以估算各村落户口之规模。《河南省南阳府南阳县户口地土物产畜牧表图说》以保为单位，统计大小村落的数量，并附有该保的户口总数，但却没有保内各村的具体名称及户口。

除县城外的所有户口。考虑到《南阳县图》记录的村落总数小于《县境全图》且不包括集镇和村寨户口,故而其所展示的各村户口数应该具有较大的可信度。借助于地理信息系统软件,提取《南阳县图》的村落和户口数据,将《南阳县图》转绘为光绪二十年南阳县村落及户口空间分布专题图(图6、图7)。

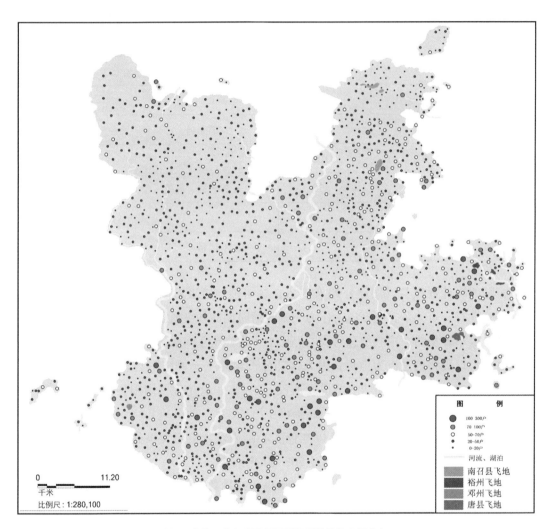

图 6　光绪二十年南阳县不同级别村落的空间分布

说明:图上所有数据均依据《南阳县图》数字化制作。

为了更为清晰地展现光绪二十年南阳县村落人口分布的空间特征,利用《南阳县图》各村落的级别数据,借助地理信息系统软件制作人口集聚热力图。由图7可以直观地看出南阳县的人口分布并没有呈现均质状态。南阳县占据南阳盆地的核心位置,整个县境除了西北角以及东北角的部分山地外,基本以平原为主。然而全县人口重心还是明显地偏向县境的东南部。

282

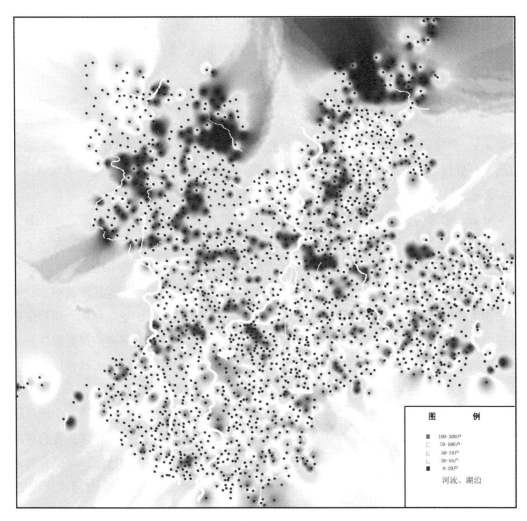

图 7 光绪二十年南阳县村落户口的空间分布

说明：人口数据来自《南阳县图》。

南阳县境内东南部水网密布，水系发达。《南阳县图》标注了光绪年间的 102 座桥梁，其中 80% 分布在县境的东南部，这也从一个侧面反映出县境东南部人口相对比较密集的地理现象。当然，因为《南阳县图》并未提供县城、集镇及村寨人口数据，因而，该图所展示的仅仅代表村落人口的集聚程度。一旦加入县城、集镇和村寨人口数据，热力图的分布应该又会是另一番景象。

五、结语

本文通过对《南阳县图》所载信息的分析，得出该图的绘制年代在光绪十八年至光绪二十年间。再通过与光绪《新修南阳县志》所载《县境全图》的全方位比对，认为《县境全图》是在《南阳县图》的基础上改绘而来，《县境全图》的绘制者戴广恩很有可能即是《南阳县图》的绘制者。

虽然《县境全图》比例尺更大，资料更为详细准确，但《南阳县图》依然有着很重要的价值。

首先，《县境全图》并未有完整的大图存世，在《新修南阳县志》中被分割为45叶90面，使用相当不便。目前传世的光绪年间南阳县图多用潘守廉改绘的《南阳县全境舆图》，但该图在改绘过程中删去了大量的地物信息（例如删去了全部村落），因而价值大打折扣。而《南阳县图》则是目前能见到的最大面幅的光绪年间南阳县级舆图。

其次，《南阳县图》为纸本彩绘，而《新修南阳县志》所载舆图皆为墨刻本。

最后，光绪《会典舆图》在编制过程中，各地向会典馆进呈了大量省、府、县三级舆图，后来正式出版之《会典舆图》只保留省府两级，并未有县级地图。在《会典舆图》的编绘过程中，部分省份单独刊行省级舆地全图，例如《广西舆地全图》①，在此类单独出版的各省舆地全图中，包含省、府、县三级地图，但县级地图图幅很小，图上地物信息也有限。这些全省舆图当中的县级地图并非各县上呈的地图原貌，而是依据各县上报之图统一缩尺改绘。因此，会典馆以及各省新成立的舆图局理应保留有各县呈报上来的县级地图，只不过限于种种原因，这批资料没有保存下来或尚未被整理开发出来。这直接导致至今为止我们无法知晓各地进呈的县级舆图的原貌。如果《南阳县图》果真为当时南阳府进呈会典馆之县级舆图，那么其意义十分重大，在清宫档案中理应还有大量此类地图的存留。若能收集此类县级地图进行整理研究，一方面可以使我们对晚清地图学的发展有一个全新的认知，另一方面，如此大比例尺的县级地图，可以为清末时期各地政治、经济、人口、环境、聚落、自然等各个方面提供最为翔实可靠的资料。②

（原载《历史地理》 第36辑）

---

① 《广西舆地全图》上下卷，系根据会典馆原颁格式要求测绘而成，由北洋机器总局图算学堂重绘，张联桂审检。宣纸墨印，二厚册。前有凡例及张熏序，图凡百零五幅，一图一说。光绪二十一年完成初稿，光绪二十四年加以修订，开本为36.5 cm×31 cm。
② 美国国会图书馆藏有光绪年间的《安阳县全境舆图》，其绘制风格与《南阳县图》有明显差异，图上并无图说，与会典馆颁布的制图规范也多有不符之处，故而该图并非地方呈送会典馆之县级图。《安阳县全境舆图》，美国国会图书馆地图部，登录号：96685916。林天人判断该图绘制年代不晚于1902年，见林天人：《皇舆搜览——美国国会图书馆所藏明清舆图》，台北数位文化中心2014年版，第343页。

1644—1855 年间黄河决溢的
时空分布规律初探

孙 涛

（复旦大学历史地理研究中心）

导 言

黄河是中华文明的母亲河，也是一条灾害频发的"害河"，其下游河道迁徙变化的剧烈程度，在世界上是独一无二的。由于黄河河水挟带大量泥沙，进入下游平原地区后迅速沉积，主流在漫流区游荡，人们开始筑堤防洪，行洪河道不断淤积抬高，成为高出两岸的"地上河"，在一定条件下容易决溢泛滥，造成改道。正确认识黄河的决溢规律，一直都是历代治河者所追求的目标。

明代潘季驯治河之后，黄河下游河道被两岸大堤控制在单一河道内，一直持续到1855年黄河铜瓦厢决口后由山东入海，这一河道维持了大约三百年。黄河下游河道在很大程度上受人工大堤影响，因此对历史时期黄河河道的研究，也对我们认识黄河在人工环境下变迁的特点有很大的作用。更由于这一时期也是黄河下游地区自然、社会、经济等受黄河河道影响最为深刻的阶段，对理解这一区域人地关系有着重要的意义。对这一时期黄河河患灾害的研究著述颇多，前辈学者中徐福龄[1]、邹逸麟[2]和王守春[3]三位先生在黄河决溢的时空分布变化研究中对清代1855年之前的黄河下游决溢地点的时空变化规律与动因机制都有过一定的阐述，尤其是在与黄河新河道时期的对比研究方面做

---

[1] 徐福龄:《黄河下游明清时代河道和现行河道演变的对比研究》，《人民黄河》1979年第1期，第66—76页。

[2] 邹逸麟:《黄河下游河道变迁及其影响概述》，《复旦学报》（社会科学版）1980年第S1期，第12—24页。

[3] 王守春:《黄河下游1566年后和1875年后决溢时空变化研究》，《人民黄河》1994年第8期，第53—58页。

了很多工作。钱宁①、许炯心②等从河床演变的角度对今黄河下游河道的河流地貌过程做了大量的分析工作,对黄河下游河道的河床演变趋势及与人类活动的互动关系均有提及,为更好地研究历史时期的黄河河道演变过程提供了极有意义的借鉴。实际上黄河决溢既与流域降水时空分布形成的来水来沙情况以及流经地区的地质地貌等自然因素有关,同时也与河防工程等人为因素有关,尤其是黄河进入下游平原地区后,两岸河防工程对河道的控制作用非常明显,因此在进行数量化统计分析的同时,将河防工程等人为因素加入考量是十分必要的。

黄河决溢位置的变化与黄河大堤有着怎样的关系,一直以来的说明都集中在黄河大堤的修建减少了黄河决溢改道的发生,但两者的因果关系到底如何体现以及黄河决溢位置的变化是否存在有特定的规律性,并未有太直接的量化分析。本文选择清代1644—1855年铜瓦厢决口改道这个时段来研究,因为这个时段黄河下游具有相对较稳定的河道,而且清代河工体系正是在这一时间段内建立并完善,将两岸大堤划分到以"汛"为基本单位的空间里,便于建立决口事件与河防工程的直接联系,同时河道两岸大堤也具有一定的可比性。对这一时间段内黄河下游决口的时空分布规律的研究,对于现代黄河的防灾工作也有一定的借鉴意义。

一、资料与数据选取

(一)厅汛表数据

黄河河道内的流路变化情况复杂,但河道两岸的堤防建设相较完善,因此相对稳定的黄河大堤就成为黄河研究一个理想的地理信息基础。黄河下游建筑沿岸大堤,也建立起专门的河防管理机构。清代继承了明代的河防体系,顺治元年(1644)设置河道总督一职,"以内秘书院学士杨方兴为兵部右侍郎兼都察院右佥都御史总督河道"③,专门负责黄河、运河、淮河等流域的治理与防护,并形成定制。随着治河工作的全面开展,对河道职官的设置与职能发挥的要求越来越细化,并在原河防体系上进一步完善细化,同时增设河兵系统,"设立兵丁,协同筑堤"④,形成了一套完整的河、道、厅、汛、堡的分级管理模式。清代对黄河河务的管理在实践中不断发展,"建立起了较为完备的分

---

① 钱宁、周文浩:《黄河下游河床演变》,科学出版社1965年版。
② 许炯心:《中国江河地貌系统对人类活动的响应》,科学出版社2007年版;许炯心:《黄河河流地貌过程》,科学出版社2012年版。
③ 《世祖章皇帝实录》卷三"雍正元年七月甲辰"条,《清实录》,第3册,中华书局1985年影印本,第69页。
④ 《圣祖仁皇帝实录》(一)卷七一"康熙十七年正月乙酉"条,《清实录》,第4册,中华书局1985年影印本,第909页。

段分级的管理体系和赏罚严明的条例"①，其中涉及大堤的分段管理，将黄河沿岸堤防各堤段明确地划分到不同的管理单元中。乾隆朝之前，河督上奏黄河堤工事务常常以县为单位，具体位置直接使用具体地名，如"河道总督齐苏勒疏奏：砀山县黄河南岸陈家窑，堤工卑小，应加筑三千五十七丈；桃源县黄河北岸七里沟，堤身单薄，建筑月堤八百八十七丈；宿迁县黄河北岸叶家庄，缕堤单薄，加筑月堤五百二十七丈……"②乾隆朝之后，河督上奏黄河堤工事务开始使用"汛"作为参考单位，如"河东河道总督白钟山疏称：豫省黄河南岸，郑州汛十七堡堤工，入秋以后汛水叠涨。……又疏称：豫省黄河北岸，封邱县汛十三堡，向无埽工，颇为险要"③。

河厅是有专职河务官员任职管理的河工单位，起初大体按照各行政辖区内所属临黄大堤设置，后随着河防系统趋于细化和复杂，黄河南北两岸河厅管理逐步分开，如雍正三年"添设河南开封府南北两岸管河同知各一员，怀庆府管河同知一员"④，乾隆五十五年"吏部议准两江总督孙士毅奏：请将徐州府盐捕通判裁汰，改为丰砀北岸通判，专管北岸工程……原设丰砀通判，改为萧砀南岸通判，专管南岸工程"。在行政管理分开的同时，河兵系统也相应分开："原设丰萧砀守备，改为萧砀南岸河营守备，专管南岸工程；其安阜营守备请裁汰，改为丰砀北岸河营守备，专管北岸工程……"⑤

河防系统分为南北两岸管理，随着民间自筑堤防不断纳入官堤系统以及新建堤防的不断增加，每县一汛不能很好地进行河务管理，于是发展成为每县几汛，如乾隆四十九年，河南境内下北河厅因所管险工较多，"……查一厅四险，同知一员，诚恐顾此失彼。请将上下各厅险工酌量改拨分管：祥符十二堡归上北河同知管；兰阳李六口归曹考通判管；惟留十八堡、铜瓦厢二处归下北河同知……上北河厅原管之原武汛大堤……拨归黄沁同知管辖……如所议行"⑥。厅下所属堤段或拆分或分拨，大堤的管理划分已经不再是以县辖为单位，"一汛之堤"已经是小于县境的一个基础单位了。

---

① 颜元亮：《清代黄河的管理》，中国科学院、水利电力部水利水电科学研究院：《水利史研究室五十周年学术论文集》，水利电力出版社1986年版，第313页。
② 《世宗宪皇帝实录》（一）卷一一"雍正元年九月乙卯"条，《清实录》，第7册，中华书局1985年影印本，第198页。
③ 《高宗纯皇帝实录》（二）卷六四"乾隆三年三月癸丑"条，《清实录》，第10册，中华书局1985年影印本，第38页。
④ 《世宗宪皇帝实录》（一）卷二九"雍正三年二月丙申"条，《清实录》，第7册，第441页。
⑤ 《高宗纯皇帝实录》（一八）卷一三六七"乾隆五十五年十一月下壬寅"条，《清实录》，第26册，中华书局1985年影印本，第341—342页。
⑥ 《高宗纯皇帝实录》（一六）卷一二一九"乾隆四十九年十一月辛巳"条，《清实录》，第24册，中华书局1985年影印本，第360页。

《续行水金鉴》河水工程卷①中完整地保留了一整套河道厅汛的堤防建设信息，依照这一资料，可以完整整理出清嘉庆末年黄河两岸河道厅汛的设置名录及其隶属关系。至嘉庆末年②，黄河北岸大堤归属三省六道十五厅三十三汛，黄河南岸大堤归属二省四道十六厅三十七汛，除徐州道属铜沛厅尚管理南北两岸河务外，其余各厅均为南北两岸分别管理。

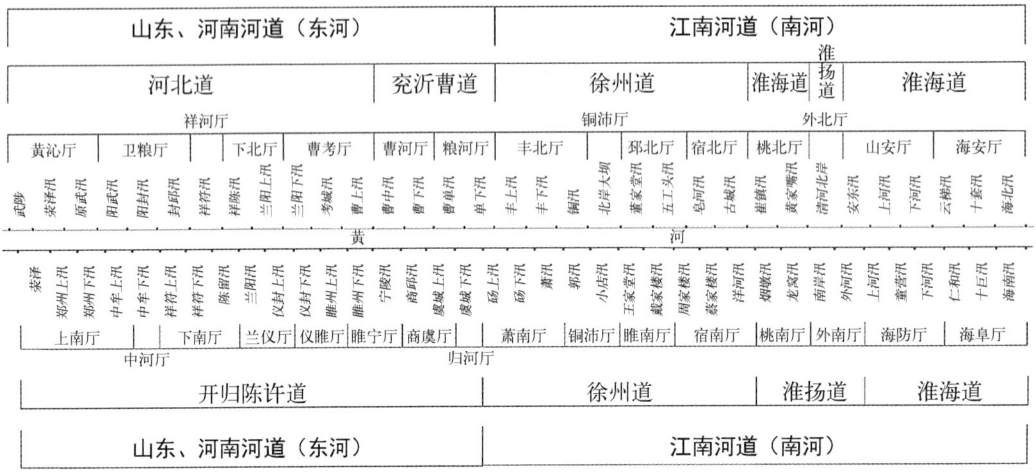

山东、河南河道（东河）						江南河道（南河）				
河北道				兖沂曹道		徐州道		淮海道	淮扬道	淮海道
祥河厅						铜沛厅				外北厅
黄沁厅	卫粮厅	下北厅	曹考厅	曹河厅	粮河厅	丰北厅	邳北厅	宿北厅	桃北厅	山安厅	海安厅
黄沁汛 武陟汛 荥泽汛 原武汛 阳武汛 阳封汛 封邱汛 祥符汛 陈留汛 兰阳上汛 兰阳下汛 考城上汛 考城下汛 曹上汛 曹下汛 单上汛 单下汛						丰上汛 丰下汛 铜汛 北工大坝 董家堂汛 五工头汛 皇帝汛	邳北汛 古城汛 崔镇汛	宿北汛 黄家嘴汛 清河北汛	桃北汛 安东上汛 上河汛 下河汛 云梯汛 十套汛 海北汛	山安厅	海安厅
黄						河				
荥泽 郑州上汛 郑州下汛 中牟上汛 中牟下汛 祥符上汛 祥符下汛 陈留汛 兰阳上汛 兰阳下汛 仪封上汛 仪封下汛 睢州上汛 睢州下汛 宁陵汛 商邱汛 虞城上汛 虞城下汛						砀上汛 砀下汛 萧汛 郭汛 小店汛 王家堂汛 戴家楼汛 周家楼汛	蔡家汛 祥符汛 烟墩汛 龙窝汛 南岸汛 外河汛	外河汛 桃河汛 仁阳汛 童堂汛 十巨汛 海南汛			
上南厅		中河厅	兰仪厅 仪睢厅	睢宁厅	商虞厅 归河厅	萧南厅	铜沛厅 睢南厅	宿南厅	桃南厅 外南厅	海防厅 海阜厅
		开归陈许道				徐州道		淮扬道		淮海道
山东、河南河道（东河）						江南河道（南河）				

图 1　嘉庆末年"河道厅汛"位置示意图③

（二）各汛堤防分界数据

黄河两岸堤防是黄河沿岸各厅汛所管理的具体地理实体，基于这一地理实体可以将文献资料中堤防相关的信息落实到具体的地理位置上。《续行水金鉴》河水工程所记内容与美国国会图书馆所藏《六省黄河埽坝河道全图》④，其时间断面都基本定在 1820 年左右⑤，加上《中国历史地图集》（清时期）所表现的地理要素，通过这些文字和地图资料可大致描绘出嘉庆二十五年（1820）各厅汛所管黄河大堤的分布位置。同时依照

---

① 〔清〕黎世序等纂修：《续行水金鉴》卷四五至五〇，商务印书馆 1937 年版。
② 《续行水金鉴》河水工程卷中河道厅汛的堤防建设信息，其涉及的厅汛名称截止时间大约为嘉庆二十五年，即 1820 年。
③ 各汛名称来源于《续行水金鉴》河水工程部分。
④ 见 https：//www.loc.gov/item/gm71002474/。
⑤ 李孝聪先生在《黄淮运的河工舆图及其科学价值》一文中通过"箝口坝"的出现时间和"图内'宁'字均不避道光帝讳而缺笔或改写"，对该图的时间断限有所阐述，确定"此图应绘于嘉庆二十二年之后至道光皇帝登基之前的 1817 至 1820 年间"，因此此图沿河地名与堤工信息的年代也可断在 1820 年。李孝聪：《黄淮运的河工舆图及其科学价值》，《水利学报》2008 年第 8 期，第 947—954 页。

当代的高程数据①和大比例尺地形图②作为参照，将各汛所管堤防的分界位置定位到具体的空间位置上。

通过以上各类资料处理之后，可以梳理并定位清嘉庆二十五年（1820）的河道厅汛设置及各厅汛所管黄河大堤的具体起止界点位置，从而形成一个以1820年为时间截面的各汛分界的地理信息数据，将黄河两岸堤防按照"汛"为基本单位划分清楚。以此为基础梳理清代黄河决溢事件的空间分布更有意义。

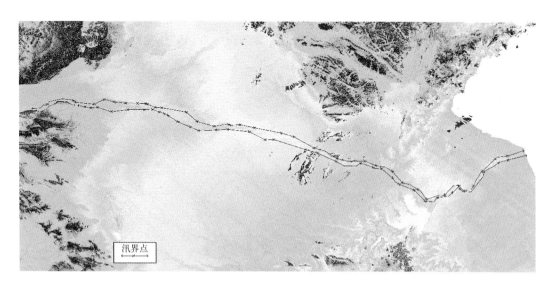

图 2　高程数据影像中 1820 年各汛分界点的分布

（三）黄河决溢数据

决溢数据主要参照《清史稿·河渠志》所记载的黄河决溢事件，同时利用《清实录》与《黄河志·大事记》③加以印证，确定决溢事件的具体发生地的位置。因《清史稿·河渠志》中的河决记录是以时间为线索，所以本研究中的决溢事件的确认以地点为标准，如"（康熙十五年）是岁又决宿迁白洋河、于家冈，清河张家庄、王家营，安东邢家口、二铺口，山阳罗家口……"④，按照地名统计，本次大水共造成七次黄河决溢事件。决溢事件按照决口的位置统计，若同一年份内几个决口的位置处于同一汛内大堤上，则该段汛堤的决口次数累计计算。

---

① 所用 DEM 数据来源于中国科学院计算机网络信息中心地理空间数据云平台（http://www.gscloud.cn）。
② 中国人民解放军总参谋部测绘局制。
③ 黄河水利委员会黄河志总编辑室编：《黄河志》卷一《黄河大事记》，河南人民出版社 1991 年版。
④ 赵尔巽：《清史稿》卷一二六志一〇一，中华书局 1977 年版，第 3720 页。

决溢数据统计最终实现将清代黄河决溢的位置与其在嘉庆末年时所属各汛堤段相联系,将黄河决溢位置确定到具体的堤防位置上,从而为后续的统计分析加入空间参考,同时也可以为后续黄河决溢灾害所涉及的堤防维护等造成的地方社会影响研究建立一个简单的基础。

二、黄河决溢统计分析的方法

(一)传统的频次统计

这一方法主要是基于黄河决溢发生的时间和地点两方面进行统计计算,本文讨论决溢事件还关注了黄河南北两岸的区别。

黄河两岸的堤防对应关系较为稳定,具体到两岸汛与汛的对应关系也相对稳定,虽然在数量上并不是一一对应关系,但空间位置相对稳定,在上下游分布比较时可做对应参考。

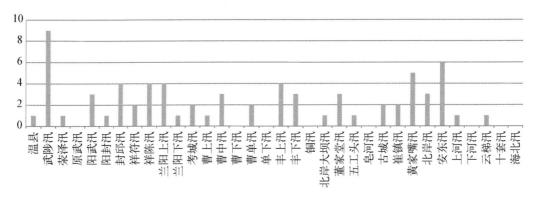

图 3　北岸决口次数统计

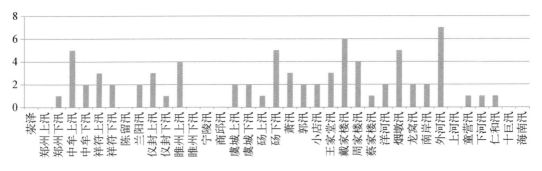

图 4　南岸决口次数统计

黄河北岸由武陟以下共分为 34 个汛级单位(含温县段),其中 1644—1855 年间发生过决口的有 26 个汛共计 70 次;荥泽以下黄河南岸共分为 37 个汛段,其中 1644—1855 年间发生过决口的有 28 个汛共计 75 次,两岸总决口次数基本持平。1644 年到 1676 年的 33 年间,黄河北岸共决口 30 次,年均 0.91 次;黄河南岸决口 25 次,年均

0.76次。这33年间的决口数占1644—1855年间共212年总决口数的38%。

从河决时段上看,1644—1676年,黄河下游的决口分布范围最为广大,而且发生次数也在1676年达到了顶峰——七次,这三十三年共有55次决口记录,其中有12年没有决口记录,有决口记录的年份里平均决口数为2.6次。总计年均1.67次。1677—1720年和1821—1855年的两个时间段黄河决口次数较为平缓,分别为年均0.2次和0.29次。1677年到1855年的179年间,黄河北岸共决口40次,年均0.22次;黄河南岸决口50次,年均0.28次。以10年为一个周期计算移动平均趋势线来看,1676年之前,黄河决口次数是一个逐渐增长的趋势,1676—1687年间进入一个急速衰减期,1687年之后黄河河决的频次维持在一个较低的水平;1720年左右,河决次数又进入了一个快速增长阶段,但严重程度远小于1676年之前的水平,到1730年又快速减弱;之后又经历了1761年、1789年前后和1819年三次小的波动,1820年到1830年间又是一段显著的"弱势"阶段。

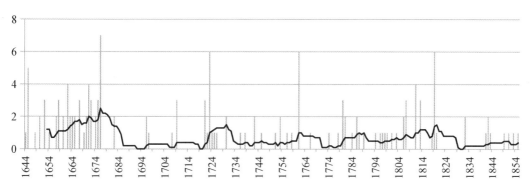

图5 各年决溢次数统计与10年周期趋势

(二) 平面坐标内的核密度分析方法

清代黄河故道是一条线状分布的区域,与其相关的决溢位置是沿着这一线状区域的两条线状边界分布的,其影响范围也是沿线分布,于是传统的空间分析方法很难在这样一条线状的现实空间中得到合理应用。时空统计的常用方法是将决口作为事件点,定位在河道上下游位置与时间构成的平面上。

核密度分析方法是GIS空间分析方法中密度分析中的一类。核密度分析主要用于计算点或线要素测量值在指定邻域范围内的单位密度,它能直观地反映出离散测量值在连续区域内的分布情况。清代黄河决溢位置的时空分布是否在空间和时间两个方面有规律可循,可以通过时空分布的变形加以处理。首先将各决溢位置按照沿河汛堤的分布排列,再通过时间分布将具体的决溢地点在时空统计图中呈现,从而使现实的空间分布变形到简单的平面坐标中,在平面坐标中应用核密度分析方法,分析决溢事件在时空发展过程中的密度分布水平,从而发现其分布特点。

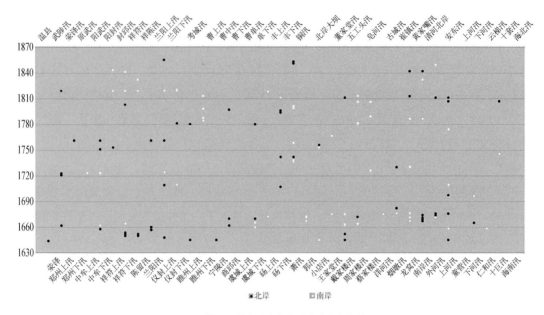

图 6　黄河下游决溢事件的时空分布点状构图

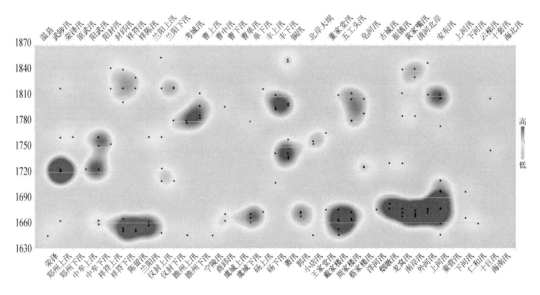

图 7　决溢事件的时空核密度分析结果图

三、结果分析

（一）黄河两岸决溢现象的频次分析

1644 年到 1690 年前后，黄河下游从决溢事件发生密度和流域分布两方面来说都处于最为严重的时期，基本上处于全流域"失控"的状态，尤其是在江南河段。也正是由于江南段河决严重，1675 年开始的靳辅治河，首先从江南段堵塞决口开始，优先修筑江南段黄河堤岸。1690年之后黄河决溢事件少有连片爆发，多是集中在某一河段，相比清初的"失控"状态缓和很多，这与黄河堤防建设发挥作用息息相关。虽然堤防建设中仍以堵口似的"被动"筑堤为多见，但在靳辅前后十余年的治河实践中不断完善堤防，同时每年河防整治中针对涉险河工河段的"主动"预防工程的实施也都有着较大的作用。

将黄河两岸的决溢事件分开进行分析，从黄河下游两岸总的决溢事件分布来看，清代早期黄河北决次数多于南决，后期南决多于北决，这与重视漕运，从而重视北岸堤防建设息息相关。其中北岸的河决事件大约主要分布在1740年之前，分布河段也主要是在黄河初入平原地区的武陟和荥泽一带、河南开封河段的祥符三汛和江南桃源清河一段。南岸的决溢事件在清初的"严重时段"里更多是分布在江南河段。一般来说，江南段黄河北岸决口影响运河，清代也不用再顾忌明"祖陵"的影响，因此北岸堤防的受重视程度远大于南岸。至于到具体堤段上：徐州至桃源间北岸多山，堤防借助山势断续构建，从明代以来基本维持在同一位置，与南岸相比较，堤防走势并未有太多变化，因此此段堤防也一直维持在较好的养护状态。

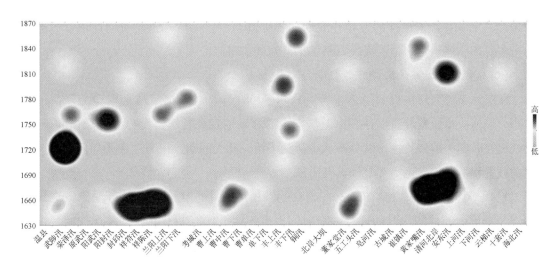

图8　黄河北岸决溢事件的时空核密度分析结果

1690年到1740年间黄河在武陟荥泽两岸决口存在一个高发的状态，这与沁河口以下黄河两岸所属河防体系的建立偏晚不无关系。此段黄河原设沁河厅，主要管理沁河与丹河，清初河患较下游为轻，正是在几次决口发生后，至雍正三年（1725），添设怀庆府黄河厅①，该段堤防才纳入黄河河防体系中，堤岸建设提升到新的标准。

---

① "添设河南开封府南北两岸管河同知各一员，怀庆府管河同知一员，从副总河嵇曾筠请也"，《世宗宪皇帝实录》（一）卷二九"雍正三年二月丙申"条，《清实录》，第7册，第441页。

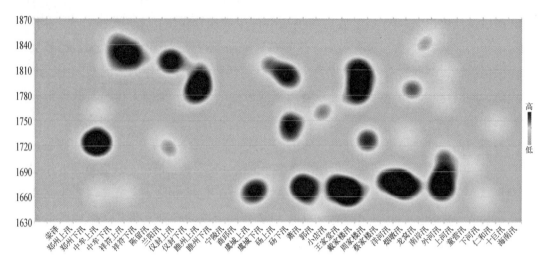

图 9　黄河南岸决溢事件的时空核密度分析结果

这一时期，黄河南北两岸厅汛设置变化也很大。雍正二年分原南河同知为上下二厅，设上南河同知；雍正三年，原同知改上北河厅，雍正五年移驻阳武县太平镇，同时添设下北河厅[①]，划原武、阳武、封邱三县境内堤工归下北河厅管理[②]。总的来说，1740年之后南岸决溢事件的发生较北岸明显偏高，而这一时期也是黄河厅汛设置调整的密集时期，这也是一种黄河决口事件的应对响应机制。

（二）黄河决溢事件的分布趋势

从黄河下游两岸决口的总体来看，1644—1684年间，黄河下游处于全流域决口的状态，黄河决口位置分布上存在由上游向下游移动的现象，核密度分布区域横向排列，反映出在时间上的聚集性，其分布从上游到下游，几无间断，说明这四十年间，黄河决口的频繁程度和分布范围都是极其严重的。

1740—1820年间，也存在一个决口位置由上游向下游移动的分布现象，这段时间内核密度分布区域沿时间递进，在时间上有连续性，但上下游分布并不连续，涉及全流域的决口灾害较1644—1684年间少很多。在这大约80年的时间段内，黄河决溢位置表现出向下游移动的趋势也最为明显。分析其发生原因可以从堤防修筑特点探讨：清代黄河虽然有岁修工程，但大部分是对险工险段的维护工作；大规模的堤防建设多是在发生严重决口险情之后的补救性措施，这些措施关系到实实在在的河患治

---

① "移河南上北河同知，改驻阳武县太平镇地方。其新设之上南河同知，驻中牟县杨桥。下北河同知，驻祥符县陈桥。怀庆府黄河同知，驻武陟县二铺营。武陟县主簿，驻木栾店。从河南总督田文镜请也"，《世宗宪皇帝实录》（一）卷六一"雍正五年九月壬午"条，《清实录》，第7册，第944页。

② 〔清〕黎世序等纂修：《续行水金鉴》卷四五，第975页。

理,所以具体的处理效果也是十分明显的。堵口后河势下移,就容易造成下游河防薄弱地区的决溢。

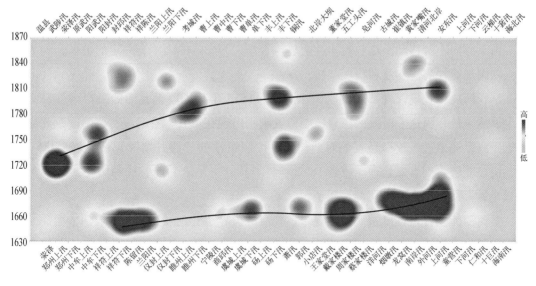

图 10　1644—1855 年黄河决溢时空分布趋势

当聚焦具体的某一河段时,决口位置的移动也会发生向上游移动的现象,如 1765—1840 年间黄河南岸中牟至睢州河段和 1820—1850 年间的五工头至黄家嘴河段。在河床自然淤积的状态下,"河床的堆积是从河口向上游发展的,反映在决口位置上,也有由下而上的发展趋势"[1]。堵口后的河势下移似是难以解释,但是考虑到同一时间段内其上下游河段也存在发生决口与堵口的事件,由此造成的河弯摆动也会影响到河势变化,因此,对于决口位置规律性移动,河决后的堵口工程以及随后的堤防加固建设应该是这一现象产生的主要原因。

黄河河防建设往往在新修大堤之后,会有一个较为显著的改善,但往往只能坚持数年之后又进入新一轮的河决高发期,这固然与气候大背景和自然河道变化复杂密切相关,同时与河工管理制度的制定和执行以及工程建设维护的可持续性也有着莫大的关系,这也是清代河工研究的一个重要意义。

四、结语

本文通过分析人工干预下的黄河下游河段决溢的时空分布可知,黄河在自然河道被

---

[1]　钱宁:《1855 年铜瓦厢决口以后黄河下游历史演变过程中的若干问题》,《人民黄河》1986 年第 5 期,第 66—72 页。

人工堤岸约束之后，由于黄河决溢的发生地点位于河道边界处，因此受到河防工程的显著影响。但在两岸边界人为因素的影响之下，河道内的河流发育过程仍然遵循自然的规律，于是决溢位置的核心分布区在时空分布上呈现出一定的规律性。这一规律大致表现为黄河下游河段决溢核心区的演变趋势总体上是从上游向下游移动，但在局部河段也会出现由下游向上游移动。这一规律性明显与否与人为影响的强度有一定的关系，人为影响强烈则规律性演进速度和程度减缓。

结合河决位置规律性移动的现象来分析，1855 年兰阳段铜瓦厢的决口事件，只是一个偶然事件，因这一时段的决口核心位置刚刚出现在单县丰县河段，兰阳段距此尚有较远距离，还未进入决口易发的时期。如果按照正常的"决—堵"规律发展，1851 年丰县决口能够得到有效处理，或者 1853 年"丰县复决"之后能够顺利堵决，1855 年的决口也就大概率不会发生在铜瓦厢了。

黄河河流发育过程既遵循自然规律，其河流边界也受到强烈的人工干预，而深究何种因素其作用影响更大，在对历史时期的黄河河流发育过程进行复原的基础上加以分析，则是相对客观的方法。对于历史时期黄河的人工工程干预对于自然河流决溢改道的具体影响的深入研究，则可为今天的河流治理、减灾防灾提供借鉴意义。

（原载《云南大学学报（社会科学版）》2020 年第 1 期）

明清丝绸之路哈密—吐鲁番段"沙尔湖路"研究

宋立州

(上海工程技术大学马克思主义学院)

引 言

哈密与吐鲁番之间的通道自汉代以来一直是丝绸之路北道的重要路段。该路段又分多条路线,学界关注较多的有两条:第一条自哈密瞭墩向西,经十三间房后转西南至鄯善,即汉唐碛路①,唐代又称"赤亭道"②,明代称"黑风川道"③,清代时是哈密与吐鲁番之间的主干道④;第二条位于第一条以北,自哈密向西北沿天山南麓而行,经七角井转西南至鄯善,可视为哈密至吐鲁番的一条辅路,即唐代新开道⑤,清代称小南路⑥,道光年间一度禁止通行并毁坏店铺等道路设施⑦,光绪收复新疆以后刘锦棠重新开通并设为驿路⑧。

上述两条路线以外,在主干道以南还有一条通路曾在明清丝路当中发挥过重要作用。因靠近哈密西南的沙尔湖,本文暂名沙尔湖路。学界对该路已有研究,如岑仲勉对

---

① 巫新华:《唐代西州沟通周边地区的主要交通路线》,《中国边疆史地研究》1997年第4期。
② 钟兴麒:《赤亭怀古》,《新疆地方志》1996年第3期。
③ 〔明〕严从简著,余思黎点校:《殊域周咨录》,中华书局2000年版,第434页。
④ 潘志平:《清代新疆的交通和邮传》,《中国边疆史地研究》1996年第2期。
⑤ 巫新华:《唐代西州沟通周边地区的主要交通路线》,《中国边疆史地研究》1997年第4期。
⑥ 〔清〕王树枏等纂,朱玉麒等整理:《新疆图志》卷八三《道路五》,上海古籍出版社2015年版,第1576页。
⑦ 〔清〕方希孟著,李正宇、王志鹏点校:《西征续录》,甘肃人民出版社2002年版,第57页。
⑧ 〔清〕王树枏等纂,朱玉麒等整理:《新疆图志》卷八三《道路五·驿站道里沿革表一》,第1576、1581页。

明代哈密西南经戈壁前往辟展（今新疆鄯善）的"沙尔湖路"的路线和途经地等进行考证，提到明代人多用该路往来两地①，但未对该路产生的政治背景与自然环境等进行充分研究。钟兴麒引清代《使准噶尔行程记》认为哈密经沙尔湖至吐鲁番的道路，即《新唐书·地理志》记载的唐代纳职县经罗护守捉至赤亭守捉的道路②和《宋史·外国传》所载王延德《使高昌记》"纳职泽田道"③。而前者实际是唐代新开道④，即清代小南路；纳职泽田道⑤是汉唐碛路、明代黑风川道、清代主干道，均非沙尔湖路。林梅村对图中沙尔湖路段道路信息进行了考证，但部分地点的考证存疑，其复原地图也不全面，哈密西南哈剌帖乩至比站正是其中缺漏的一段。⑥ 笔者通过文献、地图、遥感影像、数字高程模型（DEM）等，运用历史学、地理学、语言学等方法尝试复原沙尔湖路，对其历史记载、路线地点、出现及中断原因等进行了研究。

一、明清文献关于"沙尔湖路"的记载

明朝永乐年间设立哈密卫，封元朝后裔哈密故元肃王安克帖木儿为忠顺王，继续守地。时移世易，哈密卫力量逐渐衰弱，屡被瓦剌和吐鲁番占领，虽又被明朝与哈密部众夺回，但哈密卫"三立三失"，明朝方面不堪其扰。嘉靖年间不得不闭嘉峪关，弃西域，内地与西域的交通自此中断近二百年。

沙尔湖路正是在这样的历史背景下出现在人们视野中的。嘉靖《陕西通志》附《西域土地人物略》中"阿思打纳城"（今哈密二堡⑦）条下记载了这条自哈密西南前往吐鲁番（鄯善）的新道路（又见同书《西域土地人物图》）：

---

① 岑仲勉：《从嘉峪关到南疆西部之明人纪程》，《中外史地考证》，中华书局 1962 年版，第 657 页。
② 钟兴麒：《赤亭怀古》，《新疆地方志》1996 年第 3 期。
③ 钟兴麒编著：《西域地名考录》"纳职泽田道"条，国家图书馆出版社 2008 年版，第 671 页。
④ 巫新华：《唐代西州沟通周边地区的主要交通路线》，《中国边疆史地研究》1997 年第 4 期。
⑤ 谭其骧主编：《中国历史地图集》第 6 册《宋·辽·金时期》"西州回鹘 于阗 黑汗（喀喇汗）"图，中国地图出版社 1982 年版、1996 年印刷，第 38—39 页。
⑥ 林梅村：《蒙古山水地图》，文物出版社 2011 年版，第 119、136 页。
⑦ 按：今哈密部分小地名的民族名称音译用字多有不同，如头堡，即嘉靖《西域土地人物略》的速卜哈剌灰，《蒙古山水地图》的速门哈六忽城，清代又作"苏门哈尔辉""苏木哈喇回"等；二堡，即《西域土地人物略》的阿思打纳城，《蒙古山水地图》的阿思他纳，清陶保廉《辛卯侍行记》的阿斯塔纳等；三堡，《蒙古山水地图》作脱合赤，《辛卯侍行记》作托郭栖、托合齐等；四堡，为唐代纳职县，明朝又有剌木城、剌术、拉布楚喀等名称；五堡，即《西域土地人物图》的哈剌帖乩，《蒙古山水地图》的哈剌帖别，康熙《使准噶尔行程记》的喀拉托博克，《乾隆十三排图》的哈尔图博，《辛卯侍行记》的哈喇都伯。为忠实于原引文献，文中不做统一。

(阿思打纳)城西五十里至哈剌帖瓜,其西北为剌木城,剌木至哈剌帖瓜亦五十里。自哈剌帖瓜而西,有察黑儿,有川中双泉城,又西百里有中中泉,又西百里有双泉儿墩。①

继续向西可抵达今鄯善,通往吐鲁番。这条路的出现反映了当时明朝与吐鲁番之间严峻的军事和政治对峙形势。图1反映了当时哈密—鄯善地区的交通情况。

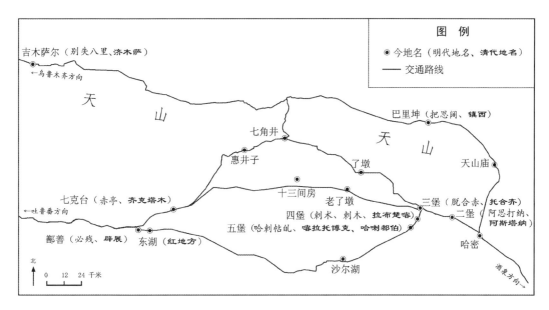

图1 明清时期哈密—鄯善交通示意图

资料来源:本图依据《蒙古山水地图》、《使准噶尔行程记》、《辛卯侍行记》、《明代哈密吐鲁番资料汇编》、《中国历史地图集》(中国地图出版社1982年版、1996年印刷)、《新疆维吾尔自治区地图集》"哈密市图"(中国地图出版社2004年版)等绘制。

弘治八年(1495)十一月,巡抚甘肃左佥都御史许进等人率明军与关西七卫部众夺还此前被吐鲁番人占据的哈密地方。弘治九年三月,吐鲁番首领阿黑麻又袭破哈密,命手下将领撒他儿及哈密都督奄克孛剌驻守剌木城(今哈密四堡②)。后奄克孛剌等人反正,偷了撒他儿的马匹潜至阿思他纳城,密结游牧于天山以北巴里坤一带的小列秃人马,和小列秃人马又到哈剌帖瓜城(今哈密五堡),围住城池,只有两个吐鲁番人逃走。哈密人等自阿思他纳城西至剌木城,再西南至哈剌帖瓜城,夺回吐鲁番人占据的城池。

此时,因哈密人和小列秃人马占据剌木城,阻断西去的黑风川道,自哈剌帖瓜逃走

---

① 〔明〕赵廷瑞等修:《嘉靖陕西通志》,三秦出版社2006年版,第485页。清代梁份《秦边纪略》、陶保廉《辛卯侍行记》对该段道路亦有引述。

② 〔清〕陶保廉:《辛卯侍行记》,甘肃人民出版社2002年版,第382页。

的两个吐鲁番人要返回吐鲁番，只能向西南入戈壁。这是文献中首次提到哈密西南沙尔湖路的存在。

类似的事件在弘治十六年（1503）再次上演，忠顺王陕巴行为不端，引起部众不满，遂迎吐鲁番首领阿黑麻次子真帖木儿来守哈密，居住在剌木城。① 陕巴逃至河西走廊的苦峪，甘肃守臣"请敕陕巴还居哈密，谕奄克孛剌及写亦虎仙同心辅之，以次收复土鲁番所占剌木并哈剌帖瓦等城"②。弘治时期，吐鲁番人屡次谋夺哈密，每次都会占领沙尔湖路沿线的剌木与哈剌帖瓦等城，故沙尔湖路应为当时连接哈密与吐鲁番的重要通道。

清康熙年间，哈密归附，而准噶尔部占据吐鲁番。为稳定边疆，朝廷利用沙尔湖路通使准噶尔部，恢复了内地与西域的交通联系。但为防止准噶尔部借机袭扰，清军扼守和封锁了交通要地，直到平定西域后，道路才顺畅起来。

《使准噶尔行程记》是清康熙年间向准噶尔部首领策妄阿拉布坦遣使的一份行程记录，较早记载了"沙尔湖路"。自哈密西南至今鄯善的路线为：

> 喀拉托博克至尼尔浑地方，此站约一百四十里……齐奇尔地方，此站约一百二十里……额锡莫克地方，此站约百里……红地方，此站约一百五十里……皮禅城，此站有二十里。③

其中，喀拉托博克为哈剌帖瓦之不同音译，即今哈密五堡；皮禅，又作辟展，即今新疆鄯善。这一路线即明代《西域土地人物略》中的新道路，又见于美国国会图书馆所藏1943年福克司《康熙时代耶稣会教士所绘之中国地图》④ 的"杂旺阿尔布滩图"与"哈密噶思图"。

雍正十三年（1735）夏六月，署宁远大将军查郎阿等奏西路驻兵事宜，其中提到在哈密五堡西南之锡喇淖尔（即"沙尔湖"）设斥候，拨兵瞭望⑤，后因该地"水草

---

① 陈高华：《明代哈密吐鲁番资料汇编》，人民出版社1984年版，第231页。
② 陈高华：《明代哈密吐鲁番资料汇编》，第231页。
③ 〔清〕黄文炜：《乾隆重修肃州新志》，《中国地方志集成·甘肃府县志辑》四十八，凤凰出版社等2008年版，第435页。
④ 美国国会图书馆网站：https://www.loc.gov/resource/g7820m.gct00265。该图集源出故宫博物院藏康熙《皇舆全览图》木刻本，最早"康熙五十六年有初刻本"，"五十八年（1719）有复刻本"，该图集即出自复刻本。靳煜：《康雍乾三大图上的西域：相关地理知识的整理与研究》，复旦大学博士学位论文，2017年。
⑤ 〔清〕傅恒：《平定准噶尔方略》前编卷三十八，全国图书馆文献缩微复制中心，1990年，第605页。

不便，盛夏马多倒毙"①，很快裁撤。乾隆十一年（1746）六月，朝廷再次讨论添设哈密周边卡伦事宜，安西提督李绳武奏言：

> 哈密三堡之西南西喇淖尔地方，其西系通鲁克察克、辟展之来路。……自（雍正末年）裁撤（锡喇淖尔卡伦）之后，准夷多有从此潜过被获者，防范布置不可不周，况盛夏人马难以存住之时，准夷亦不能行走，而春秋冬三时自可派兵守望以收扼要之益，且据哈密贝子玉素富情愿供办马草，复与镇臣王能爱商酌意见相同……派兵二名，间以缠头三名，每年八月至次年四月止坐守瞭望……②

鲁克察克即今鄯善县鲁克沁镇。从李绳武奏言中可知，沙尔湖路夏季难以通行，余下季节常为准噶尔人偷入哈密之路，因此清朝方面两度设置卡伦以防范。

清代乾隆年间实测地图《乾隆十三排图》中绘有哈密西南经沙尔淖尔（亦即"沙尔湖"）至辟展的路线（图2），但无上述卡伦。乾隆四十七年（1782）的《西域图志》亦未载该卡伦，当在平定准噶尔以后再度裁撤。《西域图志》记载了经过沙尔湖的路线与里程：

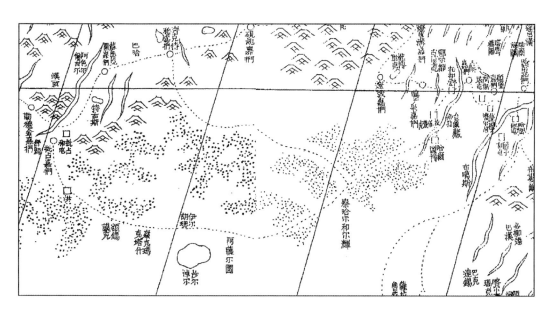

图2 《乾隆十三排图》八排西二、西三，沙尔湖路

---

① 〔清〕傅恒：《平定准噶尔方略》前编卷四十九，第802页。
② 〔清〕傅恒：《平定准噶尔方略》前编卷四十九，第802页。

察罕和罗海，在哈喇都伯城西七十里，哈密西境外，南临大碛；内勒滚，在察罕和罗海西七十里。地多碎石，有水草，南临大碛；阿萨尔图，在内勒滚西六十里。南有泽，名沙拉淖尔，又南临大碛；伊里克库木，在阿萨尔图西六十里，地无水草，南临大碛；察克玛克塔什，在伊里克库木西六十里，地无水草，南临大碛；额什墨，在察克玛克塔什西五十里，南临大碛。又西一百五十里至洪，入辟展界。①

从里程上看，《西域图志》与《使准噶尔行程记》记载差异不大；从地名上看，《西域图志》与《使准噶尔行程记》《乾隆十三排图》中的地名多有差异，如察罕和罗海即《乾隆十三排图》中察哈尔和尔辉；内勒滚即《使准噶尔行程记》中尼尔浑；伊里克库木，《使准噶尔行程记》中作齐奇尔，《乾隆十三排图》中作伊尔胡玛；额什墨，《使准噶尔行程记》作额锡莫克，《乾隆十三排图》作额锡谟克。上述地名汉语音译不同，说明三份文献有不同的信息来源，且无明显承袭关系，侧面说明当时沙尔湖路的使用仍旧比较频繁。

光绪年间《旧刊新疆舆图》的吐鲁番图中，自哈密沙尔湖西来的道路经过一个未标名称的地点后，向北与齐克腾木的大路相接，又经过英树子、苏鲁图、托古斯、阿朗后才抵达辟展，绘图人应知道沙尔湖路的存在，但未对当地做过深入了解，故与实际路线有所出入。宣统年间《新疆全省舆地图》鄯善县图中该问题得到纠正，沙尔湖路向西经过东湖（红地方）南侧抵达鄯善，不再向北与齐克腾木连接。1914年9月，斯坦因第三次西域考察时，曾派助手穆罕穆德·亚库卜在"声称熟悉这条道路"的汉族向导带领下，"从哈密经疏纳诺尔（Shona-nor）（亦为'沙尔湖'）盆地去（喀尔里克山西段的所有水都流进了那里），接着考察无水的沙漠中的道路，一直到吐鲁番地区的最东端"②，可知延至清末民初沙尔湖路一直可以通行。

二、《蒙古山水地图》与"沙尔湖路"沿途地点考辨

沙尔湖路的具体路线和沿途地点，主要见于《蒙古山水地图》、《西域土地人物略》（《西域土地人物图》）③、《使准噶尔行程记》、《乾隆十三排图》、《西域图志》④ 等文

---

① 钟兴麒、王豪、韩慧校注：《西域图志校注》，新疆人民出版社2002年版，第182页。
② [英]斯坦因著，巫新华等译：《亚洲腹地考古图记》，广西师范大学出版社2004年版，第759、765页。
③ 嘉靖《陕西通志》，第485页。
④ 钟兴麒、王豪、韩慧校注：《西域图志校注》，第182页。

献和地图,详略程度不一。其中,《蒙古山水地图》是近年引起学界和公众关注的丝绸之路研究的重要文献,其绘制年代和可靠性尚无定论。① 林梅村认为其绘制于嘉靖年间,张晓东认为在弘治以后,嘉靖二十一年(1542)《陕西通志》刊刻之前。② 成一农提到该图绘制时间有数种可能,一说系 20 世纪 30 年代自北京琉璃厂流出,有可能是画师为牟利而摹写和伪造的③;肖鹰则认为"明代"《蒙古山水地图》中出现与清代极为雷同的城堡图案④,此图有伪造的嫌疑。

若林、张二人考证属实,则该图的使用不成问题;若成、肖的考证正确,则《蒙古山水地图》系清末民初摹写和伪造。笔者以为,摹写不必说,即便是伪造,图中的交通道路和地名信息也无法凭空捏造,必有一定依据,此从其与《西域土地人物图(略)》道路走向以及当中地名的相似可证。因此,绘制年代虽尚无定论,但图中所载的地理信息不妨作为史料批判地进行使用。

《蒙古山水地图》中的沙尔湖路自哈密向西,经速门哈六忽城、阿思他纳、卜答儿、剌术城、脱合赤、哈剌帖乱、义黑儿哈拉忽、帖思、俄卜力、撒力迷失、撒力哈迷失、乱力勃罗、脱谷思,抵达比站(今鄯善县),共出现 15 个地点。林梅村《蒙古山水地图》一书卫星地图中没有复原哈剌帖乱至比站间的路线,缺少的部分正是沙尔湖路。为复原该路线,笔者依据相关文献按自东向西的顺序对沙尔湖路涉及部分地名进行了考证。

1. 哈剌帖乱

哈剌帖乱,"源于突厥语 Qaratobe……《西域土地人物图》作哈剌帖乱,《辛卯侍行记》作哈喇都伯"⑤,即今哈密五堡。

斯坦因在考察哈密等地的文物遗址时,曾抵达五堡,并在那里发现了两个"明显的瞭望塔的存在指示了通过沙漠进行突然袭击的道路,也许从南面过来是行得通的"⑥。这两座瞭望塔,很可能属于雍正乾隆年间旋设旋撤的锡喇淖尔卡伦,用来防范准噶尔人偷越。根据考古资料,这两座瞭望塔之一应当是"支边农场烽燧","位于哈密市五堡

---

① 按,《使准噶尔行程记》写于准噶尔首领策妄阿拉布坦在位时期,作者与具体写作时间待考。
② 张晓东:《明代〈蒙古山水地图〉探微》,《西域研究》2016 年第 2 期。
③ 成一农:《几幅古地图的辨析——兼谈文化自信的重点在于重视当下》,《思想战线》2018 年第 4 期。
④ 肖鹰:《〈丝路山水地图〉四疑》,《文艺研究》2018 年第 6 期。
⑤ 林梅村:《蒙古山水地图》,第 132 页。
⑥ [British] Marc Aurel Stein, *Serindia*, Oxford university press, 1921, vol.3, chapter 28, p.1158.

乡西南支边农场西北约 1.5 千米的一座红土山包上……为清代遗址"①。另一是"毛柳泉烽火台","位于五堡乡西南约 3 公里，仅存少许残墙，土坯垒砌"②。

2. 乂黑儿哈剌忽

乂黑儿哈剌忽，即《西域土地人物略》之察黑儿，乂实为"叉"，即"察"；《乾隆十三排图》八排西二作察哈尔和尔辉，位于喀拉托博克（哈喇都博，今哈密五堡）西南；林梅村释为儿（察）黑儿哈剌忽，"突厥语地名为 Chaghil-Qaraghu，小石头前哨"③，然而突厥语中小为"az"，石头为"tax"，乂黑儿并非小石头前哨之意。乂黑儿即察黑儿、察哈尔，源于蒙古语"察罕"，意为"白色"。

《蒙古山水地图》中哈密以西为速门哈六忽城，即《西域土地人物略》之"速卜哈剌灰"，清代又作"苏门哈尔辉""苏木哈喇回"等。林梅村考证为"突厥语地名……其名可能源于古突厥语 Subqaraghu（水的前哨）"④。然而，突厥语中水为"su"，而非"Sub"。"Sub"（速门、苏门），实际源出蒙古语"苏木"，意为"佐领"，俗称"箭"，是低于旗的一种基层行政单位，相当于乡，该地在今哈密头堡。

上述两地有共同的后缀"qaraghu"，"其地在前明为哈剌灰人所居也"⑤，有军营之意，"前哨"之意与之暗合。永乐三年（1405），元裔哈密王族脱脱被明朝方面封为忠顺王，"管辖三种夷人：一种回回，一种畏吾儿，一种哈剌灰"⑥。弘治四年（1491），兵部尚书马文升言："哈密一城三种，夷人杂处，种类不贵，彼此頡頏"⑦，至嘉靖初年，哈剌灰人有"男妇共五百一十名口"⑧。有学者认为"哈剌灰就是指明代吐鲁番、哈密乃至甘肃河西等地正在'回回化'的蒙古人"⑨，但更多的学者认为他们是明代哈密忠顺王属下地位较低的蒙古部众⑩。吐鲁番人屡屡骚扰哈密，哈剌灰人多逃至河西走廊苦峪城、肃州（今甘肃酒泉）等处避难并定居。

---

① 哈密市地方志编纂委员会编：《哈密市志 1977—2000》，新疆人民出版社 2007 年版，第 1066 页。
② 国家文物局主编：《中国文物地图集·新疆分册》，文物出版社 2012 年版，第 446 页。
③ 林梅村：《蒙古山水地图》，第 132 页。
④ 林梅村：《蒙古山水地图》，第 131 页。
⑤ 岑仲勉：《从嘉峪关到南疆西部之明人纪程》，《中外史地考证》，第 652 页。
⑥ 〔明〕严从简著，余思黎点校：《殊域周咨录》，第 413 页。
⑦ 〔明〕严从简著，余思黎点校：《殊域周咨录》，第 416 页。
⑧ 〔明〕严从简著，余思黎点校：《殊域周咨录》，第 427 页。
⑨ 马寿千：《明代哈密地方的哈剌灰人》，《新疆社会科学》1983 年第 2 期。
⑩ 胡小鹏、郑煦卓：《明代哈密卫之"哈剌灰"名实考》，《西北师大学报（社会科学版）》2016 年第 6 期；李自然：《哈剌灰人的族称问题研究》，《西夏研究》2013 年第 1 期。

明代哈密周边以哈剌灰命名的地名颇多,如哈剌哈剌灰(今新疆与甘肃交界的星星峡)、乞合哈喇兀①(今新疆鄯善县七克台镇)、速(剌)术哈剌灰地方②(即剌术城)、苦峪哈剌灰③(哈剌灰人逃至河西走廊,聚居苦峪城),均是哈剌灰人在地名上留下的踪迹,多沿交通线分布。察黑儿、义黑儿哈剌忽、察哈尔和尔辉同地异名,在哈剌帖瓦西南,说明《蒙古山水地图》中哈密至比站(今新疆鄯善)的路线并非黑风川道,而是其南侧的沙尔湖路。

3. 撒力迷失/撒力哈迷失

林梅村认为该地名"源于突厥语 Sulimi(唆里迷)"④,系回鹘人的一个城市,然《蒙古山水地图》中并无城池标志。撒力迷失无非撒力哈迷失之夺文,"其名源于突厥语 Sari qamish(黄色芦苇)"⑤,图中重复两次用以表示该范围内有大片的芦苇。明代哈密以东九十里,亦有地名撒力哈密失⑥,按距离与方位即今哈密黄芦岗,同样意为黄色芦苇之地。

《蒙古山水地图》中撒力迷失与撒力哈迷失位于义黑儿哈剌忽与比站(今新疆鄯善)的中间位置,对比《乾隆十三排图》8 排西 2 与 8 排西 3 察哈尔和尔辉与批占和屯(今新疆鄯善),其中间位置为沙尔淖尔。

沙尔淖尔,雍正年间写作西喇淖尔、锡喇淖尔,光绪年间陶保廉《辛卯侍行记》作沙拉淖尔⑦,又作沙尔湖、Shona-nor、疏纳诺尔等名;锡喇、西喇、沙拉、沙尔、疏纳均是"撒力"⑧的不同音译,意为黄色;淖尔、诺尔即蒙古语"湖",与"哈迷失"芦苇的生长环境相合。该地点是哈密经由南面的戈壁前往鄯善途中最重要的地标,也是本文将该路线定名为沙尔湖路的原因。

4. 孔力勃罗

林梅村《蒙古山水地图》称该地名"来自突厥语 Borbulaq,(葡萄泉,葡萄渠),

---

① 〔明〕许进:《平番始末》,《续修四库全书》第 433 册,上海古籍出版社 2002 年版,第 266 页。
② 〔明〕许进:《平番始末》,《续修四库全书》第 433 册,第 275 页。
③ 《明孝宗实录》卷一九三"弘治十五年十一月"条,陈高华:《明代哈密吐鲁番资料汇编》,第 229 页。
④ 林梅村:《蒙古山水地图》,第 132 页。
⑤ 林梅村:《蒙古山水地图》,第 133 页。今土耳其东部有城市名为萨勒卡默什(Sarikamis),q 与 k 同音,意为黄色芦苇。
⑥ 〔明〕郭绅:《哈密分壤》,《皇明经世文录》卷四〇,陈高华:《明代哈密吐鲁番资料汇编》,第 459 页。
⑦ 〔清〕陶保廉:《辛卯侍行记》,第 383 页。
⑧ "其中的 Милагу(Milaghu),显然即波塔宁所记之 шилаго(Shilago,又作 Shilaghu,西喇固)的讹记。亦即《蒙古源流》所谓'锡喇卫兀尔'、《清实录》所见'西赖古尔'和《重修肃州新志》之'师喇国',均为'撒里维吾尔'的异写。"参见杨富学、张海娟:《从蒙古豳王到裕固族大头目》,甘肃文化出版社 2017 年版,第 193 页。

故址在今吐鲁番的葡萄沟"①。"Borbulaq",音译当为"勃罗布拉克",意为"青灰色泉水",如此则"乩力"无从解释。《蒙古山水地图》乩力勃罗在比站(今新疆鄯善)东面,与吐鲁番北面的葡萄沟距离过于遥远,显非一地。

"乩力"与《使准噶尔行程记》"齐奇尔"音近,且位置都靠近鄯善,当为一地。该地"水草俱无,系郭必,沿路碎石子②",在鄯善以东二百七十里的戈壁中,依距离判断,该地即《西域图志》的伊里克库木,《乾隆十三排图》的伊尔胡玛。按,郭必是河西走廊一带汉语方言对戈壁的称呼。

《蒙古山水地图》以勃罗为后缀的地名较多,如沙州城西侧"脱忽思勃罗",意为"九泉"③。勃罗,即"bulaq",现译作布拉克,泉水之意。乩力勃罗与《西域土地人物略(图)》中的"川中双泉""中中泉""双泉子"等泉水相对应。

5. 脱谷思

脱谷思源于突厥语"Toquz(九)"④,《乾隆十三排图》批占和屯东北为特古斯;《西域图志》有特库斯,"西距辟展城二十里,有墩有台,有水北流名巴哈,言小也"⑤;光绪初期《旧刊新疆舆图》吐鲁番图作"托古斯"。钟兴麒等认为该地在今鄯善县三十里大墩,《旧刊新疆舆图》吐鲁番图托古斯与三十里墩隔河相对,与《西域图志》相符。《蒙古山水地图》中标在比站以北的脱谷思即今鄯善东北的三十里墩,实际位于黑风川道上,与沙尔湖路无关。

6. 红地方/东湖

《使准噶尔行程记》中抵达皮禅城(辟展,今鄯善县)的前一站为"红地方",《乾隆十三排图》8排西4作"洪",《西域图志》称"洪在特库斯南二十里,有城当山谷口,东南通额什墨,西北距辟展城二十里"⑥,斯坦因地图中鄯善(Pichan)以东即"Hang"。山谷指鄯善以东库木塔格沙漠与北侧山地隆起形成的谷地地形,"洪"把守通往哈密的"沙尔湖路"。

乾隆中叶,辟展"城东八里有湖曰东湖,饶蒲苇,可畜牧,有屯田"⑦,宣统年间《新疆全省舆地图》鄯善县图鄯善以东有"东湖"。该地在今鄯善县辟展乡东湖村⑧,县

---

① 林梅村:《蒙古山水地图》,第134页。
② 〔清〕黄文炜:《乾隆重修肃州新志》,《中国地方志集成·甘肃府县志辑》第48册,第435页。
③ 林梅村:《蒙古山水地图》,第127页。
④ 林梅村:《蒙古山水地图》,第134页。
⑤ 钟兴麒、王豪、韩慧校注:《西域图志校注》,第233页。
⑥ 钟兴麒、王豪、韩慧校注:《西域图志校注》,第233页。
⑦ 钟兴麒、王豪、韩慧校注:《西域图志校注》,第230页。
⑧ 钟兴麒认为在今鄯善县东巴扎回族乡。钟兴麒、王豪、韩慧校注:《西域图志校注》,第238页。

城以东 9 千米处,七克台镇西南 25 千米处,《鄯善县地名图志》载"过去这里沙山脚下低洼处有一个死水湖,周围杂草丛生,从 1840 年起开荒种田,逐(渐)形成一个村,取名大东湖(维语称洪)"①。红地方即今鄯善大东湖村,清末两个地名开始合二为一,交替出现在文献和地图当中。

综上,通过对比和考证诸文献中的义黑儿哈剌忽、撒力哈迷失、乩力勃罗等地名,可以确定《蒙古山水地图》详细、准确地反映了哈密与鄯善之间沙尔湖路地理信息。这也从侧面说明《蒙古山水地图》被人为伪造的可能性较低,当为明代原作或摹写自明代原作。

三、沙尔湖路形成原因分析

沙尔湖路在明代中后期至清代前中期被人们频繁使用,其背后的影响因素很多,笔者试从以下两个方面进行分析。

1. 军事和政治活动催生

明弘治年间许进等人准备以武力收复哈密时,提到吐鲁番前往哈密的道路情况,"自彼国(指吐鲁番)至哈密六百余里,经黑风川三百余里,无水草,瓦剌多于此邀而覆之"②。这里的瓦剌指的是游牧于天山以北巴里坤一带的瓦剌小列秃部众。小列秃之妹嫁给哈密都督罕慎为妻,却被吐鲁番首领阿黑麻一并袭杀,双方因此仇杀数年,小列秃多从黑风川袭击吐鲁番进攻哈密的军队,阻断了黑风川道的畅通。

弘治八年(1495)三月,小列秃曾尝试与阿黑麻讲和,派去的人却听到了阿黑麻抢劫瓜州与小列秃的计划:

> 我们(吐鲁番人)已抢了沙州,沙州人都要投顺我哩,再要去抢瓜州等处,却怕小列秃路上打搅,不如先把小列秃抢了,然后去抢瓜州等处。③

吐鲁番人抢劫沙州(今甘肃敦煌)不怕小列秃的半路截杀,而抢劫瓜州(今甘肃瓜州)却顾虑小列秃的骚扰,推测自吐鲁番前往沙州和瓜州所行路线不一。吐鲁番与沙州之间

---

① 鄯善县地名委员会编:《鄯善县地名图志》,新疆地质矿产局测绘大队制印厂印刷,1990 年,第 19 页。
② 《皇明经济文录》卷四〇,《皇明经世文编》卷一〇〇《李康惠公奏疏》,陈高华:《明代哈密吐鲁番资料汇编》,第 466 页。
③ 〔明〕许进:《平番始末》,《续修四库全书》第 433 册,第 265 页。

路程较近，前往沙州可能是走丝绸之路魏晋新道①；去往瓜州则走唐以后通行的哈密—星星峡—瓜州道路，从吐鲁番出发必须经过黑风川和哈密，会受到小列秃的威胁，因此明代中期黑风川道大多处于"中断"状态。

弘治八年七月，吐鲁番首领阿黑麻以四千人欲骚扰河西走廊，小列秃"率其部下并纠邻夷小察罕都、大察罕都共四千骑而西"②，在乞合哈喇兀与之交战，杀死许多吐鲁番人，小列秃中箭战死，部众退至哈密以北的哈黑察休整，而吐鲁番部首领阿黑麻则退至敏昌休整。乞台哈喇兀，即今新疆鄯善县七克台镇；哈黑察，不详其地，当在天山北麓；敏昌，按音译即《蒙古山水地图》比站，又作北昌、辟展，今新疆鄯善县。小列秃部紧守黑风川道，破坏了吐鲁番人对哈密和河西走廊等地的抢掠计划。

小列秃子卜六阿歹因杀父之仇，痛恨吐鲁番人，明廷认为"若往谕，使之提兵西向以断吐番援路，而我轻兵倍道，出其不意，则牙兰成擒矣。纵阿黑麻闻之，必不敢越小列秃而援牙兰于哈密，况野乜克力精兵皆驻北边，亦足以牵制阿黑麻东向之计"③。牙兰是阿黑麻派往哈密的将领，为人狡诈，明朝方面必欲得而诛之；野乜克力系蒙古部族，与瓦剌小列秃人马交好，共同对付吐鲁番人。而阿黑麻认为明朝方面"令此虏（瓦剌小列秃部）日与吾搏，深入则恐被夹攻，近则无所得"④，十分忌惮小列秃部人马的袭扰。

弘治八年十一月，吐鲁番人占据哈密，明朝派兵收复但随即撤退。次年三月吐鲁番首领阿黑麻命部将撒他儿重返哈密，但其"不敢据哈密，而移住剌术城"，剌术城即今哈密四堡，该地自唐宋以来即哈密西去吐鲁番的交通要津。弘治十六年，忠顺王陕巴犯众怒，逃出哈密，明朝甘肃守臣希望能"以次收复吐鲁番所占剌木并哈剌帖乩等城"⑤。剌木城扼守西向吐鲁番的黑风川道，若归路被小列秃截断，吐鲁番人则可从剌木城向西南退至哈剌帖乩城，经由"沙尔湖路"返回吐鲁番。岑仲勉也注意到"明代由哈密赴辟展，多走最南之风戈壁"⑥，哈密赴辟展（今新疆鄯善）的最南之风戈壁道路即《蒙古山水地图》《西域土地人物略》等文献所载的沙尔湖路。

---

① "从玉门关西北出，经横坑，辟三陇沙及龙堆，出五船北，到车师界戊己校尉所治高昌，转西与中道合龟兹，为新道"，《三国志》卷三〇注引《魏略·西戎传》。
② 〔明〕许进：《平番始末》，《续修四库全书》第433册，第266页。
③ 〔明〕许进：《平番始末》，《续修四库全书》第433册，第266页。
④ 〔明〕许进：《平番始末》，《续修四库全书》第433册，第271页。
⑤ 《明孝宗实录》卷二一九"弘治十七年十二月丙子"条，陈高华：《明代哈密吐鲁番资料汇编》，第231页。
⑥ 岑仲勉：《从嘉峪关到南疆西部之明人纪程》，《中外史地考证》，第657页。

吐鲁番人意图占据哈密,却时时被受到明朝支持的小列秃部牵制,无法安全顺利使用黑风川道,遑论靠近天山南麓与小列秃部的小南路。由此,笔者认为黑风川道以南沙尔湖路的频繁使用,是在吐鲁番人意图占领哈密的背景下进行的。

2. 水源和草料是自然环境保障

哈密至哈剌帖乩为哈密绿洲,自比站(今新疆鄯善)向西至吐鲁番城,沿途多为连续不断的绿洲,面积广大。绿洲当中不缺乏水源和草料,通行便利,《蒙古山水地图》中绿洲城市树木葱郁,是其水草情况的真实反映。

(1)明代时期,沙尔湖路水草丰沛利于通行。义黑儿哈剌忽即《乾隆十三排图》中的察哈尔和尔辉,位于哈密西南戈壁中两条道路的分岔路口,宣统《新疆全省舆地图》哈密厅图中该地名为"斯塔"。依据2004年《新疆维吾尔自治区地图集》之哈密市图,该地在今哈密五堡乡西南约60千米处,哈密盆地的西缘,两条向西的道路在此分叉,东有自哈密南湖泻出的季节性河流库如克郭勒的尾闾。

明代哈密地区尚无大规模的灌溉农业,库如克郭勒下游能够获得的上游来水较多,甚至"截至1996年……库如克郭勒河谷的胡杨林(估算约 100 km^2)"①,河流附近草木茂盛,足可供哈剌灰人"以猎生为生"②,在此地射猎游牧,从而使义黑儿哈剌忽成为元代至明朝的丝绸之路离开哈剌帖乩后的重要水草补给点。

以今日而论,哈密与鄯善之间是广袤的荒漠戈壁地形,夏季气候炎热,而撒力哈迷失位于其中间,能以该地自然景观"黄色芦苇"命名,说明当地芦苇面积较大,能给在秋冬草木枯黄之际经过的通行者深刻印象,如此当地必须有足量的水体。西北荒漠戈壁等干旱环境中的井泉或河湖等水体,周围一般都会生长芦苇、红柳等植被。泉水与芦苇的组合,在西北干旱区域比较常见,如张掖市北郊湿地、嘉峪关关城九眼泉、敦煌悬泉、疏勒河尾闾等淡水水体,青海柴达木盆地里的大柴旦湖、尕海等咸水水体附近均有此景。

值得注意的是《蒙古山水地图》乩力勃罗、撒力哈迷失等处散布很多黑色卵圆形团块带有竖直的细线,笔者认为这是《蒙古山水地图》中用来表示井泉或湖泊的图例。此类图案还出现在沙州(今敦煌)途经莫贺延碛至哈密等地处戈壁地形的路线当中,途中少量地点有井泉。《西域土地人物图》除用圆圈标识湖泊或泉水外,在俺石城儿北有一个周围满是竖直细线的圆圈图案;万历四十四年(1616)刊刻的《陕西四镇图说》载西域图略中俺石城儿西侧有一圆形周围带有向右螺旋的线条的图案。海野一隆认为这

---

① 胡汝骥等:《哈密——一个典型的地下水补给型荒漠绿洲区》,《干旱区地理》2003年第2期。
② 〔明〕陈洪谟:《治世余闻录》卷一,中华书局1985年版,第6页。

些类似的图案是伊斯兰地图常用的表示湖泊的"火轮状符号"①。《蒙古山水地图》应当是对"火轮状湖泊"图案进行了借鉴和演变,用黑色团块代表荒漠戈壁中的井泉或小湖泊,竖直细线表示水体附近的典型植被。

《蒙古山水地图》中黑色团块图案为数众多,且位置相对集中。哈剌帖癿与比站之间有10团共25处,另有2处河流尾闾湖的图案;比站至吐鲁番仅羊黑(今吐鲁番洋海)附近有2团共4处。类似的,《西域土地人物图》哈剌帖癿西南的川中双泉城周围有2组共6个代表井泉的小圆圈,2个代表河流尾闾湖的图案,并有地名为川中双泉城,其形状、位置与《蒙古山水地图》大体一致,只是少了周围的黑色竖直细线。对比《西域土地人物略》哈剌帖癿以西的川中双泉、中中泉、双泉儿等,可见《蒙古山水地图》较为真实地反映沙尔湖路沿途的自然环境状况。

哈密地区地处干旱荒漠地区,降雨稀少,水源补给依靠天山冰雪融水,地处天山南麓,地势北高南低的冲积扇平原多由黏性较差的土壤和粗砂砾组成,透水性较强,地表径流多下渗为地下水,在冲积扇边缘或海拔落差较大的地方出露为泉水或汇为河流地表水。② 根据DEM数据③,哈密西南140千米处有一条长约80千米、宽约10千米、海拔高差200米左右、由沙尔湖凹陷等地形组成的山谷,其北侧即天山南麓冲积扇的边缘。这处宽阔的谷地应即《西域土地人物略》川中双泉城所在的"川",而川中双泉、中中泉、双泉儿等,即冲积扇边缘海拔落差较大的地方溢出的地下水,水量大时则可能汇集成泉湖。

沙尔湖路西端,穿越戈壁的旅行者抵达鄯善绿洲东面的"洪"地方,又名"东湖"。东湖接受发源自鄯善北面天山的柯柯亚河的河水④,"饶蒲苇,可畜牧,有屯田"⑤,"过去这里沙山脚下低洼处有一个死水湖,周围杂草丛生"⑥。东湖在东湖村东南5里左右,现已干涸并辟为农田,海拔393—398米,周围地区海拔400米左右。至

---

① 〔日〕海野一隆:《地图的文化史》,新星出版社2005年版,第50页。
② 唐代玄奘在吐鲁番与焉耆之间的银山道见到的阿父师泉即从悬崖半壁涌出,"泉在道南沙崖,崖高数丈,水自半而出"。参见〔唐〕慧立、彦悰:《大慈恩寺三藏法师传》,中华书局2000年版,第24页。另据哈密当地人介绍,哈密与鄯善间沙尔湖路沿途"山坡有泪",即泉水涌出现象。
③ CGIAR-CSI:SRTM 90米分辨率数字高程模型,http://srtm.csi.cgiar.org. srtm_54_04, srtm_55_04。
④ 新疆维吾尔自治区测绘局编制:《新疆维吾尔自治区地图集》之鄯善县地图,中国地图出版社2004年版,第66页。
⑤ 钟兴麒、王豪、韩慧校注:《西域图志校注》,第230页。
⑥ 鄯善县地名委员会编:《鄯善县地名图志》,第19页。

清中叶，东湖因地势低洼而水源汇聚，水草茂盛，成为沙尔湖路西端穿越戈壁后的重要水草补给点。

（2）清代沙尔湖干涸，道路中断。清代乾隆年间《西域图志》载阿萨尔图"南有泽，名沙拉淖尔"①，是首次在文献上明确沙尔湖曾经有水。反观康熙时期《使准噶尔行程记》虽注意沿途地理情况，却没有该湖泊的记载。个中原因，一或冬季天山山脉冰雪融水减少，当地蒸发量大，湖水已季节性干涸，二或笔者考察时有所遗漏。

《使准噶尔行程记》中载喀拉托博克至洪"水草俱无"，水草状况完全不同于明代。清代雍正年间，沙尔湖一带"水草不便，盛夏马多倒毙"②，为保持卡伦正常运转，需要从哈密长途运入草料等物资，耗费过巨，卡伦最终被撤销。明代至清代自然环境更趋干旱，导致沙尔湖路沿线泉水干涸，不足以支撑路线运转，这当是沙尔湖路越往后利用越少的自然环境原因。

古代西北荒漠戈壁地区的旅行，水源和草料是为必需，因此，反映荒漠戈壁地区道路情况的地图，必须准确标记道路沿途的井泉。《蒙古山水地图》等文献显示今哈密与鄯善间道路沿途的井泉水草信息更为完整和详细，说明明中叶当地的水源足以支撑沙尔湖路畅通。清前期至中叶，沙尔湖一带气候变干，水草消亡，道路中断，仅有零星通行现象。

小 结

"沙尔湖路"是哈密与吐鲁番（鄯善）间除黑风川道、小南路之外的第三条交通道路，开通时间不详，明代中叶至清代前期使用较多，在前述道路因政治、军事因素受阻中断的情况下，一度成为丝绸之路的主要道路。

对《蒙古山水地图》中哈密—吐鲁番段路线地名、沿途水草情况的分析，可与明朝弘治年间哈密吐鲁番政治军事上的对峙，沙尔湖路沿途自然环境等情况相互印证，其为明代绘制的可能性很高。

政治和军事活动是沙尔湖路被频繁使用的重要原因。明代弘治年间，吐鲁番人占据哈密。为收复哈密，明廷联络瓦剌部众，使其在黑风川道上堵截吐鲁番人。吐鲁番人转而利用沙尔湖路进占哈密，剌术、哈剌帖乩等城的战略地位开始凸显。明朝派兵收复哈密，吐鲁番人又由沙尔湖路逃回吐鲁番。清代前期，朝廷在哈密与准噶尔占据的吐鲁番对峙，沙尔湖路成为清朝与准噶尔通使的道路。雍正乾隆年间，为防止准噶尔人经由沙尔湖路偷越至哈密，于哈剌帖乩西南的沙尔湖设置卡伦扼守道路。

---

① 钟兴麒、王豪、韩慧校注：《西域图志校注》，第182页。
② 〔清〕傅恒编：《平定准噶尔方略》前编卷四十九，第802页。

相对良好的水草环境是沙尔湖路能够被使用的重要保障。沙尔湖路能够存在几百年，地形、泉水等自然因素是其通行的环境基础，最终因气候炎热、干旱缺水等不利条件而废弃。

沙尔湖路出现在人们视野之中，多是中原王朝与西域割据势力各自占据哈密与吐鲁番进行军事、政治对峙之时，传统道路被人为阻断，便利用沙尔湖路往来。明代至清前期，沙尔湖路分属不同势力，不可能设为官方驿路。清朝平定准噶尔以后，传统的主干道恢复通行，继而小南路被开辟，而沙尔湖路夏季不可通行，不具备设为驿路的有利条件，便逐渐荒废。

（原载《历史地理研究》2021年第1期）

1570—1971年长江镇扬河段江心沙洲的演变过程及原因分析

杨 霄

（复旦大学历史地理研究中心）

引 言

据史料记载，公元1570年淮河下游首次经里运河注入长江镇扬河段，此后淮河入江水量逐渐增加，在公元1851年淮河下游干流改道入江后达到最大。淮河入江改变了长江镇扬河段的河槽特征和水流结构，镇扬河段的沙洲发育与江岸进退随之发生变化。徐近之在1951年考察黄泛区时已经注意到1938—1947年间由淮北南泛的黄淮水沙可能对长江造成的影响[1]；邹德森分析了黄、淮水入侵长江后对镇扬河段水流动力轴线的影响，以及由此导致的河流地貌的变化[2]；中国科学院地理研究所等单位研究人员对历史时期镇扬河段的演变过程的研究认为永定洲、补课洲、补业洲等沙洲形成于17世纪，至18世纪初并洲形成南新洲，之后又淤长了裕民洲[3]；王庆等从河流动力地貌的角度复原了明代以来镇扬河段的演变大势[4]，还有许多学者从地质、地貌、考古等方面对长江镇扬河段的演变过

---

[1] 徐近之：《淮北平原与淮河中游的地文》，《地理学报》1953年第2期。
[2] 邹德森：《黄、淮水对长江下游镇澄河段影响的探讨》，中国水利学会水利史研究会：《水利史研究会成立大会论文集》，水利电力出版社1984年版，第155—161页。
[3] 中国科学院地理研究所、长江水利水电科学研究院、长江航道局规划设计研究所：《长江中下游河道特性及其演变》，科学出版社1985年版，第73—143页。
[4] 王庆、陈吉余：《淮河入长江河口的形成及其动力地貌演变》，《历史地理》第16辑，上海人民出版社2000年版，第40—49页。

程进行复原和模拟①，但现有研究均未能揭示淮河入江与镇扬河段江心沙洲演变的关系，而沙洲的演变与江岸的进退其实是同一个问题的两个方面，对镇扬河段河床演变的研究尚有进一步完善的空间。此外镇扬河段地处长江河口区顶端，其变化对上游河段有比较大的影响，因此对镇扬河段河床演变的研究也有助于对上游各河段的演变规律有进一步的了解，为当前长江大保护与长江经济带的可持续发展提供历史背景。

一、区域与方法

1. 研究区域概况

长江镇扬河段位于长江三角洲的顶端，上起仪征，下至三江营，处于河海交汇地带，变化幅度大，演变过程复杂。镇扬河段北岸为面积广大的三角洲冲积平原，南岸紧靠宁镇山脉的北麓及晚更新世形成的下蜀黄土阶地，镇江港以下，矶头突入江中，控制着河势的发展。公元1570年后，淮河洪水盛发时常漫过洪泽湖高家堰东南注入高宝诸湖②，再经多条入江水道疏导，最终汇入芒稻河、廖家沟注入长江，在镇扬河段东段西起古瓜洲东至三江营的区域内形成因两河交汇而产生的消能区，如图1所示。本文将重点探讨这一区域内的古沙洲因淮河入江而产生的变化，以及这种变化对整个镇扬河段河床演变的影响。

2. 思路与方法

"将今论古"是研究历史时期地貌演变的重要方法，但在探讨历史时期沙洲演变时却不能完全根据现代的情况向前追溯，因为有些沙洲具有漫长的历史，当它形成的时候，河槽特征和水流结构都和现在有所不同。以现在的河槽形态和水流结构，都不足以说明当时的成因。③ 因此，通过对历史文献和古地图的判读，提取历史信息复原当时的情况就显得尤为重要。根据镇扬河段河床演变不同阶段以及不同

---

① 黄锡荃、曹沛奎：《长江镇扬河段河槽演变过程》，《华东师范大学学报（自然科学版）》1964年第2期；李从先、李萍、成鑫荣：《海洋因素对镇江以下长江河段沉积的影响》，《地理学报》1983年第2期；陈吉余、沈焕庭、恽才兴等：《长江河口动力过程和地貌演变》，上海科学技术出版社1988年版；杨怀仁、徐馨、杨达源等：《长江中下游环境变迁与地生态系统》，河海大学出版社1995年版；印志华：《从出土文物看长江镇扬河段的历史变迁》，《东南文化》1997年第4期；李义天、唐金武、朱玲玲等：《长江中下游河道演变与航道整治》，科学出版社2012年版；夏云峰、闻云呈、徐华等：《长江河口段水沙运动及河床演变》，人民交通出版社2015年版。

② 杨霄、韩昭庆：《1717—2011年高宝诸湖的演变过程及其原因分析》，《地理学报》2018年第1期。

③ 陈吉余、恽才兴：《南京吴淞间长江河槽的演变过程》，《地理学报》1959年第3期。

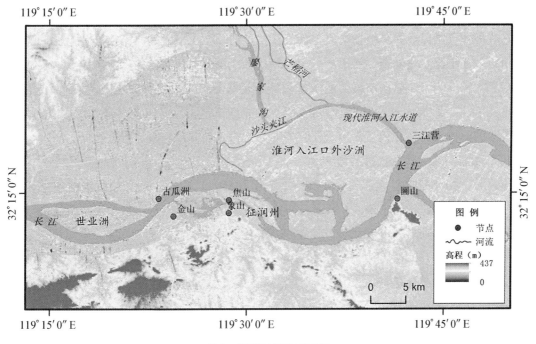

图 1 长江镇扬河段示意图

注：使用 GDEMV2 30 m 分辨率 DEM 数字高程数据。

时期资料的特点，本文对1570年以后镇扬河段淮河入江口外沙洲的扩大与并岸过程主要利用地方志的文字记载与传统舆图相结合的方法进行定性分析，并考证了当时沙洲的分布；对19世纪以来由沙洲并岸导致的镇扬河段河型转化主要利用地图进行数字化方法加以直观展示，并结合河流地貌学原理探讨上述地貌过程的原因及影响。

二、淮河入江口外沙洲的演变过程

1. 淮河入江前沙洲的分布

根据万历《扬州府志》等文献记载，淮河干流首次入江发生于明隆庆四年（1570）。① 淮河入江前，江淮交汇处的长江镇扬河段上分布着开沙、藤料沙等面积广阔的沙洲。明代成化、弘治年间（1465—1505），开沙、藤料沙等日渐沦没，沙尾崩坍，此时东北对江淤长出顺江洲，周回四十余里，北界南新沙，皆大沙崩土所涨。② 对于开沙和藤料沙的解体，有观点认为是黄淮之水由运河、白塔河入长江，使河势大变，将稳

---

① 万历《扬州府志》卷五《河渠志上》。
② 崇祯《开沙志》上卷。

定的开沙、藤料沙极大部分冲走。① 然而明成化、弘治时期，淮河干流尚未开始入江，因此这种观点难以成立。镇扬河段曾为长江河口的顶端，下泄的河流径流与上涌的潮流在此交汇，水流变化复杂，河床不稳定，容易形成汊河与河口沙岛。随着泥沙增多与江面缩窄，宋至明末时镇扬河段的涌潮现象逐渐消失②，17 世纪河口下移至江阴河段③，海洋（潮汐）影响的沉积物和河口沉积物之间的分界线随之向下游移动，因此开沙、藤料沙的解体或与河海相互作用及长江的河性有关，而非淮河入江所致。

2. 淮河入江后沙洲数量的增加

万历《扬州府志》成书于明万历三十二年（1604）前后，该书记载当时淮河入江口外的沙洲名称有：新兴洲、卞家洲、裕民洲、保固洲、永丰洲、后宁洲、复业洲、永兴洲、小新洲、顺洪洲、家家洲、鞋底洲、自升洲和复业砥柱洲。④ 将上述记载与成书于明崇祯三年（1630）的《开沙志》中的记载相互参照，可以复原明后期长江镇扬河段中沙洲演变的整体趋势。崇祯《开沙志》记载开沙和藤料沙在成化、弘治年间逐渐瓦解后，其崩土在江中逐渐形成新的沙洲，即：复兴中洲、守业洲、颜沙洲、南兴洲、复生洲、中横洲、宝定洲、团洲围、基心洲、小洲围、东生洲、复兴洲、四案洲、黄泥洲、启业洲、天理人心洲、柳洲、永定洲、中生洲、补惠洲、补新洲、复原洲、补兴洲、再兴洲、卞家围、预鸣洲、丁家洲、孔家洲、骆家洲、蓝家洲、课洲、安复洲。南兴洲和顺江洲是明末淮河入江口外较大的沙洲。

《长江地理图》现藏于台北"故宫博物院"，成图于清顺治十八年至康熙六年之间（1661—1667）⑤，方位上南下北，反映了明末清初长江中的江岸与沙洲分布。图上共有沙洲名 29 个，分布于 16 处沙洲上，其名称自西向东有：孔家洲、大沙头、小沙头、在兴洲、华家□、唐□子港、乐家洲、王家洲、米安洲、大洲头、卞小洲、卞大洲、复生洲、鸡心洲、小南洲、夏家洲、蔡家洲、际洲、安复洲、永定洲、补宪洲、裕明洲、黄泥洲、双岸洲、课洲、复课洲、蓝家洲（汛地）、永宁洲、长宁洲、里脑洲、顺江洲、南新洲。

《江南水陆营汛全图》现藏于英国国家图书馆，绘制于清道光二十三年（1843）

---

① 孙仲明、濮静娟：《长江城陵矶—江阴河道历史变迁的特点》，中国科学院地理研究所：《地理集刊》第 13 号地貌，科学出版社 1981 年版，第 1—17 页。

② 中国科学院地理研究所、长江水利水电科学研究院、长江航道局规划设计研究所：《长江中下游河道特性及其演变》，第 73—143 页。

③ 陈吉余：《长江河口治理——过去、现在和未来》，《陈吉余（伊石）2000——从事河口海岸研究 55 年论文选》，华东师范大学出版社 2000 年版，第 421—431 页。

④ 万历《扬州府志》卷四《芦洲》。

⑤ 卢雪燕：《故宫典藏古地图选粹（上册）》，台北"故宫博物院"，2018 年，第 25 页。

图 2　《长江地理图》上的淮河入江口外沙洲群
资料来源：台北"故宫博物院"（编号：平图 020878）。

前，方向上北下南，是一幅非常详细的官绘军事图。① 图中绘出了瓜洲城外的连城洲，根据民国《江都县续志》记载："乾隆四十四年（1779）连城洲成。"② 可知该图反映的约是1779—1843年间淮河入江口外沙洲的形态，图中自西向东绘出了沙头、伏生洲、再兴洲、丁家洲、大城洲、卞家洲、南城洲、八洲、南兴洲、顺江洲、开元洲、安阜洲、和连洲、草洲、柳洲、中奠洲、东生洲等沙洲。图中对淮河入江口沙洲群的描绘是许多小沙洲紧密相连，共同组成一处大沙洲，这说明清乾隆以后舆图上常见的将淮河入江口的沙洲群绘为一整块"大沙"的做法其实是一种简化的表示方法，但也证明淮河入江口处的沙洲群并洲趋势明显。几乎已经并洲的各个小沙洲仍然保持自己原来的名称，这种现象即使在沙洲并洲后的很长时间内都会存在，体现了地名的延续性。

3. 淮河入江口外沙洲的并岸过程

根据历史文献和古地图资料综合分析，裕明洲与裕民洲应是同一处沙洲；汴家洲与卞小洲、卞大洲也应为同一沙洲；万历《扬州府志》所记之顺洪州应为顺江洲之误；后（後）宁洲应为复（復）宁洲之误，民国以来的地形图多标示为伏凝洲；保固洲后多记为伏固洲；复业洲即伏业洲、伏乙洲。长江镇扬河段中淮河入江水道外的汴家洲、

---

① 谢国兴、林天人：《方舆搜览：大英图书馆所藏中文历史地图》，台湾史研究所，2015年，第168—169页。
② 民国《江都县续志》卷三《河渠考》。

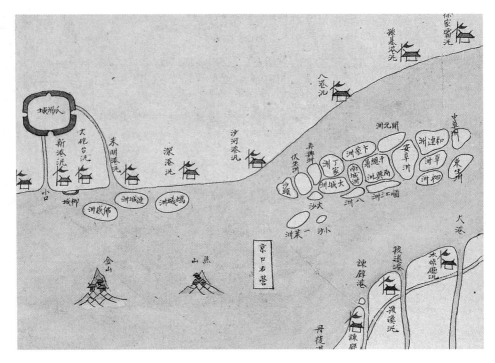

图3 《江南水陆营汛全图》（局部）
资料来源：台湾数位文化中心数位方舆网站。

顺江洲、裕民洲、复宁洲、伏固洲、伏业洲等沙洲是从明中后期一直延续下来的沙洲，虽然其具体的形态甚至位置有可能发生变化，但其主体一直得以延续（见图4a）。崇祯《开沙志》记载"顺江洲，周回四十余里，北界南新沙"，可知当时南新沙位于顺江洲以北，与顺江洲时代相同。《长江地理图》上的南新洲和《江南水陆营汛全图》上的南兴洲也均位于顺江洲以北，与顺江洲接界，因此应为同一沙洲，其名称由沙变洲，反映了沙洲的发育过程；永定洲即后来的永奠洲；而伏生洲、再兴洲、丁家洲则是明末兴起并延续下来的沙洲（见图4b）。《长江地理图》中整个沙洲群中位于最东部的沙洲为顺江洲、南新洲，而《江南水陆营汛全图》又增加了开元洲、安阜洲、和连洲、草洲、柳洲、东生洲等沙洲，这些沙洲是清康熙以前《长江地理图》上所没有的，应为康熙以后至道光年间逐渐淤长形成，说明整个沙洲群的规模在扩大（见图4c）。《江南水陆营汛全图》在瓜洲城至沙河港汛之间的江面上还绘出了新的沙洲，即佛感洲、连城洲、蚂蚁洲。连城洲出现的年代在前文中已有论述，而佛感洲出现的时代则更早，文献记载："康熙五十五年瓜洲江流北徙，河督用碎石法镶埽护岸，溜流至岸辄返，沿江渐成新洲，绵亘数十里，土人名其洲曰佛保，此即佛感洲也。"① 在《江南水陆营汛全图》上可见

---

① 光绪《江都县续志》卷一三《河渠考》。

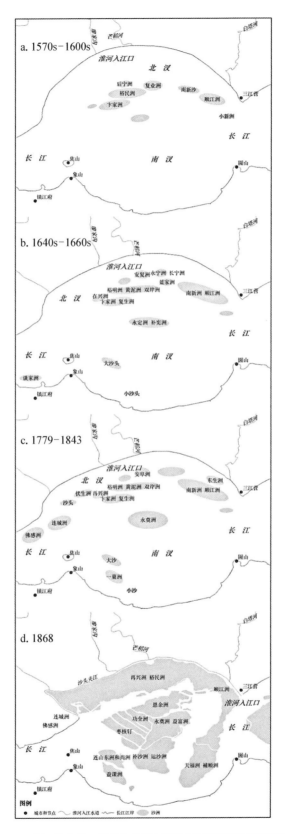

图 4 16世纪70年代—1868年淮河入江口外沙洲发育及并岸示意图

沙洲群的西南方向是一菓洲、小沙以及靠近整个沙洲群的大沙三处沙洲，在《长江地理图》出现的小沙头与大沙头两处沙洲或与其有对应关系。一菓洲在后来的地图上被写作益课洲（见图4d）。

明清时期淮河入江口处一直有新的沙洲名称出现，也有旧的沙洲名称消失。新增的沙洲名反映了沙洲数量的增长，旧沙洲名的消失有可能是由于沙洲本身的消亡，但更有可能是沙洲之间的并洲现象使得许多小沙洲的名称被大沙洲的名称所取代。这一过程可以得到历史文献记载和古地图证据的支持，乾隆八年（1743）《江都县志》记载江都县共有滨江芦滩田338 848亩①，嘉庆十六年（1811）《江都县续志》记载江都县滨江芦滩田为385 883亩②，68年间江都县的芦滩田增加了47 035亩，这些新增加的芦滩是江都县沙洲淤长、扩大、并洲的直接证据。从同治七年（1868）《江苏全省舆图》中淮河入江水道附近对地名的标注可以发现，明中后期以来文献中一直有记载的卞家洲位于沙头夹江以南已经并岸的沙洲上，同样历史悠久的裕民洲已经与卞家洲合并，也属于已经并岸的沙洲。崇祯年间《开沙志》中记载的复兴洲、补兴洲则位于沙头夹江以北的陆

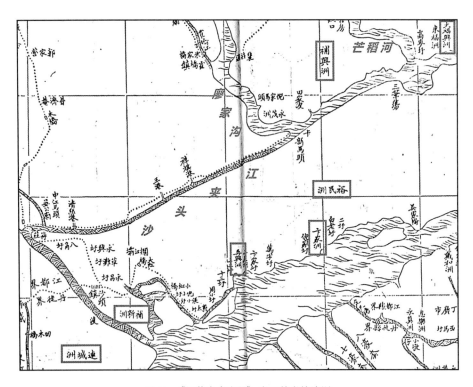

图5 《江苏全省舆图》中已并岸的沙洲

资料来源：复旦大学图书馆（编号：古籍001126209）。

---

① 乾隆《江都县志》卷六《赋役》。
② 嘉庆《江都县续志》卷二《赋役》。

地上，比下家洲和裕民洲更早并岸。再兴洲在《江南水陆营汛全图》上还是江中的沙洲，而在《江苏全省舆图》上再兴洲和补新洲位于沙头夹江西侧口门外，也属于并岸不久的沙洲。连城洲和佛感洲的并岸则使淮河入江的西部水道更加曲折，逐渐形成了后来的沙头夹江，原本位于淮河入江口外的沙洲在并岸以后成为淮河入江河口的一部分（见图4d）。

三、镇扬河段河床演变的动力机制

1. 淮河入江水道的扩展和水量的增加

淮河入江初期的频率和水量均十分有限，对长江河床演变的影响有限。随着黄淮关系的演变，洪泽湖逐渐扩大并淤高，清口水利枢纽逐渐被出水不畅的问题所困扰，淮河经高家堰下泄的频率不断增加[1]，入江水量逐渐增多。万历二十三年（1595），总河杨一魁实行"分黄导淮"，首次人工疏导淮河入江水道。清代初年，导淮入江成为重要的治河方略，康熙年间在江都附近开挖人字河、太平河，重修芒稻河，淮河入江水道增加到3条。乾隆时，入江水道增加至5条，河道总宽度达285米。咸丰元年（1851），淮河洪水冲毁新礼坝（即三河口），此后常年由三河进入高宝诸湖，再由入江水道流入长江，淮河入江进入全盛时期，到清同治年间，各条入江水道宽度总和已达830米，比乾隆时归江河道总宽度增加了近3倍。[2] 航空照片显示，淮河入江口外沙洲群中大部分围堤、夹江流势与目前江中的流势一致，但淮河在入江河口外的裕民洲上存在着大兴圩、江心洲、朱家垸和潘八圩四个北西—南东走向的围堤，是明清时期江淮在此交汇时留下的残迹。[3]

2. 水动力条件的改变

从镇扬河段的河槽边界条件来看，南岸主要为基岩与黄土阶地，而北岸则为冲积平原，南北两岸节点的存在对镇扬河段河形的发育起着控制作用。[4] 西部的金山、象山和

---

[1] 韩昭庆：《洪泽湖演变的历史过程及其背景分析》，《中国历史地理论丛》1998年第2期。

[2] 水利部治淮委员会：《淮河水利简史》，水利电力出版社1990年版，第253页。

[3] 中国科学院地理研究所、长江水利水电科学研究院、长江航道局规划设计研究所：《长江中下游河道特性及其演变》，第73—143页。

[4] 中国科学院地理研究所地貌室长江实验小组：《长江中下游分汊河道演变的实验研究》，《地理学报》1978年第2期；余文畴：《长江下游分汊河道节点在河床演变中的作用》，《泥沙研究》1987年第4期；黄锡荃、柳中坚：《长江下游分汊河型内部结构和空间效应的研究》，《地理学报》1991年第2期；You Xingying, Tang Jinwu, Zhang Xiaofeng, et al., The mechanism of barrier river reaches in the middle and lower Yangtze River, Journal of Geographical Sciences, 2017, 27 (10): 1249-1267.

东段的圌山构成右岸的节点,而左岸的古瓜洲和三江营两处节点恰好与南岸的节点相对,使镇扬河段形成两端狭窄而中间宽阔的态势。其中古瓜洲是一处人工节点,为明清两代的运河要津和江防重地,康熙五十五年(1716)后,为对抗江水的侵蚀而修建的人工护岸工程持续了一百多年。当河道由较窄的断面突变为较宽阔的断面时,原有水沙流机械能中的动能将显著减小,因此泥沙会相应地落淤;当河道由宽阔断面突变为较窄的断面时,因窄断面的壅水作用,会使泥沙在进入窄断面的入口前落淤。① 镇扬河段恰好符合上述两种情况,淮河未入长江前,镇扬河段应属于堆积式江心洲型河流,自明代中期以后就有顺江洲、卞家洲、裕民洲等沙洲在江中发育,长江至此分为两汊。但江心洲河型产生后,维持其稳定发展需要满足一些条件,堆积式江心洲一方面需要较小的含沙量来保证不易使汊道淤堵,另一方面还要求含沙量不能太小,以致不利于江心洲的淤长或使江心洲渐渐被冲掉。② 如果这些条件发生变化,江心洲河型就不能维持稳定发展,淮河在北汊入江后导致水沙条件发生变化,使镇扬河段下段的主流线渐渐向东南移动,而北汊西侧口门与长江相互顶托,水流变缓,泥沙相应地落淤,导致北汊不断萎缩,沙洲向北并岸,最终北汊演变为夹江。北汊的萎缩使其东侧口门成为淮河主要的入江通道,逐渐演变为现在的三江营入江水道,长江与淮河的水沙在此交汇,又使沙洲的尾闾不断向东、向南延伸,由于三江营和圌山的节点作用,使泥沙在进入窄断面的入口前落淤,大沙的尾闾不断向南延伸。

3. 沙洲并岸导致的河型转化

淮河入江口外沙洲随着淮河入江水量的增加而持续扩大及向北并岸,最迟在1868年前,这一过程已经完成。镇扬河段西段仪征至古瓜洲之间原是东西并列的征课洲和世业洲两个沙洲,征课洲下移迅速,世业洲的上端受征课洲的隐蔽不受冲刷,而回水造成的落淤使上端上涨,下游受瓜洲与金山节点的控制,停止下延,便造成上下游并洲的现象。③ 长江过瓜洲后主流折向右岸,经北固山、焦山主流又挑向左岸,江面形成新洲、恩余洲等沙洲,形成的夹江河道并继续向北并岸。对1868年《江苏全省舆图》、1915年江苏陆军测量局制1∶20万地形图、1971年总参测绘局制1∶20万地形图共3种实测地图进行人工数字化,提取长江镇扬河段河岸、沙洲等地理要素后,绘制成1868—1971年镇扬河段演变过程示意图(图6)。由图6可见,由于世业洲和淮河入江口外沙洲向左岸并岸后使河道由顺直向弯曲型转化,瓜洲一带成为凹岸而镇江一带成为凸岸,在离心力的作用下,弯道横向环流发育,不断发生侧蚀,同时不断向下游迁移,瓜洲原先为

---

① 倪晋仁、马蔼乃:《河流动力地貌学》,北京大学出版社1998年版,第70—302页。
② 倪晋仁、马蔼乃:《河流动力地貌学》,第70—302页。
③ 陈吉余、恽才兴:《南京吴淞间长江河槽的演变过程》,《地理学报》1959年第3期。

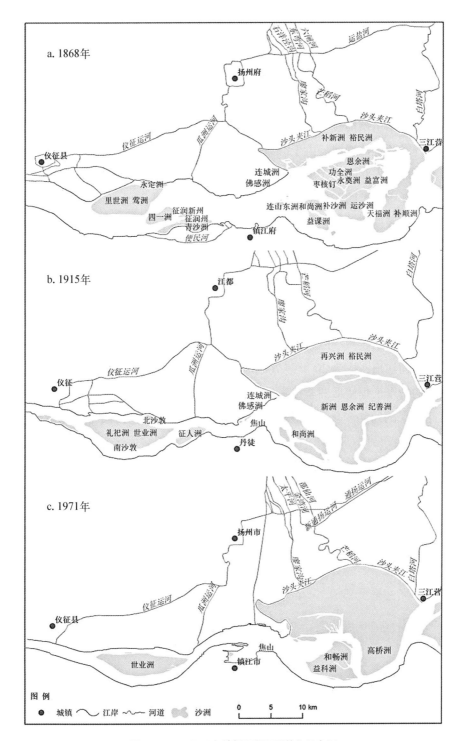

图 6　1868—1971 年镇扬河段河型转化示意图

凹岸的顶点，随着曲流下移，瓜洲以东开始受到侵蚀，征人洲（征润州）等原先位于镇江以西，由于受凸岸下移的影响，逐渐将镇江港覆盖。因此 1868 年后镇扬河段河床演变主要表现为河床向 S 形发展。

四、结论与讨论

淮河对长江的影响是随着入江水量的变化而变化的，淮河入江前，长江镇扬河段中由于节点的控制作用淤涨江心洲，使河道分为南北两汊。淮河入江口外面积很大的沙洲，原本是许多较小的沙洲。由于河流挟沙能力与流速高次方成正比，而长江的流量和流速都很大，淮水入江非但无助于冲刷，反而，在入江处形成一个消能环境，减缓长江的流速，使长江所携带的部分泥沙落淤，使淮河入江口沙洲的面积不断增加。永定洲、裕民洲、南新洲等沙洲至少在明中后期已经出现，是成化、弘治年间藤料沙等消亡后新淤长的沙洲，这些沙洲随着时间的推移不断扩大、并岸，导致北汊逐渐淤塞，淮河入江的出口段向下游延伸。淮河入江口外沙洲的扩大、并岸以及世业洲的发育，改变了镇扬河段的河槽特征和水流结构，原本较为顺直的分汊型河型向着弯曲型发育，曲流形成后不断侧蚀，同时还不断向下游迁移，导致位于凹岸的瓜洲受到侵蚀最终崩塌于江中，而位于凸岸的镇江不断淤积。凸岸沙洲的淤涨又进一步把深泓逼向凹岸，加剧了横向环流的发展和江岸的崩坍，成为 20 世纪 70 年代以前镇扬河段河势剧变的根本原因。1970 年后陆续兴建的护岸工程使瓜洲至沙头河口间的六圩弯道逐渐稳定，但征润州的下延并未停止，由此带来的河势变化使和畅洲岔道成为近 50 年来镇扬河段中变化最为剧烈的河段，出现了主支汊易位。未来镇扬河段的整治工作需利用河道演变规律，因势利导，调整和控制河势，加固全河段稳定河势的护岸工程。对和畅洲岔道的整治需要保证六圩弯道水流顶冲点的稳定，抑制征润州的下延，从而确保和畅洲南北岔道的分流比保持稳定。

（原载《地理学报》 2020 年第 7 期）

1861—1986年长江泗源沟至焦山段的河床演变

夏晗登[1] 韩昭庆[2]

（1. 中共海南省委党校文史教研部；
2. 复旦大学历史地理研究中心）

序 言

长江镇江—扬州河段是长江中下游河床演变最为剧烈的河段之一，也是长江中下游干流河道中14个重点治理河段之一。河势的剧烈变化既使长江岸线的利用受到极大制约，又对防洪和沿江港口、码头、航运、给排水工程等重要经济设施运行构成严重威胁，因此，对该河段河床演变的长时段研究可为河道整治提供基础资料和依据。近年来随着对长时段河床演变研究的深入，利用近代实测地图与GIS空间分析相结合的研究方法开始应用于河口冲淤和大尺度河道形态演变的研究[1]，而目前利用近代早期的实测地图进行镇扬河段河床冲淤演变的研究多为定性的分析[2]，定量的研究则多利用1950年

---

[1] Cui Lijuan, Gao Changjun, Zhao Xinsheng, et al., Dynamics of the lakes in the middle and lower reaches of the Yangtze River basin, China, since late nineteenth century, *Environ Monit Assess*, 2013, 185: 4005-4018; He Yufang, Cheng Heqin, Chen Jiyu, Morphological evolution of mouth bars on the Yangtze estuarine waterways in the last 100 years, *Journal of Geographical Sciences*, 2013, 23 (2): 219-230.

[2] 印志华：《从出土文物看长江镇扬河段的历史变迁》，《东南文化》1997年第4期；张修桂：《中国历史地貌与古地图研究》，社会科学文献出版社2006年版，第110—111页；余文畴：《长江河道认识与实践》，中国水利水电出版社2013年版，第482—492页；长江水利委员会长江科学院编：《长江志》卷五，中国大百科全书出版社2000年版，第237页。

以来的实测地图①,所以对镇扬河段进行长时段定量化的河床演变的研究尚有不足。有关长江镇扬段的近代实测地图虽然在平面坐标、高程基准和精准性上与近几十年来的标准有所差距,但这些地图由于是基于实测的地图,经过一些转化处理,仍然可以通过量化的方式提高演变过程研究的分辨率。本文收集了自1861年以来的长江泗源沟至焦山段的近代实测地图和现代遥感影像,并利用ARCGIS软件进行处理,通过空间比较研究,分三个时段对该河段自1861年来河床的演变过程进行一些探讨,以期方家指正。

一、研究设计

1. 研究区域和时段

由于笔者目前找到的长江镇扬河段的最早一幅地图是1861年绘制,且绘制区域显示为仪征泗源沟至镇江焦山附近,所以本文以该河段为研究对象,研究也以1861年为起始时段。按今地图,长江泗源沟至焦山段约长33.7千米,以瓜洲镇为界,可分为世业洲段和瓜洲镇至焦山段。世业洲段因世业洲横卧江中,为分汊型河床,瓜洲镇至焦山段为单一河床,如图1

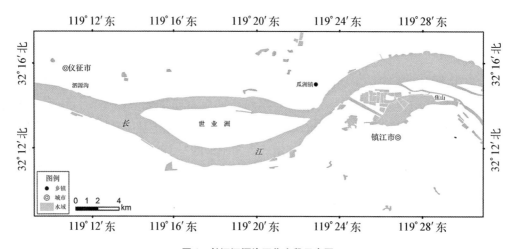

图1　长江泗源沟至焦山段示意图

注:资料来源于1:25万国家基础地理信息数据。

---

① 张增发、李启顺、丁贤荣:《GIS支持下长江镇扬河段河床演变分析》,《人民长江》2001年第9期;林木松、卢金友、张岱峰等:《长江镇扬河段和畅洲汊道演变和治理工程》,《长江科学院院报》2006年第5期;王向东、汤立群、丁贤荣:《应用GIS计算分析长江镇扬河段的河床演变》,《泥沙研究》2008年第6期;刘小斌、林木松、李振青:《长江下游镇扬河段河道演变及整治研究》,《长江科学院院报》2011年第11期;Bai Shibiao, Lu Ping, Wang Jian, Recent channel changes of the Jiangsu reach of the Yangtze river: an investigation from multi-temporal digital elevation models, *Journal of Coastal Conservation*, 2016 (20): 43-49。

所示。镇扬河段一期整治工程于1983年开始①，1986年在征润洲上开辟了引航道，此后镇扬河段的冲淤得到了控制，所以本文的研究到1986年为止。

2. 研究资料

本文利用的第一幅实测地图是《长江镇江港示意图：1861至1912年的演变》(《PLAN OF YANGTZE RIVER CHINKIANG HARBOUR — Showing changes during 1861-1912》)，该图源自旧海关史料中《1902—1911年十年报告》中的附图。② 近代中国的旧海关为外国人所控制，他们控制着沿江沿海港口的贸易、税收，还负责航道测量和维护工作。这幅图为镇江海关下属专门负责测绘的巡工司绘制，其中1861年的岸线系根据英国实测的海图绘制，1912年的岸线为1912年2月测量的低水位期的岸线。绘制这幅图的原因是1912年镇江港因为征润洲沙嘴的东扩，淤塞日益严重，巡工司因此绘制了这幅显示1861—1912年的长江演变图，以分析长江未来的演变趋势。该图显示的范围为仪征泗源沟至镇江焦山附近，比例尺约为1∶170 000，图中绘有该段1861年和1912年的岸线信息，还标注了金山（Golden Island）、北固山（Consular Bluff）、焦山（Silver Island）以及仪征天宁寺塔（Lehing）等地点。值得注意的是该图为1861年绘制的海图，这比以往研究通用的1865年海图还早四年。

第二幅实测地图是美国陆军制图局（American Mapping Service）1955年编制的1∶250 000军用地图《南京》幅，该图的图料表（RELIABILITY DIAGRAM）中显示长江河道部分是根据1944—1945年的航空照片修测而成，该图采用横轴墨卡托投影，图上还有清晰的经纬网。

第三幅图是1986年3月7日的Landsat5 TM第5波段的影像，该影像采用WGS_1984_ UTM_ zone_ 50N投影。1986年3月征润洲的引航道工程尚未开始，3月份也是长江低水位时期，Landsat5 TM第5波段为中红外波段影像，分辨率为30米，可以清晰地分辨土壤和水域。

3. 研究方法

首先是对各幅地图或影像进行地理配准或坐标转化。《长江镇江港示意图：1861至1912年的演变》这一幅图中没有经纬线，但图中有金山、北固山、焦山和仪征天宁寺塔等固定的点，可利用这些点作为配准点进行配准。1944—1945年的《南京》幅地图中有准确的经纬度坐标，选取了四个经纬线交叉点进行了配准，再选择河流交叉点等不

---

① 刘娟、刘宏、张岱峰：《长江镇扬河段近期河床演变趋势分析》，《长江科学院院报》2003年第4期。
② 中国第二历史档案馆：《中国旧海关史料（1859—1948）》，第155册，京华出版社2001年版，第423页。

易变动的地点对图幅进行局部校正。Landsat5 TM 长江泗源沟至焦山段的影像原数据为 WGS_1984_UTM_zone_50N 投影坐标,利用 ARCGIS 中"投影栅格"的功能将该影像转化为地理坐标 WGS1984。

其次是在配准基础上,提取图中的岸线和沙洲边界线,《长江镇江港示意图:1861 至 1912 年的演变》幅和 1944—1945 年《南京》幅中岸线按照图中的岸线进行提取。Landsat5 TM 影像中河岸边界较为清晰,沙洲边界靠影像中灰白色沙带的边界目测提取。然后利用 ARCGIS 软件将数据框投影坐标系设置为高斯—克吕格投影坐标系 [(Gauss_Kruger) Beijing_1954_3_Degree_GK_Zone_32],以便于对矢量化数据进行面积计算。

最后利用 ARCGIS 软件中的空间分析工具分别对 1861 年与 1912 年、1912 年与 1944 年、1944 年与 1986 年的水域面进行空间叠加,然后分别对 1861 年与 1912 年、1913 年与 1944 年、1945 年与 1986 年同一时期发生冲刷、淤涨、冲淤并存以及沙洲没有发生冲淤的稳定部分(以下皆称为"沙洲稳定部分")皆用图显示,如图 2 (a)、(b)、(c) 所示。其中冲淤并存区域和沙洲稳定部分都是通过叠加分析自动生成的,如图 2 (a) 中较大的一块深色的区域在 1861 年尚属于征润洲的一部分,但在 1861—1912 年间崩塌入江,随着世业洲的东扩,最终成为世业洲的组成部分;图 2 (a) 中点状区域仅代表 1861—1912 年期间未发生冲淤的沙洲稳定部分。我们最后将三个时期的冲淤情况叠加在一起,如图 2 (d)。

尽管通过上述步骤,已将误差降到最低,但误差仍然无法避免,主要来源于测绘自身的误差以及长江水位的变化。长江水位会随着季节变化而变化,因此不同季节实施的测绘也会影响测量结果。本文 1912 年岸线和 1986 年岸线都采用了长江枯水期的岸线,但缺乏 1861 年和 1944 年测绘的季节的资料,因此可能会产生一定误差。

二、河床演变过程

图 2 显示,长江泗源沟至焦山段不同地段的河床演变剧烈且复杂,下面以瓜洲镇为界分别分析长江南、北岸和世业洲的变化大势。

1861—1986 年长江北岸瓜洲镇以西以淤涨为主,其中 1861—1912 年淤涨最快,1913—1944 年除了两端有小范围淤涨,大部分岸线较为稳定,1945—1986 年期间,除瓜洲镇西南端有淤涨,其他段仅有少许淤涨或崩塌,整体上保持稳定。瓜洲镇以东总体以向东北方向崩塌为主,在 1861—1912 年瓜洲镇至焦山段长江北岸的西侧有大面积后退,东侧有小面积淤涨,但 1913—1986 年瓜洲镇以东的长江北岸皆以大面积后退为主。

长江南岸瓜洲镇以西的变化情况比北岸的复杂,可以以高资镇为界再划分为东西两端,其中 1861—1986 年间西端主要以淤涨为主,东端以崩塌为主,中段部分则表现为

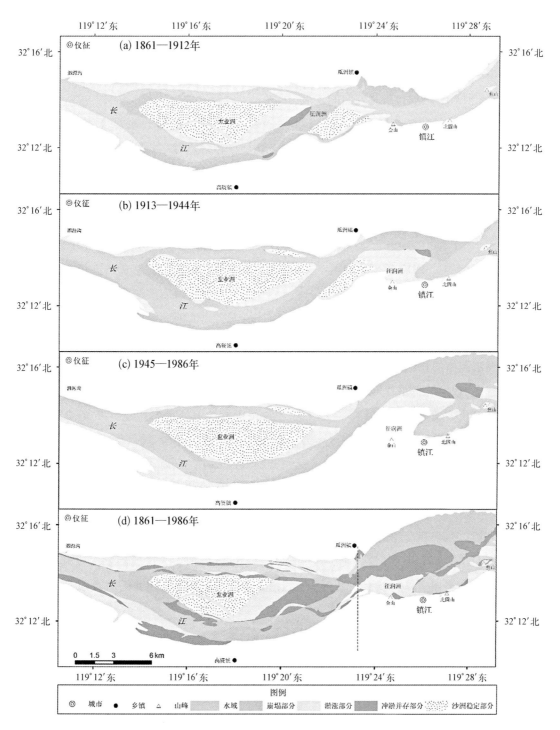

图 2 长江泗源沟至焦山段 1861—1912 年（a）、1913—1944 年（b）、
1945—1986 年（c）、1861—1986 年（d）冲淤示意图

冲淤并存。三个时段的变化呈现不同的趋势，其中1861—1912年除了西端淤涨，大部分以崩塌为主，1913—1944年除西端少部分淤涨外，整条岸线都在崩塌，1945—1986年期间高资镇以西开始转为大面积淤涨，以东仍以大面积崩塌为主。长江南岸瓜洲镇以东在1861—1986年以大面积的淤涨为主，征润洲在1931年前后并入南岸成为凸岸边滩①，洲头则不断向东和东北方向的发展。

世业洲则在1861—1986年期间表现为西部的崩塌和东部的淤涨下移。西部在1861—1912年期间主要是西北端向后崩退，1913—1944年转为西南端崩退，1945—1986年西北和西南端都有所崩退。1861—1912年东部的南端和东南端都同时淤涨，南侧的小沙洲被合并，1913—1986年东端持续淤涨，致使世业洲不断向下游移动。

三、历史文献对演变过程的验证

在对1861年、1912年、1944年、1986年四个年份的地图或遥感资料进行叠加分析的基础上，笔者还结合历史文献进行分析，尽管文献反映的河床演变的年份与上述四个年份并非完全重合，但可从定性的角度验证前述研究得出的河床演变的趋势。

1. 长江北岸

瓜洲镇以西的长江北岸在清末民初淤积的大势十分明显。据20世纪20年代的调查资料记载，"仪征北部沿江沙田，西自青山起至十二圩止，现多坍塌之处，自十二圩起，东至瓜洲口止，现多涨出淤滩"②。十二圩大致位于世业洲洲头。1925年的调查资料也反映了北岸的淤涨情况，"乌鱼洲对岸为十二圩，大江至此分为二泓，北泓傍十二圩径直东行二十里至军桥口，复与南泓合，其间宽约八百公尺，泓尚深，因取径直，且流势偏趋南泓，故流力缓而北岸现淤涨"③。20世纪40年代的调查资料也显示北岸处于淤涨中，"（世业洲）洲北江泓日渐淤垫，惟以夹江对岸滩地日渐滋长"④。

瓜洲镇以东长江北岸的持续坍塌是自清康熙年间以来的大势。据乾隆《江都县志》记载，"康熙五十五年，江流北徙，岸土日削……瓜洲城垣、人民、庐舍岌岌其忧"⑤，长江北岸不断坍塌，瓜洲城于光绪初年全城沦于江。"迨光绪初，北门城及东水关以江

---

① 姚敦本、姚坤兴：《征润洲的演变和镇江港的整治》，《江苏水利科技》1982年第1期。
② 萧铮主编：《民国二十年代中国大陆土地问题资料·江苏沙田之研究》，台北：成文出版社有限公司1977年版，第69册，35941页。
③ 《调查镇江上下游水道笔记》，上海图书馆，索书号：0485442。
④ 《镇江县扬子江水道调查报告》，丹徒县水利志编纂委员会编：《丹徒县水利志》，方志出版社2004年版，第480页。
⑤ 乾隆《江都县志》卷之四山川，《中国地方志集成·江苏府县志辑》，第66册，江苏古籍出版社1991年版，第41页。

流冲决,逐年坍塌不止,无法保存,于是全城皆沦于江"①。镇江海关的调查报告显示 1905—1907 年北岸崩退了 1 135 英尺,约 345 米。② 1913—1944 年瓜洲镇以东的长江北岸继续坍塌,20 世纪 40 年代的调查报告记载,"(江流)使瓜洲以东发生猛烈坍陷,近已坍至虹桥附近"③。因为北岸崩塌与南岸镇江港的淤积密切相关,1905—1929 年每年的镇江海关报告中都有附图,以显示该年度北岸的崩退情况。1945—1986 年北岸的崩退仍在继续,并向东北发展,1954 年大水,原来作为节点的天都庙炮台塌入江中,"其后苏北六圩湾道崩退加剧,大江主流北迁,坍江线不断下延"④。

2. 长江南岸

瓜洲镇以东长江南岸的征润洲则不断向东延伸,几乎与北岸的崩塌同步。光绪年间随着瓜洲北岸的坍塌,南岸沙洲也开始淤涨,"按今瓜洲坍没而北者数里,而南岸沙涨直至金山江心"⑤。1905—1907 年间,征润洲沙嘴向东南方向快速推进,在两年之内向东南延伸了 5 000 英尺,约 1 500 米。⑥ 自 1905 年至 1929 年间每年的镇江海关报告中也都详细介绍了当年的征润洲沙嘴的推进。1949 年以后征润洲继续下移,1964—1975 年洲尾共向下延伸了 3 330 米。

瓜洲镇以西的长江南岸主要大势是西涨东坍。征润洲西侧不断受到江水的冲击而坍卸,仅 1866 年、1870 年就崩坍 4 700 亩,"填字二号小征润洲隶仪征县境,坐落江南地方……同治五、九年两次报坍四千七百亩零九毫,实存老滩四千八百五十四亩三分五厘一毫"⑦。征润洲的西部不断被侵蚀,1907 年的镇江海关报告记载,"征润洲位于西北部的洲尾正在被侵蚀掉,而整个沙洲正逐渐向河流的下游移动"⑧。1913 年镇江海关报告记载,"世业洲南侧汊道的长江南岸的侵蚀速度正如证据显示的那样迅速"⑨。20 世

---

① 《瓜洲续志》卷一疆域,《中国地方志集成·乡镇志专辑》,第 15 册,上海书店出版社 1992 年版,第 260 页。
② 中国第二历史档案馆:《中国旧海关史料(1859—1948)》,第 45 册,京华出版社 2001 年版,第 434 页。
③ 《镇江县扬子江水道调查报告》,丹徒县水利志编纂委员会编:《丹徒县水利志》,第 480 页。
④ 丹徒县地方志编纂委员会:《丹徒县志》,江苏科学技术出版社 1993 年版,第 242 页。
⑤ 光绪《丹徒县志》卷三川,《中国地方志集成·江苏府县志辑》,第 29 册,江苏古籍出版社 1991 年版,第 81 页。
⑥ 中国第二历史档案馆:《中国旧海关史料(1859—1948)》,第 45 册,京华出版社 2001 年版,第 434 页。
⑦ 《丹徒县志摭余》,上海图书馆藏,索书号:016819。
⑧ 中国第二历史档案馆:《中国旧海关史料(1859—1948)》,第 45 册,第 434 页。
⑨ 中国第二历史档案馆:《中国旧海关史料(1859—1948)》,第 62 册,京华出版社 2001 年版,第 56 页。

纪20年代调查资料显示，大刀口以上皆淤涨，以下崩塌。"杨家沟口向东二里……又十二里至大刀口，自杨家沟至此二十余里皆淤涨……过大刀口入丹徒境向东行，经石闸口高资港（对岸为世业洲之沙坞口），至龙门口十八里皆形坍削，以石闸口之金圩村为最烈，民国十三年份曾坍下四丈之多，现已迫近堤边，势甚危险。按江流自西北来，至此东折，流势直迫南岸，是段适当其冲，故坍削最烈。"① 20世纪60年代，由于世业洲左右汊汇流，顶冲右岸龙门口，致使右岸龙门口一带的河岸冲刷崩坍。②

3. 世业洲

世业洲在1861—1986年间西坍东涨，整个沙洲向东移动。20世纪20年代调查资料显示，世业洲西南侧崩塌，世业洲东南淤涨，世业洲北侧涨落较小。"兀峙于南北两泓之间者为世业洲……东部有圩属丹徒，西部芦滩属仪征，西南边坍削（即乌鱼洲对岸），南边沙坞口一段（即高资港对岸）及东南边（即龙门口对岸）皆见淤涨，北边因江流顺直无涨落。"③ 20世纪40年代调查资料记载，世业洲西南部的沙渚，已经被侵蚀过半，世业洲东南部不断淤涨，世业洲北侧受到侵蚀。"大江东下，举凡江心洲渚，莫不顺江流趋势，西坍东涨。世业洲具此环境，西南部分兼受对岸乌鱼洲滩地淤涨影响，坍削日甚，造纸厂南端之沙渚，近已洗刷过半，故大江南岸石闸口至高资港间，坍势得以稳定，沙渚以下，迤逦东北向统皆淤涨，洲北江泓日渐淤垫，惟以夹江对岸滩地日渐滋长，水流南迫，致洲北多见坍削。"④ 中华人民共和国成立后真洲头（世业洲西端）西南角及北岸洲线出现坍塌，洲尾逐步淤涨，围堤成下新滩，面积近千亩。⑤

由此可见，上述史料中有关1861—1986年各时段的泗源沟至焦山段的河床演变信息，与数字化分析结果可相验证。

四、河床冲淤速率

1. 整段冲淤速率

对泗源沟至焦山河段1861—1986年期间各个时期的冲淤速率进行计算，如图3（a）所示。

1861—1986年期间泗源沟至焦山段平均淤涨的速率为0.6296 km²/年，而崩塌速率为0.6466 km²/年，淤涨的面积共79.332 km²，崩塌的面积共81.478 km²，所以从整个河段来

---

① 《调查镇江上下游水道笔记》，上海图书馆，索书号：0485442。
② 严正方：《镇扬河段河床演变及整治初步意见》，《江苏水利科技》1982年第1期。
③ 《调查镇江上下游水道笔记》，上海图书馆，索书号：0485442。
④ 《镇江县扬子江水道调查报告》，丹徒县水利志编纂委员会编：《丹徒县水利志》，第480页。
⑤ 丹徒县水利志编纂委员会编：《丹徒县水利志》，第115页。

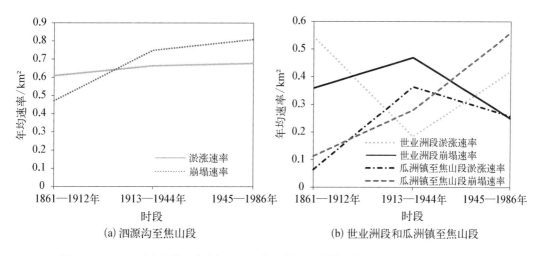

图 3 1861—1986 年泗源沟至焦山段（a）、世业洲段和瓜洲镇至焦山段（b）各时期冲淤速率

看 1861—1986 年期间该段冲淤基本平衡。图 3（a）显示 1861—1986 年间的三个时段，崩塌速率由 1861—1912 年间的 0.472 km²/年，增长到 1913—1944 年和 1945—1986 年的 0.749 km²/年和 0.809 km²/年。淤涨速率在三个时段都稳定在 0.6—0.68 km²/年之间。

2. 分段冲淤速率

世业洲段为分汊型河床，瓜洲镇至焦山段为单一型河床，东西两侧冲淤差异明显，因此以瓜洲镇为分界画出一条南北向的直线，如图 2（d）所示。分别计算两段的冲淤速率，如图 3（b）。世业洲段在冲淤速率上呈负相关，而且同一时期的冲淤速率差距明显，1861—1912 年该河段以淤涨为主，淤涨速率为 0.545 km²/年，崩塌速率则只有 0.359 km²/年。1913—1944 年转为以崩塌为主，崩塌速率增长到 0.469 km²/年，而淤涨速率则下降到 0.184 km²/年。1945—1986 年再次转为以淤涨为主，淤涨速率又增长到 0.42 km²/年，而崩塌速率则下降为 0.249 km²/年。瓜洲镇至焦山段在 1861—1912 年冲淤速率都处于较低水平，崩塌速率略高于淤涨速率，分别为 0.113 km²/年和 0.065 km²/年。1913—1944 年期间冲淤速率都大幅增长，淤涨速率略高于崩塌速率，分别为 0.364 km²/年和 0.28 km²/年。1945—1986 年期间以崩塌为主，崩塌速率相对于前一时期快速增长到 0.561 km²/年，淤涨速率则下降到 0.257 km²/年。

五、河床演变动力

1. 科氏力作用

1861—1986 年间泗源沟至焦山段的河床演变与科氏力密切相关。陈吉余[①]认为近两千年来长江河口的沙洲不断并向北岸，其最主要的原因是科氏力导致的落潮主泓偏向南

---

① 陈吉余、恽才兴、徐海根：《两千年来长江河口发育的模式》，《海洋学报》1979 年第 1 期。

岸，而涨潮主泓则向北偏，在涨落潮流路之间的缓流区逐渐发育沙洲，沙洲北侧的河槽常属涨潮性质，从而导致河道淤积，而沙洲南侧河槽逐渐发育，沙洲最终并向北岸。世业洲段形成分汊型河床的原理也是如此，在科氏力的作用下，右汊发育为主汊，右汊南岸受侵蚀也最严重。1861—1986 年期间，右汊南岸一直受到侵蚀，随着冲顶点下移，瓜洲以西的长江南岸东段也持续后退。

2. 主流线摆动

（1）主流线摆动的证据

世业洲段长江主流线的摆动影响了左右汊的分流比，进而影响了该段的河床演变。1861—1986 年世业洲段的左右两汊的分流比演变大致可以从图 2（a）、(b)、(c) 中的世业洲西端的变化看出，1861—1912 年世业洲西端西北岸崩塌多，西南岸崩塌少，说明虽然右汊为主汊，但左汊尚有较大比例的流量。1913—1944 年世业洲西端、西北端不再崩塌，转为淤涨，西南端开始大范围崩塌，说明主流线南移，右汊扩展。1945—1986 年世业洲西北端和西南端都有崩塌部分，说明主流线又北移，左汊流量有所增加，从 1959 年有统计以来的数据也证明了这一点，1959—1974 年左汊分流比为 18.66%，1975—1984 年上升到 21.45%，1984—1998 年上升到 24.17%。[①] 1861—1986 年间的这种左右分流比的改变，是该段河床演变的一个重要因素。

（2）主流线摆动与冲淤速率的关系

主流线的摆动与冲淤速率的变化关系密切。如图 3（a）、(b) 所示，1861—1912 年期间主流线偏北，世业洲段右汊所占分流比较低，世业洲段的淤积速率高，世业洲南端、东南端都大幅度淤涨，而崩塌速率相对较低。1913—1944 年主流线南移，整个河段的冲淤速率发生了转折，崩塌速率开始大幅增加，并超过淤涨速率，崩塌的位置主要集中在世业洲右汊两岸和瓜洲以东的主流顶冲点附近，这种变化与世业洲右汊水量增加密切相关。1945—1986 年主流线又有北移的趋势，右汊分流比下降，此时世业洲段崩塌速率也开始下降，如图 3（b）所示。整个河段的崩塌速率还在增加，主要是因为瓜洲至焦山段六圩弯道形成导致崩塌加速。

瓜洲至焦山段的河床演变与世业洲段密切相关。1861—1912 年瓜洲镇附近河道平直，弯道尚未形成，所以瓜洲镇至焦山段的冲淤速率都较低。1913—1944 年世业洲段右汊流量增大，不断冲击右汊南岸龙门口，使征润洲西端后退，瓜洲镇以东的北岸河流冲顶点下移，开始大幅度崩塌，在弯道横向环流的作用下，南岸淤涨速率也开始上升。1945—1986 年虽然世业洲右汊分流比有所下降，但右汊南岸进一步崩退，导致瓜洲镇

---

① 吕丽君、廖小永、黄卫东：《长江镇扬河段河道演变及治理措施探讨》，《人民长江》2009 年第 21 期。

以东长江北岸冲顶点进一步下移,形成六圩弯道,崩塌速率又进一步上升,但这一时期南岸淤涨速率并未上升,笔者认为这与镇江港区的疏浚有关系,如焦山西北的航道,自1955年至1962年挖泥量由每年20.7万立方米增加到75.3万立方米,以此来保证航道的通畅。

六、结论

本文利用 ARCGIS 软件对近代以来长江泗源沟至焦山段的实测地图和卫星遥感影像进行了数字化处理和空间分析,对1861—1986年期间该段河床的冲淤状况、速率和动力进行了分析,结论认为:

第一,1861—1986年期间长江泗源沟至焦山段河床演变剧烈而复杂。以瓜洲镇为界,1861—1986年长江北岸瓜洲镇以西以淤涨为主,瓜洲镇以东总体以向东北方向崩塌为主;南岸瓜洲镇以西的变化情况比北岸的复杂,可以以高资镇为界再次划分为两段,其中1861—1986年间西端主要以淤涨为主,东端以崩塌为主,东西相汇的地区则表现为冲淤并存;长江南岸瓜洲镇以东在1861—1986年以大面积的淤涨为主,主要是征润洲不断向东和东北方向发展;地处河床之中的世业洲在1861—1986年期间的变化表现为西端的崩塌和东端的淤涨下移。

第二,整个河段在1861—1986年期间的冲淤面积基本上平衡,但各个阶段河床演变表现出不同特点。1861—1912年淤涨速率高于崩塌速率,1913—1944年期间整段河床冲淤发生了明显的转折,崩塌速率快速上升并超过淤涨速率,1945—1986年期间整段河床崩塌速率仍在上升,主要受瓜洲至焦山段长江北岸快速崩塌的影响,世业洲段崩塌速率则有所下降。

第三,河床演变受到科氏力和主流线摆动的影响。在科氏力的作用下,世业洲段右汊发展,右汊南岸持续崩塌。同时因为主流线在1913—1944年和1945—1986年期间出现南移和北移,导致世业洲段崩塌速率先升后降。瓜洲镇至焦山段的冲淤直接受到世业洲段冲淤的影响,世业洲段右汊南岸的持续崩塌,导致瓜洲镇以东长江北岸河流顶冲点不断下移,形成六圩弯道,在弯道环流的作用下,南岸不断淤积。

明清文献中的黄果树瀑布及周边古迹考述

韦 凯

(复旦大学历史地理研究中心)

黄果树瀑布是贵州省开发最早的景区，也是贵州省的名片之一。长期以来，人们主要关注瀑布的自然属性，而对其历史文化了解甚少。事实上，黄果树瀑布自明代起便作为一方名胜渐为世人所知，至清代已成为闻名遐迩的"黔中胜景"，各路文人纷至沓来，留下了丰富的文字记载。尽管自20世纪80年代以来便有一批方志和文史资料①相继出版，但大抵限于对瀑布有关诗文、故事的收录及介绍性的阐述，对瀑布及周边古迹的历史变迁、有关诗文的留存状况等问题的考订存在不少疏忽错漏之处，未能发挥其应有的文史价值。有鉴于此，本文穷搜各类明清古籍中关于黄果树瀑布的记载，对相关问题进行考述，并试解答偏居西南一隅的黄果树瀑布是如何在明清文人的传述下成为天下名胜的，以期更客观、全面地挖掘认识瀑布的历史和人文意蕴。

一、从方志到小说——明清文献对黄果树瀑布的记述过程

历史上，贵州曾长期隔绝于中央王朝，开发相对迟滞，经济文化较为落后，外界对其山水形胜更是知之甚少。明永乐十一年（1413）正式建省后，贵州得到了史无前例的大开发。驿道和水道的整治畅通，改善了贵州的交通条件，使之与全国连成一气，在政治、经济、文化上"渐比中州"，各方面都有明显进步。②日益频繁的联系和交往，加深了外界对贵州的了解。黄果树瀑布作为一方名胜，也逐渐被外界所知。从最早被收入官修方志，

---

① 如政协贵州省委员会文史资料委员会、《贵州旅游文史系列丛书》编委会编：《贵州旅游文史系列丛书·黄果树卷 中华壮观》，贵州人民出版社1997年版；安顺行署文化局、黄果树旅游集团有限公司编：《白水红岩集·历代题咏黄果树诗词选》，贵州人民出版社1999年版。
② 何仁仲主编：《贵州通史》，当代中国出版社2002年版，第7页。

再到后来被写入流行小说,各类明清文献关于黄果树瀑布的记载大致梳理如下。

(一)方志类的最早收录

黄果树瀑布见著于文字,可追溯到成书于天顺五年(1461)的《明一统志》,在描述镇宁州的山川形胜时,其文道:"白水河,在安庄卫(今镇宁县城)南三十里。悬崖飞瀑直下数十仞为河,湍激若雷,平旦云雾塞(塞)其下。"① 寥寥数句,刻画出了黄果树瀑布的壮美。在古代,地方志的呈报是中央王权与地方权力相勾连的一种重要方式。自贵州建省以来,地方修志之风亦随之盛兴,黄果树瀑布作为一方名胜被收录亦在情理之中。值得注意的是,在《明一统志》卷八十八"镇宁州"条目下,有四条引文分别标注引自《州志》《新志》。镇宁州为元至正十一年(1351)始建,明正统三年(1438)改隶贵州布政司,这极可能说明镇宁州此前已有新旧两部州志,曾为明一统志修纂时所引。但因过早亡佚,不为后人所知,连清人也不曾得见,是故光绪《镇宁州志》序中称"旧故竟未修志""邑原无志"②。目前学界普遍认为镇宁第一部方志为成书于道光三十年(1850)的《镇宁州志稿》③,这是值得商榷的。在明清两代涉及该地区的地方志乘中,不论是总志、省志、府县志,还是记载山川名胜的专志,大都能找到黄果树瀑布的相关记载,其收录情况略见表1。

表1 明清有载黄果树瀑布的方志概览

类 型	书 名
总 志	官修:《明一统志》《清一统志》;私撰:陆应阳《广舆记》,顾炎武《天下郡国利病书》《肇域志》,顾祖禹《读史方舆纪要》
省 志	官修:弘治《贵州图经新志》、嘉靖《贵州通志》、康熙《贵州通志》、乾隆《贵州通志》;私撰:万历《黔记》、康熙《黔书》、乾隆《黔南识略》
府县志	咸丰《安顺府志》、道光《永宁州志》、光绪《镇宁州志》
专 志	嘉靖《古今游名山记》、嘉靖《贵州山泉志》、万历《贵州名胜志》

明代方志关于黄果树瀑布的记载较为简略,大体上直接转引了《明一统志》中的内容。现存贵州首部省志弘治《贵州图经新志》有两处关于黄果树瀑布的记载,其中

---

① 〔明〕李贤等:《明一统志》卷八十八《镇宁州》,《景印文渊阁四库全书》第四七三册,台湾商务印书馆1982年版,第865页。
② 〔清〕李昶元、彭钰等修纂:光绪《镇宁州志》叙,黄家服、段志洪主编:《中国地方志集成·贵州府县志辑》(第四十四册),巴蜀书社2006年版,第263页。
③ 张新民:《贵州地方志考稿》,比利时:根特大学出版社1992年版,第116页。

一处即全文引自《明一统志》。① 在那个信息和交通尤为闭塞的年代,方志的编撰者们鲜有机会能亲临四处,大多只能参考他人的著作或转述。尽管如此,有的著者仍旁征博引、力图详尽,如万历年间曹学佺编撰的《贵州名胜志》一书中关于黄果树瀑布的记载有三处②,分别引自《明一统志》、弘治《贵州图经新志》和杨慎的《滇程记》,几乎是采集了当时所能用到的资料。值得一提的是,万历年间郭子章所撰《黔记》卷四中"镇宁州、安庄卫城图"③ 的左下角绘有黄果树瀑布,这也是瀑布的形象首次出现在现存舆图中。该图采用方志地图常用的"缩地法",突出表现了城池、瀑布边上"望水亭"等地标要素,尽管瀑布与关索岭、双明洞等地点的相对位置与实际情况略有出入,但仍大致描绘出了瀑布所属的白水河水系。

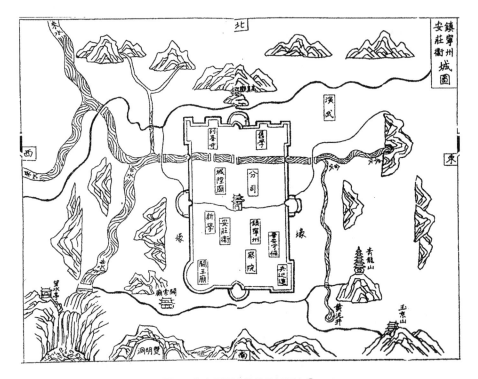

图 1　方志地图中的黄果树瀑布④

① 〔明〕沈庠删正,赵瓒编集,张祥光点校:弘治《贵州图经新志》卷之十五,贵州人民出版社2021年版,第427页。
② 〔明〕曹学佺:万历《贵州名胜志》卷一,明崇祯三年(1630)刻本(贵州省图书馆1965年油印复制本)。
③ 〔明〕郭子章:万历《黔记》卷四《舆图志一》,黄家服、段志洪主编:《中国地方志集成·贵州府县志辑》(第二册),巴蜀书社2006年版,第60页。
④ 郭子章:万历《黔记》卷四《舆图志一》,黄家服、段志洪主编:《中国地方志集成·贵州府县志辑》(第二册),巴蜀书社2006年版,第60页。

清代以来，随着交往的日益密切，外界对贵州名胜更为了解，方志中关于黄果树瀑布的描述较之明代更为详尽，认识不断深入。首先是瀑布周边的地物得到了广泛的关注。"水帘洞"是贯穿于黄果树瀑布内部的长达百余米的半露天溶洞，"犀牛潭"是瀑布落水注入的深潭，二者都是瀑布周边标志性的地物，它们的存在与瀑布主体一同构成了独一无二的别致景观。在康熙《贵州通志》中首次出现了"水帘洞"和"白水沉犀"的记载①，而乾隆《贵州通志》首次收录了"犀牛潭"的传说②。其次，出现了关于瀑布源头的考证。道光《永宁州志》详细描述了黄果树瀑布所属的白水河水系，认为瀑布水源有二，"水源一即出郎岱、六枝、落鳖（别）""一出镇宁州四保寨"③，这与现实情况相符。另外，方志成为收录有关黄果树瀑布诗文的一大重要载体。随着黄果树瀑布声名远播，文人咏颂黄果树瀑布的作品不断涌现，其中有很多都被方志所收录，从而能够传承至今。

（二）游记类的助力推动

地方志的收录，让包括黄果树瀑布在内的贵州名胜始得以通过文字描述为外界所了解。自明代起，一批旅行者或是慕名而来，或是借道而过，在游览瀑布之余，留下了不少精彩的游记，也促进了黄果树瀑布名声传播。过去，人们普遍认为，黄果树瀑布之所以闻名天下，始于徐霞客在其游记中的精彩描述。诚然，在众多游记作者中，纯粹以寻访名胜为目的的徐霞客无疑是最为特别的一个，他在日记中对黄果树瀑布的描写也早已成为被后世争相传诵的山水名篇，对瀑布名气提升和文化传播做出了巨大的贡献，是故今天人们在瀑布脚下树立了"霞客望瀑"的雕像以为纪念。

但事实上，在徐霞客之前，黄果树瀑布就已经颇具盛名。明嘉靖年间，"明代三才子"之首的杨慎因"大礼议"事件而遭流放云南永昌，著有《滇程记》记述沿途山川风物。他在途经黄果树瀑布时写道，"有悬崖叠水，飞流瀑布自山端下注，三崿相承。其下为深潭，神蛇宅之，见者必婴重疚。夏涨时喷沫如云雾，笼冒数里"④，是为现存游记中最早关于黄果树瀑布的记载。此外，比徐霞客早出生四十年的王士性，亦热衷于游览名山大川。他曾于万历年间溯沅江而上，经黔入滇，但由于行程紧迫，未能——游览黄果树瀑布等名胜，于是在游记中表达了巨大的遗憾，其言道，"他如镇远凌圆洞……安

---

① 〔清〕卫既齐主修，吴中蕃、李祺等撰，阎兴邦补修：康熙《贵州通志》卷六，清康熙三十六年（1697）刻本，第 10b—11a、14 页 b。
② 〔清〕鄂尔泰等修，靖道谟、杜诠纂：乾隆《贵州通志》卷五，黄家服、段志洪主编：《中国地方志集成·贵州府县志辑》（第四册），巴蜀书社 2006 年版，第 79 页。
③ 〔清〕黄培杰纂修：道光《永宁州志》卷三，黄家服、段志洪主编：《中国地方志集成·贵州府县志辑》（第四十册），巴蜀书社 2006 年版，第 480 页。
④ 〔明〕杨慎：《滇程记》，明万历三十三年（1605）刻本，第 9 页 b。

庄白水（即黄果树瀑布），或道左而未过，或舆过之而未穷其胜，不能一一纪之"①。

此外，明清两代留下关于黄果树瀑布游记的还有顺治年间曾任贵州巡抚的彭而述、以徒步万里赴云南寻父而闻名于世的画家黄向坚、长期游历于滇黔地区的旅行家陈鼎、康熙年间任云南按察使的天主教名人许缵曾等，其概况略见表2。应看到，昔时的黄果树瀑布地处偏远闭塞的西南边陲，这些作者在途经此地时，或遭受贬谪，或身负要务，但皆对驿道边上壮观的黄果树瀑布留下了深刻的印象。正是在这些先驱者们的记述和传播下，黄果树瀑布以"白水飞瀑"的形象而广为流传，逐渐成为人们心驰神往的黔中胜景。

表2 明清黄果树瀑布游记概览

朝　代	篇　名	作　者	身　份	籍　贯	出　处
明·嘉靖	《滇程记·安庄卫》	杨　慎	文学家	四川成都	《滇程记》，明万历三十三年刻本
明·崇祯	《黔游日记》	徐宏祖	旅行家	江苏江阴	《徐霞客游记》，清嘉庆十三年叶廷甲增校本
清·顺治	《白水驿道侧记》	黄向坚	画　家	江苏苏州	《黄孝子纪程》，长塘鲍氏刻知不足斋丛书本
清·顺治	《贵州至云南界日记》	彭而述	贵州巡抚	河南邓州	《读史亭诗文集》卷十，清康熙四十七年彭始抟刻本
清·康熙	《滇黔纪游·镇宁州》	陈　鼎	旅行家	江苏江阴	《滇黔纪游》，清康熙刻说铃本
清·康熙	《滇行纪程·白水铺》	许缵曾	云南按察使	江苏松江	《滇行纪程》，石门马氏大酉山房刻龙威秘书本
清·康熙	《云南驿程记》	李　绂	云南乡试正考官	江西临川	《穆堂类稿》别稿卷十五，清道光十一年奉国堂刻本

（三）诗文类的历史见证

流传至今的大量明清诗文，正是黄果树瀑布名声斐然的见证。过去的文史资料认为，最早描写黄果树瀑布的诗是明末有"天末异士"之誉的贵阳诗人谢三秀所作的《叠水上小憩因作短歌》②。但若深究之，目前所见最早的黄果树瀑布诗作应该是万历

---

① 〔明〕王士性撰，周振鹤点校：《广志绎》卷五，《五岳游草·广志绎》，上海人民出版社2019年版，第336页。
② 政协贵州省委员会文史资料委员会、《贵州旅游文史系列丛书》编委会编：《贵州旅游文史系列丛书·黄果树卷 中华壮观》，第209页。

《贵州通志》所收录的《虹桥水帘》一诗，其作者萧伯辰为贵州清江人，于明洪武二十八年（1395）任安庄卫经历，以政绩大著。① 由于万历《贵州通志》流传极少，清以后历次纂修省志者均未获见，今仅在日本东京尊经阁藏有一孤本②，故此前的文史资料未注意到此诗也是在情理之中。此外，同样是流传极少，原刻仅庋藏于天一阁的嘉靖《贵州通志》，也收录了咏颂黄果树瀑布的诗三首，作者分别为正德六年（1511）、十三年（1518）先后担任贵州巡按的张祐、胡琼，以及嘉靖十七年（1538）任贵州按察司副使的王世隆③，他们的生活年代均早于谢三秀。

明清黄果树瀑布诗文，大都为方志所收录，以民国《镇宁县志》所收四十五篇为最多。④ 在此基础上，本文另穷搜于各类文集、诗选，共得有关诗文一百零九篇，其中明代十篇，清代九十九篇，略见表3。值得一提的是，其中有三十八篇为贵州籍文人所作，这也反映了贵州建省以来文教日兴，学风骎骎欲上的事实。明代以前，今贵州境内几乎没有传世的文学著作，明代以后，贵州诗歌则异军突起，至清代在郑珍、莫友芝等名家的推动下达到了巅峰，是故前人有"贵州风雅盛于明""清诗三百年，王气在夜郎"之叹。⑤ 黔省雄奇壮丽的自然风光，给省内外诗人们提供了无限的创作空间，成就了一批优秀的山水诗文。而关于黄果树瀑布的诗歌，不论是从数量上还是从质量上来看，都可占得上一席之地。其中田雯的《白水岩放歌》、郑珍的《白水瀑布》等更是作为隽永流传的名篇，成为黔省文坛上的璀璨明珠。

表3 明清黄果树瀑布诗文数量概览

朝代	诗	文	总计	贵州籍作者数目
明	8	2	10	4
清	82	17	99	34

---

① 〔明〕王耒贤修，许一德纂：万历《贵州通志》卷七，书目文献出版社1991年影印版，第150页。

② 张新民：《贵州地方志考稿》，第14页。

③ 〔明〕谢东山修，张道纂：嘉靖《贵州通志》卷十一，黄家服、段志洪主编：《中国地方志集成·贵州府县志辑》（第一册），巴蜀书社2006年版，第461—462页。

④ 胡蒿修，饶燮乾等纂：民国《镇宁县志》第四卷，黄家服、段志洪主编：《中国地方志集成·贵州府县志辑》（第四十四册），巴蜀书社2006年版，第652—684页。

⑤ 钱仲联：《论近代诗四十首》，《社会科学战线》1983年第2期，第296页；顾久主编：《中国地域文化通览·贵州卷》，中华书局2014年版，第454页。

表 4 明清黄果树瀑布诗文数量概览

朝代	类别	题　目	作者	身份	籍贯	来　源①
明	诗	《虹桥水帘》	萧伯辰	安庄卫经历	贵州清江	万历《贵州通志》卷七
明	诗	《无题》	张　佑	御史	不详	万历《黔记》卷八《山水志上》
明	诗	《叠水上小憩因作短歌》	谢三秀	诗人	贵州贵阳	《雪鸿堂搜逸》卷一《古近体诗五十一首》
明	诗	《安庄白水用韵》	顾应祥	云南巡抚	江苏吴县	《箬溪归田诗选》
明	诗	《白水河瀑布·七律二首》	胡　琼	贵州巡按	福建南平	民国《镇宁县志》卷四《艺文志》
明	诗	《过白水驿有感》	王世隆	将领	江苏句容	民国《镇宁县志》卷四《艺文志》
明	诗	《白水河观瀑》	潘　驯	诗人	贵州贵阳	民国《镇宁县志》卷四《艺文志》
明	诗	《飞瀑泉》	杨秀冕	诗人	贵州铜仁	民国《镇宁县志》卷四《艺文志》
清	诗	《白水河观瀑布》②	郎若伊	直隶按察使	不详	民国《镇宁县志》卷四《艺文志》
清	诗	《白水河观瀑》	邹一桂	贵州提学使	江苏无锡	民国《镇宁县志》卷四《艺文志》
清	诗	《望水亭瀑布歌》③	张鹏翀	画家	江苏嘉定	民国《镇宁县志》卷四《艺文志》
清	诗	《观白水河瀑布歌并序》	德　隆	不详	不详	民国《镇宁县志》卷四《艺文志》
清	诗	《白水河放歌》④	田　雯	贵州巡抚	山东德州	民国《镇宁县志》卷四《艺文志》

① 按，此处所收录的文是指专门记述黄果树瀑布的文章，不包含方志中一般性的简介。受篇幅所限，对同时被多部文献所收录的诗文出处仅列其一。前表所列游记此处不再重复列出。
② "《白水河观瀑布》"，咸丰《安顺府志》卷五十三《艺文·诗上》作"《观白水河瀑布歌》"。
③ "《望水亭瀑布歌》"，乾隆《贵州通志》卷四十四《艺文·赋、诗》作"《望水亭瀑布奇绝作歌纪之》"。
④ "《白水河放歌》"，田雯《古欢堂集》卷七《七言古诗》（清文渊阁四库全书本）作"《白水岩放歌》"。

续 表

朝代	类别	题 目	作者	身 份	籍 贯	来 源
清	诗	《白水河观瀑》①	高其倬	云贵总督	辽宁铁岭	民国《镇宁县志》卷四《艺文志》
清	诗	《白水河观瀑》	陈文政	黄平训导	贵州贵阳	民国《镇宁县志》卷四《艺文志》
清	诗	《观瀑作》	陈文政	黄平训导	贵州贵阳	民国《镇宁县志》卷四《艺文志》
清	诗	《白水河》	张绍本	州庠生	贵州永宁	民国《镇宁县志》卷四《艺文志》
清	诗	《观瀑布》	余上泗	邑解元	贵州镇宁	民国《镇宁县志》卷四《艺文志》
清	诗	《白水河》	周德昌	邑广文	贵州镇宁	民国《镇宁县志》卷四《艺文志》
清	诗	《白水河》	陈鉴清	邑贡生	贵州镇宁	民国《镇宁县志》卷四《艺文志》
清	诗	《观瀑》	侯荣封	州进士	贵州永宁	民国《镇宁县志》卷四《艺文志》
清	诗	《白水河》	龙天锡	州庠生	贵州永宁	民国《镇宁县志》卷四《艺文志》
清	诗	《望水亭观瀑作》	杨茂育	州庠生	贵州永宁	民国《镇宁县志》卷四《艺文志》
清	诗	《白水河观瀑》	白玉珍	邑举人	贵州镇宁	民国《镇宁县志》卷四《艺文志》
清	诗	《白水河观瀑歌》	白玉珍	邑举人	贵州镇宁	民国《镇宁县志》卷四《艺文志》
清	诗	《咏安庄八景》	白玉珍	邑举人	贵州镇宁	民国《镇宁县志》卷四《艺文志》
清	诗	《白水河观瀑布》	杨茂材	州进士	贵州永宁	民国《镇宁县志》卷四《艺文志》
清	诗	《白水河观瀑·七绝四首》	邓泽霖	不详	贵州	民国《镇宁县志》卷四《艺文志》

---

① "《白水河观瀑》",乾隆《贵州通志》卷四十五《艺文·诗》作"《白水河瀑布》"。

续　表

朝代	类别	题　目	作者	身　份	籍　贯	来　源
清	诗	《白水河观瀑布歌》	刘大琮	宁乡人	湖南宁乡	民国《镇宁县志》卷四《艺文志》
清	诗	《白水河回文》	雷培基	邑贡生	贵州	民国《镇宁县志》卷四《艺文志》
清	诗	《白水河瀑布歌》	李国钊	遵义人	贵州遵义	民国《镇宁县志》卷四《艺文志》
清	诗	《观瀑布》	杨应枚	云南人	云南	民国《镇宁县志》卷四《艺文志》
清	诗	《白水河观瀑作》	吴寅邦	书院讲席	贵州永宁	民国《镇宁县志》卷四《艺文志》
清	诗	《望水亭怀古·七言古体》	叶裕良	不详	贵州	民国《镇宁县志》卷四《艺文志》
清	诗	《咏白水河》	佚名	不详	不详	民国《镇宁县志》卷四《艺文志》
清	诗	《白水河观瀑·霜叶飞》	黎兆勋	诗人	贵州遵义	民国《镇宁县志》卷四《艺文志》
清	诗	《白水河观瀑赋》	李逢春	邑举人	贵州镇宁	民国《镇宁县志》卷四《艺文志》
清	诗	《白水河观瀑赋》	易镇寰	不详	贵州	民国《镇宁县志》卷四《艺文志》
清	诗	《宿白水河·丑奴儿令》	黎兆勋	诗人	贵州遵义	民国《镇宁县志》卷四《艺文志》
清	诗	《白水河观瀑后时大寒三日·迈坡塘》	黎兆勋	诗人	贵州遵义	民国《镇宁县志》卷四《艺文志》
清	诗	《白水河瀑布》	潘德征	武定知府	贵州贵阳	道光《永宁州志》卷十一《艺文志》
清	诗	《白水沉犀》	王洪镇	州贡生	贵州永宁	道光《永宁州志》卷十一《艺文志》
清	诗	《白水河为题试作绝句四首·白水河》	黄培杰	永宁知州	浙江绍兴	道光《永宁州志》卷十一《艺文志》

续　表

朝代	类别	题　目	作者	身　份	籍　贯	来　源
清	诗	《白水河》	杨燮	州训导	贵州永宁	道光《永宁州志》卷十一《艺文志》
清	诗	《白水河》	修武谟	州举人	贵州永宁	道光《永宁州志》卷十一《艺文志》
清	诗	《白水河》	侯荣封	州进士	贵州永宁	道光《永宁州志》卷十一《艺文志》
清	诗	《白水河观瀑布》	杨茂先	永宁州人	贵州永宁	道光《永宁州志》卷十一《艺文志》
清	诗	《观瀑度白水河》	黎兆勋	诗人	贵州遵义	《侍雪堂诗钞》卷一
清	诗	《白水瀑布》	郑珍	诗人	贵州遵义	《巢经巢诗钞》卷三
清	诗	《白水河瀑布》	阮元	云贵总督	江苏仪征	《两浙輶轩录》卷六
清	诗	《白水河看瀑》	阮元	云贵总督	江苏仪征	《揅经室集》续集卷八
清	诗	《白水河瀑布》	朱彝尊	诗人	浙江秀水	《梅里诗辑》卷十二
清	诗	《望水亭观犀牛滩瀑布》	许贺来	诗人	云南红河	《赐砚堂诗稿》
清	诗	《观白水河瀑布歌》	陈奕禧	石阡知府	浙江海宁	《春霭堂集》卷一
清	诗	《白水河瀑布次陈梦湖韵》	钱棨	诗人	江苏长洲	《湘舲诗稿》卷四
清	诗	《白水河瀑布》	师范	望江知县	云南赵州	《金华山樵诗前集》卷五
清	诗	《白水河瀑布》	陈廷桂	云南副考官	安徽和县	《香草堂集》卷三
清	诗	《七月望日雨中观白水河瀑布》	万承风	云南副考官	江西义宁	《思不辱斋诗集》卷二
清	诗	《白水河瀑布呈学使孙补山先生》	李天英	诗人	四川永川	《居易堂诗钞》卷一
清	诗	《白水河瀑布》	戴绚孙	贵州道监察御史	云南昆明	《味雪斋诗钞》卷二
清	诗	《白水河瀑布》	李熙文	诗人	云南文山	《李叔豹遗诗》
清	诗	《白水河观瀑》	沈兆霖	官员	浙江钱塘	《沈文忠公集》卷六

续 表

朝代	类别	题目	作者	身份	籍贯	来源
清	诗	《白水河瀑布长歌》	孙义钧	书法家	江苏吴县	《好深湛思室诗存》卷十六
清	诗	《望水亭瀑布歌》	舒位	诗人	直隶大兴	《瓶水斋诗集》
清	诗	《白水河观瀑》	吴存义	道光进士	泰兴	《榴实山庄诗文集》
清	诗	《白水河》	沈楳	诗人	浙江会稽	《沅湘耆旧集》卷一百三十五
清	诗	《黄果树驿》	吴寿昌	贵州提学	浙江山阴	《虚白斋存稿》卷八《细吟集上》
清	诗	《重经白水河》	吴寿昌	贵州提学	浙江山阴	《虚白斋存稿》卷九《细吟集下》
清	诗	《望水亭观白水河悬流处四首》	吴寿昌	贵州提学	浙江山阴	《虚白斋存稿》卷八《细吟集上》
清	诗	《白水河观瀑历鸡公背上关岭》	孔贞瑄	大姚知县	山东曲阜	《聊园诗略》诗后集卷八五《言古》
清	诗	《白水河瀑布》	孔贞瑄	大姚知县	山东曲阜	《聊园诗略》诗后集卷十七《言律》
清	诗	《白水河》	洪亮吉	贵州学政	江苏阳湖	《卷施阁集》诗卷十三《黔中持节集》
清	诗	《白水河瀑布》	李绳	恩乐知县	江苏长洲	《怀旧集》卷十一
清	诗	《白水河瀑布》	李绳远	诗人	浙江秀水	《梅会诗选》二集卷十三
清	诗	《白水河》	李绂	云南乡试考官	江西临川	《穆堂类稿》初稿卷十一
清	诗	《白水河望瀑布》	李星沅	云贵总督	湖南湘阴	《李文恭公遗集》诗集卷三《五言律诗》
清	诗	《白水河观瀑布》	彭启丰	官员	江苏长洲	《芝庭诗文稿》诗稿卷三
清	诗	《白水河》	杨有涵	诗人	贵州清江	《远香亭诗钞》卷二
清	诗	《镇宁晓发至白水河小憩作》	赵文哲	诗人	江苏上海	《娵隅集》卷二
清	诗	《白水河观瀑布》	朱方增	诗人	浙江海盐	《求闻过斋诗集》卷二

续 表

朝代	类别	题目	作者	身份	籍贯	来源
清	诗	《归程杂咏二十首·白水河》	朱方增	诗人	浙江海盐	《求闻过斋诗集》卷二
清	诗	《还过白水河》	纳国栋	贵州粮驿道	满洲旗人	《晚晴簃诗汇》卷七十四
清	诗	《白水河小憩并序》	李腾华	不详	江苏山阳	道光《黔记》卷一
清	诗	《白水河》	李宗昉	贵州学政	江苏山阳	《闻妙香室诗》卷四
清	诗	《黄果树》	于钟岳	正安知州	汉军旗人	《西笑山房诗钞》第一峡《黔南集》
清	诗	《白水河观瀑》	刘书年	贵阳知府	河北献县	《刘贵阳遗稿》卷之二《涤滥轩诗钞》
清	诗	《再观白水河观瀑》	许印芳	文学家	云南石屏	《滇诗重光集》卷十
清	文	《望水亭记》	孙可望	将领	陕西延长	民国《镇宁县志》卷四《艺文志》
清	文	《白水河瀑布记》	阮元	云贵总督	江苏仪征	民国《镇宁县志》卷四《艺文志》
清	文	《观瀑布记》	陈本忠	贵州提学使	直隶昌平	民国《镇宁县志》卷四《艺文志》
清	文	《白水河》①	田雯	贵州巡抚	山东德州	民国《镇宁县志》卷四《艺文志》
清	文	《黄果树瀑布图记》②	王庆云	贵州学政	福建福州	光绪《镇宁州志》卷八《艺文》
清	文	《白水河偕两弟暨同人观瀑布》	杨茂材	州进士	贵州永宁	道光《永宁州志》卷十一《艺文志》
清	文	《白水河瀑布》	陈奕禧	石阡知府	浙江海宁	《绿荫亭集》卷下
清	文	《白水河赞》	洪亮吉	贵州学政	江苏阳湖	《卷施阁集》文乙集卷八

---

① 按,"《白水河》",康熙《黔书》作"《白水岩》"。
② 咸丰《安顺府志》卷四十九《艺文·记三》、民国《镇宁县志》卷四《艺文志》中作"《黄葛墅瀑布图记》"。

续表

朝代	类别	题目	作者	身份	籍贯	来源
清	文	《重修望水亭记》	杨茂材	永宁州进士	贵州永宁	《所至录》之《永宁卷二》
清	文	《题望水亭以寄竹楼周刺史》	彭松毓	腾越厅同知	湖北江夏	《所至录》之《永宁卷二》
清	文	《使滇纪程·白水河》	晏端书	云南乡试考官	江苏仪征	《使滇纪程》
清	文	《贵州镇宁州双瀑布记》	刘鸿翱	云南布政使	山东潍县	《绿野斋前后合集》卷五

黄果树瀑布本是大自然伟力的造化之物，后来成为贵州诗歌的一个重要发祥地，并见证了明清贵州诗歌蓬勃发展的历史进程，这离不开它与诗人之间的美妙缘分。黄果树瀑布的超凡形象给予了诗人无限的创作灵感，而诗人们的妙笔生花则为黄果树瀑布增添了丰富多彩的形象。正是两者的互相成就，使得今日的黄果树瀑布同时具备了独一无二的自然风貌和悠久浓郁的人文气息。

（四）小说类的锦上添花

除了上述纪实类诗文外，黄果树瀑布还被清代小说家进行艺术加工，写入了小说中，这在以往的文史资料中未有提及。《咫闻录》是清代流行的笔记小说，约成书于道光年间，作者为浙江人，化名"慵讷居士"，曾游幕各地，后侨居广东羊城，其余生平不详。该书收录了二百四十七篇作品，大多为各地的奇闻怪谈，其中一篇名为《蔡十》的故事，正是关于黄果树瀑布的传说，全文一千零七十七字，讲述了寄居镇宁的宁夏侨民蔡十因贪恋神犀宝藏，花费三年时间在黄果树瀑布脚下犀牛潭边苦苦守候，因为一时打盹而失之交臂，最后抱憾自尽的故事。① 该传说具有明显的民间寓言色彩，旨在告诫人们不可太过痴妄。其被收入清代流行小说而广为流传，说明黄果树瀑布在当时很可能已经是家喻户晓，成为普通老百姓茶余饭后的谈资。

此外，当地少数民族的传说故事中也有许多关于黄果树瀑布的内容。在黄果树、关岭等地的布依族聚居区中就流传着"金梭划瀑布"（又作"喜鹊羽毛划飞瀑"）、"石破惊天""剪机杼""潭底拾宝""神剪""布依龙""吼瀑"等关于黄果树瀑布的传说②，其内容丰富、情节不一，但都有着一个鲜明的共同点，那就是通过神话的形式来

---

① 〔清〕慵讷居士：《咫闻录》卷三《蔡十》，清道光二十三年（1843）刻本，第24页b—28页b。
② 卢朝阳、马启忠等：《黄果树瀑布的故事》，贵州人民出版社1987年版；贵州省民间文学集成办公室主编，韦兴儒编：《贵州布依族民间故事选》，中国民间文艺出版社1989年版等均有收录。

阐释黄果树瀑布的由来，表达了当地布依族民众对于黄果树瀑布朴素的认识和想象。这些传说皆取材于布依族民众的历史生活，最先是通过口口相传，直到中华人民共和国成立后才被搜集和记录了下来，具有较高的民俗学价值，是当今黄果树旅游文化建设所不能忽视的一笔丰富文化资源。

综上，明清记述黄果树瀑布的文献载体主要有方志、游记、诗文、小说等，其记载从无到有，从简单到丰富，反映了历史开发进程推进下人们对黄果树瀑布由浅入深的认知过程。至清代中后期，黄果树瀑布已不再是单纯的自然景观，而是成为一处具有文化底蕴的名胜。

二、历史文化寻踪——黄果树瀑布周边古迹之考述

瀑布周边的白虹桥、望水亭等古迹，以及明清文人留下的一批楹联碑刻，见证了过去六百年来黄果树瀑布成为名胜的历史过程。这批古迹在岁月的侵蚀下亦屡经变迁，对其进行考证，可进一步丰富瀑布的历史文化内涵：

（一）被遗忘的白虹桥

据文献记载，黄果树瀑布上游不远处曾有一座"白虹桥"，"跨白水河，洪武二十五年（1392）右军都督佥事王成奉敕建"①。该桥建立于明代经略西南的大背景下，是驿道上的一座重要关梁，广泛见载于明清至民国的地方志乘当中。但是在现有的文史资料中，却鲜有提及此桥的。即便有所记载，内容也十分简略，大抵如安顺市民政局编著的地方资料《中国政区贵州·安顺》所载："黄果树桥：位于黄果树大瀑布上游约1千米处，始建于明洪武二十五年（1392年），又名'白虹桥'，历为滇黔驿道要道。原为五孔石拱桥，1949年国民党为了阻止解放军的进攻，将该桥毁掉，解放后重建此桥。"② 通过历史文献中的记载，再结合GIS技术，我们可以较为清晰地还原该桥变迁的历史脉络。

徐霞客于崇祯十一年（1638）四月二十三日由安庄卫（今镇宁县城）出发，沿驿道南行，其日记精确地记载了这一行程：

> （白水铺）又西二里，遥闻水声轰轰。从陇隙北望，忽有水自东北山胁泻崖而下，捣入重渊。但见其上横白阔数丈，翻空涌雪，而不见其下截，盖为对崖所隔也。复逾阜下半里，遂临其下流，随之汤汤西去。还望东北悬流，恨不

---

① 〔明〕李贤等：《明一统志》卷八十八，《景印文渊阁四库全书》第四七三册，台湾商务印书馆1982年版，第865页。
② 贵州省安顺市民政局编著：《中国政区贵州·安顺》，贵州人民出版社2014年版，第407页。

能一抵其下。担夫曰:"是为白水河。前有悬坠处,比此更深。"余恨不一当其境,心犹慊慊。随流半里,有巨石桥架水上,是为白虹桥。其桥南北横跨,下辟三门,而水流甚阔。每数丈,辄从溪底翻崖喷雪,满溪皆如白鹭群飞,"白水"之名不诬矣。度桥北,又随溪西行半里,忽陇箐亏蔽,复闻声如雷,余意又奇景至矣。①

根据徐霞客的描述,他从白水铺(今黄果树新城附近)向西走了两里路后见到了第一座瀑布,前行半里后仍对这座瀑布念念不忘,但是向导告诉他前面还有一座比这更大更深的瀑布,可见徐霞客见到的第一座瀑布并非黄果树瀑布,而是上游的陡坡塘瀑布。再随流半里后,他抵达了"白虹桥",这座南北向的三门拱桥因形如横跨于白水之上的彩虹而得名。渡过桥,再往西走半里路,又听到如雷般的轰鸣,随后才见到了黄果树瀑布的真身。

结合今天的卫星地图,运用 ARCGIS 软件对徐霞客的路线、道里进行还原,如图 2 所示。可知徐霞客所循路线与今县道 X453② 大致相符,该段路正是明代由安庄卫到关

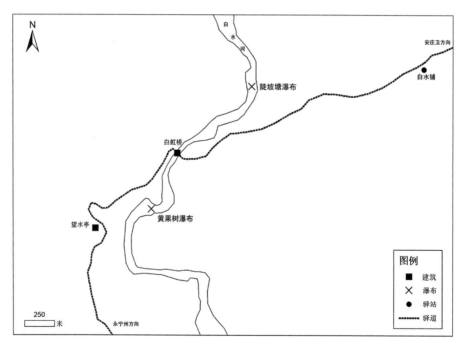

图 2　徐霞客游黄果树瀑布路线示意图

---

① 〔明〕徐宏祖:《徐霞客游记》第四册下,清嘉庆十三年(1808)叶廷甲增校本,第 31 页 b~32 页 a。
② 按,"县道 X453"即镇宁经黄果树往关岭老路。

岭的驿道主路,也是民国时期的滇黔公路。而"白虹桥"所在位置,恰与今黄果树桥所在的位置相吻合。说明今黄果树桥的前身确为白虹桥,自明代起就发挥着交通要道的作用,"为滇、黔及镇、关、郎各县往来要冲"①。自明代以来,该桥屡经修缮,桥拱也由徐霞客时代的三孔增为五孔,后于1949年被败逃的国民党军队所炸毁,中华人民共和国成立后得以重建。据民国《镇宁县志》载,该桥又名"落虹桥"②,而中华人民共和国成立后所搜集的《黄果树古今建筑与传闻记》中将该桥写作"罗洪桥",称"建桥传说多,其中一说此桥始建于清,是罗洪二姓集资修建,故名罗洪桥"③。可见随着时间的推移,"白虹桥"的本名在当地人的记忆中已变得日渐模糊。

近年来随着贵黄公路和沪昆高速的相继修通,沿用了六百余年的滇黔驿道早已失去了昔日的地位,而伴随着黄果树景区扩建,这座桥也被包围在大瀑布景区当中,不再承担对外交通运输的作用。诚然,地名的演变是历史发展的结果,但"白虹桥"这一有着深厚文化底蕴的地名被弃之不用,实在可惜。尤其是在黄果树瀑布景区被大力开发的今天,"退休了"的白虹桥不应当就此退出历史的舞台,而更应当作为文化古迹保护。望有关部门能考虑恢复该桥的原名,重视其历史文化价值,发挥其应有的文化功能。

(二)望水亭与历代楹联、碑刻

据史料记载,瀑布对岸的半山上有一座望水亭,始建于明季,乃观瀑的绝佳之处,六百余年来无数文人墨客曾驻足于此,留下了诸多遗存。过去许多文史资料在提及此亭时,多将其与今瀑布景区的观瀑亭(又名"六角亭")混为一谈,但历史上望水亭的损毁和重建经历了较为复杂的过程。《镇宁布依族苗族自治县志》曾对望水亭的历史进行了简要的阐述,也指出了今之观瀑亭并非古之望水亭,乃中华人民共和国成立后50年代重建,但相关史实仍多有不详之处。④ 因此有必要结合史料,对望水亭的历史进一步考述。

明崇祯十一年(1638)徐霞客游览黄果树瀑布时就曾在此亭休憩,其游记道:"瞻其亭,犹在对崖之上,遂从其侧西南下,复度峡南上,共一里余,跻西崖之巅。其亭乃

---

① 胡嵩修,饶燮乾等纂:民国《镇宁县志》第二卷,黄家服、段志洪主编《中国地方志集成·贵州府县志辑》(第四十四册),第469页。
② 胡嵩修,饶燮乾等纂:民国《镇宁县志》第二卷,黄家服、段志洪主编《中国地方志集成·贵州府县志辑》(第四十四册),第468页。
③ 钱定才:《黄果树古今建筑与传闻记》,中国人民政治协商会议贵州省镇宁布依族苗族自治县委员会文史资料委员会编:《镇宁文史资料选辑》(第一辑),1990年,第158页。
④ 镇宁布依族苗族自治县志编纂委员会编:《镇宁布依族苗族自治县志》,贵州人民出版社2002年版,第165页。

覆茅所为，盖昔望水亭旧址。今以按君道经，恐其停眺，故编茅为之耳。"① 可见明代末期早先的望水亭已损毁，徐霞客所见之亭为临时用茅草所搭建。永历八年（即顺治十一年，1654）夏，孙可望游览瀑布，在望水亭旧址上修筑了新亭，并刻碑记之，其文曰："驻跸旧亭，临观赞赏，俄而潭水且涌数丈，势若钱塘怒潮，喷云散雾，左右惊视，良久乃平。或曰：此神犀之效灵征异也。爰命所司选胜为亭，以备临眺。亭成而胜益著，因记诸石，以纪厥异云。又题其石壁曰'雪映川霞'。"该碑文被完整收录于道光《永宁州志》"望水亭"条目下，并有注文："按伪秦王孙可望永历八年甲午中秋立碑于亭之对岸。"② 民国《镇宁县志·艺文志》中所收孙可望《望水亭记》一文即为此碑文。③ 孙可望原为张献忠部将，在顺治三年（1646）张献忠战死后与李定国率大西军余部转战云贵地区，同南明政权联手抗清。据史料可知，自顺治十一年至十四年，孙可望一直以贵阳为据点活动，因此其筑亭立碑之事尤为可信。值得注意的是，孙可望所题"雪映川霞"四字石刻在乾隆《贵州通志》中被误记为"雪浪川霞"④，后来的咸丰《安顺府志》、光绪《镇宁州志》也沿袭了这一讹误。道光《永宁州志》中的记载则较为准确："（水帘）洞上有石碑一座，字迹模糊，碑傍石壁刻有'雪映川霞'四字。旧志'雪浪川霞''浪'字疑误。"⑤

清代的望水亭，不仅是往来商旅、官员的休憩之所，还保存着不少楹联、碑刻。清嘉庆二年（1797），重修后的望水亭又在苗民起义中被损毁。李腾华到访时，仅得见亭之遗迹，其《白水河小憩并序》道："瀑对山有望水亭，嘉庆二年为叛苗所毁。亭左废墙嵌二碑，一为奇丰额臬使所刻郎臬使若伊诗；一为陈学使本忠记。"⑥ 他所见的两座碑上刻的分别是郎若伊的《观白水河瀑布歌》和陈本忠的《观瀑布记》，其文皆被当地方志所收录。道光八年（1828），在学政许乃普的劝捐下，望水亭再一次被重修，并于亭柱署有知州黄士古题联："水色盈眸恍认庐山真面目，瀑声入耳顿消宦海热心肠"，其

---

① 〔明〕徐宏祖：《徐霞客游记》第四册下，清嘉庆十三年（1808）叶廷甲增校本，第 32 页 b。
② 〔清〕黄培杰纂修：道光《永宁州志》卷四，黄家服、段志洪主编：《中国地方志集成·贵州府县志辑》（第四十册），巴蜀书社 2006 年版，第 498 页。
③ 胡翯修，饶燮乾等纂：民国《镇宁县志》第四卷，黄家服、段志洪主编：《中国地方志集成·贵州府县志辑》（第四十四册），第 652 页。
④ 〔清〕鄂尔泰等修，靖道谟、杜诠纂：乾隆《贵州通志》卷五，黄家服、段志洪主编：《中国地方志集成·贵州府县志辑》（第四册），第 79 页。
⑤ 〔清〕黄培杰纂修：道光《永宁州志》卷三，黄家服、段志洪主编：《中国地方志集成·贵州府县志辑》（第四十册），第 481 页。
⑥ 〔清〕李宗昉：嘉庆《黔记》卷一，黄家服、段志洪主编：《中国地方志集成·贵州府县志辑》（第五册），巴蜀书社 2006 年版，第 556—557 页。

后殿还建有供奉吕纯阳（即吕洞宾）的庙宇。① 至民国时期，地处镇宁、永宁交界的望水亭由于管辖权不明，年久失修而倾圮，其纯阳庙亦"成无僧之庙，现已破败不堪云"②。民国十五年（1926）兴修滇黔公路过其址，将亭、阁及拱门拆除，只留后殿。而今公路下侧的观瀑亭，为中华人民共和国成立后50年代后所建，而亭柱上的楹联也改为"白水如棉不用弓弹花自散，红岩似火何须薪烘焰长存"③。可见，屡经损毁重修的望水亭已成为瀑布历史文化中不可割舍的一部分，其碑刻、楹联正是瀑布文化底蕴的见证，应妥善加以修复和保存。今天黄果树景区内的碑林公园收录了历代瀑布相关的碑文石刻，但由于所在地偏离瀑布核心景点，现已近废弃，实为瀑布文化之一大损失。

（三）水帘洞、犀牛潭的现实和想象

从黄果树瀑布腹部贯穿而过的水帘洞，为人们提供了一个从内到外观赏瀑布的特殊视角，这在世界知名的大瀑布中是绝无仅有的。明代萧伯辰《虹桥水帘》中一句"长虹倒影入清漩，一幅虾须掩洞天"④，生动地描绘了水帘洞与瀑布的位置关系。水帘洞长达一百三十四米，由六个洞窟、五个洞厅、三股洞泉和六个通道组成。⑤ 我们今天所见到的景区参观通道，仅为其中一部分。"水帘洞"这一称谓首见载于文献，可追溯到清康熙年间。康熙《贵州通志》载："其龙湫挂处，内有洞曰'水帘'，土人多入之以避兵。"⑥ 可见由于容积大而隐蔽，水帘洞在历史上曾被当作天然的避难所，在嘉靖二年（1523）的苗民起义中，该地生员尹连城、尹光廷等曾进入其中避难。⑦ 在以往的观点中，黄果树瀑布水帘洞的得名乃是后人对《西游记》小说中花果山水帘洞的附会。事实上，水帘洞的得名与《西游记》不无关系。在前文提及小说《咫闻录》的故事中，在主人公蔡十到达瀑布后，有这样一段描写："（瀑布）四面胜景，即《西游记》之'水帘洞'，未必有如此可爱也。"⑧ 由此可知，在当时人们的认知中，黄果树之水帘洞

---

① 〔清〕黄培杰纂修：道光《永宁州志》卷四，黄家服、段志洪主编：《中国地方志集成·贵州府县志辑》（第四十册），第498页。
② 胡翯修，饶燮乾等纂：民国《镇宁县志》第三卷，黄家服、段志洪主编：《中国地方志集成·贵州府县志辑》（第四十四册），第535页。
③ 镇宁布依族苗族自治县志编纂委员会编：《镇宁布依族苗族自治县志》，第165页。
④ 〔明〕王耒贤修，许一德纂：万历《贵州通志》卷七，第150页。
⑤ 贵州省地方志编纂委员会编：《贵州省志·名胜志》，贵州人民出版社1987年版，第184页。
⑥ 〔清〕卫既齐主修，吴中蕃、李祺等撰，阎兴邦补修：康熙《贵州通志》卷六，清康熙三十六年（1697）刻本，第11a。
⑦ 〔清〕李昶元、彭钰等修纂：光绪《镇宁州志》卷八，黄家服、段志洪主编：《中国地方志集成·贵州府县志辑》（第四十四册），第340页。
⑧ 〔清〕慵讷居士：《咫闻录》卷三《蔡十》，清道光二十三年（1843）刻本，第26页a。

即《西游记》之水帘洞在现实中的映射。大概是随着瀑布名声的远播，瀑布中的洞天胜景广为人知，人们便开始以《西游记》中家喻户晓的"水帘洞"为之命名。

犀牛潭为瀑布脚下之深潭，水色碧绿，深不见底，相传有神犀伏侁于潭底而得名。该传说由来已久，早在顺治十一年（1654）孙可望重修望水亭所立的碑文中，就有"人言中有神犀潜焉，故常变光景、出云雨，屡屡征异。孤出入滇黔，数过其地，闻此语于土人"①。清康熙初，许缵曾的《滇行纪程》中有载："里人云：潭内有水犀，风清月皎之时，往往出见。"② 顾炎武的《天下郡国利病书》亦有载："又谓有水犀时出岩谷，后徙去。"③ 可见早期版本的传说来自当地人的传言，没有复杂的故事情节，仅将瀑布脚下碧绿幽深的潭水与"神犀出没"联系到一起。

后来，该传说在流传中内容不断丰富，衍生出了另外一个版本，出现了"潭底探宝"的情节，而犀牛则被描述成了宝藏的守护者。陈鼎《滇黔游记》载："相传潭中逆变时解饷官弃金十余万于内，人多垂涎之。有善泅者没水以求，一犀熟睡波底，绕皆珍宝，遂择巨者攫之以行。犀觉逐至岸，泅者与之斗，力竭掷还，犀始退。"④ 后来在乾隆《贵州通志》中，孙可望早先于此地修筑望水亭的事迹被描述成了欲涸潭探宝，其文曰："昔孙可望至此，见水中有神物，欲涸水以索之，而潭水绝深。戽数日不可竭，乃止。"⑤ 该条文也相继被后来的方志所引用。而关于此传说最完善的版本则是张九钺在《坐白虹桥望白水岩作白水岩歌》中的注文：

> 前明水西之乱，解饷官弃金十万于潭，孙可望役万夫塞白河戽潭水取之，十余日不竭乃止。康熙间有壮士泅水入，见珠宝攫之，与犀牛斗，力竭弃之出。山阴吕黍有歌纪事，镌亭壁上。⑥

可见该传说在后来的流传过程中，又被加入了"水西之乱""孙可望"等历史元素，使得传说的内容更显"真实"。此后，该传说又经过小说家的加工，成为前文所提到的道光年间流行小说《咫闻录》中《蔡十》这一故事的蓝本。由此可见，犀牛潭的

---

① 胡嵩修，饶燮乾等纂：民国《镇宁县志》第四卷，黄家服、段志洪主编：《中国地方志集成·贵州府县志辑》（第四十四册），第652页。
② 〔清〕许缵曾：《滇行纪程》，清乾隆五十九年（1794）石门马氏大酉山房刻龙威秘书本，第8页a。
③ 〔明〕顾炎武：《天下郡国利病书》卷一百八，清光绪五年（1879）刻本，第5页b。
④ 〔清〕陈鼎：《滇黔纪游》，北京图书馆藏清康熙刻本，第9页a—b。
⑤ 〔清〕鄂尔泰等修，靖道谟、杜诠纂：乾隆《贵州通志》卷五，黄家服、段志洪主编：《中国地方志集成·贵州府县志辑》（第四册），第79页。
⑥ 〔清〕张九钺：《紫岘山人全集》诗集卷五，清咸丰元年（1851）张氏赐锦楼刻本，第8页b。

传说源于民间故事，既包括了神话的虚构和想象，也夹杂着对历史事实的模糊记忆，而其形成和流传的过程也反映了黄果树瀑布不断被人们所认知的历史过程。

三、余论

作为黔中山水的代表，黄果树瀑布之所以成为全国闻名的名胜，是明清以来贵州与外界交往加深的必然结果。史籍的翔实记载、文学作品的想象加工、民间传说的流传，共同造就了黄果树瀑布的"成名"之路，也为今天留下了一笔丰厚的文史资源。黄果树瀑布自1992年第一次申请世界自然遗产以来，至今未能如愿，这与有关部门长期以来对瀑布历史文化的不重视不无关系。如当今瀑布景区的建设，并没有复原周边白虹桥、望水亭等文化古迹，历代留下的楹联碑刻也没有得到开发利用，大有被忘却之势。历史告诉我们，名胜的打造不仅要依靠大自然的恩惠，更需要仰仗于文化的积淀。因此，应加强瀑布文史资料的发掘，注重对周边文化古迹的修复和重建，助推黄果树瀑布世界文化和自然遗产的申请工作。

（原载《贵州文史丛刊》2022年第2期）

从现存宋至清"总图"图名看古人"由虚到实"的疆域地理认知

石冰洁

(杭州市萧山区第五高级中学)

一、研究缘起

地图从绘制时间和内容上可以分为"古地图"和"历史地图",华林甫教授认为前者专指 1949 年以前使用传统方法绘制的当时的地图,即古人、近人绘制的"当代"舆图,属于文物或准文物。后者指"今人"以其所在时代的当代地图为底图,依照"今人"需要,以历史上某一年代或时期的地理状况为内容而编制的地图,表现对象为绘制者所在时代以前的历史时期的内容。[①] 无论是古地图还是历史地图,都存在一类"以整个王朝疆域范围为主要表现对象"的地图,本文将这类地图称为"全国总图",简称"总图"。由于现存的古代"总图"数量有限,表现范围和精度不一,难以直接利用,我们今天在研究历史上王朝疆域和地理空间问题时多参考由中国社会科学院主办,谭其骧先生主编的《中国历史地图集》。该图集以清朝完成统一后、帝国主义侵入中国以前清朝版图(18 世纪 50 年代—19 世纪 40 年代)作为历史时期中国的范围,承认在这个范围内建立的所有政权为中国史上的政权[②],以中华人民共和国地图为底图,分幅表现了历代政权的疆域和政区,是目前中国大陆最权威的历史地图集。但是该图集是从今人视角出发,通过文献和地理考证"复原"的古代王朝疆域,会受到时空局限和今人地理观念的影响。要考察古人对其身处的地理空间的认识,探究历史上"中国"的范围到底如何,古人的疆域认知是如何变化的,多元一统的"中国"是如何逐步构建形成

[①] 华林甫:《舆图包含大量历史信息,近代地图学史研究依然薄弱》,《中国社会科学报》2014 年 6 月 9 日第 605 期。

[②] 谭其骧:《历史上的中国和中国历代疆域》,《中国边疆史地研究》1991 年第 1 期,第 34 页。

的，如果回到古人所绘的古代地图上，无疑将为我们提供新的启示。全国总图是对王朝空间范围最完整的表现，所以笔者试图对现存古代"总图"作一梳理，探究古人对于王朝疆域范围的认知，并以此古今观照，考察疆域地理观念的历史变化。

中国古代地图编绘历史悠久，作为国家版图象征的王朝时期全国疆域总图是其中重要的一类，但由于时代更迭、粗存精亡等原因，唐及唐以前的全国地图虽有文字记载，但都未流传下来，现存最早的全国地图是宋代的，包括官、私绘刻的单幅总图和书籍附图。虽然囿于测绘技术和地理认知的时代局限，这些古代总图所展现的疆域范围和地理空间较之当时的实际情况存在偏差，但相对于传统的文献叙述，却是时人地理观念和疆域认知更为直观的空间反映。而"名，自命也"，地图的图名无疑是绘图人对于图上空间表现内容的概括总结，一定程度上反映了时代特征和绘图人的疆域认知。基于此，本文主要对宋至清现存的全国总图以及宋以前文献中出现的总图图名作一初步的梳理统计与分析，以期在此基础上对以上问题进行一些探索。

二、总图资料来源和体系

本文所指称的"总图"不独为传统意义上的政区地图，还包括"读史地图"[①] 等。其中民国以前编纂的历史地图集中的"历代疆域图"系列地图，表现了历代王朝疆域范围及变化，虽是后人描绘的历史地图，也属于"总图"的范畴。此外，还包括晚明以来以明清王朝疆域为主体，周围分绘世界其他国家、表现早期模糊世界认识的地图。这类地图虽超出了"王朝疆域"的空间范围，但其中表现的域外世界是有限的、不甚准确且严重变形的，这些新内容多简单摹袭传教士所绘"世界地图"，绘者对其几无直接认知，地图表现的主体部分还是位于中心、占据图幅绝对比重的"中国"部分，所以这类地图也可以归入本文所讨论的"总图"之中。从东汉明帝所赐王景《禹贡图》[②] 到西晋裴秀的《禹贡地域图》[③]《方丈图》[④]，再到唐代贾耽的《海内

[①] 主要指为配合《诗经》《禹贡》《水经注》等典籍的阅读而编绘的地图，以及在图上添注文字描述或注记重要历史人物事迹帮助了解历史的地图。

[②] 《后汉书》卷七六《循吏列传第六十六》："永平十二年，议修汴渠，乃引见景，问以理水形便。景陈其利害，应对敏给，帝善之。又以尝修浚仪，功业有成，乃赐景《山海经》《河渠书》《禹贡图》及钱帛衣物。"

[③] 《晋书》卷五《列传第五》："以《禹贡》山川地名，从来久远，多有变易。后世说者或强牵引，渐以暗昧。于是甄摘旧文，疑者则阙，古有名而今无者，皆随事注列，作《禹贡地域图》十八篇，奏之，藏于秘府。"

[④] 《北堂书钞》卷九六《方丈图》："司空裴秀以旧天下大图用缣八十匹，省视既难，事又不审，乃裁减为方丈图。以一分为十里，一寸为百里，从率数记里，备载名山都邑。王者可不下堂而知四方也。"

华夷图》①，中国古代文献中对于全国总图的记述早已有之。但现存最早的实物总图是藏于西安碑林博物馆的碑刻《禹迹图》《华夷图》（绍兴六年刻石），此外现存的宋代石刻总图还有保存在镇江博物馆的碑刻《禹迹图》（绍兴十二年刻石）、藏于四川博物院的碑刻《九域守令图》、藏于苏州碑刻博物馆的《地理图》（淳祐七年刻石）及藏于日本京都东福寺的《舆地图》拓片。此外，绘制于宋代的"总图"还有《九州山川实证总图》《唐一行山河分野图》《十五国风地理之图》以及藏于日本东洋文库的南宋刻本《历代地理指掌图》。从现存总图数量看，宋代可谓是一个"从无到有"的突破期，且数量可观、质量上乘、类型多样，所以本文选取宋代为时间上限展开论述。

本文对现存地图的梳理所依据的古籍资料以文渊阁《四库全书》所收书籍为主体，主要集中于经部的"书""诗""春秋"和"群经总义"四类，包括"禹贡图""华夷图（四夷图）""十五国风图""春秋诸国图"系列地图；史部的"地理""职官""政书"三类，包括"历代地理图""全国直省图""边防图"系列；子部的"术数""类书"两类，前者主要为"天象分野图"，后者涵盖了前述各系列。② 此外也参考了部分"四库丛书"以外的文献或地图集中收录的"总图"。单幅地图主要参考国内外主要文博机构所藏著录，包括碑刻、手绘、版印、扇面等多种形式。③ 根据总图图名及表现内容，笔者将这些现存地图分为表现绘制时代之前地理情况的"历代疆域图"和表现绘制时期当代地理情况的"王朝疆域图"，并将"禹贡九州图"和"华夷图"看作两类特殊地图。④ 无论是东汉王景所得的《禹贡图》还是裴秀所作的《禹贡地域图》，或是早于《华夷图》刻石的《禹迹图》，从文献记载以及实物地图看，"禹贡图"作为"总图"的历史相对来说是最悠久的，所以下文以之为首，按照"禹贡图""华夷图""历

---

① 《旧唐书》卷一三八《列传八十八》："谨令工人画《海内华夷图》一轴，广三丈，从三丈三尺，率以一寸折成百里。别章甫左衽，奠高山大川。缩四极于纤缟，分百郡于作缋。宇宙虽广，舒之不盈庭；舟车所通，览之咸在目。"

② 汪前进：《地图在中国古籍中的分布及其社会功能》，《中国科技史料》1998年第3期。

③ 主要参考曹婉如、郑锡煌、黄胜璋等：《中国古代地图集》（战国—元）、（明代）、（清代），文物出版社1990、1994、1997年版。阎平、孙果清：《中华古地图集珍》，西安地图出版社1995年版。李孝聪：《欧洲收藏部分中文古地图叙录》，北京国际文化出版公司1996年版。国图善本特藏部舆组：《舆图要录：北京图书馆藏6827种中外文古旧地图目录》，国家图书馆出版社1998年版。李孝聪：《美国国会图书馆藏中文古地图叙录》，文物出版社2004年版。王自强：《明代舆图综录》，星球出版社2007年版；《皇舆遐览：北京大学图书馆藏清代彩绘地图》，中国人民大学出版社2008年版；孙靖国：《舆图指要：中国科学院图书馆藏中国古地图叙录》，中国地图出版社2012年版。席会东：《中国古代地图文化史》，中国地图出版社2013年版；《皇舆搜览：美国国会图书馆所藏明清舆图》，台北"中研院"2013年版。

④ "读史地图"根据实际反映的地理空间情况划归入上述相应类目中。

代疆域图""王朝疆域图"的顺序进行梳理。

（一）禹贡图

"禹贡图"得名《尚书·禹贡》，源于对经典的阐释，但其中"禹别九州"的说法使得"九州"的概念在人们对疆域认识尚模糊粗浅的中国历史早期成为彼时疆域范围相对具体的指代。随着儒家经典《尚书》地位的提升，"禹贡九州"逐渐成为中国的代称，以禹贡、禹迹、九州为名的系列地图一段时期内成为全国总图的代表。据表1统计，现存"禹贡九州"系列图主要有25种，其中单幅图3种，收入3种历史地图集中共6种，收入4种辑录类书中共9种，其余7种皆出自释解《禹贡》之书。从来源上可看出作为《禹贡》一书解经之图的回归；从数量上看呈现出由宋到清递减的趋势；从具体图上表现看，除三种碑刻图基本反映了宋代实际疆域地理情况外，随书籍刻印的地图其轮廓形状大多长期保持粗简的"方形"，标注的地名也古今掺杂，并非精准的"当朝"政区名称。可见"禹贡图"系列地图在宋以后逐渐回归为解经之图，其实际功用决定了其表现的空间范围是早期疆域尚未完全明确定型时的理想"九州"范围。

表1 "禹贡九州图"系列①

时代	作者	图名	所载文献/图集名	出处	备注
宋		禹迹图		西安碑林博物馆	碑刻
宋		禹迹图		镇江市博物馆	碑刻
宋		九域守令图		四川博物院	碑刻
宋	税安礼	禹迹图	历代地理指掌图	日本东洋文库	宋本
宋	唐仲友	禹迹九州之图	帝王经世图谱		
宋	唐仲友	禹贡九州山川之图	帝王经世图谱		
宋	杨甲	禹贡随山浚川图	六经图		
宋	杨甲	禹贡九州疆界之图	六经图		
宋	杨甲	禹贡治水先后图	六经图		
宋	程大昌	九州山川实证总图	禹贡论		

① 本文"禹贡图""华夷图""王朝疆域图"系列表格中所列文献附图除特殊标注外，皆来源于文渊阁《四库全书》。表中所列地图以绘图人和不同图名区别种类，不分列同一种图的不同版本。一种地图被多个文博机构收藏的选列其中一个馆藏地。

续 表

时代	作 者	图 名	所载文献/图集名	出 处	备注
宋	傅寅	禹贡山川总会之图	禹贡集解	《中华再造善本》	
明	章潢	禹贡所载随山浚川图	图书编		
明	章潢	禹贡九州及今郡县山水之图	图书编		
明	王圻	禹贡总图	三才图会	《续修四库全书》	
明	王圻	禹迹图	三才图会	《续修四库全书》	
明	艾南英	九州分域图	禹贡图注	《四库全书存目丛书》	
明	艾南英	九州贡道图	禹贡图注	《四库全书存目丛书》	
明	沈定之、吴国辅	禹贡九州图	今古舆地图	美国国会图书馆	
明	沈定之、吴国辅	禹迹随山浚川图	今古舆地图	美国国会图书馆	
明	沈定之、吴国辅	增定禹贡敷土随山刊奠图	今古舆地图	美国国会图书馆	
明	沈定之、吴国辅	九州二十八宿分野图	今古舆地图	美国国会图书馆	
清	胡渭	九州分域图	禹贡锥指		
清	胡渭	九州贡道图	禹贡锥指		
清	朱鹤龄	考定禹贡九州全图	禹贡长笺		
清		禹贡图	历代沿革图（原集无图名）	中国科学院图书馆	

（二）华夷图

"华夷"一词由来已久，"华"指中华、华夏；"夷"最初指四夷，即四方的非华夏族群体，"华""夷"并称即组成了早期的"天下"。之后"华夷之辨"与"华夷一统"的关注和讨论使得"华夷图"成为一种独立而特殊的地图种类。"华夷图"的文献记载可以追溯到唐代贾耽的《海内华夷图》，但现存最早的两种"华夷图"出自北宋《历代地理指掌图》，都以宋代疆域政区为表现范围，一种侧重于行政区划名称，但也标注了重要的山岳和河湖；一种地域表现范围较前种稍缩，侧重于标注山水名称，不表现海域范围及海上岛国。从时间上看，暂未发现现存清代的"华夷图"，这可能与清代统治者强调华夷一体，不愿自居"夷狄"有关，也与随着帝国版图的逐步稳定，早先的边疆民族和部分外夷逐渐融入中华民族的历史趋势相合。从图名上看，少有单以"华夷"二字名之的，主要有突出"时间"和"空间"概念的两类，前者多加以"古今、今古、历代"之词，表现所反映内容的古今变化，如《今古华夷区域总要图》名曰"今古"，在图上就用墨色标注"今"地，以朱色标出汉至宋的行政区划。后者则多冠以"四海、一统、总"一类词，彰显地理空间上的"华夷一统"和随着时代发展两者相生相融的紧密联系。

表2 "华夷图"系列

时代	作者	图名	所载文献/图集名	出处	备注
宋	税安礼	古今华夷区域总要图	历代地理指掌图	日本东洋文库	宋本
宋	税安礼	历代华夷山水名图	历代地理指掌图	日本东洋文库	宋本
宋		华夷图		西安碑林博物馆	碑刻
元	陈元靓	华夷一统图	新编群书类要事林广记	《续修四库全书》	
明	章潢	四海华夷总图	图书编		
明	章潢	四夷总图	图书编		
明	王圻	华夷一统图	三才图会	《续修四库全书》	
明	茅元仪	四夷总图	武备志	《续修四库全书》	
明	陶承庆（校正）	四夷总图	大明一统文武诸司衙门官制	《四库全书存目丛书》	
明	吴学俨	华夷古今形胜图	地图综要		明刻本
明	沈定之、吴国辅	今古华夷区域总要图	今古舆地图	美国国会图书馆	
明	沈定之、吴国辅	历代华夷山名图	今古舆地图	美国国会图书馆	
明	沈定之、吴国辅	历代华夷水名图	今古舆地图	美国国会图书馆	

（三）历代疆域图

历代疆域图主要收录在历史地图集和类书中，其中较为系统完整的主要有北宋税安礼的《历代地理指掌图》，明代王圻的《三才图会》，明代沈定之、吴国辅的《今古舆地图》，中国科学院图书馆所藏清代不著绘者和图集名称的地图集（暂以"历代沿革图"称之），清代杨守敬的《历代舆地图》。（见表3）

表3 "历代疆域图"系列①

书 名	时代	相 同 地 图	独 有 地 图
历代地理指掌图	宋	虞舜十有二州图、商九有图、周职方图、春秋列国之图、七国壤地图、秦郡县天下图、西汉郡国图、汉异姓八王图、汉吴楚七国图、东汉郡国之图、三国鼎峙图、西晋郡国图、东晋中兴江左图、刘宋南国图、萧齐南国之图、萧梁南国之图、南陈南国之图、元魏北国之图、高齐北国图、后周北国图、唐十道图、唐郡名图、唐十五采访图、李唐藩镇疆界图、朱梁及十国图、后唐及五国图、石晋及七国图、刘汉及六国图、郭周及七国图、唐一行山河两戒图	天象分野图、历代杂标地名图、刘项中分图、隋氏有国图
三才图会	明		帝喾九州之图、十五国风地理之图、刘项中分图、隋氏有国图、宋祖肇造之图、宋朝太宗统一之图、宋朝元丰九域图、宋朝化外州郡图、天象分野图、历代帝都之图
今古舆地图	明		帝喾九州之图、秦初并天下图、楚汉之际诸侯王图、汉书诸侯王表图、汉书地理志列国分野图、东汉十三州部刺史图、西晋十九州部刺史图、隋郡县图、唐十道节度经略使图、宋初列国图、宋封域及外国总图、宋元丰九域图、宋府州军监图、宋史二十六路图、南宋中兴图、元十二省图、元行省行台廉访宣慰司图、元路府州县图
历代沿革图	清	春秋列国图、战国前图、战国后图、秦郡县图、楚汉分封图、汉高封建郡国图、汉武郡国图、汉平郡国总图、更始割据、东汉州郡全图、建安分裂图、三国图、西晋州郡图、东晋前图、东晋后图、刘宋图、萧齐图、萧梁图、陈州郡图、北魏图、东魏高齐图、西魏宇文周图、隋州郡图、隋末割据图、唐太宗十道图、玄宗十五道图、唐府州军全图、方镇前图、方镇后图、朱梁图、后唐图、刘汉图、郭周图、北宋全图、南宋全图、金源图、元省州全图、明省府州县卫全图	
历代舆地沿革险要图	清	尔雅殷制图、职方周制图、春秋列国图、七国形势图、秦三十六郡图、楚汉之际形势图、前汉地理志、前汉末割据图、后汉郡国志图、后汉末割据图、三国疆域图、三国形势图、晋地理志图、东晋疆域图、前赵疆域图、后赵疆域图、前燕疆域图、后燕疆域图、南燕疆域图、北燕疆域图、前秦疆域图、后秦疆域图、西秦疆域图、后蜀疆域图、前凉疆域图、后凉疆域图、南凉疆域图、北凉疆域图、西凉疆域图、夏疆域图、杨氏疆域图、南宋州郡志图、南齐州郡志图、梁疆域图、陈疆域图、晋宋齐梁陈形势图、北魏地形志图、东魏疆域图、西魏疆域图、北齐疆域图、北周疆域图、东西魏齐周形势图、隋地理志图、隋末割据图、唐地理志图、唐藩镇图、李茂贞割据图、西夏割据图、后梁并十国图、后唐并七国图、后晋并七国图、后汉并六国图、后周并七国图、宋地理志图、宋南渡疆域图、辽地理志图、金地理志图、元地理志图、元末割据图、明地理志图、明九边图	

① 禹贡图(禹迹图)既可以单独成为一个系统,又属于历代疆域图中的一部分,但前文对其已单独做了梳理,此处不再赘述。此外如"周礼职方图""国风图"等类别的部分地图原为解经之作,但客观上也可看作历史地图。再,本文将历史地图集中的当朝地图归入"王朝疆域图"系列。

此外包含历代疆域图的文献还有宋代唐仲友《帝王经世图谱》中的《舜肇十有三州之图》《周职方辨九州之图》《职方九州山川之图》《周保章九州分星之谱》《魏陈卓十二次分野图》《唐一行山河分野图》；李樗、黄櫄《毛诗集解》中的《十五国都地理之图》；杨甲《六经图》中的《十五国风地理图》《春秋诸国地理图》；明代章潢《图书编》中的《周礼职方春秋列国图》《春秋列国图》；清代王掞《钦定春秋传说汇纂》中的《苏轼指掌春秋列国图》；胡渭《禹贡锥指图》中的《尔雅九州图》《职方九州图》；以及在一幅图上表现历代疆域、国都变化的历史地图，如元代陈元靓《新编纂图增类群书类要事林广记》中的《历代舆图》《历代国都图》；《新编群书类要事林广记》中的《历代国都图》；明代章潢《图书编》中的《历代国都图》。

从表3明显可以看出宋本《历代地理指掌图》对后世的巨大影响，明代的《三才图会》和《今古舆地图》皆主要沿袭其图。从图名看，"历代疆域图"系统由宋到清不断完善，逐步呈现出用多幅地图表现一个朝代的不同阶段或不同政区设置变化的特点，反映出早期对王朝疆域较为模糊的地理认知逐渐明晰，开始注重对于短时段内地理空间和政区变化的体察。如明《三才图会》因袭宋《历代地理指掌图》，表现宋代疆域的地图仅有《宋朝太宗统一之图》《宋朝元丰九域图》《宋朝化外州郡图》3种，而之后的《今古舆地图》对于宋代收录了《宋初列国图》《宋封域及外国总图》《宋元丰九域图》《宋府州军监图》《宋史二十六路图》《南宋中兴图》6种，数量明显增加。又如《历代地理指掌图》《三才图会》和《今古舆地图》中仅有《元魏北国之图》，而清代的两图集中细分出了《北魏地形志图》《东魏疆域图》《西魏疆域图》。明代图集中仅收录了北宋和南宋图，而清代两图集中除宋代疆域图外又分别新增了《金源图》《金地理志图》和《辽地理志图》这三种同时代的辽金疆域图。此外清代历史地图集还呈现出其他变化，一方面，"历代沿革图"中对图名作了简化，省去了行政区划设置的名称，突出了各朝代之名。另一方面，作为历史地图集大成之作的《历代舆地沿革险要图》中的各图首次用"疆域"二字部分代替了传统各朝不同的行政建置名称，强调了整个王朝地理疆域范围的概念，反映了疆域观"由虚到实"的变化，清末实土疆域观念基本成型。

（四）王朝疆域图

与"华夷图""禹贡图"和"历代疆域图"中的总图自成体系不同，"王朝疆域图"类中的总图名称各异、种类繁多、各有侧重。为明确地图类型以便进一步分析，笔者从图名和绘图参考来源入手，结合前人研究，将这些地图大致分为五大类别①：

---

① 个别地图按名称和内容可分处多类时，鉴于名称存在的词汇固定化可能，按反映图上内容的参考来源划分。如《备志皇明一统形势分野人物出处全览》按图名可归入"一统图"类，但考虑到受《一统志》名称影响，"大明一统"或已成为一个固定化词汇，故而按表现内容将此图归入"人物路程"类别中；又如《大清一统舆地全图》按参考来源归入"皇舆全览图"类别中。

表4 "王朝疆域图"系列①

时代	作者	图名	所载文献/图集名	出处	备注
宋	税安礼	太祖皇帝肇造之图	历代地理指掌图	日本东洋文库	宋版
宋	税安礼	太宗皇帝统一之图	历代地理指掌图	日本东洋文库	宋版
宋	税安礼	圣朝元丰九域图	历代地理指掌图	日本东洋文库	宋版
宋	税安礼	本朝化外州郡图	历代地理指掌图	日本东洋文库	宋版
宋	税安礼	圣朝升改废置州郡图	历代地理指掌图	日本东洋文库	宋版
宋	志磐	东震旦地理图	佛祖统纪	《四库全书存目丛书》	
宋	黄裳	地理图		苏州碑刻博物馆	碑刻
宋		舆地图		日本京都东福寺栗棘庵	
元	虞集	元经世大典地里图（魏源所刊取名）	经世大典		〔清〕魏源：《海国图志》辑
元	陈元靓	大元混一图	新编纂图增类群书类要事林广记	《续修四库全书》	
元	刘应李	混一诸道之图	新编事文类聚翰墨全书	《续修四库全书》	
元	清浚	广轮疆里图	（〔明〕叶盛）水东日记		
元	权近	混一疆理历代国都之图		日本龙谷大学图书馆	朝鲜绘
元		混一历代国都疆理之图		日本妙心寺麟祥院	
明	章潢	二十八宿分应各省地理总图	图书编		
明	章潢	天下各镇各边总图	图书编		
明	章潢	古今天下形胜之图	图书编		

① 这类地图数量较多，种类复杂。排列顺序暂以朝代为纲，再按照先文献附图后单幅地图之序排列，单幅地图主要以类相从。

续表

时代	作者	图名	所载文献/图集名	出处	备注
明	章潢	中国地理海岳江河大势图	图书编		
明	章潢	中国三大干龙总览之图	图书编		
明	王圻	九边总图	三才图会	《续修四库全书》	
明	王鸣鹤	一统总图	登坛必究	《续修四库全书》	
明	茅元仪	一统总图	武备志	《续修四库全书》	
明	陶承庆（校正）	舆地总图	大明一统文武诸司衙门官制	《四库全书存目丛书》	
明	陶承庆（校正）	九边总图	大明一统文武诸司衙门官制	《四库全书存目丛书》	
明	郑若曾	舆地全图	筹海图编		
明	李贤	大明一统之图	明一统志		
明	艾南英	舆地总图	禹贡图注	《四库全书存目丛书》	
明	吴学俨	天下舆地分里总图	地图综要		明刻本
明	罗洪先	舆地总图	广舆图	国家图书馆	
明	汪缝预	舆地总图	广舆考	国家图书馆	
明		舆地总图	大明广舆考	英国图书馆东方部	
明		舆地总图	大明舆地图	美国国会图书馆	
明	陈祖绶	天下大一统图	皇明职方地图	法国国家图书馆地图部	
明	陈祖绶	皇明大一统图	皇明职方地图	法国国家图书馆地图部	
明	沈定之、吴国辅	大明肇造图	今古舆地图	美国国会图书馆	
明	沈定之、吴国辅	大明万世一统图	今古舆地图	美国国会图书馆	

续 表

时代	作者	图名	所载文献/图集名	出处	备注
明	沈定之、吴国辅	九边图	今古舆地图	美国国会图书馆	
明		大明混一图		中国第一历史档案馆	
明		皇明舆地之图		日本东北大学狩野文库	林全堂翻刻
明		皇明一统地理之图		日本奈良大和文华馆	
明	喻时	古今形胜之图		西班牙塞维利亚印度总档案馆	
明	梁輈	乾坤万国全图古今人物事迹		南京吏部四司正巳堂刻本	现下落不明
明		备志皇明一统形势分野人物出处全览		波兰克拉科夫市图书馆	
明	曹君义	天下九边分野人迹路程全图		国家图书馆	
明	曹君义	大明九边万国人迹路程全图		日本早稻田大学图书馆	
明	吴悌	皇明舆地之图		日本龙谷大学图书馆	
明		大明一统山河图		美国国会图书馆	
明		（王泮题识）舆地图		法国国家图书馆地图部	原无图名
明		（杨子器跋）舆地图		大连市博物馆	原无图名
清	顾祖禹	舆地总图	读史方舆纪要		
清	顾祖禹	九边总图	读史方舆纪要		
清		皇舆全图	嘉庆重修一统志	《四部丛刊》	
清		大清万年一统天下全图	三才一贯图	美国国会图书馆	
清	陆应扬、蔡方炳	广舆总图	广舆记	日本早稻田大学图书馆	

续 表

时代	作 者	图 名	所载文献/图集名	出 处	备 注
清	王君甫	天下九边万国人迹路程全图		美国哈佛大学图书馆	
清	吕君翰	天下分野舆图古今人物事迹		英国牛津大学图书馆	
清		历代分野之图古今人物事迹		日本国立国会图书馆	日绘，誊录吕君翰图
清		皇舆全览图		故宫博物院	实测
清		皇舆全图	大清一统地舆图集	英国图书馆	
清	京师官书局	皇舆全图	光绪会典舆图	国家图书馆	
清	马俊良	舆地全图	京板天文舆地全图	美国国会图书馆	
清		大清一统舆地全图	京板天地全图	英国图书馆印度事务部	
清	阎咏、杨禹江	大清一统天下全图		原藏故宫博物院，今藏不明	
清	汪日昂	大清一统天下全图		韩国首尔大学奎章阁	
清	黄千人	大清万年一统天下全图		国家图书馆	
清	朱锡龄	大清万年一统全图		国家图书馆	
清	朱锡龄	大清一统天下全图		美国威斯康星大学密尔沃基分校图书馆	佩丰斋制
清	朱锡龄	大清万年一统天下全图		法国国家图书馆地图部	
清		大清万年一统地理全图		国家图书馆	
清		天下京省江山湖海地舆全图		英国皇家地理学会	
清		天下古今舆地图		大英图书馆	
清		地舆全图		法国国家图书馆	

续 表

时代	作 者	图 名	所载文献/图集名	出 处	备 注
清	董方立、李兆洛	皇朝一统舆地全图		国家图书馆	
清	六 严	皇朝一统舆地全图		国家图书馆	缩摹李图
清	胡锡燕	皇舆全图	皇清地理图		
清	俞守义	皇舆全图	皇清地理图	英国图书馆东方部	覆刻胡图，萃文堂刊印
清	邹伯奇	皇舆全图		国家图书馆	
清		国朝天下舆地全图	清朝舆地全图	北京大学图书馆	
清	胡林翼、邹世诒	大清一统舆图	皇朝中外一统舆图	国家图书馆	湖北抚署景桓楼刊本
清	湖北官书局	皇朝直省府厅州县全图		国家图书馆	
清	湖北官书局	大清一统舆地全图		国家图书馆	
清		皇朝直省地舆全图		国家图书馆	点石斋印
清		大清廿三省舆地全图		美国国会图书馆	
清	申江墨香馆	大清一统廿三省舆地全图		美国国会图书馆	扇面
清	梁柱臣	大清十八省全图		英国博物馆	
清	刘 堃	天下总图	各省舆图便览		
清	稿云女史	天下总舆图		英国皇家地理学会	
清	商务印书馆	大清帝国	大清帝国全图	国家图书馆	
清	梅村弥白	大明京省九边外国府州县路程图（大明九边万国人迹路程全图）		日本筑波大学附属图书馆	日绘
清		清朝一统之图		日本龙谷大学图书馆	日绘
清		（经天合地）大清广舆图		日本国立国会图书馆	日绘

1. 一统图

一统图包括《太宗皇帝统一之图》《大元混一图》《混一诸道之图》《混一疆理历代国都之图》《大明混一图》《大明一统之图》《一统总图》《皇明一统地理之图》《天下大一统图》《皇明大一统图》《大明一统山河图》《大明万世一统图》。这一划分依据的是地图图名中出现与"一统"相关的词。"统一""混一""一统"同义①，自元代修《一统志》后，"一统"一词作为一个固定用词大量应用于地图图名之中。为避免选取标准不同引起的歧义，本文未按照图上表现的地理范围包含王朝主体与周边地域，形成了"大一统"格局，将诸如《（王泮题识）舆地图》《（杨子器跋）舆地图》等图包含在内②，而仅根据图名中是否出现"一统"相关的词进行分类。这样划分一方面考虑到"一统图"不等于"天下图"，"一统"的含义复杂，包括地理、行政、文化等多维度，除了空间范围外还需考虑实际控制等因素，根据图名用词划分相对方便。另一方面也考虑到地图图名是绘图者的表达，其命名代表了绘图者对于地图性质最客观、直观的定义，即使这些地图现在看来表现范围有差异，精度也有所不同，但真实反映了当时人对"一统"这一概念的认识。

2. 广舆图

广舆图包括《大明一统文武诸司衙门官制·舆地总图》《筹海图编·舆地全图》《广舆考·舆地总图》《大明广舆考·舆地总图》《大明舆地图·舆地总图》《地图综要·天下舆地分里总图》《读史方舆纪要·舆地总图》《今古舆地图·大明肇造图》《大清广舆图》。明代罗洪先参考元代朱思本的《舆地图》绘成《广舆图》后，大量著作附图和图集以之为原型，《广舆图》中的《舆地总图》也成为"清廷三大实测地图"和清末以《皇舆全览图》为底图绘制的各类总图出现以前明清传统地图迭相转绘的母图，形成了明清时期民绘总图中最为重要的一个系列。

3. 人物（迹）路程图

人物（迹）路程图包括《乾坤万国全图古今人物事迹》《备志皇明一统形势分野人

---

① "混一"一词语出《战国策·楚策一》："夫以一诈伪反覆之苏秦，而欲经营天下，混一诸侯，其不可成也亦明矣。"

② 对于"一统图"的定义主要有两种，一种认为表现实际控制传统"九州"全境的王朝疆域范围，如《太宗皇帝统一之图》；一种认为包含王朝疆域主体及域外诸国，表现"大一统"理想的空间范围，《混一疆理历代国都之图》《大明混一图》《（杨子器跋）舆地图》等即属于此类。但林岗《从古地图看中国的疆域及其观念》（《北京大学学报》2010年第3期）一文认为不能孤立地以图所示的地理空间广阔度来定其疆土观念，《（杨子器跋）舆地图》和《（王泮题识）舆地图》的域外部分粗疏变形严重，并不强调本部与周边地理空间的相互联系，应属于"本部中国"地图，而华夷图表现了与周边的关系，属于"一统图"。笔者认为"一统"的含义在不同语境中具有多样性，不能简单地笼统概之。

物出处全览》《大明九边万国人迹路程全图》《大明京省九边外国府州县路程图》《天下九边万国人迹路程全图》《天下九边分野人迹路程全图》《天下分野舆图古今人物事迹》《历代分野之图古今人物事迹》。明代总图除初期受元代《混一疆理历代国都之图》影响绘成，表现广阔地理空间范围的《大明混一图》和罗洪先据朱思本图改绘的"广舆图"系列地图外，还有一类以王朝疆域为主体兼及部分域外地名，在图上写有相应文字描述和注记的地图，一直影响到清代，并传播到域外，出现了日本改绘版本。由于这类图名中大多含有"人物（人迹）""路程"之词，本文将其称为"人物（迹）路程图"①。这类地图中最早的是刊印于万历二十一年（1593）的《乾坤万国全图古今人物事迹》，据该图图名两边的序言可知此图编制时曾参考罗洪先《广舆图》、利玛窦初版世界地图、奥尔蒂利《舆图汇编》等，可知该系统的地图受到了西人绘图影响。此类图特殊之处在于除标注大量中外地名外，还注释各地相关史地、经济等情况，列出古今人物事迹出处，各省、府、州、县户数、人口、米麦、丝绢、棉花、马草、食盐等经济数据，尤其是表现了各州府县的相对方位和路程远近，体现了对于王朝疆域内部地理空间的关注。

4. 皇舆全览图

皇舆全览图包括《嘉庆重修一统志·皇舆全图》《光绪会典舆图·皇舆全图》《大清中外一统舆图》《皇朝中外一统舆图》《大清一统舆地全图》《皇朝一统舆地全图》《皇清地理图·皇舆全图》《皇朝一统图》。康熙《皇舆全览图》的测绘系由康熙皇帝提出，主要由法国传教士主持完成。自康熙四十七年（1708）始，历经十年，采用较为科学的天文观测和三角测量方法对内地十五省和满蒙等地进行了科学测量，首次采用经纬网绘制法。之后雍正朝测绘的《雍正十排图》、乾隆朝测绘的《乾隆十三排图》都是在康熙《皇舆全览图》的基础上进行增补，最终形成了包括内地以及满蒙、新疆、西藏地区在内的大一统全国总图。这一系列地图编绘完成后藏于内府，除官修典志外，私人仿制始于董方立，李兆洛《皇朝一统舆地全图》题识："皇朝康熙乾隆两朝，内府舆图外间流布绝少，武进董方立精心仿绘，复博稽掌故，旁罗方志，自乾隆以来州县之改更、水道之迁异，皆参校确实而著之，以道光二年为断。东尽费雅喀，西极葱岭，北界俄罗斯，南至于海。"这以后，清末至民国初年出版的全国总图大多是以此系列地图为蓝本的。

---

① 对于这类地图，李孝聪先生在《记16—18世纪中西方舆图传递之二三事》（《跨越空间的文化》，东方出版中心2008年版）一文中将之归类为"读史地图"，主要是出于这类地图对于研习中国历史、了解古今人物事迹发生之所在地的功用角度，本文则是从图名和图上表现的角度进行命名。

5. "大清万年一统"系列地图

"大清万年一统"系列地图包括《舆地全图》《大清一统舆地全图》《大清一统天下全图》《大清万年一统天下全图》《大清万年一统地理全图》。根据这些地图的题识和绘图样式比对，可知这一系列总图始于黄宗羲旧刻舆图，阎咏、杨禹江的《大清一统天下全图》是此类地图的正式源头，黄千人的《大清万年一统天下全图》是其中的核心，直接促生了之后众多的摹绘本和改绘本。地图的形制经历了从纵幅到横幅、从纸本到挂轴到屏风的转变，制图方式也经历从绘本到石刻拓本的流变。① "大清万年一统"系列地图②形成于康熙朝，成熟于乾隆朝，至道光朝尚见流传，跨越了康、雍、乾、嘉、道五朝，是康雍乾这一中西地理观念和制图体系首次交汇的时代背景下，中国传统舆图编制形式的延续与展现。可以说是除了"广舆图"系列《舆地总图》和《皇舆全览图》系列实测全图外，清代全国总图的另一大系列。同样作为私绘总图，这一系列地图的图幅及表现范围都要大于"广舆图"类地图，同时根据清代的《政治典训》《亲征平定朔漠方略》《平定罗刹方略》等书标注了部分外国国名，已有了相对明确的"中外之分"。

三、从图名变化看"由虚到实"的疆域地理认知

长期以来古人秉持的都是"普天之下莫非王土"的"天下观"，再加上囿于交通等因素导致的空间活动范围的局限，对于疆域地理的认知长期以来停留在模糊、空泛的"天下"观念上，并没有具体清晰的王朝疆域范围和地理空间认知。而随着《禹贡》一书作为儒家经典地位的提升，"九州"的概念为大家接受，其范围也逐渐成为疆域范围的代表，并随着这一正统性而成为一种理想中的疆域范围存在了很长一段时间。之后随着空间活动范围的扩大所带来的地理认知的丰富，古人对王朝疆域范围的认识逐渐清晰，特别是从宋代开始，因与辽、金、西夏的国土之争，使得原先"混一六合"的疆域观念受到冲击，王朝疆域的界限开始被朝廷和士人阶层所重视，出现了"对境图"这类以边界线为关注对象的地图。原先流行的简单区分华夷两方的华夷图和传统解释《禹贡》这一经典的解经之图越来越难以适应新地理认知的需要，于是顺应新形势需要，力图相对准确地反映当朝疆域范围和地理情况的当代地图开始越来越多地出现。宋代碑刻《禹迹图》就体现了疆域观念"由虚到实"的这一趋势，较为"写实"地反映了北宋时期的地理空间。但由于认识的惯

---

① 对这一系列的具体研究可参考石冰洁：《清代私绘"大清一统"系全国研究》，复旦大学历史地理研究中心硕士学位论文，2017年。

② 对于这类地图，席会东的《中国古代地图文化史》（中国地图出版社2013年版）首次提出了"'大清一统天下全图'系统舆图"的概念，但考虑到这一系列中还包括"大清万年一统地理全图"，本文改以"'大清万年一统'系列地图"名之。

性和经典的力量，传统"九州"疆域观的影响依旧延续，并自成一种绘图体系。元代的大一统带来王朝疆域空前的扩大，制图学者受到伊斯兰地理学知识的启蒙，首次将目光投向了更广阔的空间。明中后期至清初，随着西方地理观念的传入，一般士人开始有了模糊的"世界"的概念，并将"世界观"与传统混一六合的"天下观"相结合，将域外地物绘入地图中，彰显一种理想中的"混一"疆域观，因此在一段时间内出现了实际的疆域图和理想的疆域图两大系统的总图并存的局面。结合前文梳理的总图名称，可以将这两大系统具体分为从宋代《禹迹图》《地理图》到明清"广舆图"系列，再到清代《皇舆全览图》和"大清万年一统图"系列的实土疆域地图；以及从"禹贡九州图"到元代《混一疆理历代国都之图》、明代《大明混一图》，再到明中后期延续至清代的"万国人迹图"系列地图这些理想疆域图。而理想疆域图的概念又可分为两个逆向而行的"天下"系统，一为延续传统的"九州天下观"，一为纳入域外新知的"混一（万国）天下观"。及至清中后期，随着运用科学测绘制图法的《皇舆全览图》的编绘完成和开始出现的与周边邻国边界领土之争带来的对疆域边界概念的重视，越来越多区分省界和国界的全国总图开始出现，疆域观念逐渐摆脱了理想的"天下"状态，开始回归本土，重视实际，二元合一，逐步完成了"由虚到实"的转变。这一变化趋势也可以从各朝总图图名特点的变化中找到具体佐证。

（一）"虚"：经典的"九州观"与理想的"混一观"

历史上的"中国"是个变化的观念，"中国"的疆域也处于变化之中。虽然古代并无明确的疆域范围界限，但查看总图的图名和图上表现，可以发现许多古代地图有一个长期保持相似地理空间的"九州范围"：大致北以长城为界，标出长城以北的"唐安北府"和"中受降城"；东北至辽水；东达海；南为今海南岛；西南至"汉永昌"；西抵黄河、大渡河一线；西北至瓜州、沙州、居延泽。现存的古代历史地图集，底图多以此范围为基础，及至表现"当朝"地理情况时添入一幅或多幅体例范围与之相异的"实土地图"，如《三才图会》中的《九边图》，《今古舆地图》中的《大明肇造图》等。直到明中后期受西方传教士所绘"世界地图"影响，才将表现范围扩大至传统地理认知以外的"域外地区"。

现存地图中宋代《太宗皇帝统一之图》首次出现了"统一"一词，元及以后的总图图名中则大量出现了"天下""广轮""混一""一统""乾坤"等统称天地，突出大一统气势的词语。特别是出现了将多个此类词汇结合在一起，诸如《大清万年一统天下全图》之类的图名，彰显了地理认知的扩大和"大一统"带来的自信。此外除历史地图集中的华夷图外，元明"华夷图"在"华夷（四夷）"二字的前后都有"海内"[①] "四海" "一

[①] 唐代贾耽的《海内华夷图》虽未存世，但该图名同样反映了华夷在地域空间上的一统。

统""总"之类的定语,这也表现了"华""夷"在地域上的对立统一,都位于同一个"天下"系统中,彼此都是不可缺少的存在。"一统(混一)"一词在图名中的运用虽然是伴随元代"大一统"的背景和"一统志"的编纂而出现的,但"混一"一词在文献中的使用古已有之,西晋裴秀的《禹贡地域图》十八篇的序中亦有:"大晋龙兴,混一六合,以清宇宙,始于庸蜀,采入其阻"①之语。虽然"统一"和"一统(混一)"词义相近,但从图上表现看,作为图名的"统一"侧重的仍是对传统"九州"疆域的南北统一,而"混一"则带有挟一统之势涵盖"天下"的理想意味,如《混一疆理历代国都之图》和《大明混一图》都包括了域外地理空间。即如上述裴秀作《禹贡地域图》在西晋平定东吴一统中原之前,此处的"混一"显然也是种理想化的目标,强调的是统一的势头。元代作为一个大一统王朝,疆域范围远达曾经属于"四夷"的地方,文化和文明也以强势的姿态迅速传播,即李泽民所谓"声教广被",随之而来的是视野的扩展和自我的认同。于是传统的"域外之地"也被纳入了地理认知范围,由此产生新的空间范围内"混一天下"的理想,并延续至明清两朝,迨经明中后期西人"世界观"的再度刺激,形成一种脱离实土疆域控制的"理想天下疆域范围"的表现形式②,这也是可以理解的。

(二) 实:由"禹迹"到"人迹",由"混一"到"皇舆"

《尚书·禹贡》开篇即云:"禹别九州,随山浚川,任土作贡。禹敷土,随山刊木,奠高山大川。"在中国历史早期,人们对国家广袤疆域的认识尚粗浅模糊,《禹贡》所载的"九州"就成为彼时疆域范围相对具体的指代,随着《尚书》成为具有尊崇地位的"经","禹贡九州"也成为中国的代称,以禹贡为题材的系列地图成为全国地图的代表。此后"尔雅九州""周礼九州""舜十二州""九域"等名称概念皆可视为这一说法的衍生,这些名称的全国图也都可归于"禹贡图"系列。"禹贡九州"代表了一个正统王朝疆域所应有的主体范围。但最早作为解经之图的"禹迹图"系列源于《禹贡》一书记载的地理情况,带有上古地理的模糊性,虽然也用来表现王朝疆域,但久而久之成为一种理想化、经典化的范式。从前文列表看,以"禹贡"之名所作的总图以宋代最多,明清时依然存在,但数量明显有所减少,且主要为解释《禹贡》一书而作,当朝疆域范围的指示意味越来越淡,甚至出现了《禹贡九州及今郡县山水之图》这样明确区分"禹贡九州"与当朝郡县差异的图名。表3所列明代

---

① 《晋书》卷三五《列传第五》。
② 例如清代《皇朝中外一统舆图》在"一统"前加上了"中外"这一定语。该图表现的地域范围北抵北冰洋,西及里海,东达日本,南至越南,已经超出了清朝实土控制的疆域范围,此处的"中"应该指的是"皇舆",而"外"指的是王朝疆域以外的域外部分。

的8种"禹贡图"中，4种出于《今古舆地图》，属于历史地图，2种出于《三才图会》，属于对前代地图的总汇，形式与《历代地理指掌图》中的《禹迹图》相似，2种出于《禹贡图注》，属于解经之图，虽采用了计里画方之法，但并不标注当朝地名。清代"禹贡图"数量亦不多，除一种收录于历史地图集中，另外三种收于《禹贡锥指》和《禹贡长笺》，皆为解经之图。从宋代到清代，"禹贡图"呈现出从全国总图到解经之图的回归，一方面是随着宋代经学的复兴，对《禹贡》一书的具体研究带来对《禹贡图》解经作用的重新重视；另一方面也正表明随着王朝疆域的盈缩变化以及局部扩展，传统的"九州"观念越来越难以满足对不断变化、人迹所经的实土王朝疆域的指称，疆域认知逐渐由虚转实。

值得指出的是，"中国"二字作为政权和疆域范围的代称古已有之，非独今天专有，在古籍中也可以找到大量记载，但在地图图名中却甚为少见，仅有明代章潢《图书编》中的《中国地理海岳江河大势图》和《中国三大干龙总览之图》两例，更多时候是以具体王朝的概念出现。从表4中可以发现以元代为界，前后图名呈现出了王朝观的强化。宋代时或许受地图隔年造送制度影响，地图多出现"太祖""太宗""元丰"此类一朝帝王的庙号或年号，却未出现"宋"这一国号，而元代以降，图名多冠以国号"元""明""清"。以国号代替年号，彰显了作为一个整体的王朝国家概念。另外，宋代地图称呼本朝或直称"本朝"，或尊称"圣朝"，而此后朝代图名中在国号或"朝"字前或加"皇"字，或加"大"字，一则突出皇权，二则突出疆域之广，国力之盛。如果说"混一图"表现的是理想的大一统疆域观，那么从广舆图开始的另一总图系统遵循的是对实土疆域的表现，尤其是清康雍乾三朝编绘的《皇舆全览图》，用"皇舆"一词明确了王朝控制范围内的实土疆域的概念，之后大量的分省政区图进一步表明了对疆域范围和内部行政区划的明确。从"混一"到"皇舆"的变化可以看出"九州"观的式微和皇权控制下的王朝整体观的强化。

四、余论

通过对存世古地图中"总图"图名的梳理，可以发现古人疆域地理观念"由虚到实"的总体变化。但由于古代绘图人多为汉族士人，主观上的九州观和中原正统观念以及客观上地理交通技术的限制使他们多从中原王朝的眼光出发，对边疆地区的描绘模糊而粗略。即使到清中后期已经有了实土疆域观和疆界意识，但限于边疆地理信息来源和测绘技术的局限，大多数地图还是沿袭明以来传统的分省地图。甚至清末以实测《皇舆全览图》为蓝本的各类私绘地图，对于疆域范围和地名变化的修正也存在不足。从地图的功用性以及具体图上表现的准确性和科学性上看，将王朝疆域缩于一图的全国总图存在着多种并行的绘制系统，并不全是伴随着"由虚到实"的疆域地理观而在总体上不断"由粗到精"的。所以在对疆域范围和地理空间的认识上古人是不断进步的,但在具体表现上,古代以"我者"眼光所作的总图和当今以"他者"眼光观照历史的《中国历史地图集》不一定是"以古胜今"的。

(原载《历史地理》第 33 辑)

甲午战后中国海图编译的转变（1869—1914）

何国璠

（复旦大学历史地理研究中心）

我国东南两面临海，海洋不仅是我国沿海民众重要的生存空间，也是中国与外部交流的必要场所，这些活动痕迹直接或间接地记录在历史时期的海图中。一直以来，由于以往可供研究的古海图的数量不多，导致中国古海图的研究在整个地图史研究中占比较低。随着收集整理工作的逐步推进，近年来古海图研究成果也随之日渐增多。在明代以前的古海图尚未发现实物遗存的情况下，目前对于中国古海图的研究主要集中在明至民国时期。依据其功用不同，对于古海图的研究截然分为航海图与非航海图两大类，在非航海图类中，海防图类又占绝对多数。从具体研究实例看，目前聚焦于单幅海图的个案研究仍占绝大多数，整体性的论述还比较少，且大量个案讨论的是明清传统海防图。[1] 而在从传统中国向着近代中国转变的过程中，学界对于新旧嬗变的历史过程尚缺乏细致的探讨，仅是简单诉诸外部因素。本文选取近代中国这一时段，以甲午战争为界，分析海图绘制在此前后的变化，并分析其变化的时代背景及原因，以求方家指正。

一、编译海图的界定及其先行研究

本文所述编译海图指的是在 1840 年以后，1921 年民国海道测量局成立以前，中国人以英版海图为底本进行翻译、编绘形成的海图。在两次鸦片战争前后，英国海军及其下属的海道测量局对于中国沿海水域进行了系统全面的测绘[2]，并出版了大量航海指南

---

[1] 韩昭庆：《中国海图史研究现状及思考》，《海洋史研究》2020 年第 15 辑。
[2] 王涛：《天险变通途：鸦片战争时期英军在中国沿海的水文调查》，《近代史研究》2017 年第 4 期。

及航海图。① 对于英版海图的图面特征，学界也有学者对此作了相关介绍②，基本特征如下：采用图名、图例、比例尺，以过格林尼治经线为零度经线标绘经纬度；标注以英寻为单位的水深数值；绘制罗经花，标注磁偏角；采用晕滃法绘制山形；标注航道及抛锚点；标注沿海及岛礁地名，详于海而略于陆。从诸多要素看，英版海图纯粹为航海图。另一方面，在1858年《天津条约》附约确立的外籍税务司制度影响下，中国旧海关事实上也开始从事部分中国海图的测绘工作：

> 众所周知，英国海军部系绘制世界海图之大机构，中国江海所用水道图均出自英国海军部。多年来，英国政府为补充海图，使海图不过时，在中国水域一直驻有测量船只。不过此项工作有时中断，由于有相当部分海岸从未彻底测量，而其航海者不得不用过时海图。鉴于上述情况，总税务司多年来致力于劝导中国海军部担当起海道测量工作，亦曾为此批准在海政局扩大测量工作，并公开发行海关海图，使此项有益工作得以宣扬。③

可见，海关海图与英国海军部海图一脉相承。1921年民国海道测量局正式设立，开始逐步接管之前海关所承担的中国部分海域港口的测绘工作，而在起步阶段，仍聘请海关雇员英国人米禄司承担技术顾问，并在海关下属机构刊印海图。④ 据姚永超对旧海关海图的研究，中国旧海关海图绘制对象侧重沿海及内河各港口，流通于海关内部，采用英文注记或中英双语注记。⑤ 这类英版海图的图面特征与中国传统海图截然不同，并逐渐影响到中国人的海图绘制。

国内较早对编译海图进行关注的学者是汪家君，20世纪80年代末90年代初先后出

---

① 《中国测绘史》编辑委员会编：《中国测绘史·第2卷》（明代至民国），测绘出版社1995年版，第196—206页。
② 牟振宇、宋海燕：《英国海道测量局所绘黄浦江实测地图初探（1840—1911）》，《史林》2018年第6期。黄普基、周晴：《近代珠江干流河道演变特征研究——基于近代英国所绘海图》，《历史地理》2018年第37辑。
③ 参见1922年9月30日海关总税务司署通令第3339号《为总税务司对长江水道整理委员会临时技术委员会及海军部海岛测量局成立后海关尽力予以协助由》，载黄胜强主编：《旧中国海关总税务司署通令选编》（第二卷）（1911—1930年），中国海关出版社2003年版，第351—354页。
④ 陈祯祥：《海军海道测量局的成立及其初期发展（1921—1929）》，《政大史粹》2016年第二十九期。
⑤ 姚永超：《近代海关与英式海图的东渐与转译研究》，《国家航海》2019年第23辑。姚永超：《百年前洋山等舟山北片岛屿的交通环境——1921年中国旧海关绘刊"杭州湾及其入口航道图"解析》，《云南大学学报（社会科学版）》2019年第3期。

版了两部相关著作,分别是《近代历史海图及应用文集》以及《近代历史海图研究》[①],书中主要介绍了《八省沿海全图》与《御览江浙闽沿海图》的图幅特征及其在当代工程技术方面的应用。随后楼锡淳、朱鉴秋编著的《海图学概论》[②]进一步论述了近代中国出现的各类海图,除上述两种海图外,还包括《大清一统海道总图》《新译中国江海险要图志》《七省沿海形胜全图》。其中陈寿彭翻译的《新译中国江海险要图志》受关注较多,先后有三篇硕士论文分别从传播学、翻译史、海防史角度对此书加以研究。[③] 伍伶飞也从地图史角度对朱正元的《御览江浙闽沿海图》有详细研究,认为该图是晚清时期中国海图由传统转向近代重要阶段的标志之一。[④] 总体而言,学界对于这批海图的认识以个案为主,详于图上要素的解读,缺乏图面之外整体性的分析。笔者在重新梳理并纠正和完善前人的工作的基础上,探讨甲午前后中国海图编译动机的转变。

二、近代中国编译海图的谱系

通过梳理与绘图者相关的各类文献记载,笔者初步整理了近代中国编译海图谱系如表1所示,按照出版时间顺序排列。表1中所列海图均与19世纪的英版海图系列有关,以下分述各图的图源。

首先是1869年由黄维煊绘制的《皇朝沿海图说》,虽然黄维煊在图说自序中并未说明其作品与英版海图的关系,但笔者通过对图面内容的考证,论证了其与英版海图的关联。[⑤] 另一方面,在清末就有人提到黄维煊所绘之图属于译制西式海图。例如王宗曾在《海防策》中提及:

> 近来商轮只能依常行之针路而行,黄维煊所译之图与金楷理所译之图大同小异,皆本西人所绘,未见增修。即近出之《沿海八省海道计里舆图》与格致书院发售之《大清一统海道图》,皆译自西人,亦未详备……西人武备中以

---

① 汪家君:《近代历史海图及应用文集》,测绘出版社1989年版。汪家君:《近代历史海图研究》,测绘出版社1992年版。
② 楼锡淳、朱鉴秋编著:《海图学概论》,测绘出版社1993年版。
③ 符丽静:《传播学视野下的晚清中国海洋地理学——以新译中国江海险要图志为中心的考察》,中国科学院硕士学位论文,2011年。高雅洁:《晚清汉译地理图说考述》,复旦大学硕士学位论文,2011年。伍海苏:《新译中国江海险要图志的海防地理史料价值研究》,暨南大学硕士学位论文,2016年。
④ 伍伶飞:《朱正元与〈御览图〉:晚清地图史的视角》,《中国历史地理论丛》2018年第1期。
⑤ 何国璠:《近代中国最早系统译绘的海图集〈皇朝沿海图说〉》,《国家航海》2021年第26辑。

舆图之学为最要，设有专门，凡充行伍者，无不知地理。①

王宗曾认为"黄维煊所译之图"与"金楷理所译之图""《沿海八省海道计里舆图》""《大清一统海道图》"都是翻译自西人所绘之图。此处除了提及"黄维煊所译绘之图"外，还提到了其他三种海图。

又据1886年出版的"格致书室售书目录"②记载，其中就包括了"海道总图""海道分图""海道图说"三部著作，其中"海道总图"后标注的译者为"J. Fryer"，即傅兰雅，他不仅是江南制造局翻译馆的主要译者，同时也是格致书院的主要发起人与建设者。"海道分图"后标注的译者为"C. T. Kreyer"（即金楷理）。又因为《海道图说》译自《中国海方向书》1867年版③，按照《海道图说》凡例部分所载④，该书有图有说，然而今天"图"已然分置他处。因此，上段引文中提及的"金楷理所译之图"指代的应当是江南制造局翻译馆译印的《海道图说》附图中的海道分图，所谓的"格致书院发售之大清一统海道图"应当即是指"海道总图"。进一步结合图上地名、绘制时间及其他符号特征，笔者认为现今看到的《大清一统海道总图》⑤即为1874年出版的《海道图说》所附的海道总图，论证了《海图学概论》中提出的《大清一统海道总图》大约绘于19世纪70年代的说法，并将之精确到具体年份。⑥上文中提及的"沿海八省海道计里舆图"当是今日所见的《八省沿海全图》。据总理各国事务衙门《禀请测绘江浙闽沿海舆图案》的记载，1897年候选州同朱正元呈请试办江浙两省海道图，他希望此举能获得清政府支持，列举了旧有海图的各种利弊：

> 窃思筹海莫先于形势。中国海疆之广，北起鸭绿，南迄琼州，中间大小口岸，殆以百计。非图无以周知地势之险易，防守之缓急。沿海图惟广东省业经

---

① 〔清〕王宗曾：《海防策》，参见〔清〕邵之棠辑：《皇朝经世文统编》，上海宝善斋石印本1901年版，第1650页。
② [美] 戴吉礼（Ferdinand Dagenais）主编：《傅兰雅档案》第二卷，广西师范大学出版社2010年版，第310—311页。
③ 《海道图说》卷一、二、五由傅兰雅（John Fryer）口译，其余由金楷理（Carl Traugott Kreyer）口译，王德钧笔述，同治十三年（1874）刊行。
④ 《海道图说》影印本参见童庆钧主编：《江南制造局科技译著集成·地学测绘气象航海卷·第贰分册》，中国科学技术大学出版社2017年版，第217—222页。
⑤ 《大清一统海道总图》图上盖有"BRITISH MUSEUM, 21 DEC 1878"字样的印章，可知其绘制时间不晚于1878年。该图馆藏信息为British Library：Cartographic Items Maps 62655. (3.)。
⑥ 楼锡淳、朱鉴秋编著：《海图学概论》，第98页。

奉旨测绘，于十五年告成，有图有说，颇为简明。他省尚未举办，现所用者系英国海军中所绘之本，前年天津曾为译印，计七十余张，较上海制造局所译者为详。间尝细为校勘，精审详确，实非中国现在人才所能为。①

中国东南带海为疆，益以沿江数千里，均任外人往来。内而枢密，外而封疆，经营规划，舍图无由。乃所用者，只上海制造局及北洋海军公所两种，上海本只十三页，固属太略，北洋本计七十余页，稍加详矣。②

上述两则史料中还提供了关于"上海制造局及北洋海军公所"两种海图的部分信息，其中"上海本只十三页""北洋本计七十余页"。"上海本"即江南制造局翻译馆翻译出版的《海道图说》附图，"十三页"也符合这套海图的图幅数量③，因此更加肯定了现今所见的《大清一统海道总图》即是1874年出版的《海道图说》的附图。而"北洋海军公所"出版的"北洋本七十余页"也即是王宗曾所说"近出之沿海八省海道计里舆图"，其数量也与今天所见的79幅《八省沿海全图》④吻合。在成图时间上，据1897年朱正元所述"前年天津曾为译印"，可推知《八省沿海全图》的成图时间在1895年，而非《海图学概论》中提出的约成图于80年代⑤，这两套图均译自"英国海军中所绘之本"。

光绪二十四年（1898）程鹏绘成的《沿海七省口岸险要图》，现藏于中国第一历史档案馆。⑥据作者程鹏（时任兵部七品小京官）所述，该图"每省冠一总图以觇大势，各口列一分图以详险要，大旨据英国海部图而反客为主，命意不同，注重陆岸形势，缩临摹绘，务极简明，共成图五十幅"。可见程鹏所绘之图同样参考了英版海图。⑦

朱正元于1899年至1901年陆续绘成的《江浙闽沿海图》也同样是在英版海图的基

---

① 《候选州同朱正元禀请测绘江浙闽沿海舆图案——条陈测绘海图事宜由》（光绪二十三年六月十七日），台北：近代史研究所档案馆藏，总理各国事务衙门档，档号：01-34-005-04-001。
② 《候选州同朱正元禀请测绘江浙闽沿海舆图案——条陈测绘海图事宜由》（光绪二十三年八月二十一日），台北：近代史研究所档案馆藏，总理各国事务衙门档，档号：01-34-005-04-002。
③ 图幅总数13，参见楼锡淳、朱鉴秋编著：《海图学概论》，第99页。
④ 汪家君从图幅特征方面考证，同样认为《八省沿海全图》的母本正是19世纪英国海军舆图局出版的海图。参见汪家君：《晚清〈八省沿海全图〉初探》，《杭州大学学报》（自然科学版）1988年第4期。
⑤ 楼锡淳、朱鉴秋编著：《海图学概论》，第99页。
⑥ 中国第一历史档案馆等编：《广州历史地图精粹》，中国大百科全书出版社2003年版，第47—49页。
⑦ 〔清〕程鹏：《奏为进呈沿海七省口岸险要图并通筹防海全局恭具折》（光绪二十四年八月初六日），中国第一历史档案馆藏，军机处全宗，档号：03-9456-019。

础上完成的。该图凡例称："是图系就西图增改，即付石印，画法均抚其意；欲求髣髴，愧未能也。"①

1901年，上海经世文社出版《新译中国江海险要图志》，该书是陈寿彭对《中国海方向书》最新版本中国部分的翻译，"新译"之名正是为了有别于江南制造局"旧译"《海道图说》。陈寿彭在该书后"酌选西图之要者，手为模绘；大者缩，小者拓，精繁者切割为数图，共成二百零八轴，厘为五卷"②（其中首幅为罗经图）。

民国三年（1914）初版，1926年商务印书馆再版的《七省沿海形胜全图》③很大程度上是作者童世亨对朱正元《江浙闽沿海图》的延续。童世亨在图序中说：

> 山阴朱吉臣（正元）先生始持西图赴沿海一带补测海岸，调查地名，成《江浙闽沿海图》若干幅，说若干篇，为空前绝作。迨赴山东沿海，（世亨）亦往从之，游险要……先生竟积劳成疾，测至大沽口，遂赍志以没，后起无人，未能将先生数年间实测图稿刊行问世。而（世亨）临别携归之山东沿海图稿十余幅，又不幸于留学东京时为祝融搜去，仅留当年刊附于初版《中国形势一览图》后之缩稿二纸，故某山某岛犹能记其大概。近方搜集宿稿并参考各种图籍，绘成沿海图五幅，分图若干。

童世亨在《七省沿海形胜全图》例言④中进一步解释了该图的图源：

> 是图系就日本邮船会社所刊航海图数十幅，择其关于我国海疆者，缩绘并合而成。（原图系就英国海军图增订刊，以供航海之用，惟奉天沿海，经日人详细测绘，地名多得诸我国，与译自西图者不同。）并参考朱正元著《江浙闽沿海图说》及《畿辅通志》中疆域图说、《浙江全省舆图（并水陆道里记）》、《福建全省地舆图》、《广东舆地全图》等以正其名。山东沿海更就世亨测量所及，细为订正。

---

① 吴志顺：《江浙闽沿海图校记》，《禹贡》1935年第3卷第11期。
② 〔清〕陈寿彭：《新译中国江海险要图志》，上海经世文社本1901年版，卷首译例。
③ 每幅图中包括局部放大分图，分图共计22幅。据该图作者童世亨自序，"若夫长江沿岸之险要名胜，以及白河、西江等航路之所经，将另刊分图以公诸世，兹不赘述"，可知长江图另绘，可惜并未得见。
④ 《民国丛书》编辑委员会编：《民国丛书·第三编》第74册历史·地理类《企业回忆录·上册》，上海书店1991年版，第102—103页。

这两段引文中叙述了童世亨曾追随朱正元测绘山东沿海,学习海域测绘知识。后来他"参考各种图籍绘成沿海图五幅",主要的参考图籍就包括了日本邮船会社所刊航海图数十幅,而这套图同样源自英国海军图。可以推知其绘图理念仍然是与朱正元类似,即在"西图"基础上进行增改。

1903年上海鸿文书局刊印了《新编沿海险要图说》①,在自序中,作者余宏淦说道:

> (淦)也不才,思效其一得之,愚窃于游踪所及或遇通人达士之老于航海者,不惮博访周咨,究其要害。而又取西人近绘之沿海地图与中国原有之图,远证旁搜,不揣揣昧,编成沿海险要图说十六卷,起自盛京鸭绿江口……

足见其《新绘沿海长江险要图》同样是一套参考了"西人近绘之沿海地图"的地图集。《浙江沿海要口全图》②的图上注明由浙江督练公所参谋处测绘股绘图生沈应旌摹绘,石印所印。根据图面内容,判断绘图日期约在光绪二十八年至民国元年(1902—1911)之间。因为资料不详,无法确切知道其母本到底为何,但无疑是一幅在英版海图基础上的改绘图。

在系统梳理了表1中各类编译海图的图源后,可知它们最主要的图源是英版海图。近代中国不断涌现的以英版海图为底本的编译海图,或可称之为"英版海图谱系"。

表1 近代中国编译海图谱系整理

序号	名称	绘制(再版)时间	绘制者	图幅数量	绘制区域	馆藏
1	皇朝沿海图说	1869(1884年再版)	黄维煊	32	中国沿海、长江中下游	国家图书馆
2	大清一统海道总图	1874	江南制造局翻译馆(傅兰雅,金楷理)	13	中国沿海	大英图书馆
3	八省沿海全图	1895	北洋海军公所	79	中国沿海、长江中下游	国家图书馆
4	沿海七省口岸险要图	1898	程鹏	50	中国沿海	第一历史档案馆

---

① 该套图可在国家图书馆—中华古籍资源库在线浏览,出版时间据余宏淦著《新编沿海险要图说》自序,光绪二十九年石印本,上海图书馆藏本,索书号:线普长441274-78。
② 美国国会图书馆藏本:G7823.Z5R4 1911 .S5。

续 表

序号	名 称	绘制（再版）时间	绘制者	图幅数量	绘制区域	馆 藏
5	江浙闽沿海图	1899—1901	朱正元	36	江苏、浙江、福建三省沿海	国家图书馆
6	新译中国江海险要图志	1901（1907年再版）	陈寿彭	208	中国沿海、长江中下游	国家图书馆
7	新绘沿海长江险要图	1903	余宏淦	27	中国沿海、长江中下游	国家图书馆
8	浙江沿海要口全图	约1906—1911	沈应旌	1	浙江沿海	美国国会图书馆
9	七省沿海形胜全图	1914（1926年再版）	童世亨	5	中国沿海	哈佛大学图书馆

三、甲午战后海图主旨的转变

虽然上述海图在图幅特征上相差无几，但其绘图的主旨前后迥异。以下从图名和绘图动机两个方面展开叙述，二者互为表里。古地图的图名是极易被忽视的一个要素，古人讲求名正言顺，一幅图的图名通常即反映了绘图者的意图所在。从图名看，甲午战后编译的海图普遍属于海防图一类，这就需要从海防图的定义谈起。然而古代文献中对"海防图"并无确凿的界定，仅仅留下了"防海之制谓之海防"[1] 的记载，明末天启年间茅元仪编辑的《武备志》也记载："海之有防，自本朝始也；海之严于防，自肃庙时始也。"[2] 也正是在明代，才开始有专门的海防图籍出现。部分当代学者曾给出过一些定义，例如楼锡淳、朱鉴秋在《海图学概论》的《明代的海防图与海运图》一节中对海防图的定义为："海防图是一种沿海军事地图。明代海防图具有如下三个特点：图幅配置以海岸线为中心；岸线形状详细描绘；岛屿名称及海防设置注记特别详细，海防图上沿海陆地除表示山名、江河名及行政建制州、县外，还包括沿海险要处的卫所、关寨、营堡、巡检司、烽堠。"[3] 又如席会东在《中国古代地图文化史》中对"海防图"的定义："海防图是主要描绘东部沿海地形地势、海岛洋流、卫所建置、兵力部署、防御工

---

[1]〔明〕胡宗宪辑：《筹海图编》，明天启四年（1624）胡维极重校刻本，第12—13页。
[2]〔明〕茅元仪撰：《武备志》卷二〇九《海防》，顾廷龙、傅璇琮主编：《续修四库全书》第965册，上海古籍出版社2002年版，第744页。
[3] 楼锡淳、朱鉴秋编著：《海图学概论》，第82—86页。

事情形的地图。"① 二者的定义实质上都是对现存海图特征的总结，并不能代表古代绘图者在绘制海防图时的命意。我认为界定海防图应当换一种视角，即综合考虑绘图者的动机与绘图背景。《图画见闻志》叙图画名意中提到：

> 古之秘画珍图，名随意立。典范则有《春秋》《毛诗》《论语》《孝经》《尔雅》等。其次后汉蔡邕有《讲学图》，梁张僧繇有《孔子问礼图》，隋郑法士有《明堂朝会图》，唐阎立德有《封禅图》……②

这一原则在古地图中亦可适用，图名中即包含了图意，例如《郑开阳杂著》卷八《海防一览》中的《万里海防图》，在明清方志中，以"海防"为名的海防图更是普遍存在。③ 因此，图名中明确带有"海防"或类似字样的海图可以被视作严格意义上的海防图。例如在清乾隆二十六年（1761）的皇家舆图目录《萝图荟萃》与乾隆六十年（1795）的《造办处舆图房目录续》中出现的"台湾澎湖海洋巡防全图一卷，浙海舟山形势图一张，江海墩台营汛全图一卷，福浙两省江海驳台式样一卷，明徐必达海防全图十幅"均为海防图无疑。④

另一方面，也存在部分海图，图名中不带有海防色彩，甚至没有图名，但其图面内容可用作海防。例如陈伦炯《海国闻见录》中的《沿海全图》，陈伦炯在自序中叙述其目的包括"志圣祖仁皇帝暨先公之教于不忘"，"使任海疆者知防御搜捕之扼塞"，"经商者知备风潮、警寇掠"，"广我皇上保民恤商之德意"。其中"使任海疆者知防御搜捕之扼塞"无疑是包括了海防的内涵。此外，成一农指出："在《海国闻见录》乾隆五十八年版的马俊良、那苏图、纳兰常安和彭启丰所做的序中，更多强调的是该书对于海防的重要性。在此背景下，陈伦炯书中所附地图无疑具有军事地图的性质，因此可以被认为是海防图。"该图的衍生作品还包括《海疆洋界形势全图》《七省沿海图》《新绘七省沿海要隘全图》《沿海防卫指掌图》等。摹绘后图名的变迁也反映了一种更强烈的海防取向被赋予到海图上。结合王庸关于古代土地疆域之图和兵事地图同出一源的观点，这

---

① 席会东：《中国古代地图文化史》，中国地图出版社2013年版，第305页。
② 〔北宋〕郭若虚撰，吴企明校注：《图画见闻志校注》，上海书画出版社2020年版，第32—33页。
③ 何沛东：《清代浙闽粤三省方志海图的整理与研究》，复旦大学博士学位论文，2018年，第20页。
④ 汪前进编选：《中国地图学史研究文献集成·民国时期》，西安地图出版社2007年版，第1873—1884页。

部分沿海疆域图可以被视作广义上的海防图。① 因此，在考虑一幅古海图是不是海防图的时候，既要考虑其图名，也要考虑其图幅特征、时代背景及绘制动机。

据此分析，从图名上看，甲午前的编译海图并不纯为海防而绘。《皇朝沿海全图》为一套图集，内含1幅总图及31幅分图，分图的图名多为从某处至某处，例如第十一帧《从香港起至遮浪止》，或某某地放大分图，例如第四帧《海坛放大分图》，体现的是"海道"的属性。《八省沿海全图》与之类似，也属于一套航海图集，因此，从图名角度看，甲午之前成图的《皇朝沿海图说》《大清一统海道总图》《八省沿海全图》均可归为航海图一类。

而对于甲午后成图的《沿海七省口岸险要图》《新译中国江海险要图志》《新绘沿海长江险要图》《浙江沿海要口全图》《七省沿海形胜全图》，图名中包括的"险要""要口""形胜"无不是凸显其"海防"属性。《江浙闽沿海图》的图名虽然没有包含海防字样，但作者朱正元在图序中已经表达了该图用作海防的主旨。

从绘制动机看，甲午前的几部海图并无明确的指向。但对于甲午之后成图的几部海图，绘图者均表明了其背景动机。例如朱正元在《江浙闽沿海图》的序中说道：

> 近年来，西人挟其坚船精器，穷搜灏溟，轮帆所之，辄绘为图；归而上之于其海部，议可，乃行。今英国海部所刊之本，几遍地球，逞雄海上，有由来矣。往者天津上海尝节取其所绘中国沿海图译行于世，一洗从前望洋影响之陋。顾主客异势，取舍不同，以之航海则犹可，以之筹边则不足。②

朱正元一方面肯定了英版海图的重要性，同时又认为"以之航海则犹可，以之筹边则不足"。故而提出"欲取为我用，尚有宜增改者数端。一、近年新造炮台及所置之炮；二、驻扎勇营；三、营县分辖；四、城市远近；五、内通水道；六、山川形势。凡此六者，虽偶亦叙及而漏略尚多。此洋图之犹待增补者也"③。

陈寿彭在《新译中国江海险要图志》卷首的序言中更是直接提出：

> 是书专为舟师指南耳。吾子独举险要为言，何也？则应之曰：指南者，向导也。不用向导者，不能得地利。因向导而得地利者，即告我以险要也。而原

---

① 赵中亚选编：《王庸文存》，江苏人民出版社2014年版，第292页。
② 吴志顺：《江浙闽沿海图校记》，《禹贡》1935年第3卷第11期。
③ 《候选州同朱正元禀请测绘江浙闽沿海舆图案——条陈测绘海图事宜由》（光绪二十三年六月十七日），台北：近代史研究所档案馆藏，总理各国事务衙门档，档号：01-34-005-04-001。

书之告我以险要者,又不仅于有形也。凡风涛变灭,沙岸转移,港门之通塞开合,航路之进退顺逆,有法可乘,有数可据,无形亦使之有形。出险要之外,实合于险要之用也⋯险要之用变换大矣。军之胜负,国之废兴,悉寓于是。①

陈寿彭认为"航行指南"天然地就带有"沿海险要"的属性,可以用作海防,因此其著作名称不同于旧译的《海道图说》,而是命名为"险要图志"。

与其他编译海图的绘制背景类似,《新编沿海险要图说》的成书也是源于晚清日益严峻的海防形势,余宏淦在自序中提到:

> 盖古时扼要在陆地,故山川形胜恒在西北。今时守险在海疆,故轮舶往来,多在东南⋯⋯虽然敌越数万里之重洋,而能攻人之险,掠人之地,而我近在咫尺,反不能扼自有之险,以固我疆圉,形势不识,防御不周,不特四郊多垒为卿大夫辱,亦我沿海七省人民所引为大辱者也。士生今日欲发愤为雄,必以救弊起衰为急。欲救弊起衰,必以识沿海形势为第一义。盖能熟悉夫沿海形势,则某处可以御敌,某处可以设伏,庶几以战,则克以守,则固张我军威,即可以折敌人凶焰。第沿海七省上自盛京、下至广东,绵延一万三千余里,大小海口,有数百处,非深识岛屿之险易,口门之广狭,沙线之深浅,水性之顺逆,与夫炮台可恃不可恃,接应或近或不近,不足以出奇而制胜。②

余宏淦认为"欲救弊起衰必以识沿海形势为第一义",熟悉沿海形势才可以御敌、设伏,因此其绘制沿海险要图说的目的仍是专用于海防。

童世亨在《七省沿海形胜全图》的例言中提到该图"于名胜险要处,特提示数语,以醒阅者之目。至各处潮汐涨落,非用以航海,则无甚关系,故从略"③。可见《七省沿海形胜全图》更偏重于名胜险要,并不强调其航海功用。

由上可知,尽管在图面内容上,甲午战争前后编译的海图均模仿自19世纪盛行的英版海图,但前后两期的主题并不相同。甲午之前编译的海图更多是作为西方的舶来品被引入到国内,冠以"海道图"之名。而甲午之变对国人的震动是前所未有的,此后,英版海图作为一种航海图,被大量编译为海防图。

---

① 〔清〕陈寿彭:《新译中国江海险要图志》,自序。
② 〔清〕余宏淦:《新编沿海险要图说》,自序。
③ 《民国丛书》编辑委员会编:《民国丛书·第三编》第74册历史·地理类《企业回忆录·上册》,第102—103页。

四、余论

文章开头曾述及中国传统海图依据功用不同,可以分为航海图与非航海图两大类,而非航海图中海防图类又占绝大多数。海防图与航海图在图面形制和内容上均有较大差异。通过对于近代中国编译海图的梳理分析,可以观察到英版海图的引入最先是从航海图领域开始的,一直到甲午之后才大规模地将英版海图编译为海防图,可以从两个角度对这一问题略做探讨。

从西学东渐的角度看,海防图的壁垒较之航海图更加深厚。自明代郑和航海以后,中国封建王朝几乎不再有官方航海行为,除了示意性的海运图外,用于实际航行的航海图仅为沿海渔民和商船使用,不受士人重视,存世数量较少且多为手抄本。英版海图本身即是作为英国海军与商船的航海图而绘制的,同样是用于航海,因此能更早被译作"海道图"。而海防作为国家战略,历来为各级士绅所看重,海防图相应更受重视,明清海防图书、沿海地区方志中大量刊印的海防图亦可佐证这一点。从侧面看,洋务运动时期培养的诸多通晓外语、熟悉西学的人才也构成了甲午战后海防图大量编译的基础,他们在改造英版海图方面具备了更强的主观能动性。

从甲午战争的角度看,甲午战争在中国近代史上具有划时代的意义,开启了中华民族意识觉醒的历程。[1] 此前的洋务运动还仅仅是由清政府官方主导,而在甲午战后,全面向西方学习成为举国上下的共识。[2] 在前文所述的编译海图谱系中,《皇朝沿海图说》的作者黄维煊是福州船政局的干吏,也是洋务运动的亲历者,《海道图说》《八省沿海全图》分别由江南制造总局、天津海军公所编译,这些编译的海图很大程度上反映了官方的意愿。而此后的程鹏、陈寿彭、朱正元、童世亨都是自发地去编译海防图,表明了晚清士人也都意识到传统海防图的不足并从英版航海图中汲取新知。

1898年张之洞在《劝学篇·设学第三》中阐述:"四书、五经、中国史事、政书、地图为旧学,西政、西艺、西史为新学。旧学为体,新学为用,不使偏废。"[3] 对于此处的"地图",张之洞在《劝学篇·学制第四》中另一段叙述:"如小学堂地图则极略,仅具疆域山水大势,又进则有府县详细山水,又进则有铁路、电线、矿山、教堂,余书仿此。"[4] 因此这里的"地图为旧学"无疑指涉的是中国旧有的舆地学传统,当然也包

---

[1] 王继平、张晶宇:《论1895年—19世纪末20世纪初中华民族意识的觉醒》,《湘潭大学学报》(哲学社会科学版)2016年第5期。

[2] 葛兆光:《1895年的中国:思想史上的象征意义》,《开放时代》2001年第1期。

[3] 〔清〕张之洞:《劝学篇·设学第三》,1898年4月,冯天瑜、姜海龙译注:《劝学篇》,中华书局2016年版,第195页。

[4] 〔清〕张之洞:《劝学篇·学制第四》,1898年4月,冯天瑜、姜海龙译注:《劝学篇》,第203页。

含了中国传统的海防图。《劝学篇》的产生是张之洞为了维护"旧学"而作,却也反映了当时"西学"之汹涌。甲午海战的失败无疑加剧了这一过程,刺激传统海防图迅速西化,至此,中国传统海图二分的局面也逐渐消融,无论是航海图还是海防图,均呈现英版海图的面貌。

(原载《近代中国》 第36辑)

附编 啥函

武汉大学历史地理研究所[*]

唁　函

复旦大学中国历史地理研究所并张修桂先生家人：

惊悉著名历史地理学家、中国地理学会原理事、中国地理学会历史地理专业委员会原常务副主任、复旦大学中国历史地理研究所教授张修桂先生不幸病逝，我们感到分外震惊、无任痛悼。

先生于历史地理学，特别是历史自然地理和古地图领域成就卓著、享誉中外，培养了多位学术传人，誉享当代，泽被学林，深受国内外同行的尊敬和爱戴。长期以来，先生在武汉大学历史地理学的学科建设上盛情支援，我们感念在心。先生遽归道山，而手泽长存。相信先生的道德文章必将垂范后世，历久弥新。特此志哀。

武汉大学历史地理研究所　敬挽

2021 年 9 月 12 日

---

[*] 本书唁函部分以时间为序，除个别字词略有修改外，均以唁函的原貌呈现，原文为繁体的，亦保持原貌。

中国水利学会水利史研究会

中国水利学会水利史研究会

唁 电

复旦大学历史地理研究中心：

惊悉张修桂教授逝世，中国水利学会水利史研究会全体同仁万分悲痛，深感惋惜，沉痛哀悼！

张修桂教授毕生从事历史地理学研究，在历史地貌、古地图和历史地图绘制等方面做出了巨大的贡献，在荆江变迁、长江三角洲形成、太湖形成等问题的研究在学界获得了广泛认可。张修桂先生卓越的研究水平和高尚的品德赢得水利史学界尊重。张修桂先生风范长存，我们为失去这样一位优秀的学者、亲切的长者而深感痛惜。在此谨向贵中心并通过贵中心向先生的家属表示沉痛悼念和诚挚慰问！

张修桂先生千古！

中国水利学会水利史研究会
2021 年 9 月 12 日

云南大学历史地理研究所

唁函

复旦大学历史地理研究中心：

惊闻我国著名历史地理学家、复旦大学历史地理研究中心教授、博士生导师张修桂先生不幸逝世的消息，使我所全体师生十分悲痛！张先生在我们心目中一直是学问精深、精神振烁、言谈风趣之形象，学者风度犹历历在目。而今骤然谢世，令人惆怅惋惜！张先生作为杰出的历史地理学家，一生精勤不倦，奋斗不息，尤其在历史河流地貌和古代舆图方面卓有建树，成绩斐然，在海内外学界获得广泛认同和尊重。我所同仁多有幸聆听教诲，受益终生。张先生长期关心、帮助云南大学历史地理学科发展，尤其 2005 年 5 月，我所三位教师参加"中国历史地理信息系统"工作，在复旦驻所研究一个月，张先生给予我们非常多的细致耐心指导，张先生对广西地名的考证，成为我们云贵地名考证的学习典范。遥想 2000 年 8 月 3 日，历史地理学年会期间曾在云南大学为邹逸麟、张修桂两位先生庆生，不想两位先生均驾鹤仙逝，悲痛万分。张先生的不幸逝世是国家和学术界的一大损失！同时，请向张先生亲属转达我所哀悼之意和慰问之心，望节哀。

云南大学历史地理研究所 敬挽

2021 年 9 月 12 日

《中国历史地理论丛》编辑部

唁 函

复旦大学历史地理研究中心：

惊闻贵单位著名历史地理学家张修桂先生仙逝，我刊编辑部同仁无比悲痛！

先生生前对我刊给予长期的支持、指导和帮助。早在本刊创刊不久，先生即在我刊发表《西汉初期长沙国南界探讨——马王堆汉墓出土古地图的论证》（第2辑）一文；后来又在我刊发表《太湖演变的历史过程》（2009年第1辑）、《开辟中国历史地理学新阶段的史念海先生》（2014年第2辑）等文，皆在学界产生了良好影响。同时，先生作为我刊多年的审稿人和编辑委员会编委、顾问，为我刊学术质量的提升做出了重要贡献。我刊为失去这样一位可亲可敬的学界长者而惋惜！

在此，我刊谨向贵单位并通过贵单位向先生家人致以深切哀悼与诚挚慰问！

张修桂先生千古！

《中国历史地理论丛》编辑部

2021年9月12日

上海师范大学历史地理研究中心

唁 函

复旦大学历史地理研究中心：

  惊悉著名历史地理学家、中国地理学会原理事、中国地理学会历史地理专业委员会原常务副主任、《历史地理》原主编、复旦大学历史地理研究中心教授张修桂先生遽然仙逝，我中心全体师生深感悲痛，谨致哀悼，并向张先生亲属表示深切问候！

  张先生的学术研究享誉中外，著述逻辑谨严、结构精妙、文风隽永，在学界独树一帜。先生在历史地图编绘、历史自然地理学、古地图研究、《水经注》研究等领域贡献卓著，系统地提出了历史地貌学的研究方法，对长江中下游河道、洞庭湖、太湖、长江三角洲海岸、黄淮海平原地貌演变等问题做出大量开创性的探索，对天水《放马滩地图》、长沙《马王堆地图》的精深解读为古地图研究建立范式，主编《中国历史自然地理》，为我国历史自然地理学奠定完整框架。

  张先生虚怀若谷，平易近人，风趣谦和，奖掖后学。得益于学缘与地缘，本中心几位教师有幸时常亲受先生帮助与提点，受惠终身。长期以来，本中心的学科建设与发展也得到先生的关心与支持，我们将久久感念！

  先生不幸辞世，是学术界的重大损失。先生的为学与为人是我们永远的楷模。张修桂先生千古！

上海师范大学历史地理研究中心 敬挽
二〇二一年九月十二日

中山大学历史地理研究中心

唁函

復旦大學歷史地理研究中心：

驚悉張修桂先生遽歸道山，曷勝悲愴！

張修桂先生長期致力於歷史自然地理和古地圖的教學、研究工作，在相關領域孜孜述作，功績卓著。先生系統地提出了歷史地貌學各種研究方法，開創並極大豐富了地貌演變的相關理論、方法和實踐，為中國歷史地理學的發展做出了重大的貢獻。

前輩典範，惠澤後學。遽爾長逝，痛惜何如。

謹此遙致悼唁，並向家屬致以深切慰問。

中山大學歷史地理研究中心敬挽

2021年9月12日

中国环境科学学会环境史专业委员会

唁函

復旦大學歷史地理研究中心：

驚悉張修桂先生仙逝，本會同仁不勝悲痛，萬分惋惜！

張修桂先生是我國著名歷史地理學家，長期致力于歷史自然地理的教學、研究工作，在歷史地貌學、地圖學相關領域孜孜述作，成就卓著，對中國歷史地理學的發展做出了重大貢獻。張先生的研究成果及其倡導的地貌演變的相關理論、方法和實踐，對推進中國環境史研究亦具有十分重要的啟示意義。

謹此遙致悼唁，并向家屬致以深切慰問。

先生千古！

中國環境科學學會環境史專業委員會敬輓
2021 年 9 月 12 日

中国社会科学院古代史研究所历史地理研究室

唁　函

复旦大学历史地理研究中心暨张修桂先生家人：

惊悉张修桂先生遽归道山，本研究室全体同仁不胜悲痛！专函致唁，深表哀悼！

张先生是我国著名历史地理学家，尤在历史地貌、古代舆图等诸多领域贡献卓著，成绩斐然。先生数十年化育英才，奖掖后进，泽被学林，对历史地理学科建设做出卓越成就。先生不幸辞世，是中国历史地理学界的重大损失！

谨以此函，表达我们的无比沉痛，并请向先生家属致以诚挚慰问，望节哀珍重。

中国社会科学院古代史研究所历史地理研究室

2021 年 9 月 12 日

浙江大学地球科学学院

唁　函

复旦大学中国历史地理研究所：

惊悉张修桂先生不幸辞世，曷胜痛悼。

张修桂先生是中国现当代历史地理学的重要参与者和组织者。先生1960年代参与谭其骧先生主持的《中国历史地图集》的编绘工作，协助谭先生创办历史地理学专业，1970年代参与《中国自然地理·历史自然地理》一书的撰写，为现代阶段历史地理学在中国的发展做出重要贡献。其后，在新的历史时期，先生潜心治学、厚积薄发，在历史自然地理和古代地理文献、古地图整理等诸多领域有精深研究，卓然学术大家；尤以对长江中下游河流、湖沼、海岸等地貌演变的研究堪称典范。先生在学科发展和人才培养方面亦倾注极大心力，热诚无私，殚精竭虑；为中国历史地理学学科的发展，为复旦大学中国历史地理研究所的发展，都付出很多心血，厥功至伟。

张修桂先生生前对浙江大学地球科学学院（包括原杭州大学地理系）历史地理学科的发展非常关心和支持。他在担任中国地理学会历史地理专业委员会副主任期间，直接协助陈桥驿先生处理诸多具体事务，结下深厚的学术情谊。他多次来浙江大学参加有关活动，指导学科发展，后学铭感在心，感念不已。

谨此沉痛悼念张修桂先生，并向张修桂先生的家属致以深切的慰问！

浙江大学地球科学学院

安徽大学历史学院

 安 徽 大 学 历 史 学 院

唁　电

复旦大学历史地理研究中心：

惊悉著名历史地理学家张修桂先生仙逝，不胜哀痛！张先生长期深耕于历史自然地理与古地图学领域，精地理之道而通史学之术，将现代科学之法贯注于传统水道、舆图学中，察江湖之易形，说山海之变化，为当代历史地理学的发展做出了卓越的贡献。张先生学识精深而博通，着论丰硕而厚重，为人爽朗而磊落。先生遽归道山，实乃我国史学界之重大损失。安徽大学历史学院全体同仁对张先生的逝世表示深切悼念，并请代向家属致以诚挚慰问，祈请节哀！

哲人虽逝，其言长在，其思永存！

张修桂先生千古！

兰州大学敦煌学研究所

教育部人文社会科学重点研究基地　　Lanzhou University of China

 兰州大学　　敦煌学研究所

INSTITUTE OF DUNHUANG STUDIES

唁 电

复旦大学历史地理研究中心及张修桂先生家属：

惊悉张修桂先生不幸仙逝，不胜悲痛！在此，我谨代表教育部人文社会科学重点研究基地兰州大学敦煌学研究所及我个人，对张先生的去世表示深切的哀悼，并向贵中心及先生家属致以最诚挚的问候！

张修桂先生是我国著名历史地理学家，历史自然地理学的奠基人，早年在谭其骧先生领导下从事《中国历史地图集》的编辑工作，为《中国历史地图集》的编成出版做出了卓越的贡献。先生生前长期在复旦大学从事教学、科研工作，精研历史地貌学、古地图学、郦学，尤其以长江中下游河湖地貌演变、上海地区地貌演变、黄淮海平原河湖地貌演变、古地图研究、《水经注》校注等成果为代表，享誉学界。此外，先生曾任中国地理学会理事、中国地理学会历史地理专业委员会常务副主任、《历史地理》主编，为中国历史地理学科的发展壮大贡献颇多，广受学界同仁的尊重与爱戴！

张修桂先生的去世，是中国历史地理学界的重大损失，哲人虽逝，风范长存！

张修桂先生千古！

兰州大学敦煌学研究所

郑炳林

二〇二一年九月十二日

河南大学黄河文明与可持续发展研究中心

河南大學黃河文明與可持續發展研究中心
Key Research Institute of Yellow River Civilization and Sustainable Development of Henan University

唁电

复旦大学历史地理研究中心张修桂先生治丧委员会：

惊悉我国著名历史地理学家、历史地理研究中心教授张修桂先生不幸逝世，我中心全体师生表示万分沉痛的哀悼，并向张修桂先生的亲属致以深切的慰问！

张修桂先生一生精勤不倦，儒雅博学，协助谭其骧先生编绘《中国历史地图集》，编撰《中国自然地理·历史自然地理》《中国历史地貌与古地图研究》《黄淮海平原历史地理》等著作，作为中国历史自然地理学的奠基人，完善了中国历史地理学的学科体系；张修桂先生致力历史地貌、长江流域水系变迁、古地图等方面的研究，为中国的历史地理学研究做出了巨大的贡献，堪称学界之楷模。

张修桂先生的逝世，使中国历史地理学界失去了一位领军人物，是中国学术界的重大损失，他的高尚品德和杰出贡献将永远铭刻在我们心中。其学其行，垂范后人！

张修桂先生千古！

河南大学黄河文明与可持续发展研究中心
暨历史地理与社会变迁研究所
二〇二一年九月十二日

地址:中国·河南省开封市明伦街85号河南大学黄河文明与可持续发展研究中心　　邮编:475001
网址:http://www.hhwm.org　　电话:0371-22826115　　传真:0371-22826115

北方民族大学民族学学院

唁 电

复旦大学历史地理研究中心：

惊闻著名历史地理学家、复旦大学历史地理研究中心教授张修桂先生因病谢世，深感惋惜，谨致哀悼！

张先生系中国历史自然地理学的重要奠基人，是中国历史地理学界先驱，长期致力于历史自然地理和古地图的教学与研究工作，在历史地貌学、古地图、历史地图绘制等方面进行了大量的探索，在黄淮海平原、长江中下游地貌演变、长江流域水系变迁、《放马滩地图》研究、《马王堆地图》研究等领域取得了丰硕的成果，为历史地理学的发展做出了重要贡献。

张先生治学严谨，为人师表，堪称楷模。今先生遽然西归，我国学界失去了一位领军人物，历史地理学界失去了一位良师。兹特致唁电，向张先生家属表示深切慰问。

张修桂先生永垂千古！

北方民族大学民族学学院 敬挽
二零二一年十一月二日

广州大学广州十三行研究中心、广州大学历史系

唁 电

复旦大学历史地理研究中心：

  惊闻贵中心教授、著名历史地理学家张修桂先生不幸逝世，不胜哀悼！

  张先生是我国著名的历史地理学家。多年来，一直致力于历史自然地貌与古地图等研究，为我国历史自然地理学与古地图学做出了巨大贡献，也为历史地理学科的发展贡献至伟。张先生一生心系学术，平易谦和，勤勉奋进，泽被后学，为历史地理学者所敬仰。张先生的不幸逝世，是我国历史地理学界的巨大损失！

  张修桂先生史地永昭，风范长存！

  张修桂先生千古！

广州大学广州十三行研究中心
广 州 大 学 历 史 系

2021 年 9 月 13 日

上海交通大学历史系

唁　函

复旦大学历史地理研究中心：

　　惊悉我们敬爱的老师、著名历史地理学家张修桂先生仙逝，上海交通大学历史系同仁无比悲痛！

　　张修桂先生是我国历史地理学重要奠基人，尤其是在历史地图编绘、历史自然地理、历史地图学等方面，做出了基础性突出贡献，其学术成果和学术思想足可流传千古！张修桂先生为历史地理学人才培养、《历史地理》辑刊发展等默默工作几十年，不计个人名利，为历史地理学进步鞠躬尽瘁。

　　上海交通大学历史系的多名教师（刘统、曹树基、李玉尚、陈业新、任玉雪、车群），都曾经有幸在课堂和各种私下场合得到张修桂的教诲，回想当年，先生音容笑貌，犹在眼前，悲痛泪目。

　　在此谨向贵单位并通过贵单位向先生家人致以深切哀悼和诚挚慰问！

　　张修桂先生千古！

上海交通大学历史系
2021 年 9 月 13 日

贵州省史学会、贵州师范大学喀斯特生态文明研究中心

唁　函

复旦大学历史地理研究中心暨张修桂先生家属：

惊闻我国著名历史地理学家张修桂先生仙逝，贵州学界同仁不胜悲痛，谨向张先生家属表示深切慰问，望节哀珍重。

先生毕生致力于历史地理学的发展，尤其在历史自然地理和古地图研究方面成果斐然，并为学界培育了诸多栋梁之才。先生对贵州学界多有提携，我辈亦常在先生的成果中汲取营养。惊闻先生驾鹤西去，我等无比沉痛。先生的辞世，是中国历史地理学界的重大损失！

张先生千古！

贵州省史学会
贵州师范大学喀斯特生态文明研究中心
暨历史地理研究中心
2021 年 9 月 13 日

太原师范学院历史地理与环境变迁研究所

唁　电

复旦大学中国历史地理研究所张修桂教授治丧委员会：

惊悉张修桂教授仙逝，不胜悲痛，专电致唁，并慰哀衷。

张修桂教授长期从事历史自然地理和古地图的教学、研究工作。主持和参加多项国家级和省部级科研项目。发表论文数十篇，张修桂教授系中国历史自然地理学的奠基人，他以现代地貌学理论为指导，系统地提出历史地貌学各种研究方法。张修桂教授在本职工作中取得了突出的成就，为中国历史地理学事业做出了卓越贡献。

张修桂教授的辞世，不仅是我国历史地理学界的重大损失，也使我国教育界少了一位令人景仰的同志。我校历史地理与环境变迁研究所全体同仁谨向张修桂教授的逝世表示沉痛哀悼，并向其亲属表示亲切慰问。

斯人已逝，风范长存！张修桂教授千古！

2021年9月13日

四川大学历史地理研究所

唁　电

复旦大学历史地理研究中心：

　　惊闻张修桂先生仙逝，怆然泪下，不胜悲恸！

　　张修桂先生是我国著名的历史地理学家，在历史自然地理、历史地图学等领域成就卓著，业内高山仰止。张先生也是严谨和蔼的师长，数十年孜孜不倦、推挽才秀，为复旦大学乃至中国的历史地理学发展，贡献至伟。张先生的遽归道山，是我国历史地理学界的巨大损失。

　　谨此遥致哀悼，并向张先生家属致以深切的慰问。

　　张修桂先生千古！

四川大学历史地理研究所
2021 年 9 月 13 日

广东省社会科学院历史与孙中山研究所（海洋史研究中心）

广东省社会科学院海洋史研究中心
Centre for Maritime History, GDASS

中国广州天河北路 618 号广东社会科学中心 B 座 13 楼 电话：020-38803162

唁　函

复旦大学历史地理研究中心：

惊悉张修桂先生遽归道山，敝所（中心）同仁不胜悲痛！

张修桂先生是我国著名历史地理学家，在历史自然地理、古地图等诸多领域成就卓著，先生对历史地貌演变所提出的相关理论、方法和实践，为中国历史地理学科的发展做出卓越贡献。先生不幸辞世，是中国历史地理学界的重大损失！

谨以此函，表达我们的无比沉痛，并请向先生亲属致以诚挚慰问。

广东省社会科学院历史与孙中山研究所（海洋史研究中心）
2021 年 9 月 13 日

首都师范大学历史地理研究中心

 首都师范大学历史学院
SCHOOL OF HISTORY CAPITAL NORMAL UNIVERSITY

北京西三环北路83号首都师范大学历史学院
School of History, Capital Normal University
83 Xi San Huan, Bei Lu, Beijing, China

唁 函

复旦大学历史地理研究中心：

  惊闻张修桂先生仙逝，不胜哀痛！

  张先生长期从事历史自然地理与古地图研究，博通精深，学术成就堪称典范，为我国当代历史地理学的发展做出了卓越贡献。张先生为人真诚宽厚，身为师长，诲人不倦，为后辈学人之楷模。今驾鹤西归，实为历史地理学界之痛。首都师范大学历史地理研究中心全体同仁对张先生的仙逝表示深切悼念，并请代转家属，致以诚挚慰问！

  张修桂先生千古！

首都师范大学历史地理研究中心

二〇二一年九月十三日

TELEPHONE : (010) 68902195　　POSTCODE : 100089　　WEB : http://history.cnu.edu.cn

中国科学院自然科学史研究所

中国科学院自然科学史研究所
Institute for the History of Natural Science
CHINESE ACADEMY OF SCIENCES

唁 电

复旦大学中国历史地理研究所：

  惊悉著名历史地理学家、贵所张修桂教授遽然逝世，深感悲恸！张修桂先生毕生奉献于历史地理学研究和教学工作，在中国历史地理学的学科建设方面，功勋卓著。张修桂先生是中国历史自然地理学的奠基人之一，研究涉猎历史地貌学、古地图学等领域，开创研究理论与方法，硕果累累。张修桂先生在《中国历史地图集》《中国自然地理·历史自然地理》等编纂工作中倾注了大量心血，嘉惠学林，泽被后人。张修桂先生品行高尚，磊落豁达，为复旦大学中国历史地理研究所的发展与人才培养辛勤耕耘，贡献良多。张修桂先生的仙逝，是中国历史地理学界的重大损失。在此，鄙所全体同仁谨向张修桂先生家属表示深深的哀悼与诚挚的慰问！

中国科学院自然科学史研究所
2021年9月13日

中国　北京　　　　　　　　　　　电话：0086-010-57552515
海淀区中关村东路55号　　　　　　传真：0086-010-57552567
邮编：100190

郑州大学历史学院

唁 函

复旦大学中国历史地理研究所并转张修桂先生家属：

惊悉中国著名的历史地理学家张修桂先生仙逝，我们不胜悲痛！特致函谨表哀悼之情，并请向先生家属传达诚挚的慰问。

张修桂先生建树丰伟，一生致力于中国历史地理学的研究发展。先生系统地提出历史地貌学各种研究方法，开创并极大丰富了我国地貌演变的相关研究理论，为中国历史地理学的发展做出了卓越贡献；同时，先生对金山卫和葛洲坝等方向的研究，是历史地理学为社会经济建设服务的优秀成果。先生学养深厚，提携后学，卓越的学术成就和高尚道德情操，是激励后学的宝贵精神财富。

张修桂先生的逝世，是中国历史地理学界的重大损失！郑州大学历史学院同仁沉痛悼念先生，并祈向张先生家人致以深切慰问。

先生千古！

2021年9月13日

苏州大学历史系

唁 函

复旦大学历史地理研究中心张修桂教授治丧工作小组：

惊悉著名历史地理学家、中国地理学会原理事、中国地理学会历史地理专业委员会原常务副主任、复旦大学历史地理研究所教授张修桂先生不幸辞世，我们感到无比悲痛，深表哀悼！

张修桂先生学识渊博，成果斐然，为国育才，在海内外学界享有崇高的声誉和广泛的影响。他一生致力于历史自然地理和古地图等领域的研究和教学工作，先生关于历史地貌学的系统性研究，对历史地理学的发展做出了巨大的贡献！

张修桂先生系中国历史自然地理学的奠基人，他的辞世，是我国历史地理学界的重大损失，他的高尚品德和杰出贡献将永远铭刻在我们心中。

张修桂先生千古！

苏州大学 历史系 敬挽

2021年9月13日

西南大学历史地理研究所

西南大学历史地理研究所

唁 电

复旦大学历史地理研究中心：

惊悉著名历史地理学家张修桂先生辞世，西南大学历史地理研究所全体同仁不胜哀痛！

张修桂先生将毕生精力投于历史自然地理与古地图的教学研究工作，尤重于历史时期自然地貌演变研究，其研究方法通古纳今，研究成果精深丰硕，为历史地理学科的创建与发展做出了重要贡献。

先生治学严谨，处事豁达，言辞幽默，尤为提携后学，令我辈难以忘怀。先生的去世，为历史地理学界的重大损失！在此，西南大学历史地理研究所全体师生谨对先生的逝世表示深切哀悼，并向张先生家属表示诚挚慰问，请节哀顺变！

哲人其萎，灵光隳矣，追思难尽，风范永存！

西南大学历史地理研究所
二〇一五年九月十三日

地址：重庆市北碚区　　邮编：400715　　电话：023-68253384　023-68367870

中国科学院地理研究所同仁

唁 函

复旦大学中国历史地理研究所：

惊悉张修桂先生仙逝，我们悲痛万分、深感惋惜。

张修桂先生是我国著名历史地理学家，一生倾情于历史自然地理和古地图的教学、研究工作，与我们有长期密切合作，亦师亦友，给予我们研究工作很多重要的指导和帮助。他朴实低调的人格魅力、严谨博达的治学精神、精深宏厚的学术建树，为我们所敬仰。他的仙逝，是中国历史地理学界的巨大损失。

谨以此函，表达我们的沉痛哀悼，并向先生亲属致以诚挚慰问，节哀保重！

张修桂先生安息！

张丕远、葛全胜、郑景云

何凡能、戴君虎、郝志新

2021 年 9 月 13 日

陕西师范大学西北历史环境与经济社会发展研究院

普通高等学校人文社会科学重点研究基地
陕西师范大学西北历史环境与经济社会发展研究院
KEY RESEARCH INSTITUTE OF HUMANITIES AND SOCIAL SCIENCE IN UNIVERSITY
NORTHWEST INSTITUTE OF HISTORICAL ENVIRONMENT AND SOCIO-ECONOMIC DEVELOPMENT,
SHAANXI NORMAL UNIVERSITY

唁 电

复旦大学中国历史地理研究所：

惊闻张修桂先生于9月12日凌晨遽然辞世，陕西师范大学西北历史环境与经济社会发展研究院全体同仁万分悲痛，肃然哀思。谨致以沉痛哀悼，并向张修桂先生家属表示深切问候！

张修桂先生是我国著名历史地理学家、我国历史自然地理学的奠基人。先生长期从事历史自然地理和古地图的教学、研究工作，主持和参加多项国家级和省部级科研项目；先生系统地提出历史地貌学各种研究方法，参与构建了历史自然地理学研究的范式和框架；先生参与完成的天水《放马滩地图》和长沙《马王堆地图》拼接复原和研究工作，为这两种地图的研究奠定了基础，也为日后古地图研究提供了范式。张修桂先生的许多研究成果已成为我国历史地理研究的经典之作。先生为我国历史地理学科建设和发展做出了卓越贡献。

张修桂先生不仅是一位学养深厚的知名学者，也是一位睿智、谦和、慈祥、令人尊敬的长者，与先生交流总是如沐春风。张先生的逝世，是我国历史地理学界的巨大损失！张先生的逝世，使我们失去了一位最尊敬的老朋友！

张修桂先生千古！

陕西师范大学西北历史环境与经济社会发展研究院
2021年9月13日

地址：西安市长安区西长安街620号　　邮件：xbyjy@snnu.edu.cn
电话：029-85318752　　　　　　　　　网址：http://heshan.snnu.edu.cn

中国人民大学清史研究所

中国人民大学清史研究所
THE INSTITUTE OF QING HISTORY

唁 函

复旦大学历史地理研究中心：

惊悉我国著名历史地理学家张修桂先生于 2021 年 9 月 12 日不幸仙逝，我所同仁不胜悲痛！

张修桂先生长期耕耘于历史地理学领域，兼擅地理与历史两长，既是历史自然地理学方向的奠基人，为《中国历史地图集》自然地理要素部分的编绘做出重大贡献，又在古地图、《水经注》研究上贡献卓著，为推动中国历史地理学的发展做出了重大贡献，必将长久启迪后学。

哲人其萎，风范长存！张修桂先生千古！

中国人民大学清史研究所

2021 年 9 月 13 日

地址：中国北京市海淀区中关村大街 59 号
邮编：100872
电话：010-62514481　传真：010-62514481
Add: No. 59, Zhongguancun Street,
Haidian Dist., Beijing 100872 P.R. China
http://www.iqh.net.cn/

西北大学丝绸之路研究院

地址：中国陕西西安太白北路229号
邮编：710069
电话：(86)029-88302984
Add: 229 North Taibai Road, Xi'an, Shaanxi, P.R.China
P.C. 710069
Tel: (86)029-88302984

唁函

复旦大学历史地理研究所：

惊闻贵所张修桂先生遽归道山，不胜震悼。先生究心史地，以现代地貌学理论结合历史文献、古地图等史学方法，开创我国历史地貌学研究范式，参编《中国历史地图集》，主编《中国历史自然地理》《历史地理》，独著《中国历史地貌与古地图研究》等专著，在历史自然地理、古地图等研究领域成就卓著，为历史地理学科发展做出重要贡献。先生为人谦和，奖掖后学，士林敬仰。

张修桂先生的辞世，是我国史地学界的重大损失。谨致唁函，表达我们深切的哀悼之情，并祈转请张先生家属节哀珍重。

先生之风，山高水长；先生之学，永世昭彰。

张修桂先生千古！

西北大学丝绸之路研究院
2021年9月13日

科学出版社历史分社

中国科技出版传媒股份有限公司

唁 函

复旦大学中国历史地理研究所：

惊闻著名历史地理学张修桂先生辞世，我们深感悲恸！

张修桂先生系中国历史自然地理学的奠基人，一生致力于历史自然地理和古地图的教学、研究工作，尤重于自然地貌演变研究，系统地提出历史地貌学各种研究方法；关于长江流域水系变迁研究，成为从现代地理学出发、将传统水道研究提升为现代科学意义上历史地貌学研究的经典；对金山卫和葛洲坝等的研究，成为历史地理学直接为社会经济建设服务的经典。张修桂先生为中国历史地理学的发展做出了重要贡献，他的仙逝，是中国历史地理学界的重大损失。

谨以此函，表达我们深切哀悼，并向先生亲属致以亲切慰问，节哀保重！

张修桂先生千古！

科学出版社历史分社

2021 年 9 月 13 日

山西大学中国社会史研究中心

山西大学中国社会史研究中心

唁 电

复旦大学历史地理研究中心：

惊闻我国著名历史地理学家张修桂先生仙逝，山西大学中国社会史研究中心全体同仁深感悲痛！谨致深切哀悼！

张修桂先生一生致力于历史地理学研究，在历史自然地理、历史地图学等领域成就卓著，为中国历史地理学的发展做出了巨大贡献。先生博学多识，著述丰硕，在国内外历史地理学界影响深远，培养和影响了一大批国内外社会各界优秀人才，先生为人、为学、为师的典范值得我们永远铭记与学习！张修桂先生的逝世是我国历史地理学界的重大损失！

谨向张修桂先生亲属致以诚挚慰问，并敬请节哀！

山西大学中国社会史研究中心

2021 年 9 月 13 日

广西民族大学历史系

广西民族大学
历史系

唁 电

复旦大学历史地理研究所：

  闻悉著名历史地理学家张修桂先生与世长辞，不胜惊痛。

  先生一生致力于史地之学，尤以历史自然地理与古地图研究为世称道，更兼为人宽厚，风范高远，一朝驾鹤，令人绝惜。

  广西民族大学历史系同仁，祈向贵所及先生家人，谨致切哀。

  张修桂先生千古！

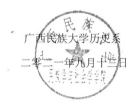

广西民族大学历史系

二零二一年九月十三日

北京大学历史地理研究中心

复旦大学历史地理研究所：

惊悉著名历史地理学家张修桂先生仙逝，不胜悲恸！

张修桂先生一生致力于历史地理研究，协助谭其骧先生编绘《中国历史地图集》，并出版《中国历史地貌与古地图研究》《中国历史自然地理》《粪江集》等著作。张修桂先生是历史自然地理的奠基者，并开启了历史地貌学研究的先河，曾获得多项国家重大奖项，为推动历史地理学发展做出重大贡献。侯仁之先生曾多次提到，张修桂先生的研究不仅涉及历史自然地理的重要问题，而且为国家建设做出贡献。

张修桂先生为人随和、热情、真诚，科学而扎实的学养，培养并影响了一批学者与社会人士。

张修桂先生的离去是历史地理学界，也是整个地理学界的重大损失。

谨向张修桂先生亲属致以诚挚的慰问，并敬请节哀！

北京大学历史地理研究中心

2021 年 9 月 13 日

南京大学历史学院

唁　电

复旦大学中国历史地理研究所：

　　惊悉著名历史地理学家张修桂先生不幸因病辞世，谨表深切的哀悼和怀念，并向张修桂先生的家人和亲属致以亲切的慰问。

　　张修桂先生系中国历史自然地理学奠基人，毕生致力于历史自然地理和古地图的教学和研究工作，在多个研究领域取得了卓越的成就，为中国历史地理学的发展做出了重大贡献。他的师德风范和学术成果将成为我们宝贵的精神财富！

　　张修桂先生永垂不朽！

南京大学历史学院
二〇二〇年五月十四日

中国科学院大学人文学院科学技术史系

中国科学院大学

唁 电

复旦大学历史地理研究所：

惊悉著名历史地理学家张修桂先生遽归道山，我系全体同仁深感悲痛。

张修桂先生不仅是我国历史地理学的大家，同时也是古地图研究的权威，对于长沙马王堆和天水放马滩出土地图等方面的研究论文堪称经典。先生还为我们的前辈曹婉如先生主持的《中国古代地图集》（三册）撰写了高水平的提要和论文，极大地提升了地图集的水平。

张修桂先生学识渊博、见解独到、奖掖后进、风骨凛然。虽然先生仙逝，使我们后学失去了德学双馨的良师益友；但他的学问、他的精神、他的叮嘱、他的告诫永远会帮助我们成长与进步。

张修桂先生千古！

中国科学院大学人文学院科学技术史系
2021年9月14日

中国地理学会

中 国 地 理 学 会

唁 电

张修桂教授治丧工作小组：

惊悉张修桂先生因病不幸辞世，深感悲痛，特致电沉痛哀悼。

张修桂先生是我国著名的历史地理学家，长期从事历史自然地理和古地图的教学与研究工作。他学术成果丰富、培育人才众多，多项成果获得国家和地方重要奖项。尤其是开拓了历史自然地理研究与教学，成为中国历史自然地理学的奠基人。他从现代地理学原理出发，以地貌学理论为指导，对历史文献和古地图进行深度解读，开创并极大地丰富了我国河流地貌、湖沼地貌、海岸地貌等地貌演变研究的理论、方法和实践，改变了以往中国历史地理研究多人文、少自然的不完整局面；他还运用文献史料将传统水道研究提升为现代科学意义上历史地貌学研究。

先生长期担任中国地理学会理事、历史地理专业委员会副主任和《历史地理》学术辑刊主编职务，为繁荣中国历史地理事业做出了重大贡献。

先生的不幸辞世，是我国地理学界的重大损失，我们沉痛哀悼张修桂先生！请转达我们对先生亲属的问候。

理事长：陈发虎

秘书长：张国友

2020 年 9 月 14 日

广西师范大学历史文化与旅游学院

唁　电

复旦大学历史地理研究所：

　　惊悉著名历史地理学家张修桂先生溘然长逝，不胜悲恸！

　　张修桂先生一生致力于历史自然地理与古地图研究，协助谭其骧先生编绘《中国历史地图集》，出版了《中国历史地貌与古地图研究》《中国历史自然地理》《龚江集》等著作，是中国历史自然地理方向的奠基者，为当代中国历史地理学科研究、人才培养做出了重大贡献。

　　先生的仙逝，是我国历史地理学界的巨大损失；在此，谨向贵所及张修桂先生家人致以深切慰问！

　　张修桂先生千古！

广西师范大学历史文化与旅游学院
2021 年 9 月 14 日

中国地理学会历史地理专业委员会

沉痛悼念历史地理学家张修桂先生

复旦大学中国历史地理研究所：

著名历史地理学家张修桂先生遽尔离世，我们深感悲恸。

张修桂先生是新中国培养起来的第一代历史地理学家，也是中国历史地理学从综合走向专业化的第一代学者。他1959年大学毕业后进入历史地理学研究领域，追随谭其骧先生，长期致力于历史自然地理和历史地图学研究。从上世纪五十年代到八十年代，举凡《中国历史地图集》《中国自然地理·历史自然地理》《历史地震图集》《中国国家大地图集·历史地图卷》等国家重大任务，他都是当然的中坚力量。他以现代地理学的思想方法，对历史文献中的地理事实加以科学解读，形成了一套重建历史地貌的独特方法，开拓了历史地貌学的研究领域。他关于历史时期河湖海岸变迁的系列论著，已成为历史自然地理领域的经典之作；他关于金山海岸变迁、荆江河道变迁的论文，为国家的社会经济建设提供了重要的决策参考。他运用现代地图学的理论和方法对中国的古地图加以检讨，将中国历史地图的研究提升到了一个全新的水平。

从改革开放后中国地理学会历史地理专业委员会恢复工作起，张修桂先生就兼任专委会秘书，后长期担任专委会副主任、中国地理学会理事，并先后兼任专委会主办的《历史地理》辑刊的编辑、副主编、主编。在他退休之前，他一直是历史地理专委会主要负责人之一。退休后直至临终，仍一直关心并大力支持专委会的工作。

张修桂先生的离世，让我们失去了一位杰出的领路人，亲切的老师，睿智的长者。

张修桂先生一生献身事业，淡泊名利。他的高尚品格，值得后人永远铭感。

谨此沉痛哀悼张修桂先生！请转达我们对先生亲属的问候。

中国地理学会历史地理专业委员会
2021年9月14日

后　　记

2021年9月12日，张修桂先生溘然长逝，我们深感悲痛！

为了铭记张修桂先生对学界做出的杰出贡献，缅怀张修桂先生传道授业的良师风范与待人接物的嘉言懿行，本所组成编委会编辑《张修桂先生纪念文集》。《张修桂先生纪念文集》由本所韩昭庆教授、南京大学胡阿祥教授负责组稿、审定，本所青年副研究员杨霄博士，博士研究生何国璠、韦凯参与文稿校对。文集由上编、下编和附编组成。上编收录回忆追思文章34篇，下编为17篇学术论文，附篇是37份唁函。感谢所有为文集提供纪念文章与学术论文的作者，也感谢相关单位发来慰问唁函，在此一并予以收录。

在纪念文集编辑过程中，得到本所周振鹤先生、葛剑雄先生的关心和指导，朱毅、张晓虹、张伟然、杨伟兵、孟刚、孙涛等老师，或提供珍贵照片，或对文集编撰提出宝贵意见，复旦大学出版社关春巧老师亦以高度的责任心对图文编撰多次提出修订意见，在此一并致以衷心的感谢！

张修桂先生永远活在我们心中！

复旦大学中国历史地理研究所
《张修桂先生纪念文集》编委会
2023年6月

图书在版编目(CIP)数据

张修桂先生纪念文集/复旦大学中国历史地理研究所编. —上海：复旦大学出版社，2023.7
ISBN 978-7-309-16671-2

Ⅰ.①张… Ⅱ.①复… Ⅲ.①张修桂(1935-2021)-纪念文集 Ⅳ.①K825.8-53

中国版本图书馆 CIP 数据核字(2022)第 247978 号

审图号：GS(2023)1985 号

张修桂先生纪念文集
复旦大学中国历史地理研究所　编
责任编辑/关春巧

复旦大学出版社有限公司出版发行
上海市国权路 579 号　邮编：200433
网址：fupnet@fudanpress.com　http://www.fudanpress.com
门市零售：86-21-65102580　团体订购：86-21-65104505
出版部电话：86-21-65642845
上海盛通时代印刷有限公司

开本 787×1092　1/16　印张 29　字数 552 千
2023 年 7 月第 1 版
2023 年 7 月第 1 版第 1 次印刷

ISBN 978-7-309-16671-2/K·804
定价：128.00 元

如有印装质量问题，请向复旦大学出版社有限公司出版部调换。
版权所有　侵权必究